中外教育简史

（第5版）

伍德勤　贾艳红　袁　强◎主编

北京师范大学出版集团
BEIJING NORMAL UNIVERSITY PUBLISHING GROUP
安徽大学出版社

图书在版编目(CIP)数据

中外教育简史/伍德勤,贾艳红,袁强主编．—5版．—合肥:安徽大学出版社,2021.1(2025.7重印)
ISBN 978-7-5664-2204-0

Ⅰ.①中… Ⅱ.①伍… ②贾… ③袁… Ⅲ.①教育史—世界—高等学校—教材
Ⅳ.①G519

中国版本图书馆CIP数据核字(2021)第010779号

中外教育简史(第5版) **伍德勤 贾艳红 袁 强 主编**

出版发行: 北京师范大学出版集团
安徽大学出版社
(安徽省合肥市肥西路3号 邮编230039)
www.bnupg.com
www.ahupress.com.cn
印 刷: 合肥创新印务有限公司
经 销: 全国新华书店
开 本: 710 mm×1010 mm 1/16
印 张: 25.5
字 数: 499千字
版 次: 2021年1月第5版
印 次: 2025年7月第5次印刷
定 价: 47.00元
ISBN 978-7-5664-2204-0

策划编辑: 姜 萍
责任编辑: 姜 萍 王 黎 王 晶
责任校对: 王 晶
装帧设计: 李 军
美术编辑: 李 军
责任印制: 陈 如 孟献辉

第5版出版说明

本书自2001年由安徽大学出版社付梓以来，历时20年，连续被列为安徽省高等学校“十一五”规划教材（见安徽省教育厅“教秘高〔2007〕65号”文）、“十二五”规划教材（见安徽省教育厅“皖教高〔2013〕11号”文）、“十三五”规划教材（见安徽省教育厅“皖教秘高〔2018〕43号”文）。其内容和版式风格获得读者认可。本版是在第4版的基础上作了如下修改：

一是根据教育国际化发展的需要，增加了中国教育国际交流的内容。世界各国的教育总是在相互交流与借鉴的过程中不断发展的。尤其在当今世界，必须促进教育交流和经验共享，共同构建人类教育发展的命运共同体。在中国教育发展史上，国际交流与合作也有其特色和亮点。如果说隋唐时期的国际教育交流是以“教育输出”为主，那么到明清时期则渐渐呈现出以“教育输入”为主的现象，而且往往与宗教传播和交流有关。新中国的国际教育交流，尽管经历风雨，但也异彩纷呈。所以，在第三章增加了第四节“中国古代教育的国际交流”，在第六章增加了第五节“中国近现代教育的国际交流”。

二是为了适应中国乡村振兴战略和教育均衡发展的需要，增加了探索农村教育的内容。中国正在实施乡村振兴和教育均衡发展战略，农村教育改革与发展仍然是乡村振兴和教育均衡发展的关键。历史上，不少教育家曾无私地致力于乡村教育的改革和发展，如陶行知、晏阳初、梁漱溟等。陶行知的教育思想与实践本书有专节论述，晏阳初的乡村教育思想在第4版中以资料卡片的形式加以呈现，故此版增加了资料卡片“梁漱溟的乡村教育思想”用以替换原资料卡片“中国近代的教会学校”（此内容编到新增加的第六章第五节中）。

三是每章后设计了2～3个研究性思考题，以引导读者进行拓展性学习。全书共设计了25道题，其中，中国教育史15道题，外国教育史10道题。主要是引导学生通过联想、联系以及比较与分析，探寻教育发展的特点和规律，着力培养学生的思维能力、研究能力和创新精神。教师在教学过程中，也可以根据教学对象的特点，自主设计课后思考题，指导学生开展研究性学习。

四是对相关数据、史料和观点作了进一步核实与研讨，力求引用最新的研究成果，保持语言表达的准确性，同时删除了涉及“文革”期间教育的有关内容。

另外，对书后主要参考书目进行了增减优化和重新编排。其中，涉及中国教育史的30部，涉及外国教育史的16部，综合性的1部。并对排列的顺序进行了调整，使其更加合理。

总之，教材只是为教师和学生提供教学的体系框架与“线索”。教育史内容浩如烟海，使用该书作为教材者必须根据教学目标对教材内容进行取舍和扩充，并根据自己的个性需求确定教与学的重点和要探究的问题。应注重激发学习兴趣，教会学习方法，指导其开展自主学习、合作学习和探究性学习。以期使学习者扩大知识面，提高学养，发展思维，增长智慧，形成科学的教育思想并付诸实践。

本次修订的任务分工是：伍德勤，第一章、第二章、第三章、第六章、第十章；贾艳红，第四章、第五章；袁强，第七章、第八章、第九章。全书由伍德勤统稿。

最后，再次感谢安徽大学出版社20年来的不断帮助和安徽省教育厅高等教育质量工程项目的支持！更要感谢广大读者的厚爱，读者的认可就是作者最大的快乐！

作　者

2020年9月

第4版序

本书出版已近15个年头，2007年被评为安徽省高等学校“十一五”规划教材（见安徽省教育厅“教秘高〔2007〕65号”文）后，曾修订过，一直获得读者的认可。2013年又被列入安徽省高等学校“十二五”规划教材建设项目（项目编号：2013ghjc260）。为了使本书更贴近一线教育工作者的需要，并兼顾考研、考编学生的需要，我们在修订版的基础上又作了如下修改：

一是在第四章增加了第五节“20世纪二三十年代教育改革思潮”。本节着重介绍盛极一时的平民主义、工读主义、实用主义、科学主义和国家主义等教育思潮，意在展示20世纪二三十年代社会变革时期我国出现的多彩的教育改革思想。尽管有的思潮昙花一现，但有的也对我国的教育发展产生了深远影响。同时，不容忽视的是，多彩的思想激发了中华民族的教育智慧。

二是增加了附录——《学记》全文及注释。《学记》是中国，也是世界最早专门论述教育、教学问题的论著。它精辟地论述了教育的作用、学制、教学原则和方法、教育管理以及学习理论等，很多思想是对教育、教学规律的反映，因此有人认为它是“教育学的雏形”。其历史意义和理论价值十分显著，它是中华民族对世界教育理论发展的巨大贡献，每一个中国教育工作者都应该熟悉它。

三是增加了40个知识点（资料卡片）。其中中国教育史增加了19个，外国教育史增加了21个，这大大扩充了本书的信息量。而且每个知识点控制在500字左右，述其精要，便于阅读，也为参加相关科目考试的学子们提供有效的帮助。

四是删除第五章“杨贤江的教育思想”一节，并将其压缩为一个知识点(资料卡片)，另增加“邓小平的教育思想”一节。从而进一步突出本书的特点：注重呈现政治家的教育思想，因为“政治家的教育思想对教育发展的影响有时要远大于教育家的教育思想”。其他部分也有少量增补，在此不一一赘述。

五是增加了教育家的头像图片。图片共40幅，其中中国教育家20幅，外国教育家20幅，旨在让读者更加深刻地“认识”教育家，同时活跃了版面，有利于提升读者对内容感知的兴奋度。

本书编写和修订任务的具体分工是：合肥学院伍德勤，第一章、第二章、第三章、第五章第五节、第六章、第十章；阜阳师范学院贾艳红，第四章、第五章第一至四节和中国教育史资料卡片部分；阜阳师范学院袁强，第七章、第八章、第九章和外国教育史资料卡片部分，最后由伍德勤统稿。

在本书修订过程中，参考了诸多学者的资料，包括提供教育家头像的相关网站，在此一并致谢！也要感谢安徽大学出版社多年来为本书的不断“新生”所付出的劳动和给予的支持！更要感谢广大读者的鼓励和鞭策。

作　者

2015年7月

修订版序

随着我国教育事业的发展,教育史学科越来越受到广大教育工作者的重视,师范院校开设教育史课程的也越来越多。令我们感到欣慰的是,这本拙作自2002年6月出版以来,以其内容选择实用、体系编排合理、语言表述简洁的特点,受到读者的欢迎。不仅2005年5月再次印刷,而且被大连理工大学研究生院指定为考研必读教材(见相关网站),并被评为安徽省高等学校“十一五”省级规划教材。这给了我们很大的鼓舞。在征求了部分读者和专家意见的基础上,我们对原文作了进一步修订,主要是:在第一章“中国先秦诸子的教育思想”中增加了一节“道家与法家的教育思想”;在第五章“中国现代教育思想”中增加了一节“陈鹤琴的教育思想”;在第八章第二节“西方近代教育思想”中增加了“裴斯泰洛齐的教育思想”“斯宾塞的教育思想”“第斯多惠的教育思想”和“乌申斯基的教育思想”,并根据他们的思想特点进行了重新编排,如将卢梭和裴斯泰洛齐的教育思想、第斯多惠和乌申斯基的教育思想分别放在一起论述,以便学习者比较和掌握他们思想的本质。另外,还对部分内容进行了调整和补充,如将杜威的教育思想由第八章调整到第九章作为西方现代教育思想的内容,以突出杜威教育思想的划时代性。这里不是有意褒扬杜威的教育思想,而是想突显人类教育思想不断改革的进程。在此也建议学习者在学习中外教育史时,牢牢抓住传统教育派、现代教育派这两根“绳索”,游走在人类教育思想史的长河中,并联系当代各国教育改革的实践来理解、认识传统教育派和现代教育派以及现代西方教育思想流派的历史意义与现实意义,做到“古为今用,洋为中用”。

修订任务的具体分工如下：涉及第一章、第二章、第三章、第六章、第十章的内容由伍德勤负责，涉及第四章、第五章的内容由贾艳红负责，涉及第七章、第八章、第九章的内容由袁强负责，最后由伍德勤统稿。在此书修订过程中，不仅得到安徽大学出版社的鼎力帮助，也得到合肥学院教务处、科研处和阜阳师范学院教务处的大力支持，在此一并致谢！

作　者

2008年10月

第1版前言

读史可以益智，读史可以知兴衰，读史更有利于掌握事物发展规律。教育的历史源远流长，而“继承性”乃是教育发展的一条普遍规律。学习教育史，可以为学习、研究现代教育理论提供广阔的知识背景；学习教育史，还可以直接从人类的教育思想宝库中汲取营养。但近几十年来，我国的师范院校已砍去了教育史这门课程，致使广大的教育工作者，尤其是教师，缺少教育史方面的知识，从而影响他们对现代教育理论的掌握，更影响他们进行教育理论创新。现在广大教育工作者对这方面知识的需求越来越强烈，有的师范院校已将教育史作为选修课来开设，更有不少教育工作者购买教育史方面的著作自学。但目前，教育史方面的著作或教材都是将中国和外国分开论述，独立成书的，多数是多卷本的，即使是单卷本的也是三四十万字以上，这很不利于中外教育史知识的普及。因此，我们通过教学和研究，编写这本《中外教育简史》以满足广大读者的需要。

人类的教育思想极其丰富多彩，不同的民族和国度，以及不同的时期，都有各自不同的特色、各自的经验和教训。我们将中、外教育史合在一起编写，不仅是为了简明，而且是为了“比较”。在各国交流日益频繁、世界趋于“一体化”的今天，互相学习借鉴、取长补短，已是时代的潮流。我们在编写此书时，以“古为今用，洋为中用”的思想为指导，并遵循以下原则：在选取中国教育史内容时，一是着重介绍对我国教育发展影响较大并具有现实意义的教育思想和教育制度。就教育思想而言，我们不限于教育家的教育思想，也包括对教育有较大影响的政治家的教育思想，如王安石、孙中山、毛泽东的教育思想。他们的教育思想影响着一个时代的教育。有时，政治家的教育思想对教育发展的影响要远远大于教育家的教育思想。就教育制度而言，主要选取了西周和汉代的学校教育制度、唐代的科举制度、宋代的书院制度等。二是突出教育改革的思想。坚持“改革、开放”是我国长期的治政大略，没有“改革”就不可能有发展和进步，教育领域也是如此。所以，我们对教育史中有关教育改革的内容尤为重视，特别是近现代的中国处在一个变革的时代，教育改革非常频繁，而且成效显著，因此我们专辟一章谈“中国近现代教育改革与发展”，以便让读者从中悟出“真谛”。在选取外国教育史内容时：一是考虑这个国家或地区在国际上的影响力，尤其是在教育方面的领先地位。我们主要选取了西方发达资本主义国家以及苏联、日本和阿拉伯国家作为重点介绍对象。二是既介绍该国或地区教育发展状况，又介绍其主要的教育理论，并尽可能让两者并列陈述，以便透视两者之间的关系。如我们在介绍西方主要资本主义国家的现代教育时，先介绍主要资本主义国家现代教育的发展概况，接着介绍主要资本主义国家现代教育理论。三是突出对我国教育发展产生过直接影响的内容，如赫尔巴特的教育思想、杜威的教育思想、苏联的教育理论，以及马克思主义的教育思想和巴黎公社的教育改革等。

本书的写作分工（按章节的先后顺序）：伍德勤，第一章、第二章、第三章、第六章、第十章；贾艳红，第四章、第五章；袁强，第七章、第八章、第九章。最后由伍德勤统稿。在编写此书过程中，我们参考了国内教育史学界的诸多研究成果，主要参考书目附于书后，在此表示衷心的感谢，同时还要感谢阜阳师范学院和安徽大学出版社有关领导的大力支持，由于我们才疏学浅，书中错误之处在所难免，敬请读者批评、指正。

作　者

2001 年 10 月

目 次

上编 中国教育简史

上编

中国教育简史

第一章

中国先秦诸子的教育思想

有着5000年文明史的中国，是世界四大文明古国之一，也是世界上最早重视教育的国家之一。我国最早的教育思想是载于《尚书·周书》中的箕子、周公的教育思想。箕子的神道设教思想、周公的敬天明德保民思想，都反映了奴隶社会的教育实践和奴隶主阶级神权思想的特色。但对后世影响较大的还是先秦诸子的教育思想。春秋战国时期，社会经济、政治的变革，打破了奴隶主垄断文化教育的格局，出现了学术下移、私学兴起、百家争鸣的新局面。尤其是儒家学派的教育思想影响深远。这里主要介绍儒家学派的代表人物孔子、孟子和荀子的教育思想，以及重视科技教育的墨家学派的创始人墨子的教育思想。

第一节 孔子的教育思想

一、孔子的生平和政治、哲学思想

孔子（公元前551～前479年），名丘，字仲尼，春秋末期鲁国陬邑人（今山东曲阜东南）。他的先世是宋国的贵族，后因家族衰败而迁居到鲁国。孔子的父亲孔纥是鲁国的下级军官，以力士闻名。孔子3岁时，他的父亲就去世了。此后家境更加衰落，但他从小好学，并自称“吾少也贱，故多能鄙事”①。他20多岁时当过“委吏”和“乘田”（管仓库和管牛羊的小官），30岁左右开始收徒讲学。由于他创办的私学，符合时代要求，而且教学方法得当，在社会上的影响越来越大。到50岁时，他当上了鲁国的“中都

孔 子

① 《论语·子罕》。

宰”（中都地方长官），不久又升为“司寇”（管刑法）。但鲁国的政局动荡不安，他做了3个月的“司寇”，就被迫离开了鲁国，奔走于宋、卫、陈、齐等国，度过了14年的流亡生涯。到68岁时，他重返鲁国，从此专心从事讲学和整理古代文献。孔子自述其成长过程时说：“吾十有五而志于学，三十而立，四十而不惑，五十而知天命，六十而耳顺，七十而从心所欲，不逾矩。”[①]孔子一生将大部分时间和主要精力都用于聚徒讲学和整理古代文化，弟子多达3000人，精通六艺者72人（即“七十二贤人”），他创立的学派被称为“儒家学派”。他对我国社会的发展产生过重大影响，在我国历史上占有重要地位。孔子的思想主要体现在孔门弟子辑录孔子言行的《论语》这部书中，它也是我们了解、研究孔子教育思想的主要资料。

在政治方面，孔子主张实行“德政”，提出了“省刑罚，薄税敛”“使民以时”“博施济众”[②]和“老者安之，朋友信之，少者怀之”[③]的社会理想。他把“仁”视作最高的道德，其要义就是“爱人”，“仁者爱人”。而“仁”又是要通过“礼”和“忠恕”之道来实现的，即所谓的“克己复礼为仁”[④]。他所主张的“礼”的精神集中表现在他的“正名”思想中。他认为，为政之要是“正名”，也就是要“君君，臣臣，父父，子子”[⑤]，应做到“父慈、子孝、兄爱、弟敬”及“君使臣以礼，臣事君以忠”。并要求对人应“恕”，“己所不欲，勿施于人”[⑥]。当然，孔子的“德治”观是建立在封建宗法等级思想基础之上的，目的是维护封建社会的统治秩序。

孔子的哲学思想中既有唯心主义的成分，也有唯物主义的因素。他一方面相信“天命”的存在，说“死生有命，富贵在天”[⑦]，“道之将行也与，命也；道之将废也与，命也”[⑧]。另一方面又少谈鬼神，并提出“人能弘道”的积极思想。《论语》中记载：“子不语怪、力、乱、神。”[⑨]又载：“‘季路问事鬼神’，子曰：‘未能事人，焉能事鬼？’‘问死’，曰：‘未知生，焉知死？’”[⑩]这种双重的哲学思想，与他所处的由奴隶社会向封建社会转变的社会形态有关。孔子的哲学思想中还贯穿着折中调和的精神，即“中庸”之道。他认为，一切事情，不好“太过”，也不好“不及”。这一

① 《论语·为政》。
② 《论语·公冶长》。
③ 《论语·雍也》。
④ 《论语·颜渊》。
⑤ 《论语·颜渊》。
⑥ 《论语·颜渊》。
⑦ 《论语·颜渊》。
⑧ 《论语·宪问》。
⑨ 《论语·述而》。
⑩ 《论语·先进》。

思想既有阻碍人的个性发展和社会变革的一面，也有有利于社会稳定的一面，在某种意义上还体现了辩证法的思想。

二、孔子的教育思想

（一）关于教育的作用和对象

孔子认为教育对政治的作用非常大。他从“为政以德”的思想出发，认为“道之以政，齐之以刑，民免而无耻；道之以德，齐之以礼，有耻且格”①。在孔子看来，治国治民最根本的还是教育。孔子还提出了“庶”“富”“教”的思想。《论语》载：“子适卫，冉有仆。子曰：‘庶矣哉！’冉有曰：‘既庶矣，又何加焉？’曰：‘富之。’曰：‘既富矣，又何加焉？’曰：‘教之。’”②孔子认为，一个国家有了众多的人口，就要努力发展经济，使它富起来，富有了就要加强教育，提高道德文化水平。《论语》又载：“子贡问政。子曰：‘足食、足兵、民信之矣。’子贡曰：‘必不得已而去，于斯三者，何先？’曰：‘去兵。’子贡曰：‘必不得已而去，于斯二者，何先？’曰：‘去食。自古皆有死，民无信不立。’”③而“信”必由教育而来。孔子还从教育与人的发展关系上论证了教育的作用。他说：“性相近也，习相远也。”④“我非生而知之者，好古敏以求之者也”⑤。承认人的成长是由后天的环境和教育起决定作用的。但他又说：“生而知之者，上也；学而知之者，次也；困而学之，又其次也；困而不学，民斯为下矣。”⑥他的本意可能是鼓励人们奋发学习，不要做“困而不学”的下民，但又承认有“生而知之”的上者，甚至武断地说：“唯上智与下愚不移。”⑦从而使他的思想又陷入自相矛盾之中。

孔子还明确提出“有教无类”的思想，并付诸实践。尽管“有教无类”的含义历来有不同的解释，如东汉马融解释为：“言人所在见教，无有种类。”梁朝皇侃解释为：“人乃有贵贱，同宜资政，不可以其种类庶鄙而不教之也。教之则善，本无类也。”但毕竟是扩大了教育对象，打破了奴隶主贵族垄断教育的局面。孔子说：“自行束脩以上，吾未尝无诲焉。”⑧他的弟子中既有鲁国当政的贵族子弟孟懿子，也有被称为“贱人”的仲弓父；既有家累千金的子贡，也有捉襟见肘的原宪和

---

① 《论语·为政》。
② 《论语·子路》。
③ 《论语·颜渊》。
④ 《论语·阳货》。
⑤ 《论语·述而》。
⑥ 《论语·季氏》。
⑦ 《论语·阳货》。
⑧ 《论语·述而》。

箪食瓢饮的颜回，还有穷困到三天不举火、十年不制衣的曾参等。但他在主张“有教无类”的同时，又宣称：“民可使由之，不可使知之。”[①]我们还不能认为他的“有教无类”就是主张“人人平等地受教育”，更不能算是现代社会意义上的“普及教育”思想。

（二）关于教育的目的和内容

孔子主张的教育目的是培养“士”，而“士”的标准就是“君子”或“君子儒”。“君子”原是奴隶主贵族统治者的专称，即奴隶主贵族老爷的意思。孔子把它发展成具有一定道德标准的精神贵族的理想人格，即把“君子”当作教育的培养目标。孔子以前西周社会的教育目的，主要是为国家培养官吏和军事骨干。要求其培养对象具有忠君与勇敢的品质，同时应具有“礼、乐、射、御、书、数”等六艺的知识和技能。孔子培养“君子”的教育观是对西周教育观的继承和发展。他明确提出作为“君子”，一要能“修养自己，保持恭敬谦逊的态度”，二要有“使亲族和朋友以及老百姓都得到安乐”的治国安民之术。即要求“君子”应德、才兼备[②]。在“德”的方面，孔子尤其注意把握贵贱之礼、泛爱众之仁和推己及人的恕道。他认为，君子只有把握这三点，才能忠于自己崇高的理想，实现内圣外王之道。孔子还说：“君子成人之美，不成人之恶。小人反之。”[③]在“才”的方面，他强调“君子”应具有一定的才智和从政能力，能治“千乘之国”，能长“千室之邑”，能“使于四方，不辱君命”。

另外，“仕而优则学，学而优则仕”[④]这句话虽出于子夏之口，但确实代表了孔子的思想。做官了，有余力便去学习；学习了，学好了便去做官。优，饶也、裕也，即有余力之意，引申为学得好些、优秀一些。“学而优则仕”包含“不学或虽学而不优，就没有资格做官”的意思。孔子认为只有那些学习成绩优异、品德才能兼备的贤才才能当官，做官之后仍要坚持学习。有一次，“子使漆雕开仕，对曰：‘吾斯之未能信’，子说（悦）”[⑤]（孔子想让漆雕开去做官，漆回答说：“我对此还没有信心”，表示自己还学得不够，信心不足。孔子听了很高兴）。孔子还说：“学也，禄在其中矣。”[⑥]尽管“学而优则仕”的思想也产生了把求学作为取得高官厚禄敲门砖的副作用，但相对于以前西周社会的世袭世禄制来说，它仍是一大进

---

① 《论语·泰伯》。

② 《论语·宪问》（子路问君子，子曰：“修己以敬。”曰：“如斯而已乎？”曰：“修己以安人。”曰：“如斯而已乎？”曰：“修己以安百姓。”）。

③ 《论语·颜渊》。

④ 《论语·子张》。

⑤ 《论语·公冶长》。

⑥ 《论语·卫灵公》。

步。这一思想对以后2000多年的学校教育和科举考试制度产生了深远的影响。

孔子主张的教育内容主要有四项:历史文献、行为规范、待人忠诚与信实。即《论语·述而》中说的:"子以四教,文、行、忠、信。"孔子还说:"弟子入则孝,出则弟,谨而信,泛爱众而亲仁。行有余力,则以学文。"[①]意思是说,弟子回到家里要孝顺父母,外出要敬爱兄长,做事谨慎小心,讲究信用,要广泛爱护大众而亲近有仁德的人。这样做了之后,还有多余的精力,就用来学习文化知识。这就是说,首先是道德教育,其次才是文化知识的教育。

孔子的具体教育内容就是"六经",即《诗》《书》《礼》《乐》《易》《春秋》。有人说,《诗》相当于文学课,《书》相当于政治课,《礼》相当于道德伦理课,《乐》相当于音乐艺术课,《易》相当于哲学课,《春秋》相当于历史课,这种说法虽不尽贴切,但也不无道理。这些内容比西周时代的教育内容更加充实,与现实生活的联系更加密切。在这些教育内容中,孔子最重视诗、礼、乐的教育。他说:"兴于诗,立于礼,成于乐。"[②]"不学诗,无以言","不学礼,无以立"[③]。但孔子的教育内容因受历史条件的限制也存在严重的不足,一是忽视自然知识的传授,二是鄙视生产劳动知识和技能的教育。如《论语·子路》中载:"樊迟请学稼。子曰:'吾不如老农。'请学为圃。曰:'吾不如老圃。'樊迟出。子曰:'小人哉,樊须也!'"

(三)关于教学的思想

孔子在40多年的教学生涯中,积累了丰富的教学经验,所提出和实行的教学原则与方法不少至今仍具有借鉴意义。主要有下面四条:

1.因材施教。孔子本人并没有直接提出"因材施教"这个命题,朱熹概括孔子的教学经验时,指出:"夫子教人各因其材",遂有"因材施教"的名言。但孔子的教育实践却充分体现了这一原则。首先,孔子十分注意观察和了解学生的特点,针对学生的不同特点,从学生实际出发进行教育和教学。如《论语·先进》载:子路问:"闻斯行诸?"子曰:"有父兄在,如之何其闻斯行之?"冉有问:"闻斯行诸?"子曰:"闻斯行之。"公西华曰:"由也问闻斯行诸,子曰:'有父兄在';求也问闻斯行诸,子曰'闻斯行之'。赤也惑,敢问。"子曰:"求也退,故进之。由也兼人,故退之。"另外,对不同年龄阶段的人也有不同的要求,"君子有三戒:少之时血气未定,戒之在色;及其壮也,血气方刚,戒之在斗;及其老也,血气既衰,戒之在得"[④]。

孔子在进行因材施教的同时,并不是要把学生培养成一种模式,而是允许或

---

① 《论语·学而》。

② 《论语·泰伯》。

③ 《论语·季氏》。

④ 《论语·季氏》。

鼓励学生有不同的专长。在他的学生中，各方面的人才都有。“德行：颜渊、闵子骞、冉伯牛、仲弓。言语：宰我、子贡。政事：冉有、季路。文学：子游、子夏”[①]。但孔子还是倾向于培养学生“恭敬”“温和”的个性。《论语·先进》载：“闵子侍侧，訚訚如也；子路，行行如也；冉有、子贡，侃侃如也。子乐。‘若由也，不得其死然’。”

2.启发诱导。孔子十分重视调动学生的积极性，第一次精辟地表达了启发式教学原则，“不愤不启，不悱不发。举一隅不以三隅反，则不复也”[②]。按朱熹的注解：“愤者，心求通而未得之意；悱者，口欲言而未能之貌。启，谓开其意；发，谓达其辞。”就是说只有当学生进入积极思维状态时教师才能适时地加以诱导、引发，“开其意”“达其辞”。比如让学生认识一个四方形的东西，告知一个角而不能推知另外三个角，表明学生尚未处于积极思维状态，此时就不要勉强教他。如果不厌其烦地一一告知，就会养成学生的依赖性，阻碍其思维发展。他还说：“可与言而不与之言，失人；不可与言而与之言，失言。知者不失人，亦不失言。”[③]“言未及之而言，谓之躁；言及之而不言，谓之隐；未见颜色而言，谓之瞽”[④]，也就是说，教师既不要“失人”，也不要“失言”，教学应“当其可”。

教师还要引导学生利用已有的知识，做到“温故而知新”[⑤]，“闻一以知十”[⑥]，“告诸往而知来者”[⑦]，以充分调动学生思维，发展学生智慧。

3.学思结合。孔子精辟地阐述了学与思的辩证关系，他说：“学而不思则罔，思而不学则殆。”[⑧]只学习不加思考就会迷乱而不明，只思考不学习就会空泛而不实。他还以自己的亲身体会告诫学生：“吾尝终日不食，终夜不寝，以思，无益，不如学也。”[⑨]但同时又强调思考的重要性，“君子有九思：视思明，听思聪，色思温，貌思恭，言思忠，事思敬，疑思问，忿思难，见得思义”[⑩]。事事处处都应运用思考，极力反对那些“饱食终日，无所用心”[⑪]的人。

4.学以致用。孔子说：“诵《诗》三百，授之以政，不达；使于四方，不能专对。

① 《论语·先进》。
② 《论语·述而》。
③ 《论语·卫灵公》。
④ 《论语·季氏》。
⑤ 《论语·为政》。
⑥ 《论语·公冶长》。
⑦ 《论语·学而》。
⑧ 《论语·为政》。
⑨ 《论语·卫灵公》。
⑩ 《论语·季氏》。
⑪ 《论语·阳货》。

虽多,亦奚以为?”[①]也就是说,尽管熟读了《诗经》三百篇,但叫他去处理政务,却行不通;派他去出使外国,却不能独立应对。书读得虽多,又有什么用处呢?他主张“学而优则仕”,培养学生是为了推行其政治抱负,训练学生能够出仕为宦,治理一方,所以他很强调学用结合,学以致用。

(四)关于道德教育的思想

道德教育是孔子教育活动的核心。在长期的德育实践中,他积累了不少经验,提出了一些很有价值、至今仍有现实意义的德育思想。

1. 立志乐道。立志就是要确立人生的远大理想和宏伟目标。孔子说:“人无远虑,必有近忧。”[②]“三军可夺帅也,匹夫不可夺志也”[③]。一个人应当确立什么样的志向呢?孔子认为应该“志于道”,树立崇高的道德理想。“朝闻道,夕死可矣”[④]。“君子谋道不谋食”,“君子忧道不忧贫”[⑤]。他自称:“饭疏食饮水,曲肱而枕之,乐亦在其中矣。不义而富且贵,于我如浮云。”[⑥]他极力称赞颜渊“一箪食,一瓢饮,在陋巷,人不堪其忧,回也不改其乐,贤哉回也”[⑦]。颜回是“乐道”的表率。孔子特别强调立志乐道要有恒心和百折不挠的精神,能经受困难的考验,即“磨而不磷,涅而不缁”[⑧]。

2. 自省自克。孔子认为道德教育贵在培养道德自觉,应从自我做起,要“躬自厚而薄责于人”[⑨]。也就是说,与别人发生矛盾,首先要“厚责自己”,多寻找自己的缺点和错误,并应“宽以待人”,“君子求诸己,小人求诸人”[⑩]。他要求学生遇事要善于自我省察,反省自己是否具有不好的品行,引以为戒。即“见贤思齐焉,见不贤而内自省也”[⑪]。他说:“内省不疚,夫何忧何惧?”[⑫]如果自己的行为都符合道德规范,自我反省,问心无愧,那就会心安理得,还有什么忧惧的呢?一个人能克制自己,使自己的思想、言行都合于“礼”的规范,就是“仁”了,即“克己复

---

① 《论语·子路》。
② 《论语·卫灵公》。
③ 《论语·子罕》。
④ 《论语·里仁》。
⑤ 《论语·卫灵公》。
⑥ 《论语·述而》。
⑦ 《论语·雍也》。
⑧ 《论语·阳货》。
⑨ 《论语·卫灵公》。
⑩ 《论语·卫灵公》。
⑪ 《论语·里仁》。
⑫ 《论语·颜渊》。

礼为仁”[1]，也就是达到道德修养的最高标准。如他的学生曾子就曾说：“吾日三省吾身：为人谋而不忠乎？与朋友交而不信乎？传不习乎？”[2]

3.身体力行。孔子认为言而不行的人，不是道德高尚的人，他说：“巧言令色，鲜矣仁。”[3]他反对“言过其行”，认为“君子耻其言过其行”[4]，“君子欲讷于言而敏于行”[5]，做到“言必信，行必果”[6]。他反对言行脱节，主张“慎言”。甚至主张“先行其言而后从之”[7]，意思是先脚踏实地去做事，做了以后再说也不迟。起初，他过分相信学生表态性的话，以为学生说了就会去做，但发现有的学生言行脱节，于是，就明确对学生提出言行一致的要求。他说：“始吾于人也，听其言而信其行；今吾于人也，听其言而观其行。”[8]孔子要求言行一致，甚至更看重“行”的德育思想是值得我们重视的。

4.改过迁善。孔子把道德修养的过程，看作是改过迁善的过程。他认为人犯错误是难免的，他就承认自己犯过错误，并认为自己的过错被别人所了解，是很幸运的。他说：“丘也幸，苟有过，人必知之。”[9]文过饰非，把过错掩盖起来，这是不对的，正如子夏所说的：“小人之过也必文。”[10]有“过”不要紧，关键要能改“过”，“过则无惮改”[11]，他说：“君子之过也，如日月之食焉。过也，人皆见之；更也，人皆仰之。”[12]“闻义不能徙，不善不能改，是吾忧也。”[13]“过而不改，是谓过矣。”[14]

（五）关于教师的论述

孔子在封建社会被奉为“万世师表”，尽管是过谀之词，但他确实是我国古代一位伟大的教育家。他以自己的亲身体验，谈了不少有关教师修养的意见，这里主要介绍两条：

---

① 《论语·颜渊》。
② 《论语·学而》。
③ 《论语·学而》。
④ 《论语·宪问》。
⑤ 《论语·里仁》。
⑥ 《论语·子路》。
⑦ 《论语·为政》。
⑧ 《论语·公冶长》。
⑨ 《论语·述而》。
⑩ 《论语·子张》。
⑪ 《论语·学而》。
⑫ 《论语·子张》。
⑬ 《论语·述而》。
⑭ 《论语·卫灵公》。

1.学而不厌，诲人不倦。孔子认为，教师要具有“学而不厌，诲人不倦”的精神。不学习无以知，他说：“我非生而知之者，好古敏以求之者也。”①“十室之邑，必有忠信如丘者焉，不如丘之好学也”②。他走到哪里，学到哪里，“每事问”③，而且“不耻下问”④。他还说：“三人行，必有吾师焉。”⑤直到晚年，仍在勤奋学习，“加我数年，五十以学《易》，可以无大过矣”⑥。真是“发愤忘食，乐以忘忧，不知老之将至”⑦。他一生学到老教到老，即使在陈国绝粮时，仍“讲诵弦歌不衰”。《孟子·公孙丑上》载：“昔者子贡问于孔子曰：‘夫子圣矣乎？’孔子曰：‘圣则吾不能，我学不厌，而教不倦也。’”孔子堪称“诲人不倦”的典范。

2.以身作则，身教重于言教。孔子特别强调教师要以身作则，以自己的模范行为作学生的表率。他说，“其身正，不令而行；其身不正，虽令不从”，“不能正其身，如正人何？”⑧这说明身教比言教更为重要。当然，这不是说不要言教，而是指只有言教而没有身教，言教也起不了多大作用，甚至会适得其反；教师能做到以身示范，虽没有言语的说教，仍然能对学生产生潜移默化的影响。正如《论语·阳货》所载：“子贡曰：‘子如不言，则小子何述焉？’子曰：‘天何言哉？四时行焉，百物生焉，天何言哉？’”

第二节　孟子的教育思想

一、孟子的生平和政治、哲学思想

孟子(约公元前372～前289年)，名轲，战国中期鲁国邹人(今山东邹县)，生于贵族家庭，父亲早死，由母亲抚养教育成人。相传他的母亲教子有方，为了改善他的成长环境，曾三次迁居，并曾引刀断织来训诫他读书，要他有恒心。孟子受业于孔子之孙子思，一生崇拜孔子，以学习孔子为志愿。他说：“乃所愿，则

① 《论语·述而》。
② 《论语·公冶长》。
③ 《论语·八佾》。
④ 《论语·公冶长》。
⑤ 《论语·述而》。
⑥ 《论语·述而》。
⑦ 《论语·述而》。
⑧ 《论语·子路》。

学孔子也。”[①]子思孟子之学，后世称为“思孟学派”，是儒家的唯心主义学派，成为儒家学派的“正宗”。孟子被认为是孔子思想的嫡传，封建统治者尊他为“亚圣”。

孟子一生以游说诸侯为业，曾广聚门徒，先后到过齐、梁、宋、滕等国，推行其政治主张。各诸侯国均认为他的主张不合时宜而不予采纳。晚年退而专心著述和讲学。孟子是继孔子之后的著名教育家，十分热爱教育工作，积累了丰富的教育经验，并把“得天下英才而教育之”，看作是人生的三大乐趣之一[②]。他也是中国古代教育史上第一个使用“教育”这个词的人。研究孟子教育思想的主要资料是《孟子》7篇。

孟 子

孟子政治主张的核心是劝说统治者施行“仁政”。“仁政”的中心是“重民”。他认为一个国家有“三宝：土地、人民、政事”，能否得民是国家兴衰存亡的关键。为了得民，他主张“省刑罚，薄税敛”，为民“制产”，使民有“恒产”。他说：“无恒产而有恒心者，惟士为能。若民，则无恒产，因无恒心；苟无恒心，放辟邪侈，无不为已。”[③]另外，他还要求统治者应尽力“保民”“教民”“与民同乐”。甚至提出“民贵君轻”的思想，他说：“民为贵，社稷次之，君为轻。”[④]

孟子发展孔子的思想，提出了“王道”观。他反对“霸道”，认为“霸道”只能“以力服人”，不能使人心服，而“王道”则“以德服人”，能使人“心悦而诚服”，能“得民心”[⑤]。因而他反对兼并战争，说：“争地以战，杀人盈野，争城以战，杀人盈城。此所谓率土地而食人肉，罪不容于死。”[⑥]当然，他的“仁政”主张在当时也只是一种空想而已。

孟子继承了孔子的唯心主义哲学思想，建立起儒家的唯心主义哲学体系。他说：“尽其心者，知其性也。知其性，则知天矣。”[⑦]他把人的心性与天联系起来，即主张“天人合一”，如果一个人知道了自己的人性，也就能知道天。他还认为“诚”便是大道，便是本体，便是永恒不变的理。他说：“万物皆备于我，反身而

---

① 《孟子·公孙丑上》。
② 《孟子·尽心上》。
③ 《孟子·梁惠王上》。
④ 《孟子·尽心下》。
⑤ 《孟子·尽心下》。
⑥ 《孟子·离娄上》。
⑦ 《孟子·尽心上》。

诚，乐莫大焉。”①他把人的主观精神当作世界的本源，认为人性中具有万物之理，只要用“反求诸己”的方法，就能认识这些理，达到所谓“诚”这样一种快乐神秘的境界。

孟子认为人天生的本性都是善的，即提出“性善论”。他说：“人之所不学而能者，其良能也；所不虑而知者，其良知也。”②也就是说，人生而有“不学而能”的“良能”和“不虑而知”的“良知”。照他的思想，人生来就具有：“恻隐之心”“羞恶之心”“辞让之心”和“是非之心”，这些他称为“四端”，亦即四种萌芽，发展起来就可成为仁、义、礼、智四种道德③。他认为君子和庶人的区别就在于保存还是丧失这种“善性”，“人之所以异于禽兽者几希，庶民去之，君子存之”④。他还根据“性善论”，提出了“人皆可以为尧舜”⑤的思想，这是具有进步意义的。

二、孟子的教育思想

（一）关于教育的作用、目的和内容

孟子从“施仁政”的政治主张和“性善论”的哲学思想出发，一方面强调教育的社会作用，另一方面强调教育在人的发展中的作用。他说：“善政不如善教之得民心。善政民畏之，善教民爱之；善政得民财，善教得民心。”⑥要求统治者“以德服人”，最根本的是要“得民心”，而教育是“得民心”的最有效措施。孟子认为教育在人的发展中的作用是“求放心”。他认为人虽有先天的善性，但只是一种端倪，如果自暴自弃，就会失掉或摒弃这种善端，而教育的作用就在于保存和发扬天赋的善端，如果人不受教育，则与禽兽差不多。他说，“恻隐之心，仁之端也；羞恶之心，义之端也；辞让之心，礼之端也；是非之心，智之端也。人之有是四端也，犹其有四体也……凡有四端于我者，知皆扩而充之矣，若火之始然，泉之始达。苟能充之，足以保四海；苟不充之，不足以事父母”⑦，“饱食、暖衣、逸居而无教，则近于禽兽”⑧。同时，他很重视环境对人的影响，他说：“富岁子弟多赖，凶岁子弟多暴，非天之降才尔殊也，其所以陷溺其心者然也。”⑨所以，“学问之道无

---

① 《孟子·尽心上》。
② 《孟子·尽心上》。
③ 《孟子·公孙丑上》。
④ 《孟子·离娄下》。
⑤ 《孟子·告子下》。
⑥ 《孟子·尽心上》。
⑦ 《孟子·公孙丑上》。
⑧ 《孟子·滕文公上》。
⑨ 《孟子·告子上》。

他，求其放心而已矣”[①]。只要肯学习，不断扩充“四端”，则“人皆可以为尧舜”[②]。

孟子认为教育的目的就是“明人伦”。他说：“设为庠序学校以教之。庠者，养也；校者，教也；序者，射也。夏曰校，殷曰序，周曰庠，学则三代共之，皆所以明人伦也。”[③]而“人伦”的具体内容就是：“父子有亲、君臣有义、夫妇有别、长幼有序、朋友有信。”[④]也就是要实施维护上下尊卑的封建社会秩序的道德教育。另外，孟子还说：“劳心者治人，劳力者治于人；治于人者食人，治人者食于人，天下之通义也。”[⑤]也就是说，教育要培养脱离生产劳动的“劳心者”“治人者”。尽管他的人才观是狭隘的，但他很重视人才，他说：“分人以财谓之惠，教人以善谓之忠，为天下得人者谓之仁。是故以天下与人易，为天下得人难。”[⑥]所以，教育既要培养“人伦”，又要培养“才干”。就教材而言，孟子是以《诗》《书》《礼》《乐》《春秋》为主。

（二）关于教学的原则和方法

孟子的教学思想是以唯心主义哲学思想为基础的，在学与思的关系上更加强调“思”的作用。他说：“耳目之官不思而蔽于物，物交物，则引之而已矣。心之官则思，思则得之，不思则不得也。”[⑦]他提出的教学原则和方法主要有以下几条：

1.由博返约，深造自得。孟子强调在教学中要发挥学生的主动性，让学生自求自得。他说：“君子深造之以道，欲其自得之也。自得之，则居之安；居之安，则资之深；资之深，则取之左右逢其源，故君子欲其自得之也。”[⑧]也就是说，在学习上要想有高深的造诣必须依靠自己去探索追求，自己求得的东西就能牢固掌握，掌握牢固了积累就多，积累多了就能运用自如。他认为教师只能给学生确定某些“规矩”，而要使学生熟练掌握，还得靠学生自己努力，“梓匠轮舆能与人规矩，不能使人巧”[⑨]。学生读书是必要的，但应求理解，不能唯书是从。他说：“说诗者，不以文害辞，不以辞害志。以意逆志，是为得之。”[⑩]又说：“尽信《书》，则不如

① 《孟子·告子上》。
② 《孟子·告子下》。
③ 《孟子·滕文公上》
④ 《孟子·滕文公上》。
⑤ 《孟子·滕文公上》。
⑥ 《孟子·滕文公上》。
⑦ 《孟子·告子上》。
⑧ 《孟子·离娄下》。
⑨ 《孟子·尽心下》。
⑩ 《孟子·万章上》。

无《书》。”[①]即真正做到深刻领会。

孟子认为深造自得必须注意由博返约。他说：“博学而详说之，将以反说约之。”[②]广博地学习，详细地解说，在融会贯通之后，再归纳为简约的结论以达到“约”的地步。这是一种重要的思维方法与学习方法，也是一种教学方法。

2. 启发引导，因材施教。强调学生自求自得，不是不要教师，而是要求教师积极启发学生思维，调动学生学习的主动性。他说：“大匠不为拙工改废绳墨，羿不为拙射变其彀率。君子引而不发，跃如也。中道而立，能者从之。”[③]意思是说，高明的工匠不因为拙劣的工人而改变或废弃规矩，高明的弓手羿也不因为拙劣的射手而变更拉开弓的标准。君子教人正如射手拉满弓，却不发箭，作出跃跃欲试的姿态，并立下一个合乎中道、不难也不易的学习准则，以启发和诱导有能力的学生随之而学。正因为如此，教学方法应多种多样，做到因材施教。他说：“君子之所以教者五：有如时雨化之者，有成德者，有达财者，有答问者，有私淑艾者，此五者，君子之所以教也。”[④]也就是说，教育人的方式有五种：有像及时雨那样使人成长的，有培养优良品德的，有培养人成才的，有解答疑问的，还有以自身的品德学问，影响那些不能登门受业的人，使他们通过自习取得成功的。孟子对学生的态度是“往者不追，来者不拒”[⑤]。并要求教师要“以其昭昭，使人昭昭”，而不可“以其昏昏，使人昭昭”[⑥]。你想教导别人，必先使自己明白，然后才能教别人；如果自己还糊里糊涂，怎么能使别人明白呢？

3. 专心有恒，循序渐进。孟子认为学习必须专心致志，持之以恒。他以下棋为例，认为下棋只是小技术，如果不专心致志，那也学不会。弈秋是全国的下棋能手，假如让他教两个人下棋，一个人很专心，听弈秋指导；另一个人表面在聆听，心里却想着有只天鹅快飞过来了，考虑拿起弓箭去射它。后者的学习成绩一定不如前者，这并不是后者不如前者聪明，而是没有前者专心。学习不仅要专心致志，而且要持之以恒。他说：“虽有天下易生之物也，一日曝之，十日寒之，未有能生者也。”[⑦]又说：“有为者辟若掘井，掘井九仞而不及泉，犹为弃井也。”[⑧]学习也要有这种避免中途而废，不达目的誓不罢休的精神。

---

① 《孟子·尽心下》。

② 《孟子·离娄下》。

③ 《孟子·尽心上》。

④ 《孟子·尽心上》。

⑤ 《孟子·尽心下》。

⑥ 《孟子·尽心下》。

⑦ 《孟子·告子上》。

⑧ 《孟子·尽心上》。

孟子还认为教学应循序渐进，不能“揠苗助长”，急于求成。他举了宋人揠苗助长的故事，说明要想使幼苗茁壮成长，只有勤于耕耘，不愿耕耘，拔苗助长，必然失败[①]。并说：“流水之为物也，不盈科不行。君子之志于道也，不成章不达。”并提醒人们：“其进锐者，其退速。”[②]他继承和发展了孔子“欲速则不达”的思想。

（三）关于德育的原则和方法

孟子和孔子一样，非常重视道德教育，并继承和发展了孔子的德育思想。他提出的德育原则和方法主要有以下几条：

1.持志养气。孟子认为道德修养首先要注意“尚志”“持志”。何谓“尚志”？孟子说：“行仁义罢了。居住于仁，行走由义，这就叫志行高尚。”[③]孟子与孔子一样，也要求学生树立远大的理想。孔子称之为“杀身成仁”，孟子称之为“舍生取义”。他说：“生亦我所欲也，义亦我所欲也；二者不可得兼，舍生而取义者也。”[④]一个人能以“仁义”为志，就能分辨善恶，区分当为与不当为，对符合“仁义”的善行积极行之，对违背“仁义”的恶欲就要严加克制。他还说：“士穷不失义，达不离道。”[⑤]也就是说，志士仁人，处于逆境时不要失掉道义，处于顺境时也不要离开道义，要有较高的思想境界。

与“持志”密切联系的是“养气”，我们常说的“志气”由此而来。“养气”的含义有不同的解释。一般说来，“气”多指人的意念或情绪、情感；“志”多属理想、意志方面的。他认为“志，气之帅也”，但“气”也影响“志”，“气一则动志”[⑥]。所以既要“持志”，又要“养气”，将远大的理想与良好的情感统一起来。孟子认为，一般的人只要注意“养气”，通过量的积累可逐渐养成所谓的“浩然之气”。他还认为，为了坚持理想，应不惜放弃物质享受，有志气的人，将道德情操甚至看得比生命还重。他说：“一箪食，一豆羹，得之则生，弗得则死，嘑尔而与之，行道之人弗受；蹴尔而与之，乞人不屑也。”[⑦]值得一提的是，孟子的这种思想对我国历史上一些英雄人物的理想情操也产生了积极影响。

2.反求诸己。孟子从性善论出发，特别重视道德教育中的自我修养。他认为道德教育的重要原则是“反求诸己”。他说：“爱人不亲，反其仁；治人不治，反

① 《孟子·公孙丑上》。
② 《孟子·尽心上》。
③ 《孟子·尽心上》。
④ 《孟子·告子上》。
⑤ 《孟子·尽心上》。
⑥ 《孟子·公孙丑上》。
⑦ 《孟子·告子上》。

其智；礼人不答，反其敬。行有不得，皆反求诸己。”[①]意思是说，我爱别人可是别人不亲近我，那得反问自己，自己的仁爱够不够？我管理别人，可是没有管好，那得反问自己，自己的才智够不够？我有礼貌地对待别人，但得不到相应的回报，那得反问自己，自己的恭敬够不够？任何行为如果没有得到预期的效果，都应该反躬自责，从自己身上找原因，从而处处从严要求自己，不断提高自我修养。他还指出，在与别人竞争时，不要埋怨超过自己的人，而应该从自己身上找原因，他说：“仁者如射，射者正己而后发；发而不中，不怨胜己者，反求诸己而已。”[②]孟子还认为人的祸福，也决定于本人的作为。他说：“祸福无不自己求之者。”这与祸福由天降的思想相比，应该说是一个进步。

3. 改过迁善。孟子和孔子一样，认为人有“过”不要紧，改了就好。而且要做到“闻过则喜”“见善则迁”，提倡“与人为善”。他说：“子路，人告之以有过则喜；禹闻善言则拜。大舜有大焉，善与人同，舍己从人，乐取于人以为善。”[③]他很欣赏子路一听到人家告诉他有过错便表示高兴；夏禹听了有益的话便向人拜谢。并认为舜帝比他们两个更伟大，他愿意跟别人一同行善，抛弃自己不对的，听从人家对的，乐意吸取别人的长处来行善。当然，“闻过则喜”，并不是说“过”是好事，所以孟子很重视“知耻”教育。他说：“人不可以无耻，无耻之耻，无耻矣。”[④]也就是说，人不可以没有羞耻，不知羞耻的那种羞耻，才真是不知羞耻啊！犯了错误，有了羞耻感，就能更好地改正错误，实施善行。他还主张对改过自新的人不应追究既往。他说：“古之君子，其过也，如日月之食，民皆见之；及其更也，民皆仰之。”[⑤]这种道德修养的原则和方法仍有现实意义。

4. 磨炼意志。孟子认为人的道德和才智都是在艰苦条件下锻炼出来的。人只有经过多次严峻的考验，才能担负重任。他说：“人之有德慧术知者，恒存乎疢疾。独孤臣孽子，其操心也危，其虑患也深，故达。”[⑥]意思是说，人的德行和才智往往来自艰危的处境。只有那些孤立无援的臣下和被人歧视的庶孽之子，因时常要提高警惕，对于祸患的考虑也较深远，所以更能通晓事理，洞达人情。他还说：“故天将降大任于斯人也，必先苦其心志，劳其筋骨，饿其体肤，空乏其身，行拂乱其所为，所以动心忍性，曾益其所不能。”[⑦]意思是说，上天如果将要把重大

① 《孟子·离娄上》。
② 《孟子·公孙丑上》。
③ 《孟子·公孙丑上》。
④ 《孟子·尽心上》。
⑤ 《孟子·公孙丑下》。
⑥ 《孟子·尽心上》。
⑦ 《孟子·告子下》。

的任务落到某人身上，一定先要使他经历种种磨难，弄得他饥寒交迫，身心交困，他的每一行为总是不能如意，这样便可以震动他的心灵，坚韧他的性格，提高他的能力。他还提出“生于忧患，死于安乐”①的思想。并认为，大丈夫应能做到在各种考验面前毫不动摇，即“富贵不能淫，贫贱不能移，威武不能屈”②。要想成就一番大事业，必须要有坚强的意志。

第三节　荀子的教育思想

一、荀子的生平和政治、哲学思想

荀子，名况，号卿，又称孙卿，战国末期赵国人。生卒年月不详，据游国恩考证（《荀卿考》），荀子大约生于公元前313年，卒于公元前238年。但一般认为，他的政治、学术活动年代主要是在周赧王十七年（公元前298年）到秦王政九年（公元前238年）之间。荀子所处的时代，百家争鸣已呈现互相吸收和融合的趋势，孔子时代的儒家私学教育高潮已接近尾声。荀子在年轻时就崇拜孔子，是儒家子弓的私淑弟子，在儒术研习方面颇有造诣，而且他还接受了墨、道、兵、农诸家思想的影响。他曾两次到齐国稷下学宫研讨学问和讲学。齐国早在齐宣王时曾招天下名士来齐，居稷下，食大夫禄，号称“列大夫”，不治而议论。齐湣王时，稷下学士更盛，多至数万人。此时，荀子曾到稷下游学，不久又到了楚国。齐襄王时，荀子又回到齐之稷下，在列大夫中“最为老师”，被尊称为卿。据说他曾“三为祭酒”③。所谓祭酒，即学宫中名望崇高的在祭祀时举酒祭神的老师。后被谗言所伤，离齐至楚，春申君请为兰陵（山东峄县东枣庄）令。后又被谗，遂离楚，并先后到过秦国和赵国，向秦昭王和赵孝成王推荐他的政治主张，但都没有被采纳。最后他又回到楚国，仍为兰陵令。公元前238年，春申君死，荀子失官在家，著书数万言。死后葬于兰陵。现存《荀子》一书，共32篇，有人认为，其中的《劝学篇》是世界上最早专门论述学习和教育问题的文章。

荀　子

荀子处在战国末期，是先秦诸子思想的综合者。他既批判各家，又吸收各

① 《孟子·告子下》。

② 《孟子·滕文公下》。

③ 《史记·孟轲荀卿列传》。

家，因而他的思想学说相当庞杂，既有不少科学合理的东西，又有许多矛盾之处，但其基本思想仍属儒家。

荀子发展了孔子关于“礼”的思想，在政治上不仅提倡儒家的“仁义王道”，而且主张王霸结合，礼法并称。齐国是当时的东方大国。齐滑王时(公元前 301—前 284 年)，荀子向齐相进言要齐国“处胜人之势，行胜人之道”[①]，争取统一天下。所谓“胜人之道”，即儒家的仁义王道。他劝说齐国君臣选贤任能，重用儒家。但齐国刚吞并宋国，齐滑王居功自傲，听不进荀子的建议。不久，齐国被燕打败，齐滑王在逃跑途中被楚将杀死。荀子总结这一历史教训时指出，齐滑王不修礼义是使齐国由强转弱到失败的根本原因。公元前 260 年，荀子西游于秦，会见秦昭王和秦相范雎，盛赞秦国民风朴实，官吏奉公守法，政府工作效率高，权力大，同时针对秦国恃武功而轻德教的弱点，陈述了“节威而反文”的建议，要求秦国重用儒者，实行仁义之政。他称许“儒者在本朝则美政，在下位则美俗”[②]。他在赵国期间，曾在赵孝成王面前和赵将临武君辩论军事问题，主张王霸结合，“以不敌之威，辅服人道”[③]。认为统一天下必须要用王道，而不能单纯诉诸武力。荀子指出，战争胜负在于争取民众，而争取民众之道又在于政教。他说：“故凝士以礼，凝民以政。礼修而士服，政平而民安。士服民安，夫是之谓大凝。以守则固，以征则强，令行禁止，王者之事毕矣。”[④]荀子的礼、政观成了由礼到法过渡的桥梁。他的著名弟子韩非，就舍礼而专讲法。法家学说成为秦朝建立封建中央集权制的理论基础。

荀子继承和发展了孔子唯物主义哲学观。并批判地吸取了道家的“天道自然”的思想，否定了“主宰之天”和“意志之天”，以“天地之变，阴阳之化”来解释自然界的各种现象，否定了鬼神怪异的存在，发展了无神论思想。他认为宇宙间存在着不以人的意志为转移的客观规律，“天行有常，不为尧存，不为桀亡”[⑤]，并提出了积极的“制天命”的思想。他说：“大天而思之，孰与物畜而制之？从天而颂之，孰与制天命而用之？望时而待之，孰与应时而使之？因物而多之，孰与聘能而化之。”[⑥]人对自然界不是一味地顺从敬畏，而是要进行斗争，使天地万物为人所控制和利用，相信人定胜天。荀子还发展了唯物主义认识论。他抛弃了道家

① 《荀子·强国》。

② 《荀子·儒效》。

③ 《荀子·议兵》。

④ 《荀子·议兵》。

⑤ 《荀子·天论》。

⑥ 《荀子·天论》。

的不可知论,肯定了世界是可知的,“凡以知,人之性也;可以知,物之理也”[①]。他认为人的认识器官包括感官和心两个部分。耳、目、口、鼻和形体叫“五官”,各自接触外界而得感觉,这是“闻见之知”;心在体内,总管五官,它根据五官接触外界所得闻见之知进行审察,以认识事物的真相,叫作“征知”。荀子还把“行”作为检验“知”的标准和“知”的最终目的。他说:“不闻不若闻之,闻之不若见之,见之不若知之,知之不若行之,学至于行之而止矣。行之,明也。”[②]不过,荀子有时也过分强调“心”的作用,他说:“心者,形之君也,而神明之主也;出令而无所受令;自禁也,自使也;自夺也,自取也;自行也,自止也。”[③]似乎“心”是绝对自主的,这与其认识论的其他命题又发生矛盾,从而陷入主观唯心主义的泥淖。

二、荀子的教育思想

(一)关于教育的作用

荀子十分重视教育的作用。他首先提出“性伪之分”的命题,说:“凡性者,天之就也,不可学,不可事。”“不可学,不可事而在天者,谓之性;可学而能,可事而成之在人者,谓之伪,是性、伪之分也”[④]。这就是说,与生俱来的本能是“性”,而后天习得者则是“伪”。“性”是恶的,“今人之性,固无礼义,故强学而求有之也;性不知礼义,故思虑而求知之也”,“目好色,耳好声,口好味,心好利,骨体肤理好愉佚”[⑤]。在荀子看来,人性主要是指人的生理本能和对物质生活的欲求。他还说:“性也者,吾所不能为也,然而可化也;积也者,非吾所有也,然而可为也。注错习俗,所以化性也。”“我欲贱而贵,愚而智,贫而富,可乎?曰:其惟学乎!”[⑥]“可以为尧禹,可以为桀跖,可以为工匠,可以为农贾,在执注错习俗之所积耳。”[⑦]从而否定了孟子的道德先验论,肯定人的道德品质和才能是后天环境与教育的结果。荀子还把环境对人的影响与教育的作用加以区分:一方面承认环境对人的成长有重要影响,把环境的影响称为“渐”或“注错”。他说:“蓬生麻中,不扶而直,白沙在涅,与之俱黑。兰槐之根是为芷,其渐之滫。君子不近,庶人不服,其质非不美也,所渐者然也。故君子居必择乡,游必就士,所以防邪僻而近中

① 《荀子·解蔽》。
② 《荀子·儒效》。
③ 《荀子·解蔽》。
④ 《荀子·性恶》。
⑤ 《荀子·性恶》。
⑥ 《荀子·儒效》。
⑦ 《荀子·荣辱》。

正也。”[1]另一方面又强调人通过学习和受教育，可以改变人的本性，他把这种个人努力学习称为“积”“积靡”。他说：“习俗移志，安久移质”，“涂之人百姓，积善而全尽，谓之圣人。彼求之而后得，为之而后成，积之而后高，尽之而后圣，故圣人也者，人之所积也”[2]。教育对人的成长起着“化性起伪”的作用。任何人只要“谨注错，慎习俗，大积靡，则为君子矣。纵性情而不足问学，则为小人矣”[3]。所以他说：“涂之人皆可以为禹。”[4]

在教育的社会作用，荀子从“法后王”“统礼义”“一制度”的思想出发，认为“礼义者，治之始也”。“人无礼而不生，事无礼则不成，国无礼则不宁”[5]。所以他特别重视礼义教育，经过隆礼之化，则“圣人明知之，士君子安行之，官人以守之，百姓以成俗”[6]。“教诲之，调一之，则兵劲城固，敌国不敢婴(犯)也”[7]。通过“明德慎罚”，达到“国家既治四海平”的政治目的。同时他又指出：“由士以上则必以礼乐节之，众庶百姓则必以法数制之。”[8]即认为礼义教育只能对上层阶级的人，而对下层的百姓则要依法治理。这种思想是要批判的。

(二)关于教育的目的和内容

荀子从“礼法结合”的政治思想出发，极力提倡尚贤使能，所以他的教育目的观就是要培养推行礼、法结合的封建官僚“卿相士大夫”的后备军。这种人是“积文学、正身行，能属于礼义”的“贤能”之士。荀子把当时的儒者分为俗儒、雅儒和大儒三类。俗儒是最低一等，他们道貌岸然，“术谬学杂”，不知道重视礼义和《诗》《书》，“以欺愚者而求衣食”[9]。这也是为荀子所鄙视的一类。雅儒是中间的一等，他们重视礼义和《诗》《书》的学习，主张取法“后王”而“一制度”，其言行大体上符合礼法的要求，不自欺欺人，并能“尊贤畏法，而不敢怠傲”[10]。若用他们来治理国家，则“千乘之国安”，这是荀子要培养的最基本人才。荀子教育的最高目的，是培养“大儒”。大儒不仅能取法“后王”，而且能“统礼义”“一制度”，并善于掌握“礼法”的大原则，能自觉遵守“礼义法度”和社会道德规范，“行法志

---

① 《荀子·劝学》。
② 《荀子·儒效》。
③ 《荀子·儒效》。
④ 《荀子·性恶》。
⑤ 《荀子·礼论》。
⑥ 《荀子·礼论》。
⑦ 《荀子·强国》。
⑧ 《荀子·富国》。
⑨ 《荀子·儒效》。
⑩ 《荀子·儒效》。

坚”，“以一持万”，“虽隐于穷阎漏屋，无置锥之地，而王公不能与之争名……用百里之地，而千里之国莫能与之争胜；箠棰暴国，齐一天下，而莫能倾也”[①]。这一类人才，正是荀子要培养的理想中的“圣人”。

荀子关于教育的内容，是与他的教育目的观紧密联系的。首先，他很重视读经。他对孔子的六经进行了继承与改造，完成了孔子以后孟子所难以企及的传经事业。他说：“故学数有终，若其义则不可须臾舍也。为之，人也；舍之，禽兽也。故《书》者，政事之纪也；《诗》者，中声之所止也；《礼》者，法之大分，类之纲纪也。故学至乎《礼》而止矣。夫是之谓道德之极。《礼》之敬文也，《乐》之中和也，《诗》《书》之博也，《春秋》之微也，在天地之间者毕矣。”[②]“《诗》言是，其志也；《书》言是，其事也；《礼》言是，其行也；《乐》言是，其和也；《春秋》言是，其微也……取是而通之也，天下之道毕是矣。乡是者臧，倍（背）是者亡。”[③]可见，在荀子看来，教育内容就是《诗》《书》《礼》《乐》《春秋》。汉代以后，中国整个封建社会的学校教育内容基本如此。

在教育内容方面，值得注意的是，荀子非常重视乐教。孔子本来就很重视音乐的教育作用，主张礼乐结合，乐以养内，礼以修外，立于礼，成于乐。荀子又重新提倡乐教。《荀子》一书中专有《乐论》一篇，其内容与《礼记》中的《乐记》相雷同，是一篇相当早的音乐教育理论著作。荀子认为音乐既是表现人快乐情感的一种重要方式，也是培养人情感的一种重要方式。他说：“乐者，乐也，人情之所必不免也，故人不能无乐”，“声乐之入人也深，其化人也速”[④]。他认为礼的作用是使上下有别，乐的作用是使上下和谐，礼乐并施就能“移风易俗，天下皆宁，善美相乐”[⑤]。荀子主张在音乐教育中要注意区别“正声”“奸声”，提倡正当健康的音乐，抵制低级庸俗的音乐。因为“乐中平则民和而不流，乐肃庄则民齐而不乱”，“乐姚（佻）冶以险，则民流僈鄙贱矣”[⑥]。荀子的乐教思想既有历史意义，又有现实意义。

（三）关于教学的思想

1.学思行结合。荀子和孟子的哲学思想体系不同，关于教学的理论也有不同之处。孟子主张“内发”，荀子主张“外向”。首先，在学与思的关系上，孟子比

---

① 《荀子·儒效》。
② 《荀子·劝学》。
③ 《荀子·儒效》。
④ 《荀子·乐论》。
⑤ 《荀子·乐论》。
⑥ 《荀子·乐论》。

较强调“思”，荀子则特别重视“学”。他说：“吾尝终日而思矣，不如须臾之所学也。”[①]其次，荀子把教学或学习的过程具体化为闻、见、知、行四个环节，四者之间紧密联系，层层递进，行乃是学习的最终目标。他说：“学至于行之而止矣”，“闻之而不见，虽博必谬；见之而不知，虽识必妄；知之而不行，虽敦必困。不闻不见，则虽当非仁也，其道百举而百陷也”[②]。荀子把学习过程解释为接触外界，掌握知识，见诸行为，完善自我的过程。

2. 虚壹而静，锲而不舍。他说：“心何以知？曰：虚壹而静。”[③]“虚”即“虚心”。“知之曰知之，不知曰不知，内不自以诬，外不自以欺”[④]，“不以所已藏害所将受”[⑤]。所谓“壹”和“静”都是指“专心不二”。“螾(蚓)无爪牙之利，筋骨之强，上食埃土，下饮黄泉，用心一也；蟹六跪而二螯，非蛇蟺(蟮)之穴无可寄托者，用心躁也”，“锲而舍之，朽木不折；锲而不舍，金石可镂”。“积土成山，风雨兴焉；积水成渊，蛟龙生焉；积善成德，而神明自得，圣心备焉”[⑥]。所以，学习要有虚心的态度、专心致志和锲而不舍的精神，这样才能取得成效。

3. 解蔽救偏，兼陈中衡。荀子认为在学习过程中，人们的思想方法容易片面，从而妨碍人们认识事物的全貌。他说：“凡人之患，蔽于一曲，而暗于大理。”[⑦]所谓“蔽”就是对复杂的事物和现象缺乏全面了解，只知其一，不知其二。他还辩证地看待事物，认为万事万物皆有利有“蔽”。他说：“欲为蔽，恶为蔽；始为蔽，终为蔽；远为蔽，近为蔽；博为蔽，浅为蔽；古为蔽，今为蔽。凡万物异则莫不相为蔽。此心术之公患。”[⑧]只有解除其蔽，以救其偏，才能正确认识事物，全面掌握知识。

蔽何以解？荀子提出“兼陈中衡”的方法。“兼陈”就是把事物的各个方面或各种情况都展示出来，全面了解。“中衡”就是通过比较权衡而确定或选择适当的中正思想和方法，从而不失偏颇。有时他也简称“兼权”。这种思想在强调看问题要全面、中正的同时，也容易导致折中调和主义倾向。

(四)关于道德教育的思想

荀子批判了孟子的先天道德论，提出“人之性恶，其善者伪也”的性恶论，论

---

① 《荀子·劝学》。
② 《荀子·儒效》。
③ 《荀子·解蔽》。
④ 《荀子·儒效》。
⑤ 《荀子·解蔽》。
⑥ 《荀子·劝学》。
⑦ 《荀子·解蔽》。
⑧ 《荀子·解蔽》。

证了人的道德观念是在后天环境和教育下形成的。所以，他也非常重视道德教育，并继承儒家以“礼义”为中心的道德教育思想。

1.自存自省，培养德操。荀子说：“使目非是无欲见也，使耳非是无欲闻也，使口非是无欲言也，使心非是无欲虑也……是故权利不能倾也，群众不能移也，天下不能荡也。生乎由是，死乎由是，夫是之谓德操。”①当然，这里“是”的标准是以他的“礼义”观为基础的，即封建社会的伦理道德准则。那么，一个人的“德操”怎样才能养成呢？“见善，修然，必以自存也；见不善，愀然，必以自省也；善在身，介然，必以自好也；不善在身也，菑（淄）然必以自恶也”②。即强调从自存、自省、自好、自恶四个方面来修养自己的“德操”。

2.适时教育，因材施教。荀子说：“礼恭而后可与言道之方，辞顺，而后可与言道之理，色从，而后可与言道之致。故未可与言而言，谓之傲；可与言而不言，谓之隐；不观气色而言，谓之瞽。故君子不傲不隐不瞽，谨顺其身。”③也就是说，道德教育要强调适时性，要注意教育效果。同时还强调道德教育要针对每个人的个性特点，做到因材施教。他说：“治气养心之术：血气刚强，则柔之以调和；知虑渐（潜）深，则一之以易（坦率）良（即谅，忠直）；勇毅猛戾，则辅之以道顺；齐给便利，则节之以动止；狭隘褊小，则廓之以广大；卑湿重迟贪利，则抗之以高志；庸众驽散，则劫之以师友；怠慢僄弃，则炤之以祸灾；愚款端悫，则合之以礼乐。”④

（五）关于教师的思想

首先，荀子特别重视教师的地位和作用。他说：“天地者，生之本也；先祖者，类之本也；君师者，治之本也。”⑤“礼者，所以正身也；师者，所以正礼也。无礼何以正身？无师，吾安知礼之为是也？”⑥他甚至把是否尊重教师看作是关系国家兴亡的大事，“国将兴，必贵师而重傅；贵师而重傅，则法度存。国将衰，必贱师而轻傅；贱师而轻傅，则人有快（肆意），人有快则法度坏”⑦。所以，他很强调教师的尊严，强调学生要尊敬老师，服从老师，“言而不称师，谓之畔（叛）；教而不称师，谓之倍（背）。倍畔之人，明君不内，朝士大夫遇诸途不与言”⑧。

其次，荀子明确提出做教师要具备四个条件。他说：“师术有四，而博习不与

---

① 《荀子·劝学》。

② 《荀子·修身》。

③ 《荀子·劝学》。

④ 《荀子·修身》。

⑤ 《荀子·礼论》。

⑥ 《荀子·修身》。

⑦ 《荀子·大略》。

⑧ 《荀子·大略》。

焉。尊严而惮，可以为师；耆（六十岁）艾（五十岁）而信，可以为师；诵说而不陵不犯，可以为师；知微而论，可以为师。”[①]也就是说，教师不仅要有威严、威信，还要有方法和经验。但荀子也修正了孔子“当仁不让于师”的民主精神，把“尊严而惮”作为教师的条件之一，使教师成为统治阶级专制意志的体现者。

再次，荀子认为教师应正确分析学生的优点和缺点，对其缺点应大胆批评，帮助其改正；对其优点应及时指出，给予表扬。他说：“非我而当者，吾师也；是我而当者，吾友也；谄谀我者，吾贼也。”[②]他还认为，通过老师的教育，学生最终应超过老师，“青，取之于蓝，而青于蓝；冰，水为之，而寒于水”[③]。只有这样，人类社会才能不断进步。

总之，荀子在中国教育史上的实际影响超过孟子。孔子收集整理我国夏、商、周的文物典籍，选编了《礼》《乐》《诗》《书》《易》《春秋》六经，后来经荀子传授，对2000多年封建社会的教育产生了巨大影响。另外，他的礼法结合的政治思想，在历代封建社会皆产生了实际作用。不过，荀子因为在哲学上的唯物论、“性恶论”和政治上“法后王”的思想，多与后儒不合，加上他的弟子韩非、李斯是法家，也影响他在儒学中的地位。特别是宋代理学兴起后，荀学更是受抑，然而其思想影响源远流长，有的至今仍然具有现实意义。

第四节　墨子的教育思想

一、墨子的生平和政治、哲学思想

墨子，名翟。关于他的生平和籍贯，文献记载很少，司马迁没有为他单独立传，仅在《孟轲荀卿列传》后附了两句话：“盖墨翟，宋之大夫，善守御，为节用。或曰并孔子时，或曰在其后。”《吕氏春秋·爱类篇》载：“公输般欲为楚攻宋，墨子闻之，自鲁往。”所以，有的说他是鲁国人，有的说他是宋国人，也可能是生于鲁国，曾为宋大夫。至于生卒年月更难以确定，大约与孔子孙子思同时，清代孙诒让作《墨子年表》，说墨翟大约生于公元前468年，死于公元前376年。也许这种说法比较接近于实际情况。

墨　子

---

① 《荀子·致士》。

② 《荀子·修身》。

③ 《荀子·劝学》。

墨子是先秦时代继孔子之后第二个有巨大影响的思想家、教育家。他所创立的墨家学派，独树一帜，与儒家相对立，儒墨两家的互相驳难，揭开了先秦“百家争鸣”的序幕。在整个战国时期，儒墨两家一直处于“显学”地位。

墨子出身微贱，精于工技。他的思想基本上代表当时的“农与工肆之人”。他崇拜夏禹，坚持布衣粗食，刻苦耐劳为百姓做事。孟子说他“摩顶放踵利天下为之”①，庄子说他是“日夜不休以自苦为极”②。据《淮南子·要略》载：“墨子学儒者之业，受孔子之术。”但发觉儒者“其礼烦扰而不说，厚葬靡财而贫民，久服伤生而害事”，遂“弃周道而用夏政”，自立学派。从《墨子》书中既有对古代文化典籍的广征博引，又记载了许多科学技术知识的情况看，墨子很可能是刚刚由摆脱宗法羁绊的小手工业者，上升为“士”行列的知识分子。他一生热衷于政治宣教，即主要活动是“上说下教”。他也招收门徒，而且有严密的组织和严格的纪律，据《淮南子·泰族训》称：“墨子服役百八十人，皆可使赴火蹈刃，死不旋踵。”这些弟子都勇猛仗义，具有一种舍命行道的献身精神。

墨子是墨家学派的创始人，他的思想主要体现在《墨子》一书中，据《汉书·艺文志》载，《墨子》全书有 71 篇，现存 53 篇。清代孙贻让的《墨子间诂》可供参考。

墨子针对当时社会的弊病，提出了尚贤、尚同、节用、薄葬、非乐、非命、天志、明鬼、兼爱、非攻等十大主张。

墨子政治思想的核心是“兼爱”“非攻”。他认为“仁人之事者，必务求兴天下之利，除天下之害”③。天下之害的根源在于“不相爱”，如能“兼相爱”“交相利”“天下祸篡怨恨可使毋起”。他还认为连年征战，夺民之用，废民之利，导致百姓饥寒冻馁而死者，不可胜数，因而希望停止战争，使“饥者得食，寒者得衣，乱者得治”④，表现了对劳动人民的同情。当然，这种希望统治者与劳动人民“兼相爱，交相利”的思想在当时是不可能实现的。在“兼爱”的原则下，墨子又提出了“尚贤”的主张。主张各级执政者：天子、三公、诸侯、大夫、乡长、里正，都应由民众选举贤人担任，以达到“一同天下之义而天下治”，强烈反对奴隶主贵族的世袭制度。他认为当时“王公大人未知以尚贤使能为政也。逮至其国家之乱，社稷之危，则不知使能以治之”，并提出“官无常贵，民无终贱”，“虽在农与工肆之人，有能则举之……无能则下之”⑤的思想，从而使贤者富而贵之，不肖者贫而贱之。

---

① 《孟子·尽心上》。

② 《庄子·天下》。

③ 《墨子·兼爱下》。

④ 《墨子·尚贤下》。

⑤ 《墨子·尚贤上》。

为了使“饥者得食，寒者得衣，乱者得治”，他还提出“节用”“薄葬”的主张，以不浪费民财。所以，他的施政纲要是“有力者疾以助人；有财者勉以分人；有道者劝以教人”。这些思想都是有进步意义的。

墨子的世界观是唯心主义的。他坚持“天志”“明鬼”，想借助“天”和“鬼神”来保护下层劳动人民的利益，从而陷入宗教迷信之中。他说：“顺天意者，兼相爱，交相利，必得赏。反天意者，别相恶，交相贼，必得罚。”①但在认识论方面，墨子坚持了唯物主义的经验论。他提出的“取实予名”和“三表法”是对认识论的极大贡献。他认为人的感官和外界事物相接触，是知识的直接来源，认识的第一步是根据见闻，取其所以然之理，然后予以适当的名，叫作“取实予名”，在人的认识中重要的是所取的实，而不是所予的名，“非以其名也，以其取也”。认识和检验客观事物的标准是“三表”或“三法”，即上本之于古者圣王之事；下原察百姓耳目之实；观其中国家百姓人民之利。这种判断事物的标准是有其合理一面的。墨子用三表法，论证了不少唯物主义命题，但也论证了鬼神的存在。

二、墨子的教育思想

墨子的教育思想不像孔子那样系统完整，而且其具体的教育、教学经验也不太突出，但他提出的许多主张是相当深刻和精辟的，尤其是他的科学技术教育思想，在我国古代教育思想史上的作用是不容忽视的。

(一)关于教育的作用

墨子很重视教育，希望用“上说下教”的方法来实现自己的政治主张。他把“有道者劝以教人”作为实现“饥者得食，寒者得衣，乱者得治”的三项根本措施之一，极力反对“隐慝良道而不相教诲”。在他看来，“天下匹夫徒步之士，少知义”，因此，“教天下以义者，功亦多”②。这里的“义”当然是指墨子的“兼相爱”“利天下”的思想。他还注意到教人从事物质生产劳动的重要性。如有位自食其力的隐士吴虑问墨子：“义耳义耳，焉用言之哉！”墨子反问道：“籍设而天下不知耕，教人耕，与不教人耕而独耕者，其功孰多？”吴虑只好承认：教人耕者其功多③。可见，他也认识到教育对发展生产力的作用。

在反对命定论方面，墨子比孔子更为彻底。孔子主张“性相近，习相远”，但又承认“唯上智与下愚不移”，保留着命定论的残余。墨子认为让人受教育，又坚持命定论，就如同让人包住头发，又让人脱去帽子一样是荒唐可笑的。“教人学

---

① 《墨子·天志上》。

② 《墨子·鲁问》。

③ 《墨子·鲁问》。

而执有命,是犹命人葆而去其冠也"[1]。他强调发挥人的主动性,认为决定人的富贵贫贱不是命,而是"力"之强与不强。"夫岂可以为其命哉?固以为其力也","强必治,不强必乱","强必贵,不强必贱","强必荣,不强必辱","强必饱,不强必饥","强必暖,不强必寒"[2],从而深刻地揭露和批判了统治阶级宣扬"命富则富,命贫则贫"的谎言。

墨子在强调主观努力的同时,十分重视环境的影响与教育的作用。他以染丝为例,"染于苍则苍,染于黄则黄,所入者变,其色亦变",来说明"士亦有染",所以"染不可不慎也"[3]。环境的影响与教育的作用,是我国古代教育家所普遍重视的,墨子直接以此来反对命定论,从而更加强调了教育的重要作用[4]。

(二)关于教育的目的和内容

墨子的教育目的在于培养"贤士"或"兼士",以备担当治国利民、兼爱相利的职责,成为"兴天下之利,除天下之害"的人。墨子认为贤士或兼士是否在位,对国家的治乱兴衰有决定性影响。作为贤士,必须具备三项标准:"厚乎德行,辩乎言谈,博乎道术"[5],即德才兼备。所谓"厚乎德行",这与儒家把德行的修养列为首位一样,能做到"舍生取义"。他说:"士虽有学,而行为本焉。"[6]重德行,是儒墨两家一致的要求,但儒家偏重于自我的道德完善,而讳言功利;墨子则公开宣传,只有对全社会产生实际利益的行为,才是道德的行为。所谓"辩乎言谈",指善于辞令,能说服人,能言善辩,奔走说教,改变社会风气,实现其政治理想。所谓"博乎道术",指通晓治国的道理和方法,不仅要掌握墨家的中心思想,而且要掌握实用技术。总之,贤士必须具有"兼爱"的精神,长于辩论,明辨是非,精于道术,是一个"利天下""爱万民"的人。

墨子的教育内容比儒家的教育内容要广泛。除以"兼爱"为核心的道德教育外,还注意对自然科学、生产技能、军事知识和论辩才能的研究与训练。在道德教育方面,也和儒家一样,要求:"为人君必惠,为人臣必忠,为人父必慈,为人子必孝,为人兄必友,为人弟必悌。"[7]所以,他仍以儒家的《诗》《书》和《百家春秋》作为教学内容的一部分。但墨子的"兼爱"与孔子的"仁"是有不同的,"兼爱"强调无差别的爱,而"仁"则强调爱是有差等的。另外,他还极力提倡勤劳俭朴,提

---

① 《墨子·公孟》。
② 《墨子·非命》。
③ 《墨子·所染》。
④ 参照王炳照等编:《简明中国教育史》,北京:北京师范大学出版社,1994年,第39~41页。
⑤ 《墨子·尚贤上》。
⑥ 《墨子·修身》。
⑦ 《墨子·兼爱》。

出“节俭则昌，淫佚则亡”，反对“贪饮食而惰从事”[①]。

由于墨子“上说王公大人，次说匹夫徒步之士”，也把“农与工肆之人”作为教育对象，而教育目的又是培养具有实用知识和技能的“兼士”，所以很重视科技教育。其成就较突出地表现在几何学、光学、力学和机械制造等方面。如《墨子》一书，给点、线、圆、光、力等概念都下了较为科学的定义。“端（点），体之无序（厚）而最前者也”，而线是“平，同高也”，“一中同长也”为圆，“力，刑（形）之所以奋也”[②]。他还分析了杠杆的原理，“挈，长、重者下，短、轻者上，上者愈得，下者愈亡”[③]。因此，有人认为墨家私学带有工业专科学校的萌芽。另外，他还有“教人耕”“其功多”的思想。

不过，墨子提出的“非乐”主张，不加分析地反对音乐和一切文娱活动，忽视音乐在陶冶人情感方面的作用以及健康的音乐对形成人的优秀道德品质的巨大感染力量，是很片面的。

（三）关于教育、教学的主要原则和方法

1. 强说人，不叩亦鸣。在教学态度上，墨子不同意儒家“叩则鸣，不叩则不鸣”的消极态度，主张积极主动地“强说人”。“不强说人，人莫之知”，所以应做到：叩则鸣，不叩亦鸣；问则答，不问也讲。即“虽不叩必鸣者也”。甚至应做到送教上门，他说：“行说人者，其功善亦多，何故不行说人也？”[④]这种主张教师强行“说教”“不叩亦鸣”的思想，体现了教师在教学中应发挥主导作用。墨子以教人为己任的精神在战国诸子百家中是最为突出的。

2. 言而有行，述而且作。墨子说：“言必信，行必果，使言行之合，犹合符节也，无言而不行也。”[⑤]他不仅非常强调言而有信，言行一致，而且很注意言行中的功利效果，对“无所利而必（不）言”[⑥]和“言不足以举行而常（尚）之”[⑦]的现象，斥为“荡口”。意思是说，言贵在行，不能付诸行为的话，就是空言妄语。他反对“言过而行不及”，认为只有“以身戴行”，把“兼爱交利”的思想见诸行动的人，才是道德高尚的人。他还要求学生“强力而行”，不要浪费光阴。他说：“人之生乎地上之无几何也，譬之犹驷驰而过隙也。”[⑧]他还说：“吾以为古之善者则诛之，今

---

① 《墨子·过辞》。
② 《墨子·经说上》。
③ 《墨子·经说下》。
④ 《墨子·公孟》。
⑤ 《墨子·兼爱下》。
⑥ 《墨子·耕柱》。
⑦ 《墨子·贵义》。
⑧ 《墨子·兼爱下》。

之善者则作之，欲善之益多也。”[①]即认为不仅要述说、宣传和继承传统文化中好的东西，而且应通过自己的行为创造适合当今社会的新的善的东西。这样，“善”就会越来越多。

3.察类明故，以约驭博。因为墨子很重视培养学生的论辩才能，所以他非常强调逻辑思维，辨析名理。在教学方法上主张“察类明故”，也就是通过类比，探明原理，即“以见知隐”，根据已知推测未知，根据可见的现象推测内在的含义。他说：“古者有语：谋而不得，则以往知来，以见知隐。谋若此，可得而知矣。”[②]这与孔子“知类通达”“触类旁通”的思想是一致的。他还说：“事无终始，无务多业，举物而暗，无务博闻”；“言无务为多，而务为智，无务为文，而务为察”[③]。意思是说，学习不要去追求繁多而应讲究富于智慧，不追求文采而应讲究明白，反对盲目的博闻杂记。在博与约的关系上强调以约驭博，重在实效，这与孔子的“由博返约”略有不同。从这个意义上说，有人说孔子教学多用归纳法，墨子教学多用演绎法，是有一定道理的。

4.以名举实，教学统一。墨子针对孔子的“以名正实”观点，提出了“以名举实”“以取验名”的思想。“实”是第一性的，“名”是第二性的，“举，告以之名，举彼实也故”[④]。“取”就是动手行动，“以取验名”就是通过实践来验证认识。他说：“瞽不知白黑者，非以其名也，以其取也。”[⑤]也就是说，盲人不知黑白，并不是盲人分不清“黑”与“白”的概念，而是不能区别黑和白的实物。“名”与“实”既相互区别，又相互联系。这也体现了理论联系实际思想的萌芽。墨子还对教与学的关系进行了分析，认为教与学若不统一，则功必寡或无功。他说：“唱（教）和（学）同患（串），说在功。”[⑥]又说：“唱无过，无所周（害），若粺（稗）；和无过，使也，不得已。唱而不和，是不学也，智少而不字，（功）必寡；和而不唱，是不教也，智而不教，功适息。”[⑦]如此细致地将教学分为六种情况，在当时实为少见，就是在今天看来，也很有道理。

5.因材施教，因时施教。墨子教育人常常因人因时而异。据《墨子·鲁问》载，他在周游各国时，弟子魏越问他：“我们看到各方面人士后，先用什么道理教导他们呢？”墨子说：“应选择最适合他们的事情来教导他们。譬如国家昏乱，应

① 《墨子·耕柱》。
② 《墨子·非攻中》。
③ 《墨子·修身》。
④ 《墨子·经说上》。
⑤ 《墨子·贵义》。
⑥ 《墨子·经说下》。
⑦ 《墨子·经说下》。

教之以尚贤、尚同;国家贫穷,应教之以节用、节葬;国家昏淫,应教之以非乐、非命;国家邪僻无礼,应教之以尊天、事鬼;国家专事侵略,应教之以兼爱、非攻。”他还以木、铁的自然属性不同,大匠、巧冶的制器方法各异为例,说明教人必须因材施教。他说:“夫物有以自然,而后人事有治也。故大匠不能斫金,巧冶不能铄木,金之势不可斫,而木之性不可铄也。埏埴以为器,刳木而为舟,铄铁而为刃,铸金而为钟,因其可也。”①另外,墨子还提出教学必须因时制宜,适时而教。他说:“虾蟆蛙蝇,日夜而鸣,舌干檠然而不听。今鹤鸡时夜而鸣,天下振动。多言何益,唯其言之时也。”②

第五节　道家与法家的教育思想

一、道家的教育思想

道家的主要代表人物是老子和庄子,下面分别简述他们的教育思想。

(一)老子的教育思想

1. 老子的生平和政治、哲学思想。老子约生于公元前 576 年,大概活了 100 岁。一说楚国苦县(今河南鹿邑)人,一说亳州(今安徽涡阳)人。一般学者认为老子就是老聃,姓李名耳,春秋末期的思想家,道家学派的创始人。他曾做过周守藏史,掌管东周王朝图书典籍。他见闻广博,相传孔子曾向他学习过周礼。晚年过着隐居生活,著书言道德之意五千言,即今流传的《老子》一书(汉以后被称为《道德经》)。它是战国中期其后学根据他讲学的思想内容编制的,全书分《道经》37 章,《德经》44 章,基本为老子本人的思想。所谓“道德”,魏人解释:“老子以虚为道,以无为德。”《淮南子·原道训》认为:“无为为之而合于道,无为言之而通乎德。”据此可知,老子所指的“道”即“无为之谓”,“德”亦是“不言之谓”。所以“道”可通于“德”,“德”也可通于“道”。老子理解的“道是自然万物的本源”。他说:“道生一,一生二,二生三,三生万物……”③他还说“道可道,无常道;名可名,无

老　子

① 孙贻让《墨子闲诂》附录一卷。
② 《太平御览》引。
③ 《道德经》第四十二章。

常名”[1]。说明事物是发展、变化的。他的哲学思想含有丰富、生动的辩证法内容。政治上他主张小国寡民、无为而治。因春秋战国时期诸侯纷争，人民受难。老子反对这种做法，认为用兵逞强不是治世之道，强调：“圣人处无为之事，行不言之教。”“圣人无为故无败”。他还说：“我无为而民自化，我好静而民自正，我无事而民自富，我无欲而民自朴。”[2]他的思想在我国乃至世界上都有着广泛的影响。

2.老子的教育思想。

(1)道德教育的内容。

①虚静无为。“无为”是老子道德观的中心，也是道家“道”的思想核心。老子说：“道常无为。”[3]“无为”不是什么都不做，而是要求人的一切行为都必须遵循自然法则，即按“道”的原则去做。也就是要人们遵循“传统”，“不敢为天下先”。如果每个人都达到“无为”这样一种理想境界，天下便可泰然，人们就是大德了。要做到“无为”首先要“寡欲”。他说：“见素抱朴，少私寡欲。”[4]从主观因素看，他要求人应尽量减少各种欲望，做到清心寡欲，复归于朴质之性。他还说：“是以圣人之治，虚其身，实其腹，弱其志，强其骨，常使民无知无欲，使夫智者不敢为也。为无为，则无不治。”[5]高明的统治者要经常使百姓的“心”保持虚静状态，做到“无知无欲”，复归于“自然”。只要是以“无为”的方式治理政事，天下就太平。

②柔弱处下。老子还视“柔弱”为人之美德。他以水为例来赞美柔德说：“天下莫柔弱于水，而攻坚强者莫之能胜。”[6]水可攻坚，“柔弱胜刚强”，人要想自由自在地生存，就应该保持柔弱的美德，而柔弱也会转化为刚强，并可战胜刚强。处理人际关系时将自己置于“下风”，反而会接近于“道”。所以他又说：“江海所以能为百谷王者，以其善下之，故能为百谷王。”[7]因此处上位者，只有恭谦宽厚，虚怀若谷，心胸方阔，才能有如江海包罗百川，真正得到百姓的拥护。

③知足不争。老子认为，人要知足常乐。他说：“名与身孰亲？身与货孰多？得与亡孰病？是故甚爱必大费，多藏必厚亡。知足不辱，知止不殆，可以长久。”[8]

---

① 《道德经》第一章。

② 《道德经》第五十七章。

③ 《道德经》第三十七章。

④ 《道德经》第十九章。

⑤ 《道德经》第三章。

⑥ 《道德经》第七十八章。

⑦ 《道德经》第六十六章。

⑧ 《道德经》第四十四章。

他还说："祸莫大于不知足，咎莫大于欲得，故知足之足，常足矣。"[①]知足便能常足。他还强调人应当急流勇退。因为"功遂身退，天之道也"[②]。要做到"知足"，首先要做到"不争"。他说："上善若水。水善利万物而不争，处众人之所恶，故几于道。"[③]有善良品德的人如同流水一样，有利于万物而从不争名争利。居处不争之地，心以不争为渊。"不争"还要具体做到"取虚"和"慈俭"。老子说："不自见，故明；不自是，故彰；不自伐，故有功；不自矜，故长。夫唯不争，故天下莫能与之争。"[④]他还说："我有三宝，持而保之：一曰慈，二曰俭，三曰不敢为天下先。慈，故能勇；俭，故能广；不敢为天下先，故能成器长。"[⑤]如果身居要位或身为众长，必须做到宽容、俭啬，不能事事突出自己、以身为先、以首自居。

(2)教学的原则和方法。

①不言之教。老子要求教育者不要过多地用强力施以行政教令，应该顺应教育的自然规律去从事教育，行"不言之教"。通过"不言"而达到"有言"，通过"无为"而达到"无不为"，真正取得"不言之教，无为之益"[⑥]的社会效果。在老子看来，"不言之教"，一是靠外在"榜样"（正面与反面），二是靠内在"自觉"。他说："善人者，不善人之师；不善人者，善人之资。不贵其师，不爱惜其资，虽智大迷。是谓要妙。"[⑦]就是说，"善人"可以成为"不善人"的老师，这是天经地义的，但对于"不善"的人来说，如何能为"善人"之师呢？他认为可以作为"反面教员"，以资"善人"的借鉴。这种对正反两方面"榜样"的借鉴就是"不言之教"。另外，他还重视受教育者的自觉。他说："知人者智，自知者明。"[⑧]这就是强调充分发挥自我主观内在的潜能，以自主意识克服自己的弱点，完善自我。

②绝学弃智和观、明、玄览。老子所要绝的学，并不是科学之学，也不是见道之学，而是卜筮之学、巫守之学、术数之学。一句话，是指当时的官学。这种学是统治者的工具，绝去这些邪伪之学，则精神不受其束缚，也就不再上怕神、下怕鬼，落得个自由自在，故曰：绝学无忧。老子之弃智，乃反对统治者的巧伪。老子并不主张无知，而是主张有知，有真知灼见，亦即明事物之理，知自然之道。为此他还提出观、明、玄览的方法。观指直观或直接观察，即以物观物。观物之后，还

---

① 《道德经》第四十六章。
② 《道德经》第九章。
③ 《道德经》第八章。
④ 《道德经》第二十二章。
⑤ 《道德经》第六十七章。
⑥ 《道德经》第四十三章。
⑦ 《道德经》第二十七章。
⑧ 《道德经》第三十三章。

要知其常，即知其条理法则。要知常，就得用明。明就是照见而把握其本质，即所谓知常曰明。知常仅知一类事物的条理法则，还是偏而不全，所以要融合诸法则一以贯之，那就要用玄览，即综合全体、大一统观之，以知大道。总之，他的教育思想洋溢着自然主义精神，对后世教育，尤其在个人道德教育（修身养性）方面的影响比较明显。

③图难于易，为大于细。老子说："大小多少，报怨以德。图难于其易，为大于其细。天下难事，必作于易；天下大事，必作于细。是以圣人终不为大，故能成其大。"①他还说："合抱之木，生于毫末；九层之台，起于累土；千里之行，始于足下。"②教学"为道"，既是一个由易到难、由简到繁、由浅入深、由细到大、由低到高的过程，也是一个由量变到质变的过程。一个人要想成就大业，必须要从小事做起，从基础做起。这正是渐进性原则。

④损之有余，补之不足。老子议政施教都主张："高者抑之，下者举之，有余者损之，不足者补之。""教有余而补不足"③。这是天经地义的"道"，任何事情都必须遵守的法则。教学中，不论是教或是学，都会出现不平衡现象。高深了，或可降低一点要求；简略了，或可提高一点标准。多了不易接受，可适当损之；寡了不能满足学之所需，可酌量补之。总之，要做到有的放矢，因材施教。

⑤为于未有，治于未乱。他说："为之于未有，治之于未乱。"④从教学的规律看，在平常未发生问题的时候，教师应该做深入细致的工作，主动做好各种良好品行培养的引导，把问题杜绝于未发生之前，尽量做到防患于未然。教学应该有一定的超前意识，适当走在前面，未雨绸缪，以正面的预防为主。如果学生习已成性，积重难返，再来纠正，则勤苦难成。

总之，老子的教育思想有不少在今天仍具有现实意义。

(二)庄子的教育思想

1.庄子的生平和政治、哲学思想。庄子（约公元前369～前286年），名周，字子休，战国时宋国蒙（今安徽蒙城，一说河南商丘，一说山东曹县）人。出身于破落的小贵族家庭，道家学派主要代表。做过蒙地的漆园吏，可能在职不久就隐居了。据《史记》记载：因不愿与权势同流，无为有国者所羁，终身不仕。一直

庄 子

① 《道德经》第六十三章。
② 《道德经》第六十四章。
③ 《道德经》第七十七章。
④ 《道德经》第六十四章。

过着清苦以自娱或聚徒以讲学的贫困生活。“其学无所不窥，然其要本归于老子之言”。遗有《庄子》一书，现存33篇，内篇系手笔，外、杂篇多系门人或后学所著，是我们研究庄子思想的主要材料。他继承了老子的客观唯心主义思想，并转向主观唯心主义和相对主义。他忿疾厌世、超脱世俗、思想解放、藐视权威。与老子一样，他把“道”视为必须追求的最高理想。与老子不同的是：老子还主张“以道佐人主”①，有较强的政治色彩，而庄子则以高度的“叛逆”精神，主张治身、完身和养生，追求自我解脱。他说：“道之真以治身，其绪余以为国家。”②就是说，学“道”主要是为自我完善，对于治国平天下，那是非常次要的。帝王人主所主的“道”，完全在于权势地位，谋求政治功利，与完身、养生是格格不入的。庄子始终直接从事教育工作，并继承和发展了老子的教育思想，形成一种“出世主义”的教育思想体系。

2.庄子的教育思想。

(1)教育目的。庄子主张教育应培养“至人”“神人”和“圣人”。他不仅提出多层次的人格培养目标，而且提出相应的人格准则，但核心都是“不争”。他在《逍遥游》中明确指出：“至人无己，神人无功，圣人无名。”“至人”(有时也叫“真人”)就是至德之人，要物我两忘。他说：“古之至人，先存诸己而后存诸人。”③故“至人无为”④，“至人神矣”⑤。也即能做到“游乎四海之外，死生无变于己”⑥。简直达到“神”的境界。“圣人”是庄子追求的最主要的理想人格，体现其对现实人格理想的追求。他说：“圣人不从事于务，不就利，不违害，不喜求，不缘道。无谓有谓，有谓无谓，而游乎尘垢之外。”⑦也就是超凡脱俗，与世无争，自我超越，无所欲求，一切顺乎自然。“神人”则介于“至人”与“圣人”之间，做到超凡脱俗，神游天地，无为无功。

(2)道德教育的内容。

①虚静无为。他说：“夫虚静、恬淡、寂寞、无为者，万物之本也。”⑧“夫恬淡、寂寞、虚无、无为，此天地之平而道德之质也。故曰：圣人休休焉，则平易矣，平易，则恬淡矣。平易、恬淡，则忧患不能入，邪气不能袭，故其德全而神不亏”⑨。

---

① 《道德经》第三十章。
② 《庄子·让王》。
③ 《庄子·人间世》。
④ 《庄子·知北游》。
⑤ 《庄子·齐物论》。
⑥ 《庄子·齐物论》。
⑦ 《庄子·齐物论》。
⑧ 《庄子·天道》。
⑨ 《庄子·刻意》。

恬淡寂寞、虚无无为，都是道家主张的道德修养之本。“休心于恬淡之乡，息智于虚无之境，则履艰难而简易，涉危险而平夷也”[①]。这样也就真正达到修养的目的“虚无、恬淡，乃合天德”了。[②]

②三齐——齐是非、齐善恶、齐美丑。即认为是与非、善与恶、美与丑都是相对的。他说：“不谴是非，以与世俗处。”[③]“争让之礼，尧、桀之行，贵贱有时，未可以为常也”[④]。“毛嫱、丽姬，人之所美也，鱼见之深入，鸟见之高飞，麋鹿见之决骤（急跑）；四者孰知天下之正色哉？”[⑤]也就是说，事物都是相对的，应辩证地看问题。

③四无——无己、无功、无名、无情。“无己”的精神境界就是“逍遥游”，物、我两忘，自由自在。“无功”是不追求个人的功劳。“无名”是不追求个人的名位。即“至人无己，神人无功，圣人无名”[⑥]。他还说“有人之形，无人之情”[⑦]，不以好恶喜善哀乐的情感伤害自己的身心，对一切都不用情，也不为情所动。所以，有人说他是一个逃避现实的超功利主义者。

庄子强调的道德观无疑在特定的社会环境下，有利于个人的精神解脱，有利于社会的和谐和稳定，但也有明显的消极影响，特别是到魏晋南北朝时期，经过世家士族的改造，进一步蜕变为纵欲主义、享乐主义的教育思想。

（3）教学原则和方法。

①心斋坐忘。“心斋坐忘”是道家最根本的修养方法，为庄子首创。“心斋”指心遵守的斋戒；“坐忘”是说静坐而忘掉一切。关于“心斋”，他在《人间世》中借孔子的话说“虚者，心斋也”。他又借颜回与孔子的对话说：“堕枝体，黜聪明，离形去知，同于大通，此谓坐忘。”[⑧]也就是要心志纯一，排除杂念，忘掉自己的形体，抛开自己的聪明，去掉自己的知识与天地大道融通为一。后被称为“不动心”。

②缘督为经。这是庄子针对保身、全生和养生提出来的。缘，顺也；督，中也；经，常也。意思是：顺守中道以常。他说：“为善无近名，为恶无近刑，缘督以为经，可以保身，可以全生，可以养亲，可以尽年。”[⑨]这是根据中国古代对人体的认识来解释的。据《奇经》的认识，身后之中脉为督脉，督，居静而不依于左右。

---

① 郭庆藩：《庄子集释》卷六上《刻意·疏》，北京：中华书局，1997年。

② 《庄子·刻意》。

③ 《庄子·天下》。

④ 《庄子·秋水》。

⑤ 《庄子·齐物论》。

⑥ 《庄子·逍遥游》。

⑦ 《庄子·德充符》。

⑧ 《庄子·大宗师》。

⑨ 《庄子·养生主》。

也就是说，做好事不求名声，做恶事不触犯刑律，处于善与恶、好与坏的虚隙之中。他以“庖丁解牛”为例，教育人们做事要乘虚而入、游刃有余、熟能生巧。这与儒家的中庸之道有相通之处。

③精诚之至。这是庄子假托孔子拜一位“客”为师、向其求教而“学大道”的故事，提出这条原则的。庄子认为：为师施教，必须真心实意，以情感人，就是要做到“精诚之至”，因为“不精不诚，不能动人”。精诚的根本在于“真”，所以他又说：“真者，精诚之至也。”“真在内者，神动于外，是所以贵真也”[①]。只有内在充满真善美的情操，才有真实的情感流于言表。精诚所至，金石为开。如此，世上还有不能教之以善的学子吗？

④“知、谟、神、行”。庄子还提出“知、谟、神、行”的学习过程。“知者，接也”。庄子认为人学习知识，是从接触实际的感性认识开始的，这是认识的最初阶段。“知者，谟也”。这是学的第二阶段。谟有议谋、虑难之意。是指在实际感知的基础上进行积极思维，深入推究，求其本质。这也是“辩”的过程。他说：“辩者，辩其所不能辩也。”[②]只有辨明事物的本质，才能逐步上升为理性认识，达到“神遇”的境界。“以神遇而不以目视，官知止而神欲行”[③]。他说：“纯素之道，唯神是守；守而勿失，与神为一。”[④]庄子的这一认识，也表明学习认识的直觉性，即使达到“神遇”的境界，也是建立在直觉的基础上。他还说“道行之而成”[⑤]。道家尽管强调“无为”，但庄子还是借孔门原宪之口说：“学而不能行谓之病。”[⑥]所以要少说空话，多行实际。而且要“大行”，“小行伤道”[⑦]。所以必须努力播德弘化，大行天下，做到学以致用。但道家更加强调个人的行为。

庄子的教学原则与方法比较多样，除上述观点外，他还继承和发展了老子“不言之教”的教育主张，并有用寓言以教而为“寓”的原则等，这些都具有一定的积极意义。只是在他虚静无为，特别是相对主义思想的指导下，其教学思想也有着一定的局限性。

二、法家的教育思想

法家的主要代表人物是商鞅、韩非。商鞅是先秦法家的奠基人，韩非是先秦

① 《庄子·渔父》。
② 《庄子·庚桑楚》。
③ 《庄子·养生主》。
④ 《庄子·刻意》。
⑤ 《庄子·齐物论》。
⑥ 《庄子·让王》。
⑦ 《庄子·缮性》。

法家的集大成者。汉武帝“独尊儒术”后，历代封建统治者虽不打法家的旗号，但都是表儒内法。法家对中国社会的影响同样巨大。

（一）商鞅、韩非的生平与政治思想

商鞅（公元前390～前338年），姓公孙，名鞅。卫国人，后秦孝公“封鞅为列侯，号商君”。商鞅是李悝（魏文侯相，废世卿世禄，提倡耕作，整理各国刑法编撰《法经》）的学生，他“少好刑名之学”，后由卫入秦，两次变法，重“农战”。商鞅说：“凡人主之所以劝民者，官爵也。国之所以兴者，农战也。今民求官爵，皆不以农战，而以巧言虚道，此谓劳民。劳民者，其国必无力。无力者，其国必削。”[①]提出“废先王之教”的口号。主张富国强兵、加强中央集权的法治思想。遗著《商君书》。

商　鞅

韩非（公元前281～前233年），韩国人，与李斯都是荀卿的学生。见韩国日益贫弱，上书韩王改革，未被采纳，于是写下《孤愤》《五蠹》《内外储》《说难》等，阐述政治主张。其言传入秦，秦王政见前两篇甚赏识，经李斯介绍知其是韩国人。于是，公元前235年，韩国派韩非出使秦国时，秦王甚悦，并将其留下议政。因政见与李斯相左，后被李斯、姚贾陷害，死于狱中。韩非继承和发展了商鞅历史进化论的观点，反对复古，主张变古。韩非也认为“先王之教”即仁义道德的说教，无益于国计民生。他批评儒家说“为故人行私谓之不弃，以公财分施谓之仁人，轻禄重身谓之君子，枉法曲亲谓之有行，弃官宠交谓之有侠，离世遁上谓之高傲，交争逆令谓之刚材，行惠取众谓之得民”。结果：“吏有奸”“公财损”“民难使”“法制毁”“官职旷”“民不事”“令不行”“君上孤”，“此八者，匹夫之私誉，人主之大败也”。反此八者，匹夫之私毁，人主之公利也。人主不察社稷之利害，而用匹夫之私誉，索国之无危乱，不可得矣。有《韩非子》遗世。

韩　非

总之，他们批评儒家的仁义道德说教是“巧言虚道”“烦言饰辞而无实用”。

（二）商鞅、韩非的教育思想

1.“废先王之教”“禁止私学”。为了推行“法治”，他们主张旧的教育内容必须破除。韩非认为：“世异则事异，事异则备变”，“今欲以先王之政治当世之民，

① 《商君书·农战》。

皆守株之类也”[①]，“博习辩智如孔、墨，孔、墨不耕耨，则国何得焉？修孝寡欲如曾、史（曾子，孔子弟子；史鱼，春秋时卫国大夫，以正直敢谏著名。古代把他们当作分别表现仁和义的典型人物——引者注），曾、史不战攻，则国何利焉？”[②]并称私学为“二心之学”，“凡乱上反世者，常士有二心私学者也”[③]。后成为秦朝“禁私学”的依据。

2.“以法为教，以吏为师”。“以法为教”即实行法治教育。这里的“法”包括封建国家所颁布的有关政治、经济和文化教育各方面的政策法令。但实行法治，首先要使法令“明白易知”，所以商鞅主张以法官为师，向民众解释法令的内容，使“万民皆知所避就”。他主张以耕战为内容的法治教育。他说：“使民之所苦者无耕，危者无战，二者，孝子难以为其亲，忠臣难以为其君。”[④]他认为以刑罚治民，表面上看是不仁不义，实际上正是爱护人民，使之归于正义。在他看来，人心都是趋利避害的。所谓“民之性，饥而求食，劳而求佚，苦则索乐，辱则求荣，此民之情也”[⑤]。如能利用人们趋利避害的心理，对耕战有功者，给其田地，甚至予其爵禄，使其得到实际利益，他们自然就肯于为君主效忠尽力。韩非认为只能以法治国。“诚有功则虽疏贱必赏，诚有过则虽近爱必诛”，刑无等级。而“法者，编著之图籍，设之于官府，而布之于百姓者也”[⑥]。使民知之。所以他十分重视法治的宣传和教育。他还提出“人性自私说”，并论证了为善去恶要靠法治，不能靠道德感化。“母厚爱处，子多败，推爱也。父薄爱教笞，子多善，用严也”。并说：“夫当家之子，财货足用；财货足用则轻用，轻用则侈泰。亲爱之则不忍，不忍则骄恣。侈泰则家贫，骄恣则行暴。”[⑦]且举例说：“今有不才之子，父母怒之弗为改，乡人谯（讽刺）之弗为动，师长教之弗为变。夫以父母之受，乡人之行，师长之智，三美加焉而终不动，其胫毛不改。州部之吏，操官兵，推公法，而求索奸人，然后恐惧，变其节，易其行矣。”[⑧]但他并不是不要伦理道德，而是强调“去私行公”，重视“三常”教育：“臣事君，子事父，妻事夫。三者顺则天下治，三者逆则天下乱，此天下之常道也。”“三常”后来被汉代儒家发展为“三纲”。也就是法，强调“以法成德”“以法为教”，并提出“以吏为师”，反对“以儒为师”。

---

① 《韩非子·五蠹》。

② 《韩非子·八说》。

③ 《韩非子·诡使》。

④ 《商君书·慎法》。

⑤ 《商君书·算地》。

⑥ 《韩非子·难三》。

⑦ 《韩非子·六反》。

⑧ 《韩非子·五蠹》。

3. 培养明法、行法、恬淡、不脱的“耿介之士”。韩非说：“不养耿介之士，则海内虽有破亡之国，削灭之朝，亦勿怪矣。”[1]而耿介之士应当“恬淡”“平安”“不拔”“不脱”。“恬淡有趋舍之义，平安知祸福之计……虽见所好之物不能引，不能引之谓‘不拔’”，“虽有可欲之类，神不为动，神不为动谓之‘不脱’”[2]。这里的“恬淡”“平安”，即要求一个人保持精神安静。所谓“不拔”“不脱”，即要求一个人要不被外物所诱，不为“可欲”所牵。做到取舍得当，才能去祸得福。

总之，法家强调法治，提倡法治教育，注重教育改革，强调“农战”，关注物质生活和军事，有其深刻的历史意义。但法治与德治不可分割，法治教育与道德教育不可偏废。今天我们已将法治教育纳入道德教育内容之中。另外，尽管禁止私学有利于统一人心，但必有损于教育的发展。

第六节 《礼记》中的教育思想

《礼记》是战国后期到汉初儒家著作的一个总集，一本汇编，是儒家学派分化后又趋融合的产物。旧有所谓“三礼”，即《仪礼》《周礼》和《礼记》。由戴德传授的《礼记》85 篇称为《大戴礼记》，由戴圣传授的《礼记》49 篇称为《小戴礼记》。《十三经注疏》收入的就是《小戴礼记》。我们现在讲的《礼记》，也是指《小戴礼记》，它对后世影响较大。

《学记》《大学》是《礼记》中专门论述教育的专著，《乐记》讨论了音乐与艺术的教育问题，《中庸》是儒家的哲学论文，也谈及教育。此外，《礼运》《王制》《内则》《文王世子》等也涉及教育问题。下面着重分析《学记》的教育思想，并对《大学》《中庸》《乐记》中的教育思想作一简要叙述。

一、《学记》中的教育思想

《学记》是我国先秦时期儒家教育经验和教育思想的总结，约成书于战国后期，是世界上最早的、体系比较严整而又极有价值的一篇教育专论。全文 1229 个字，较系统地论述了教育的作用、目的和任务，以及教育制度、教育内容、教育原则和方法，也谈到教师及师生关系等，从而奠定了我国古代教育的理论基础。

（一）关于教育的作用和教育制度

《学记》把教育的作用概括为“建国君民”“化民成俗”。《学记》开头两段文字专门说明了教育的社会作用和教育对人的发展的作用：“发虑宪，求善良，足以

---

① 《韩非子·五蠹》。

② 《韩非子·解老》。

谀闻，不足以动众；就贤体远，足以动众，未足以化民。君子如欲化民成俗，其必由学乎！”“玉不琢，不成器；人不学，不知道。是故古之王者，建国君民，教学为先。”这些思想成了后世人们论述教育作用的经典理论。

《学记》以托古的方式拟定了一个从地方到中央的理想的学制系统，“古之教者，家有塾，党有庠，术有序，国有学”。《学记》还以大学为例，提出了一个完整的教学进程和考查标准。“比年入学，中年考校：一年视离经辨志，三年视敬业乐群，五年视博习亲师，七年视论学取友，谓之小成。九年知类通达，强立而不反，谓之大成。夫然后足以化民易俗，近者说服而远者怀之。此大学之道也”。一方面，它明确了教育的总目标和每个阶段的具体标准、要求，且具体标准和要求是逐步加深、提高，保证了总目标的实现。另一方面，在每个阶段要达到的标准中都规定了学业知识和思想品德两个方面的要求，体现了对教育教学规律的掌握和运用达到很高的程度。

《学记》还记录了古代学校管理和行政领导方面的制度与规定。如开学、视学等仪式：“大学始教，皮弁祭菜，示敬道也”；“入学鼓箧，孙其业也”；“未卜禘不视学，游其志也”。今天看来，这些仪式本身没有什么现实意义，但它所要达到的目的对我们还是很有启发的。

（二）关于教育、教学的主要原则

1. 教学相长。《学记》说：“虽有嘉肴，弗食不知其旨也；虽有至道，弗学不知其善也。是故学然后知不足，教然后知困。知不足，然后能自反也；知困，然后能自强也。故曰：教学相长也。”对这段话的理解曾有分歧，有人认为是专指对教师而言，教师通过教与学的活动，发现自己的不足和困惑，从而更加努力提高自己。也有人认为是指教师与学生双方，教师教学生，学生也可促进教师提高。一般认为，前一种理解较符合原意，后一种理解属引申意。这深刻揭示了教与学的辩证关系：“学”因“教”而益深，“教”因“学”而日进。

2. 尊师重道。儒家一贯提倡尊师，认为尊师才能重道。《学记》首先强调了教师地位的重要，“能为师，然后能为长；能为长，然后能为君。故师也者，所以学为君也。是故择师不可不慎也”。接着又说：“凡学之道，严师为难。师严然后道尊，道尊然后民知敬学。是故君之所不臣于其臣者二：当其为尸，则弗臣也；当其为师，则弗臣也。大学之礼，虽诏于天子无北面，所以尊师也。”这就是说，一国之君对于教师也要免行为臣之礼，以表示尊师。但同时也对教师提出了严格要求：“知至学之难易，而知其美恶，然后能博喻；能博喻，然后能为师”；“既知教之所由兴，又知教之所由废，然后可以为人师也”；“记问之学，不足以为人师”等。

3. 藏息相辅。“大学之教也，时教必有正业，退息必有居学。不学操缦，不能安弦；不学博依，不能安《诗》；不学杂服，不能安礼。不兴其艺，不能乐学。故君子之于学也，藏焉修焉，息焉游焉。夫然，故安其学而亲其师，乐其友而信其道，是以虽离师辅而不反”。也就是说，大学之教对学生不仅有正课的学习要求，学生还要进行课外练习和训练，才能完成教学任务，所以“退息必有居学”，同时要处理好学习与游乐的关系、“亲其师”与“乐其友”的关系，这样，多方面受到影响和锻炼，即使将来离开了师友，学业也不会退步。

4.豫、时、孙、摩。《学记》总结了教学中的成功经验和失败教训，概括出“教之所由兴”和“教之所由废”的重要规律。“大学之法，禁于未发之谓豫，当其可之谓时，不陵节而施之谓孙，相观而善之谓摩。此四者，教之所由兴也。发然后禁，则扞格而不胜；时过然后学，则勤苦而难成；杂施而不孙，则坏乱而不脩；独学而无友，则孤陋而寡闻。燕朋逆其师，燕辟废其学。此六者，教之所由废也”。这里是通过正反两方面分析，提出了四项具体的教学原则。

豫，就是预防。在不良行为和习惯发生之前，教育措施就应走在前头，以便禁于未发，将其消灭在萌芽状态。如果不良行为习惯已经形成，再去禁止，积习已深，很难矫正。

时，就是及时，即及时施教。教师只有抓住适当的时机（或关键时期），及时施教，才能取得良好的效果。否则时过境迁，即使花费很大力气，也可能收效甚微，甚至毫无成效。

孙，就是顺序，即循序渐进。教学应该由易到难，由浅入深，一步一个脚印，既不能“陵节”“躐等”，也不能“杂施”，搞得杂乱无章。否则会造成“坏乱而不脩”，使学生“苦其难而不知其益”，从而厌恶学业，嫉恨老师。

摩，就是观摩，即师友之间相互学习。《学记》很重视乐群、亲师、取友的教育，把“相观而善”作为一条教育原则，认为与师友交往可以取长补短、补偏救弊。如果“独学而无友”，则“孤陋而寡闻”。但不要交不正派的朋友，防止“燕朋”“燕辟”对自己的不良影响。

5.启发诱导。“君子之教，喻也：道而弗牵，强而弗抑，开而弗达。道而弗牵则和，强而弗抑则易，开而弗达则思。和、易、以思，可谓善喻矣”。《学记》继承和发展了孔子启发式教学的思想，并从三个方面提出了启发式教学的具体要求：

第一，道而弗牵。教师要积极引导、疏导学生，但不要牵着学生走，更不要包办代替。这样学生学起来就会自然和谐，并自觉跟从教师学习。

第二，强而弗抑。教师要积极督促、鞭策学生，调动其学习的积极性、主动性，但不要强制和压抑。这样学起来就会感到轻松容易。

第三，开而弗达。教师要为学生打开知识的大门提供钥匙，教会学生思维和方法，教学要留有余地，而不是把所有的知识直接塞给学生，这样才能发展学生的思维，培养学生的思考能力。

6.长善救失。《学记》说：“学者有四失，教者必知之。人之学也，或失则多，或失则寡,或失则易,或失则止。此四者,心之莫同也。知其心,然后能救其失也。教也者,长善而救其失者也。”“贪多过杂、浅薄过少、自满自足、畏难而止”是学习中常见的毛病。教师应全面了解、具体分析,在此基础上,通过正确的教育帮助学生克服缺点,并化消极因素为积极因素,做到“长善救失”。后人王夫之说:“多、寡、易、止虽各有失,而多者便于博,寡者易于专,易者勇于行,止者安其序,亦各有善焉。救其失,则善长矣。”这就要求教师懂得教育的辩证法,坚持正面教育,因势利导,利用积极因素克服消极因素,将缺点转化为优点。

(三)关于教学的主要方法

《学记》还提出了一些具体的教学方法,主要有以下几条:

1.问答法。《学记》从善问和善答两个方面来论述问答法。“善问者如攻坚木,先其易者,后其节目,及其久也,相说以解。不善问者反此。善待问者如撞钟,叩之以小者则小鸣,叩之以大者则大鸣,待其从容,然后尽其声。不善答问者反此”。发问要注意由易到难,循序渐进;答问要注意深浅适宜,详略得当。

2.讲解法。“力不能问,然后语之,语之而不知,虽舍之可也”。当学生没有能力提出问题时,教师可以进行启发或直接对其讲解,如果讲解了以后还不懂,不妨暂时停一停。《学记》还要求教师的讲解能够做到“约而达,微而藏,罕譬而喻”,也就是要简明扼要,言简意赅,通俗易懂,富于启发性。

3.类比法。《学记》特别重视类比的方法。“古之学者,比物丑类。鼓无当于五声,五声弗得不和;水无当于五色,五色弗得不章;学无当于五官,五官弗得不治;师无当于五服,五服弗得不亲”。通过类比,学生触类旁通,透彻理解。

4.练习法。《学记》以铁匠、弓匠之子和小马学驾车为例,说明必须从最基本、最简单的功夫练习起,打好基础。“良冶之子,必学为裘;良弓之子,必学为箕;始驾(马)者反之,车在马前。君子察于此三者,可以有志于学矣”。另外,《学记》还提出“退息必有居学”的方法,也就是强调要有课外练习。

另外,《学记》对教学中违反原则,不讲究方法的现象,提出尖锐的批评:“今之教者,呻其占毕,多其讯言,及(急)于数进,而不顾其安,使人不由其诚,教人不尽其材,其施之也悖,其求之也拂。夫然,故隐其学而疾其师,苦其难而不知其益也。虽终其业,其去之必速。教之不刑(成功),其此之由乎!”即认为当时教学中普遍存在教师照本宣科,上课满堂灌,急于求成,不考虑学生是否接受,不顾学生的志趣爱好,造成学生厌学和怨恨老师,视学习为苦事的情况。学生即使勉强结束了学业,也会很快忘掉。这就是教学不成功的原因所在。所以,遵循教学原则,讲究教学方法很重要,“善学(教)者师逸而功倍,又从而庸之。不善学者师勤而功半,又从而怨之”[1]。

---

① 参照王炳照等编:《简明中国教育史》,北京:北京师范大学出版社,1994年,第64~69页。

综上所述，可以看出《学记》内容十分丰富，论述非常深刻，它所提出的一系列教学原则和方法，充满辩证法因素，绝大部分都是很科学的。尽管受时代局限，《学记》提出了“夏楚二物，收其威也”，主张可以使用体罚等不科学的内容，但这并不影响它的历史价值。今天，我们仍要认真研讨《学记》中的教育思想，从中吸取营养，继承中华民族优良的教育传统，改进我们今天的教育工作。

二、《大学》中的教育思想

《大学》原是《礼记》中的一篇。据郭沫若考证，它是孟子弟子乐正克所作。宋朝程颢、程颐曾把原文章次序作了更动，后来朱熹又另行编订次序，作《大学章句》。此后，《大学》便从《礼记》中分立出来，成为“四书”（《论语》《孟子》《大学》《中庸》）之一。宋元以后的封建教育都以“四书”为基本教材。

《大学》论述了大学的教育目的、任务和途径，尤其是提出了一个完整的、概括性的政治、道德教育的纲领和程序。“大学之道，在明明德，在亲民，在止于至善”。“明明德”就是使人们先天的善性得到复明和发扬，善德既明就要做到“亲民”，实施“仁政”，使百姓相亲相爱，从而使社会达到“至善”的境界。所谓“至善”是指“为人君，止于仁，为人臣，止于敬，为人子，止于孝，为人父，止于慈，与国人交，止于信”。按朱熹解释，就是“尽夫天理之极，而无一毫人欲之私”。这就是大学教育的纲领，即进行封建社会的伦理纲常教育，达到“修己治人”的目的。按照儒家的观点，“修己”是“治人”的前提，“治人”是“修己”的目的。由此，《大学》又把大学教育的程序概括为前后联系的八个条目（步骤），即格物、致知、正心、诚意、修身、齐家、治国、平天下。其中修身是中心环节，格物、致知、正心和诚意都是为了修身，只有完成修身才能做到齐家，做到齐家，然后才能“治国、平天下”。所以“自天子以至庶人，一是皆以修身为本”。另外要说明的是，格物、致知是其基础，但《大学》中未加具体解释，因此，后人各按自己的理解进行发挥，宋明理学家程朱学派与陆王学派的分歧也在于此。程朱主张格万物，知天理；陆王主张格吾心，知心性。由此产生了教育上的两大派别，一派强调读经书、道问学；一派强调静省思、尊德性。两派的思想对我国封建社会后期的教育影响极大。

三、《中庸》中的教育思想

《中庸》也和《大学》一样，是从《礼记》中分立出来的，成为“四书”之一。《中庸》的章句也经朱熹重新编订过。《中庸》是反映儒家折中调和的思想，即中庸之道。它是儒家认识事物和处理问题的一种基本观点与方法，实际上是一种哲学观点。孔子说过："中庸之为德也，其至矣乎。"[①]他称"中庸"为至德，可见其重视的程度，同时也反映它是教育的重要内容之一。

《中庸》开宗明义就提出："天命之谓性，率性之谓道，修道之谓教。"意思是说，上天赋予（天生）的，叫作"性"，顺从和发扬人的本性，叫作"道"，把"道"加以修明和推广，使之实行，则叫作"教"。即教育是遵循天命之性加以修养，使之合乎道的过程。《中庸》把教育过程具体化为五个步骤："博学之，审问之，慎思之，明辨之，笃行之。"这里包括由学到行的完整过程，综合孔子以来儒家重视学习、思考和实行的精神而加以发挥，使其更加系统化、条理化、合理化。《中庸》还非常强调个人的主观努力，"有弗学，学之弗能，弗措（止）也。有弗问，问之弗知，弗措也。有弗思，思之弗得，弗措也。有弗辨，辨之弗明，弗措也。有弗行，行之弗笃，弗措也。人一能之，己百之；人十能之，己千之；果能此道矣，虽愚必明，虽柔必强"。这种提倡持之以恒、勤能补拙的学习精神是很可贵的。另外，《中庸》也分析了学生学习的个别差异性，"或生而知之，或学而知之，或困而知之，及其知之，一也。或安而行之，或利而行之，或勉强而行之，及其成功，一也"。尽管学生的学习是有差异的，但目标是一致的——修养"达德"。"知、仁、勇，三者天下之达德也"，"子曰：'好学近乎知，力行近乎仁，知耻近乎勇。'知斯三者，则知所以修身；知所以修身，则知所以治人；知所以治人，则知所以治天下国家矣。"这也正是教育的目的所在。

四、《乐记》中的教育思想

据《隋书·音乐志》记载，《乐记》是孔子的再传弟子公孙尼子所作。《乐记》与荀子《乐论》有不少相同之处，但不能认为荀子抄袭了《乐记》，而应认为现存的《乐记》并非全是公孙尼子的作品，其中有很大部分是儒家后学甚至是汉儒的纂辑，已大大发展了公孙尼子的思想并总结战国时期及其以后包括荀子在内的儒家关于乐教的理论。先秦儒家一贯重视乐教，认为礼教与乐教是相辅相成、相依并进的。《乐记》继承并发展了先秦儒家重视乐教的思想，把乐教当作教育的重要组成部分。

《乐记》对音乐的定义是："声相应，故生变；变成方，谓之音。比音而乐之，及干（盾牌）戚（长柄斧）羽（鸟羽毛）旄（牦牛尾装饰的旗子），谓之乐。"它最早概括出"乐与政通"的观点，认为"治世之音安，以乐其政和；乱世之音怨，以怒其政乖；亡国之音哀，以思其民困"。所以，"乐也者，圣人之所乐也，而可以善民心，其感人深，其移风易俗，故先王著其教焉"。它把"乐"看作与礼、政、刑一样是治理国

① 《论语·雍也》。

家不可缺少的，“礼节民心，乐和民声，政以行之，刑以防之，礼乐刑政，四达而不悖，则王道备矣”。

《乐记》认为音乐不仅是人心灵的反映，而且影响人的情感、意志和品德。“乐者，音之所由生也，其本在人心之感于物也。是故其哀心感者，其声噍以杀；其乐心感者，其声啴以缓；其喜心感者，其声发以散；其怒心感者，其声粗以厉；其敬心感者，其声直以廉；其爱心感者，其声和以柔。六者非性也，感于物而后动”。“乐者，通伦理者也。是故知声而不知音者，禽兽是也；知音而不知乐者，众庶是也，唯君子为能知乐”。“知乐则几于礼矣。礼乐皆得，谓之有德”。“是故先王之制礼乐也，非以极口腹耳目之欲也，将以教民平好恶，而反人道之正也”。同时也指出不好的音乐不仅使人意志消沉，精神颓废，也不利于社会的稳定。“郑音好滥淫志，宋音燕女（妩媚）溺志，卫音趋数（急促）烦志，齐音敖辟（古怪）乔（骄逸）志，此四者，皆淫于色而害于德，是以祭祀弗用也”。

总之，《乐记》对音乐的作用和音乐教育的论述，有着较高的理论价值，今天仍值得我们学习、借鉴和发扬。

思考题

1. 1988 年，75 位诺贝尔奖得主聚会巴黎，会上发表的宣言中提到：如果人类要在 21 世纪生存下去，必须回到 2500 年前的孔子那里去吸取智慧。（参见阎江、肖妮妮主编《中西方文化比较》一书，上海辞书出版社，2003 年，266—267 页）

请结合教材内容并阅读相关资料，分析或研讨儒家教育思想的生命力。

2. 一般认为，在先秦各学派的学术和教育争鸣过程中，影响最大的是儒、墨、道、法四家。试分析四者教育主张的不同之处，并思考它们对后世的影响。

第二章

中国封建社会的教育思想

公元前221年，秦灭六国，建立起中国历史上第一个统一的专制主义中央集权的封建王朝。为适应统一的封建国家的政治需要，秦始皇采取一些巩固统一的文教政策和措施。如“以法为教，以吏为师”“书同文”“禁私学”，以至“焚书坑儒”等。这些措施加剧了社会矛盾，从而加速了秦朝的灭亡，这一失败的教训为汉代以后的统治者所铭记。汉武帝继位后，采取董仲舒的建议：“罢黜百家，独尊儒术。”从此儒学成为中国封建社会的统治思想，整个封建社会的教育乃以儒家教育思想为指导。其中影响较大的教育家有董仲舒、朱熹、王阳明等。他们从先秦儒家的教育思想出发，结合当时社会的实际，提出各自的教育思想，对封建社会的教育影响深远。中国的封建社会延续时间比较长，儒家教育思想的弊端也是显而易见的。中国11世纪的改革家王安石大胆提出了改革传统教育的主张，尽管他的改革失败了，但他的教育改革思想不容忽视。明清之际，我国早期启蒙思想家们又勇敢地站出来，批判宋明理学，抨击封建理学教育的弊端，明确提出教育要培养能“经世致用”的实用人才，这对我国近代资产阶级教育思潮的产生起了启蒙作用。

资料卡片1

贾谊的胎教与早教思想

贾谊（公元前200～前168年），西汉初期著名的政治家、哲学家、教育家。他主张教育应从胎教开始，其胎教思想包括两方面内容：一是婚配时应慎重择偶。贾谊认为父母的品德可以对子女产生直接影响。所以他要求婚娶对象应选择“孝悌世世有行义者”。二是注意为胎儿提供良好的发育环境。胎儿良好的发育环境包括母体本身的环境和母体周围的外界环境。贾谊指出孕妇应努力保持安静平和的心态以及身体的自然姿态。与此同时，还需给孕妇提供专门的居室，与外界嘈杂的生活环境隔绝，不听怪诞的音乐，不吃极刺激的食物。这些条件的实现要依赖孕妇本人的主观自觉及他人的积极配合。贾谊的胎教思想一定程度上也确立了女子教育的地位。

贾谊还强调早期教育的重要，因为个体幼年时期形成的道德品行根深蒂固，不可磨灭。所以他主张儿童心智发展的水平应与教育紧密结合。儿童有何种接受能力就应施行什么样的教育。另外，儿童天性纯洁，很容易形成良好的道德品行，但因缺乏正确的判断能力，也极容易被社会不良因素所诱惑，因此需要通过教育活动来提高儿童辨别是非的能力。

第一节　董仲舒的教育思想

一、董仲舒的生平和政治、哲学思想

董仲舒（公元前179～前104年），广川（今河北省景县境内）人，西汉著名的思想家和教育家，有“汉代孔子”之称。他出身于一个田连阡陌、牛马成群、家有大量藏书的大地主家庭。自幼勤读儒学，做到“三年不窥园”，对《春秋》公羊学与《易经》阴阳学特别有研究，学识渊博。中年收徒讲学，开始了教育生涯。汉景帝时，他因专精《春秋》而被选任为博士，但因景帝崇尚黄老学说，他在政治上无用武之地，仍从事教育。汉武帝即位后，随命各地推荐贤良方正之士以备咨询。建元元年（公元前140年），汉武帝接连对董仲舒进行了三次策问，基本内容是关于天人关系的，也称“天人三策”。董仲舒提出“罢黜百家，独尊儒术”“兴教化、正万民”和“改革选士制度”三大文教政策的建议。汉武帝采纳了他的建议，之后派他到江都易王刘非那里任国相，后又任胶西王刘端的国相。晚年去职家居，专门著书讲学，但朝廷有大事，仍常派人向他请教。死后葬于长安西郊。一次汉武帝经过他的墓地，特下马致意，故后人又将他的墓地称为“下马陵”。董仲舒一生著作甚丰，但绝大部分失传了，现存仅有《春秋繁露》一书和《史记·儒林列传》《汉书·董仲舒传》中的有关资料。

董仲舒

董仲舒用公羊春秋的微言大义来改造先秦儒学，并容纳刑名法术、阴阳家思想，以天人关系问题为中心，建立了一套新的儒学。其主要政治、哲学思想如下：

在哲学上，董仲舒是个地道的神学唯心主义者。他把自然事物伦理化，并赋予自然的天以人格。他指出“天”是宇宙人间的最高主宰，他说：“天者，万物之

祖，万物非天不生。”[①]“为人者天也，人之人本于天，天亦人之曾祖父也，此人之所以乃上类天也。”[②]他以天人同类为根据，提出“天人感应论”和“君权神授”的思想。认为君主是“替天行道”，他的行为好坏能直接影响天，天能据此进行严格的赏罚。如君主施行仁政，上天就会降下“祥瑞”现象，以示奖励；如果君主施行暴政，上天就会降下灾异现象，以示“谴告”。也就是说“天道”与“人道”是统一的，而“天道”主宰着“人道”。

在政治方面，他强调“德治”和“法古”。他从神学唯心主义哲学思想出发，利用天道“阳尊阴卑”论，为儒家的“德治”找到“天意”的根据，他说：“天数右阳而不右阴，务德而不务刑”[③]，“阳为德，阴为刑，刑主杀而德主生……以此见天之任德不任刑也”，王者应“承天意以从事，故任德教而不任刑”[④]。当然他也不反对刑，把刑当作“德教”的辅助手段，他说：“教，政之本也；狱，政之末也。其事异域，其用一也。”[⑤]既然强调“德教”，那么“德”的标准是什么呢？首先要统一思想，思想不统一，国家不好治理，所以他提出“独尊儒术”。他又用“阴阳说”来解释儒家的传统道德观，使之系统化、规范化、合理化，他认为“天”是“阳贵而阴贱”，而君、父、夫则属阳，臣、子、妻则属阴，所以提出“君为臣纲、父为子纲、夫为妻纲”，即“三纲”。同时又提出：“仁、义、礼、智、信”五条社会道德规范，即“五常”，作为“三纲”的补充，以维护封建社会的统治秩序。从此，君权、父权、夫权和神权成了“束缚中国人民特别是农民的四条极大的绳索”[⑥]。另外，董仲舒还从“天不变，道亦不变”的思想出发，提出“奉天法古”的主张。他说：“古之天下亦今之天下；今之天下亦古之天下。”[⑦]“奉天”即“奉天之道”，“法古”即“法古之道”。“奉天”强调的是封建专制制度的神圣性，“法古”强调的是封建专制制度的永恒性。这些思想对后世影响较大，往往成为保守派的思想武器。

二、董仲舒的教育思想

（一）关于教育作用的思想

董仲舒也是从人的本性出发来论述教育对人的重要性。他对孟子的“性善

---

① 《春秋繁露·顺命》。

② 《春秋繁露·为人者天》。

③ 《春秋繁露·阳尊阴卑》。

④ 《汉书·董仲舒传》。

⑤ 《春秋繁露·精华》。

⑥ 《毛泽东选集》（第1卷），北京：人民出版社，1966年，第31页。（注：书中言政权、族权、神权、夫权四种权力）

⑦ 《汉书·董仲舒传》。

论”和荀子的“性恶论”进行调和，他说：“身之名取诸天，天两有阴阳之施，身亦两有贪仁之性。”“身之有性情也，若天之有阴阳也。”①进而提出“性三品”说，即把人性分为“圣人之性”“中民之性”和“斗筲之性”三种。所谓上品的“圣人之性”，是天生的“过善”之性，只有封建帝王以及周公、孔子一类的人物才具有。他们是“天”委派来制礼乐、立法度，以统治教化万民的。所谓下品的“斗筲之性”，谈不上“善”，即人生来就是“恶”的，也无法教化，跟禽兽差不多，所以只能用刑法对付他们。以上说的两种人都是极少数。“中民之性”代表万民之性，其人性中有性有情。性属阳，是仁的、善的；情属阴，是贪的、恶的。但“中民之性”有善质而未能善，只有通过王者的教化才能转为“善”。他说：“今万民之性，待外教然后能善。”②所以“中民之性”的“万民”才是教育的对象，教育可以使他们为“善”，但不可以教化他们为“圣人”。

他还从“德治”的观点出发，强调教育对社会的作用，主张“兴教化、正万民”，通过“教化”，实现国家的“长治久安”。他说：“凡以教化不立而万民不正也。夫万民之从利也，如水之走下，不以教化堤防之，不能止也。是故教化立而奸邪皆止者，其堤防完也；教化废而奸邪并出，刑罚不能胜者，其堤防坏也。古之王者明于此，是故南面而治天下，莫不以教化为大务。立大学以教于国，设庠序以化于邑，渐民以仁，摩民以谊，节民以礼，故其刑罚甚轻而禁不犯者，教化行而习俗美也。”③汉武帝当时接受了他的思想，除下诏在长安建立太学（公元前124年）外，还下诏在州郡设立地方学校，从而奠定了我国封建社会学校教育体制的基本框架，也开创了社会重教之风。

（二）关于教育目的和内容的思想

董仲舒的教育目的是要培养精通儒经并能“尊王明伦”的治术人才——“贤士”和懂得“三纲”“五常”的被统治者——“万民”。所以，他主张的教育内容就是儒家的经典和伦理道德思想体系，其他内容一概不要。他说：“《春秋》大一统者，天地之常经，古今之通谊也。今师异道，人异论，百家殊方，指意不同，是以上亡（无）以持一统，法制数变，下不知所守。臣愚以为诸不在六艺之科、孔子之术者，皆绝其道，勿使并进，邪辟之说灭息，然后统纪可一而法度可明，民知所从矣。”④也就是说，为了一统天下，凡不属于《诗》《书》《礼》《乐》《易》《春秋》六经科目和孔子的学术思想内容的，一律禁止，不准学习和传播。他还说：“《诗》《书》序其志，

① 《春秋繁露·深察名号》。

② 《春秋繁露·深察名号》。

③ 《汉书·董仲舒传》。

④ 《汉书·董仲舒传》。

《礼》《乐》纯其美，《易》《春秋》明其知(智)。”[①]它们各有自己的特殊作用。这里值得一提的是，董仲舒很重视音乐的教育。他说：“乐者，所以变民风，化民俗也；其变民也易，其化人也著。故声发于和而本于情，接于肌肤，臧于骨髓。故王道虽微缺，而管弦之声未衰也。夫虞氏之不为政久矣，然而乐颂遗风犹有存者，是以孔子在齐而闻《韶》也。”[②]这些论述大大丰富了我国古代的美育理论和美育实践，对我们今天实施素质教育不无启发。当然，他最重视的教育内容还是《春秋》公羊学。

(三)关于道德教育的原则和方法

董仲舒从他的人性论出发，非常重视道德教育，可以说将德育放在第一位。他提出的德育原则和方法主要有以下几条：

1.以仁安人，以义正我。董仲舒认识到伦理道德教育的核心是正确处理人我关系问题，而且“待人”与“治我”应有不同的要求。所以他提出“以仁安人，以义正我”的重要德育原则。他说：“仁之于人，义之于我者，不可不察也。众人不察，乃反以仁自裕，而以义设人。诡其处而逆其理，鲜不乱矣。”[③]也就是说，应“宽以待人，严于律己”。这一思想与孔子的“躬自厚而薄责于人”的思想是一致的。他在论及治人与正我问题时，赞同孔子的说法，认为“治民者先富之，而后加教”，“治身者，先难后获”。这一德育原则在今天仍具有普遍意义。

2.必仁且智。董仲舒还专门论述了“仁”与“智”的关系。他说：“仁而不智，则爱而不别也；智而不仁，则知而不为也。故仁者所以爱人类也，智者所以除其害也。”[④]也就是说，若只有仁德而没有智慧，在施爱于人时就不知分辨好坏、善恶，甚至滥施仁爱，道德行为要以道德认识为基础，没有“智”难以做到爱憎分明；如果有智慧而没有仁德，则智慧不仅无益于人，甚至会有害于社会。所以他说：“不仁而有勇力财能，则狂而操利兵也。”[⑤]这是十分危险的。这里就包含德育与智育相辅相成、不可偏废的思想。“君子不学，不成其德”[⑥]，“知之所不明”，“虽有圣人之道，弗论不知其义”[⑦]，因此，必须做到“既仁且智”。

3.重义轻利。处理好“义”和“利”的关系，不仅是伦理学要探讨的问题，也是德育理论不可回避的重要问题。董仲舒明确提出义和利对人都是不可缺少的，

---

① 《春秋繁露·玉杯》。
② 《汉书·董仲舒传》。
③ 《春秋繁露·仁义法》。
④ 《春秋繁露·必仁且知》。
⑤ 《春秋繁露·仁义法》。
⑥ 《汉书·董仲舒传》。
⑦ 《春秋繁露·仁义法》。

他说:“天之生人也,使之生义与利。利以养其体,义以养其心。心不得义不能乐,体不得利不能安。”[①]这里的“义”是指社会的道德准则,“利”是指个人的物质生活利益。尽管两者都是人所需要的,但不能等量齐观,因为“体莫贵于心,故养莫重于义”,“夫人有义者,虽贫能自乐也。而人无义者,虽富莫能自存”[②]。即认为重义可以使人安贫乐道,不重义则会使人为富不仁。总之,“义”比“利”更重要。所以,当“义”与“利”发生矛盾时,他指出应“正其谊(义)不谋其利,明其道不计其功”[③]。这句话成为封建社会的道德格言,它要求人们重义轻利,而不要见利忘义。这也是封建社会道德评价的准则(或德育要求)之一。

(四)关于教学的原则和方法

董仲舒的认识论是唯心主义的,他认为人类的真知皆取之于天,所谓“事各顺于名,名各顺于天”[④]。人只要用“内视反听”的方法明于天心,也就获得认识,这种先验论的思想当然是不科学的。但由于他长期从事教学实践活动,积累了丰富的教学经验,他提出的一些教学原则和方法有不少是合乎教学规律的。

1.美其道,慎其行,适疾徐,稽而勿苦。他说:“善为师者,既美其道,有(又)慎其行,齐(剂)时早晚,任多少,适疾徐,造而勿趋,稽而勿苦,省其所为,而成其所湛,故力不劳而身大成。此之谓圣化,吾取之。”[⑤]要求教师首先要敬重育才之道,相信自己所教的东西,并以身作则,做行为的表率;其次要掌握好教学的时机、分量和快慢,做到适时、适量和适度,强调因材施教、量力而行、循序渐进(“造而勿趋”);最后在督促、考核学生时,给学生的压力不要太大,不要让他们感到学习是苦和难的,应尽可能让他们轻松愉快的学习,做到“力不劳而身大成”。董仲舒把这样的教学过程及其所达到的成果叫作“圣化”。

2.多连博贯,博节合宜。董仲舒总结自己治《春秋》的经验,并用以教导学生。他说:“今《春秋》之为学也,道往而明来者也。然而其辞体天之微,故难知也。弗能察,寂若无;能察之,无物不在。是故为《春秋》者,得一端而多连之,见一空(孔)而博贯之,则天下尽矣。”[⑥]他将《春秋》的微词比附为天意难知,这显然是错误的。但是他提倡只要深察慎思,做到“得一端而多连之,见一空(孔)而博贯之”,就能尽知万物,是一种有价值的读书方法,这种方法也有助于促进学生思维的发展。所谓“多连”和“博贯”,就是要求不可读死书,不能孤立地学习书本知

① 《春秋繁露·身之养莫重于义》。
② 《春秋繁露·身之养莫重于义》。
③ 《汉书·董仲舒传》。
④ 《春秋繁露·深察名号》。
⑤ 《春秋繁露·玉杯》。
⑥ 《春秋繁露·精华》。

识，而应前后联系、融会贯通，做到“合而通之，缘而求之”。他告诉学生凡是见诸经传的内容，应当“伍其比，偶其类”，即“会而通之”；对于未见诸经传、有待于引申的内容，则应当“览其绪，屠（剖析）其赘”，即“缘而求之”[①]。尽管他在论述“多连”与“博贯”时生出许多附会荒诞之言，体现了今文经学家偏重“微言大义”的特点，但他也明确指出太博和太节都不利于知识的获得和智力的发展，他说：“太节则知（智）阍，太博则业厌。”[②]只有博节合宜才能做到学与智同长。

3. 强勉学问，专一虚静。董仲舒认为治学和进德都要靠主观努力，他说：“强勉学问，则闻见博而知（智）益明；强勉行道，则德日起而大有功。”[③]对治学来说，只要勤奋好学、努力进取、坚韧不拔，就能达到“博”与“明”的境地；对修身进德来说，只要努力按“道”的要求去做，严于律己、坚持不懈，就能使自己的德性日趋完善。他还认为学习必须“专一”，“不一者，故患之所由生也。是故君子贱二而贵一。人孰无善？善不一，故不足以立身”[④]。正如“目不能二视，耳不能二听，手不能二事”[⑤]一样，学习只有“专一”才能“致精”。“夫欲致精者，必须静其形……形静而志虚者，精气之所趋也”[⑥]。也就是说，学习时要能静下心来，排除杂念，虚心以求，才能取得好的学习效果。

资料卡片 2

颜之推的教育思想

颜之推（531～595年），梁朝建业（今南京市）人。其代表作《颜氏家训》是中国历史上第一部比较系统的家庭教育著作。首先，颜之推认为家庭教育要从胎教开始，纵然做不到，也要及早从幼儿开始，越早越好。其次，要爱与教相结合。教子要严，反对溺爱、偏爱，对子女爱得其所，爱得其法，把爱护子女与教育子女结合起来。再次，要注意环境习染对子女的影响。父母要告诫子女“慎交游”，特别要审视子女左右的人，以防误入歧途。最后，要重视家庭的语言教育。他指出，父母对儿童学习正确的语言负有重要的责任，要重视通用语言，而不应强调方言。另外，颜之推主张学习应当虚心，应与师友切磋，不可闭门读书，但也反对“高谈虚论”，反对“悠闲”度日，提倡勤勉努力、眼见为实的学风。

① 《春秋繁露·玉杯》。
② 《春秋繁露·玉杯》。
③ 《汉书·董仲舒传》。
④ 《春秋繁露·天道无二》。
⑤ 《春秋繁露·天道无二》。
⑥ 《春秋繁露·通国身》。

资料卡片3

韩愈的教育思想

韩愈继承了董仲舒的"性三品"说，并认为性可移，但性的品级不可移。上、中品之人可受教育，下品之人只能以刑罚制之。由于人天生具有仁、义、礼、智、信的道德基因，就应通过教育来宣传人的这种道德，儒家经典是最好的教育内容。他认为"人非生而知之"，"学者必有师"；"道之所存，师之所存也"，"学无常师"。他全面论述了教师的工作职责和任务："师者，所以传道授业解惑也。"他还提出"师不必贤于弟子，弟子不必不如师"的新观念。韩愈一方面肯定教育在促进人性变化中的积极作用；另一方面又认为教育的作用是有限的，人性三品不可变，教育只能在品级内发挥作用。这种人性论不但为封建制度的等级性作了合理论证，也体现了他的宿命观。

第二节　王安石的教育思想

王安石是北宋时期著名的政治家、思想家和教育家。他站在中小地主阶级立场，为了扭转北宋王朝"积贫积弱"的局面，加强和巩固中央集权制的封建统治，积极倡导"新学"、推行"新政"，在政治、经济、军事和文化教育等方面进行了一系列的变法革新，被革命导师列宁称为"中国十一世纪时的改革家"[①]。尽管"变法"最终失败了，但他倡导的"变法"思想和主张改革社会的精神是永存的。

一、王安石的生平和政治思想

王安石（1021～1086年），字介甫（一作介父），号半山，江西抚州临川人，人称临川先生。晚年封号荆国公，人称王荆公。他出身于寒素庶族。其父王益进士及第，历任地方官员，一家人靠官俸为生。王安石聪悟好学，"少好读书，一过目终身不忘"，且"百家诸子之书，无所不读"。22岁应举中甲科第四，授扬州签判。后又知鄞县、通判舒州、知常州、提点江东刑狱等。1043～1060年，他主要是担任州县官吏，其间曾三次还朝，任大理评事、殿中丞、群牧判官等京官，但总共不足5年。他目睹了豪族权门巧取豪夺，下等农民

王安石

① 《列宁全集》(第10卷)，北京：人民出版社，1963年，第139页。

饥寒交迫、横遭天灾人祸。感叹“丰年不饱食,水旱尚何有?”他认为造成这种惨状的原因,主要是“俗吏不知方,掊克乃为材,俗儒不知变,兼并可无摧”[①]。嘉祐五年(1060年),他从提点江东刑狱被召回朝廷时,系统总结了他多年任地方官的感受和经验,写出了洋洋万言的《上仁宗皇帝言事书》,提出全面改革的主张,尽管“言事书”未引起仁宗皇帝的重视,执政大臣也不以为然,但他要求改革的希望,却引起社会上不少要求改革的人士的注意,其名声也因此日盛。1061年,他又写了《上时政书》,提出以晋武帝、梁武帝、唐明皇三帝享国日久,因循苟且,招内忧外患为戒,故应大明法度、重用贤才的建议。然而两年后仁宗逝世,王安石也因母丧回江宁。宋英宗一朝,王安石都居江宁,聚徒讲学达5年之久。

1067年,英宗死,神宗即位。第二年王安石从知江宁府,被召为翰林学士。1069年参知政事,在宋神宗支持下,积极变法,推行新政。但由于保守势力的排斥、打击,他于1074年4月被罢相,出知江宁府,1075年2月恢复相位,第二年再次被罢免,判江宁府。此后的10年,他一直在金陵居闲,以著述为生。他一生著作较多,但相当一部分已经佚失,现存有《临川先生文集》。

在政治上,王安石认为“民贫则国不强”,而国家贫困的症结,不在于开支过多,而在于生产过少,生产少则民不富,民不富则国不强。而农民之所以贫困和不能从事生产,一方面是由于兼并之家“侵牟”和“蚕食细民”,另一方面则是由于政府只把繁重的徭役加在农民身上,却不帮助他们兴修水土之利,不在“播种收获”之时,“补助其不足”。因此,王安石提出要“因天下之力,以生天下之财”。为了使农民有从事生产的条件,又必须“摧制兼并”,减免徭役,耕敛时节加以补助,并“为之修其水土之利”。除农业之外,商业和军事同样是“强国”之本。根据这些思想,王安石等人从1069年开始,制定和实施“新法”,主要内容如下。

(一)农田水利法

各地湖港、河汊、沟洫、堤防之类,凡与当地农业利害相关,需要兴修或疏浚的,均按照工料费用,由当地住户依户等高下出资兴修;私家财力不足的,可向州县政府贷款。凡可供共同利用的水渠而被豪强兼并之家垄断的,须重新“疏通均济”。这项法令推行六七年后,全国共兴修了较大的水利工程1万多处,共有3600多万亩土地得到灌溉。

(二)青苗法

在每年的正二月和五六月,各州县政府分两次贷钱或粮给农村住户,利息二分。贷借数目依户等高下分为五等。春初的贷款,随同夏税于6月内归还;夏季贷款,随同秋税于11月内归还。目的是使农民在耕种、收获时节不致缺乏种子

---

① 《临川先生文集·兼并》。

和食粮，使兼并之家不能“乘其急以邀倍息”。从而保护了农民的利益，促进了生产的发展。

（三）方田均税法

北宋的官僚豪绅地主，很多是有产而无税，农民则常常产去而税存，这严重影响了政府的财政收入。均税法要求对各州县已经垦种的土地作一次清查，以四边各千步作为一方，进行丈量。丈量后，先核定某户占有土地多少，再依照土地的厚薄分等征税。

（四）市易法

为了平抑物价，促进商业公平交易，王安石推行市易法，在城市设置市易务，由政府拨付资金，供收买货物和各行商贩借贷之用。市易务还收购市场上滞销的货物，待市场上需要时，商贩即可交纳抵押物品，成批地赊购，以便自行贩卖。这样，小商贩不至于随时受到大商人的欺压，物价也不会大起大落，有效地限制了豪商大贾对市场的垄断，商业上的“开合敛散”之权大部分转移到政府手中。

（五）将兵法和保甲法

为了强兵，王安石执政后，首先在西北的泾、渭、仪、原四州选择武艺精良的军官专门操练军队，并将此法逐步向全国推行，以提高军队的素质。另外在农村，每十户编在一起为一保，每五保为一大保，十大保为一都保。凡家有两丁以上的，出一人作保丁。农闲时保丁按时集合，练习技艺，夜间轮流值班维持治安；战时可作常备军的补充。他们由保长、大保长和都保长分级管理。这样不仅提高了国家的军事力量，还减少了军费开支。

另外，“新政”还有均输法、募役法、保马法、军器监[①]、教育等内容。王安石的教育思想和教育改革活动，不仅是其全部变法活动的重要组成部分，而且是为其“变法”提供理论依据和人才准备的重要措施，所以他始终重视文化教育的改革，下面着重论述之。

二、王安石的教育思想

王安石是一位教育家，但他不同于一般的教育家。他是从一个政治家的角度来观察和论述教育问题的，更多地涉及教育的基本理论和方针政策问题，具体的教育教学原则、方法较少论及。这是王安石教育思想的一个重要特点。但王安石又不同于一般的政治家，他直接从事过教学活动，探讨过教育的理论问题和实际问题，并亲自主持了教育改革。在他推行的“新政”中，文化教育方面的改革

① 参见翦伯赞主编：《中国史纲要》（第3册），北京：人民出版社，1979年，第42～47页。

主要有三项：一是改革科举考试制度；二是改革学校教育制度；三是置经义局，修《诗》《书》《周礼》三经义，并颁行于学校。因此，王安石可以说是一个政治家型的教育家，或教育家型的政治家。

(一)改革科举考试制度

王安石认为变法革新的关键在人才。他说："方今之急，在于人才而已。""人之才未尝不自人主陶冶而成之者也。所谓陶冶而成之者，何也？亦教之、养之、取之、任之有其道而已"[①]。为了尽快改革吏治、整顿各级官僚机构，当务之急是改革科举考试制度，然后逐步进行较全面的教育改革。他说："方今取士，强记博诵而略通于文辞，谓之茂才异等、贤良方正。"其结果是："不肖者，苟能雕虫篆刻之学，以此进至乎公卿；才之可以为公卿者，困于无补之学，而以此绌死于岩野，盖十八九矣。"[②]就是说，以文辞诗赋试进士，使从事雕虫篆刻小技之人得为公卿，而具有公卿实才之人反被绌斥，这样，不仅得不到有用之人，而且会造成重文辞、不务实的不良社会风气。因此，他执政之后于熙宁四年(1071 年)拟就了新的科举考试办法，具体规定如下：

第一，废除明经诸科。

第二，增加进士名额，但进士科考试罢诗赋、帖经、墨义，试以经义。

第三，进士科考试，任选《诗》《书》《易》《周礼》《礼记》中的一种，谓之"本经"；并兼治《论语》《孟子》，谓之兼经。

第四，考试共分四场：第一场试"本经"；第二场试"兼经"，外兼大义十道，要求通晓经文的主旨大义，不必局限于注疏的讲说；第三场试论一道；第四场试时务策三道。

第五，原习明经诸科者，一律改考进士科。并适当给予照顾，以减少对考生的不利影响。

第六，新立明法科，试以律令刑统大义，断案中格即取。

新的科举法遭到苏轼等人的强烈反对。苏轼认为："专取策试而罢诗赋"和"罢经生朴学，不用墨帖而考大义"，较过去的办法害处更大。不仅同样无补于政事，而且制策之类的文章没有"规矩准绳"，极易学成，很难考校优劣。另外，自唐以来，以诗赋取士已久，取得的人才也不少[③]。王安石对此予以有力的反驳。但苏轼指责制策与诗赋同样无补于政事，也有些道理。声病之学固然闭塞人们的头脑，讲解经义也不过是"代圣人立言"，结果是使人们摆脱一种桎梏后又被另一

---

① 《临川先生文集·上仁宗皇帝言事书》。

② 《临川先生文集·上仁宗皇帝言事书》。

③ 苏轼《议学校贡举状》。

条锁链束缚。经义取士到明清时演变为八股取士，正是这种痼疾的恶性发展。但王安石改革科举考试的目的不仅在于纠正专尚文辞章句、声病对偶等无补世事的弊端，而且在于通过选拔一批通经术、明时务、崇新法的人才，以钳制反对派，争取变法的支持者。这一改革无疑是有进步意义的。

(二)改革学校教育制度

王安石认为改革选拔人才的制度，只是教育改革的开始，关键还是要改革培养人才的制度。他执政后，大力改革和整顿学校教育，主要措施有：

1. 改革太学。太学是封建社会的最高学府，是直接为朝廷培养和输送高级统治人才的场所。但自宋初以来，太学一直办理不善，徒具空名，只是一些品官子弟装饰门面的“寄应之所”。王安石执政后把改革学校教育的重点首先放在太学上。一是整顿教师队伍，明确职责，建立赏罚制度。规定除主管官外，太学置直讲10员，每2人主讲一经，并根据教学成绩予以提升或贬黜，而教师的教学成绩是根据学生的“行”(道德行为)、“艺”(经术学问)、“进退”人数的多寡来加以评定的。二是为保证太学生的质量，规定太学生员须经州县考选才能入学。太学生每30人为一“斋”，自己任选一经学习，生活费用由官府供给。三是改行“三舍法”。将太学生按程度分为三等：初入学者为外舍生，每月考一次，年终总考一次；外舍生一年可升为内舍生，一年后经考核成绩优良升为上舍生；上舍生学行卓异者，主判直讲荐之中书，得免乡试省试，按规定直接补官。三舍法将养士与取士统归于学校，提高了学校教育的地位，同时把学行优劣与任用直接联系起来，相对减少了用人过程中的种种舞弊行为。

2. 整顿州县学。王安石一直关注地方教育的发展。他在知鄞县时就曾作《慈溪县学记》，记述了北宋以来学校衰废的情况，赞扬慈溪坚持兴学施教实为“有道者”之举，并亲自在鄞县兴办学校。1064年，他在江宁居丧期间又作《虔州学记》，记述了庆历诏立州学，虔州虽应诏立学，但其学“卑陋褊迫，不足为美观。州人欲合私财迁而大之久矣。然吏常力屈于听狱，而不暇顾此”。20多年后，才由蔡侯、元侯二人改筑，使州学“斋祠讲说，候望宿息，以至庖湢，莫不有所”。他认为二侯堪称“天下所谓才吏”，值得敬佩。并就此详细论述了办学的意义、宗旨等重要思想。王安石执政后立即着手整顿州县学。1071年下令京东、京西、河东、河北、陕西五路置学，征求各路“经术行谊”之士为教授，各州学给田十顷以供费用。熙宁六年，朝廷委中书选人充诸路学官。熙宁八年，召各州学官至京师，举行考试，看其是否称职。到1078年，全国州府总共设有学官53名，州县之学有了显著发展。

3. 建立武学、律学和医学。以前，士子多文弱，王安石始终提倡文武兼备，通过建立武学，培养通兵法、战法的军事人才，走富国强兵之路。武学建立于1072年，主要是学习诸家兵法及武学教授编纂的"历代用兵成败次弟及前世大夫忠义之节"等。武学还非常重视战法学习，并给一定数量的士兵供实际操练演习之用。3 年后进行考核，理论与实际兼顾，及格者按其出身经历给以职位。王安石还认为，通晓律令是政府官员必备的知识和能力，他在置律学的诏令中明确指出："士之莅官，以法从事。今所习非所学。宜置律学，命官、举人皆得入学习律令。"[1]这正是他主张教育应培养能理政治国的实用人才思想的体现。律学建立于 1073 年，分设三科：一为"律令大义"，专门学习律令知识；二为"断案"，专门学习如何处理案件；三为"习大义兼断案"，属综合科。入律学者，要按其报考科目加以测试。另外，他还于 1076 年设置医学。当时称为太医局，隶属太常寺。并分为方脉科、针科和疡科三科。学生在学习医学经典的同时，还流动性地到太学、律学、武学和各军营为学生、将士诊病，进行实际锻炼。医学还建立了比较完善的考试制度，考试内容兼顾理论和临床经验两个方面。成绩上等者，月给钱十五千，中等十千，下等五千，以资鼓励；医治出了差错，太医局可视情况加以处罚，直至除名。

总之，设置这些学校是为了培养实用人才，这与王安石推行"新政"是一脉相承的，也是社会发展的客观需要，对宋代及后世的学校教育产生了重要影响。

（三）置经义局、撰《三经新义》

王安石认为，自秦焚书，源流失正，章句传注由汉起，陷溺人心，湮没了经义的本质，遂使妙道至言隐而不见，淫辞诐行猖狂一世，学术思想界常常出现"异道殊德"的现象，这很不利于封建专制统治。1069 年，他提出训释经义的动议。1072 年，神宗批准训释经义，第二年设经义局，命王安石提举经义局，组织人员训释《毛诗义》《尚书义》《周官新义》，称为《三经义》，或称《三经新义》。1075 年，《三经新义》修成，并颁行于宗室、太学及诸州府。

王安石对《三经新义》的训释非常重视。他认为《周官》是反映周代的政事，是一部完整的典制，其法可行于后世；《诗》，"上通乎道德，下止乎礼义"；《尚书》，"操之以验物，考之以决事"，可用于政治。他认为《三经新义》的颁行，可以正思想源流，使义理明白，有利于统一思想，教育后代。他还十分重视文字工作，认为统一文字是统一道德的前提，字义不统一，就容易曲解经义，通文字才能通经义。所以他晚年著《字说》。以《三经新义》和《字说》为标志的"荆公新学"，通行于学校，为官定统一教材，并施之于科举取士，这震撼了当时的学术思想界，当然也招来正统思想的围攻，但他的学术地位连他的论敌也不得不承认。苏轼在王安石死后所写的制辞中说："名高一时，学贯千载……少学孔孟，晚师瞿聃，网罗六艺之遗文，断以己意；糠粃百家之陈迹，作新斯人。"

---

① 毛礼锐、沈灌群主编：《中国教育通史》(第 3 卷)，济南：山东教育出版社，1987 年，第175 页。

(四)有关教育的基本理论

王安石的教育理论更具有宏观的特点。首先他非常重视学校教育的地位和作用，他说："古者天子诸侯，自国至于乡党皆有学，博置教导之官而严其选，朝廷礼、乐、刑、政之事，皆在于学。"[①]而且他认为学校教育应培养能"经世应务"的有用人才，坚持做到读经致用、广识博通、文武兼备的培养目标。所以，他改革汉唐以来学校教育只讲章句，埋头于诗赋文辞，专事无补之学的局面。不仅改革科举考试，更新教育内容，颁行《三经新义》，还创立武学、律学和医学等。甚至力图通过太学三舍法，以学校教育取代科举制度，并大力发展地方学校。可以说，他掀起了北宋时期，乃至汉唐以来规模最大的一次兴学运动。

王安石在人与天、人与自然的关系上坚持唯物论思想，认为天自是天，人自是人，"天人感应"之说是荒诞不经的。他反对天才论，强调人后天学习的重要性。他有名的文章《伤仲永》，早已脍炙人口，此文正是这一思想最集中、最典型的概括和表述。文章写的是金溪方仲永，幼年时，"指物作诗立就，其文理皆有可观者。邑人奇之，稍稍宾客其父，或以钱币乞之。父利其然也，日扳仲永环丐于邑人，不使学"，到了十二三岁，就退步了，"令作诗，不能称前时之文"，到二十岁左右，已经"泯然众人矣"。这深刻说明天资虽然聪颖，但后天不勤奋学习，也会变得与众人无异。这是一篇不朽的作品，永远激励人们勤奋好学，也是对先天论成才观的有力批判。

王安石认为后天的学习和教育对人至关重要，但学习和教育必须有正确的方法。他在《原教》篇中说："善教者藏其用，民化上而不知所以教之之源。不善教者反此，民知所以教之之源，而不诚化上之意。"即主张引导、潜移默化，而不是强制、胁迫，关键是"求浃于心"，而不是"法令诰戒"。虽然他是就政教而言的，但这也是他教育方法的基本精神所在。他晚年退居金陵讲学，常常是骑驴游山（钟山），提经负凳，与诸生言笑自如，没有"师道尊严"，毫不压制学生。他还说："善学者读其书，惟理之求，有合吾心者，则樵牧之言犹不废；言而无理，周孔所不敢从。"[②]这就要求学习者不能盲从书本和他人，应有自己的是非标准，自己作出判断。这也符合他"天命不足畏，祖宗不足法，流俗不足恤"（这是正统派学者对他的评价，认为是"大逆不道"）[③]的"三不足"精神。这"三不足"精神，是王安石个性和思想的集中体现，更是一位改革家不可缺少的个性品质。

---

① 《临川先生文集·上仁宗皇帝言事书》。

② 毛礼锐、沈灌群主编：《中国教育通史》（第3卷），济南：山东教育出版社，1987年，第163～164页。

③ 毛礼锐、沈灌群主编：《中国教育通史》（第3卷），济南：山东教育出版社，1987年，第188页。

资料卡片 4

胡瑗的苏湖教法

胡瑗，字翼之，人称安定先生，江苏泰州人。1035年被范仲淹任命为苏州州学教授，后又任湖州主教。他在苏湖两地教学时，改变当时崇尚辞赋之学风，重经义与时务，在学校设经义斋和治事斋，依据学生专长和爱好分斋而教。经义斋学习儒家经义，以"明体"；治事斋分设治民、讲武、农田、水利、历算等科，学生主修一科，再辅修一科，以"达用"。培养学生"明体达用"，并成为在某一方面具有专长的技术或管理人才。

苏湖教法，又称"分斋教学法"。通过分科教学，使实用学科取得与儒学同等的地位；他主张根据学生专长和兴趣，采取主辅修制和选修制，在世界教育史上也是最早的，对后世影响深远。

第三节 朱熹的教育思想

朱熹是南宋时期理学思想的集大成者和最著名的教育家。他的教育活动和教育思想对我国封建社会后期教育的发展产生过重大影响。了解朱熹的教育活动和教育思想，对于了解我国从南宋到元、明、清的教育及其理论发展，具有重要意义。

一、朱熹的生平和哲学思想

朱熹（1130～1200年），字元晦，后改为仲晦，号晦庵，晚年号晦翁、遯翁、云谷老人、沧州病叟。祖籍安徽婺源（今属江西省），生于福建尤溪县。他出身于官僚家庭、书香门第，祖辈历代为官，其父朱松不仅当过县尉，还是一个学者，是"二程"的再传弟子罗从彦的学生，与当时程学的重要代表人物李侗是同门挚友。朱熹正是通过其父朱松严格的家庭教育，从小接受"二程"理学思想的熏陶。18岁就以优异的成绩"举建州乡贡"，19岁即"登王佐榜进士"，受"同进士出身"。24岁出任泉州同安县主簿，并师从程颐的三传弟子李侗，继承了程颐的客观唯心主义哲学思想并发扬光大，成为宋代理学思想的集大成者。

朱 熹

朱熹在同安任满后，一方面潜心学问，一方面关心国祚民情，希望有机会施展"治国平天下"的政治抱负。1162年，宋孝宗即位，准备起用张俊出兵抗金，并下诏要求内外朝臣陈述政见。32岁的朱熹立即上书陈事，在《壬午应诏封事》中指出："今日之计不过乎修政事攘夷狄而已矣。"表达了他的抗金爱国热情。第二年，孝宗在垂拱殿召见朱熹。朱熹面奏三札：第一札，建议博访真儒，讲明《大学》之道，以修身为本；第二札，主张坚决抗金，反对投降，但应修内政，作好充分准备，反对盲目轻率出击；第三札，尖锐批评当时"谏诤之涂尚壅，佞幸之势方张，爵赏易致而威罚不行，民力已殚而国用未节"，建议立即着手"修德业，正朝廷，立纪纲"。结果，孝宗不予采纳。朱熹没想到自己的满腔热情、宏伟抱负，竟遭如此冷遇，遂看淡仕途。他从32～47岁，朝廷屡诏为官，皆托词不应，退居崇安武夷山寒泉精舍，授徒讲学、著书立说，集中精力从事教育活动和学术研究。15年中，他撰写和编订的著作达20余种，其中最能体现他的思想、影响最大、且与教育有密切关系的著作是《论语集注》《孟子集注》和《近思录》(《近思录》是理学的重要入门书，与吕祖谦合编)三书。此后，他历任知江西南康军、知漳州、知潭州等职。朱熹一生从事教育和学术活动40余年，总计做官10年左右。在从政的10年中，每到一处都提倡设立书院和州县学，并亲自讲学。在任同安主簿时，即开办县学，并分"志道""据德""依仁""游艺"四斋，教授多采取问答方式，内容为圣贤修己治人之道；在知南康军时，重修白鹿洞书院，制定了著名的"白鹿洞书院揭示"(也称教条或学规)，并自任山长，其学规成为以后各代书院学规的楷模。他以白鹿洞书院为基地，培养了一大批学生，形成自己的学派。在知漳州时，其影响最大的教育活动是将《大学》《中庸》《论语》《孟子》四书及其注释合编为《四书章句集注》(简称《四书集注》)。《四书集注》1190年刊印后，不久就风行天下，并逐步取代"五经"在教育中的独尊地位。至元朝皇庆二年(1313年)正式规定以《四书集注》取士。从此，该书成为各级学校的必读教材和科举考试的标准答案，影响中国教育达数百年之久。朱熹65岁知潭州时，仍热心于提倡改善州、县学，并复兴岳麓书院。在知潭州不久，还曾被诏回朝廷任焕章阁待制兼宁宗皇帝侍讲达40余日，主要是为宁宗讲解《大学》。此后，又回到福建建阳，在考亭从事讲学和著述。晚年还被朝廷立为"伪学逆党籍"，并在朝野党禁声中死去。

朱熹的一生很重视编著学校教育的教材，除影响极大的《四书集注》外，《小学》《童蒙须知》和《近思录》也是封建社会影响较大的正统教材。另外，朱熹的弟子很多，其门人记录他论学的言论也很多。现存的记录他一生从事教育和学术活动的《朱子语类》一书(黎靖德编纂)达140卷。朱熹死后9年，宁宗才取消禁止道学的诏令，并为他平反，赐谥号为"文"，故人称朱文公。随着时间的推移，他的思想越来越受到统治者的重视，其学派后人称为"闽学"。

朱熹的哲学思想是客观唯心主义的。他认为天地之间，有理有气，理先气后。理是形而上之道，气是形而下之器。理是生出万物的原理，而气是率理而铸型的质料。"虽未有物已有物之理"，而"理"即"天理"，是宇宙万物的本原，是统一的，是客观存在的，是不以人的意志为转移的。这显然是精神为第一性的，物质是第二性的客观唯心主义思想。他还提出“理一分殊”的观点，认为理同而气异，“人物之生，天赋之以此理，未尝不同，但人物之禀受自有异耳。如一江水，你将杓去取，只得一杓；将碗去取，只得一碗；至于一桶一缸，各自随器量不同，故理亦随以异”[①]。由于“理一”，才有事物的统一性；由于“分殊”，才有事物的多样性。而人们探究“理”的方法，还是要由具体到一般，通过“格物”来“究理”。他说：“格物，是物物上穷其至理；致知，是吾心无所不知。格物，是零细说；致知，是全体说。”[②]还说：“自家虽有这道理，须是经历过方得。”[③]所以，他认为认识“理”是个认知累积的过程，是由感性到理性的过程，强调经历、经验的重要性。当然，经验包括直接经验和间接经验两大类，而朱熹更加注重间接经验的获得，即非常重视读书。

二、朱熹的教育思想

(一)关于教育的目的和作用

朱熹承袭儒家学者的一贯主张，认为教育的目的和作用在于“明人伦”。他说：“父子有亲，君臣有义，夫妇有别，长幼有序，朋友有信。”[④]此人之大伦也。庠、序、学、校皆以明此而已。但他是用理学的观点来具体解释教育的目的和作用在于“复其性”“尽其伦”。他说：“古之圣王，设为学校，以教天下之人……必皆有以去其气质之偏，物欲之蔽，以复其性，以尽其伦而后已焉。”[⑤]那么，什么是“性”呢？“性者，人之所得于天理也”，天理“挂搭”在人身上，就叫“性”。他接受了“二程”和张载的思想，把“性”分为“天命之性”和“气质之性”两种。具有“天理”的人性是“天命之性”，“理”与“气”相杂的人性叫“气质之性”。“理”是最高、最完美的；“气”有清浊、昏明的差别，所以“气质之性”有善有不善。清明至善者即为“天理”，昏浊不善者即为“人欲”。因此，要通过教育“存天理，灭人欲”。朱熹还认为“性”和“心”是相互联系的。“心”也可分为“道心”与“人心”两种。来源于“性命之正”而出乎“义理”的是“道心”；来源于“形体之私”而出乎“私欲”的则是“人心”。但“道心”在“人心”之中，只能通过“人心”来显现，所以难免受到“人心”私欲的牵累和蒙蔽，而难以显露。因此要求人们通过修身养性，将“人心”变

---

① 《朱子语类》卷四。

② 《朱子语类》卷十五。

③ 《朱子语类》卷十。

④ 《孟子集注》卷五。

⑤ 《朱文公文集》卷十五。

为“道心”。这就是“复性”的过程，也就是“存天理，灭人欲”的过程。正如他说的：“革尽人欲，复尽天理，方始是学”，“圣人千言万语，只是教人明天理，灭人欲”①。

朱熹还针对不同人禀受“天理”和蒙受“人欲”的不同情况，提出教育对不同的人所起作用是不一样的。“圣人”天生禀“清明之气”，无丝毫昏浊的混杂，故无须教育；“贤人”次于“圣人”，必须通过教育，才能达到“无异于圣人”的地步，即“先明乎善，而后能实其善者，贤人之学”②；至于“中人”，教育的作用则更大，他引荀悦的话说：“教化之行，挽中人而进于君子之域；教化之废，推中人而堕于小人之涂。”③

总之，他强调学校教育的目的应是“明人伦”，“复德性”，培养对社会有用的人才，而不应沉迷于辞章诗赋，教人追名逐利。所以，他对当时及前世的学校教育和科举考试提出了严厉的批评。他说：“秦汉以来，圣学不传，儒者唯知章句训诂之为事，而不知复求圣人之意，以明夫性命道德之归。”④“至于后世，学校之设虽或不异乎先王之时，然其师之所以教，弟子之所以学，则皆忘本逐末，怀利去义，而无复先王之意，以故学校之名虽在，而其实不举，其效至于风俗日敝，人材日衰，虽以汉唐之盛，而无以仿佛乎三代之叔季”⑤。“太学者但为声利之场，而掌其教事者，不过取其善为科举之文，而尝得儁于场屋者耳。士之有志于义理者，既无所求于学，其奔趋辐辏而来者，不过为解额之滥，舍选之私而已。师生相视漠然如行路之人，间相与言，亦未尝闻之以德行道艺之实”⑥。同时他还认为科举制度非改不可，并具体提出了“罢诗赋”的主张：“空言本非所以教人，不足以得士，而诗赋又空言之尤者，其无益于设教取士，章章明矣。”⑦这些批评是很中肯的，切中了当时学校教育和科举考试的要害。

(二)关于教育阶段的划分和教育的内容

朱熹把教育分成“小学”和“大学”两个阶段。他说：“大学者，大人之学也。古之为教者，有小子之学，有大人之学。”⑧“小学是事，如事君事父兄等事。大学

① 《朱子语类》卷十三。
② 《中庸章句》第二十一章。
③ 《朱子语类》卷一〇八。
④ 《朱文公文集·中庸集解序》。
⑤ 《朱文公文集·镇江府学记》。
⑥ 《学校贡举私议》。
⑦ 《学校贡举私议》。
⑧ 《朱子文集》卷十五《经筵讲义》。

是发明此事之理。"[1]他认为 8～15 岁是小学阶段，15 岁以后是大学阶段。他说："人生八岁，则自王公以下，至于庶人之子弟，皆入小学，而教之以洒扫、应对、进退之节，礼、乐、射、御、书、数之文；及其十有五年，则自天子之元子、众子，以至公卿大夫元士之适子，与凡民之俊秀，皆入大学，而教之以穷理、正心、修己、治人之道。"[2]也就是说，小学阶段的教学内容是"学其事"，即从洒扫、应对、进退开始，将伦常礼教教给儿童，进而教他们诗、书、礼、乐之文，使儿童在日常生活、具体行事上，熟悉伦理纲常，达到知其然并养成习惯。他还专门编著《小学》一书作为这一阶段的教材。此书汇集古代先贤的"嘉言懿行"，分为内篇四：《立教》《明伦》《敬身》《稽古》；外篇二：《嘉言》《善行》。其中引用了许多格言故事，具体形象地给学生举出榜样，使学生即知、即行，达到"心与智长，化与心成"。另外，他还编有《童蒙须知》，内有衣服冠履、言语步趋、洒扫涓洁、读书写文、杂细事宜六节，详细规定了道德规范、行为细则、日常生活习惯、待人接物的礼节、读书写字的常规等。朱熹认为大学教育就是在小学"学其事"的基础上以"明其理"，按照格物、致知、正心、诚意、修身、齐家、治国、平天下的步骤，使其"明明德"，最后达到"止于至善"的目的。为此，他提出以《论语》《孟子》《大学》《中庸》四书为"大学"的基本教材，并用理学观点对各书进行重新解释，即编著《四书集注》。学完"四书"后，再读"五经"，但"四书"的地位比"五经"更重要，也是后来取士的主要依据。

朱熹以 15 岁为标准将教育划分为小学和大学两个阶段，尽管缺乏非常科学的依据，但他从经验出发，考虑学生的年龄特征，是有积极意义的。有关小学和大学教育内容的主张，尽管是封建伦理之教，以培养"君子""圣贤"为目的，但他注意到年龄阶段的差异和不同阶段之间的衔接，并亲自编写教材，在教育内容上充分体现由简单到复杂、由具体到抽象、由近及远的思想，是对我国古代教育理论发展的一大贡献。

(三)关于教学的原则和方法

朱熹十分重视继承和运用前人的教学经验，认为"道有定体，教有成法"[3]，像因材施教、循序渐进、博专兼顾、学思结合等教学原则都是他所强调的。另外，他一生中的绝大部分时间都在从事教学活动和研究教育问题，不仅积累了丰富的教学经验，也丰富和发展了我国古代的教学原则与方法，较突出的有以下几点：

1. 强调由个别到一般，由具体到抽象。朱熹说："圣人未尝言理一，多只言分殊。盖能于分殊中事事物物，头头项项，理会得其当然，然后方知理本一贯。不

① 《小学辑说》。

② 《朱子文集》卷七十六《大学章句序》。

③ 《孟子集注·尽心》。

知万殊各有一理，而徒言理一，不知理一在何处，圣人千言万语教人，学者终身从事，只是理会这个。要得事事物物、头头件件，各知其所当然，而得其所当然，只此便是理一矣。”[①]也就是说，首先要分析、了解具体的、个别的事物特性，然后才能归纳出抽象的、一般的“理”。他在安排“小学”和“大学”的教学内容时，也体现了这一原则。并不是一开始就讲高深、抽象的“大道理”，而是先“学其事”，培养具体的行为习惯，在“学其事”的基础上再“明其理”。即通过“格物”（格者，至也）来“致知”“穷理”。

2.强调正面引导与规范禁防相结合。朱熹认为教育学生应从两个方面入手，即“存天理，灭人欲”，或称为善去恶。存天理、为善是从积极方面入手，灭人欲、去恶是从消极方面入手，两者应结合起来。但应多用积极引导的方法，消极禁防尽量少用。他说：“小学书要多说那恭敬处，少说那防禁处。”[②]“尝谓学校之政，不患法制之不立，而患理义之不足以悦其心。夫理义之不足以悦其心，而区区于法制之末以防之，是犹决湍之水注千仞之壑而徐翳萧苇以捍其冲流也，亦必不胜矣”[③]。强调坚持正面教育，重在以理服人，以情感人，让学生心悦诚服。把各项规章制度看作指导人言行的准则，而不应当作压制人的枷锁。如果学生不能自觉遵守规章制度，制度再严密，也是防不胜防，无济于事。

3.注重学术辩论，强调“知为先”“行为重”。发端于北宋的理学至南宋分化为两大学派：以朱熹为代表的客观唯心主义理学体系和以陆九渊为代表的主观唯心主义心学体系。朱熹和陆九渊既是学术上的论敌，又是好友。他俩曾在铅山（今江西上饶）鹅湖寺论学。朱熹指责陆九渊“尊德性”“心即理”的主张是“简易工夫”；陆九渊则指责朱熹“道问学”“即物穷理”是“支离事业”。这就是有名的“鹅湖之会”。尽管俩人辩论激烈，言辞尖刻，但并不影响相互间的友情，彼此仍书信往来，探讨学问。后来，朱熹复修白鹿洞书院，特邀请陆九渊来讲学，并对其所讲“义利之辨”大加赞扬。朱陆的学术论争，开古代书院讲会之风的先声，在学术史和教育史上被传为佳话。在他知南康军任满后，回到武夷山讲学期间，又同陈亮展开了一场学术思想和教育观点的论战。相互登门拜访、书信往来，辩论王霸、义利，以及“成人之道”。朱熹指责陈亮“专言事功”是“舍本逐末”，并陷入“利欲窠窟”；陈亮批评朱熹“空谈义理”是“尽废天下之实”。这场争论在中国教育史上具有重要意义，不仅揭开了“义理之学”与“事功学派”之争，而且酝酿着整个反理学斗争的端绪。朱熹还曾前往岳麓书院与张栻探讨学问。他在教学生时也常常采取讨论式。《朱子年谱》载：“先生穷日之力，治郡事甚劳，夜则与诸生讲论，

---

① 《朱子语类》卷二十七。

② 《小学辑说》。

③ 《同安县谕诸职事》。

随问而答。”另外，朱熹认为知与行互相依赖，缺一不可，“如目无足不行，足无目不见”，但又说：“论先后，知为先，论轻重行为重。”[①]强调“行”的重要性，也不完全是“空谈义理”，但他的“行”主要是指封建的道德实践。

4.朱熹读书六法。朱熹非常重视读书，强调通过读书来穷理，他说：“为学之道，莫先于穷理，穷理之要，必在于读书；读书之法，莫贵乎循序而致精，而致精之本，则又在于居敬而持志，此不易之理也。”[②]朱熹对读书很有研究，积累了不少经验。宋人张洪和齐熙摘录朱熹有关读书法的言论编成《朱子读书法》一书，元人程端礼也编成一本《朱子读书法》，两书内容大同小异，都分六条，故人称“朱熹读书六法”，下面略述之：

(1)循序渐进。朱熹提出“读书之法，当循序而有常”，“以二书言之，则通一书而后及一书。以一书言之，篇章句字，首尾次弟，亦各有序而不可乱也……未得乎前，则不敢求乎后；未通乎此，则不敢志乎彼”[③]。他还据此提出，先读《近思录》，次读“四书”，后读“六经”。读“四书”也有个顺序，先《大学》，次《论语》，次《孟子》，最后读《中庸》。

(2)熟读精思。朱熹说：“今所以记不得，说不去，心下若存若亡，皆是不精不熟之患。今人所以不如古人处，只争这些子。学者观书，读得正文，记得注解，成诵精熟……如自己做出来底一般，方能玩味反覆向上，有通透处。”[④]他要求“看文字……须要透。击其首则尾应，击其尾则首应，方始是。不可按册子便在，掩了册子便忘却。”[⑤]应当“先须熟读，使其言皆若出之于吾之口；继之精思，使其意皆若出之于吾之心”[⑥]。也就是说，读书不仅要熟读成诵，还要深入思考，掌握其意。

(3)虚心涵咏。他说：“读书须是虚心，方得圣贤说一字是一字。自家只平著心去称停他，都使不得一毫杜撰。学者看文字，不必自立说，只记前贤与诸家说便了。今人读书，多是心下先有个意思了，却将圣贤言语来凑他底意思，其有不合，便穿凿之使合。”“至于文义有疑，众说纷错，则亦虚心静虑，勿遽取舍于其间”[⑦]。所谓“涵咏”，就是要反复咀嚼、深刻体会书中的旨趣。强调读书要“虚心涵咏”，尊重原文的意思，这是必要的，但也不能迷信书本，教条主义。

(4)切己体察。朱熹主张读书不能只在纸面上下工夫，必须结合自己的实际去

① 《朱子语类辑略》。
② 《性理精义》。
③ 王云五主编，张伯行纂：《丛书集成初编·学规类编1》，北京：商务印书馆，1936年，第70页。
④ 王云五主编，张伯行纂：《丛书集成初编·学规类编1》，北京：商务印书馆，1936年，第70页。
⑤ 《朱子语类》卷十。
⑥ 《朱子大全·读书之要》。
⑦ 《朱子大全·读书之要》。

领会，并身体力行。他说："学者读书，须是将圣贤言语体之于身。""读书不可只就纸上求义理，须反来就自家身上推究。秦汉以后，无人说到，此亦只是一向去书册上求，不就自家身上理会"。读书应当"从容乎句读文义之间，而体验乎操存践履之实。然后心静理明，渐见意味。不然，则虽广求博取，日诵五车，亦奚益于学哉！"①

(5)着紧用力。所谓"着紧用力"，一是要抓紧时间，勤奋好学；二是要振作精神，集中精力，坚持不懈。他说：宽着期限，紧着课程。为学要刚毅果决，悠悠不济事。且如发愤忘食，乐以忘忧，是什么精神，如救火治病然，如撑上水船，一篙不可放缓。还说："看文字，须是如猛将用兵，直是鏖战一阵；如酷吏治狱，直是推勘到底，决是不恕他，方得。"②

(6)居敬持志。所谓"居敬持志"，就是要求读书必须精神专一，还要有远大志向和顽强的毅力。他说："人做功课若不专一，东看西看，则此心先已散漫了，如何看得道理出。"③又说："看文字，须大段精彩看。耸起精神，树起筋骨，不要困，如有刀剑在后一般。"④他还说："立志不定，如何读书？"只有"立志"，才能有"目标"，有"坚固心"，才能"一味向前"。所以，他说："读书之法，莫贵乎循序而致精，而致精之本，则又在于居敬而持志。"

总之，朱熹的"读书六法"很有见地，对后世影响很大，至今仍有参考价值。

第四节　王守仁的教育思想

一、王守仁的生平和政治、哲学思想

王守仁

王守仁(1472～1528年)，字伯安，浙江余姚人，明朝中叶著名的思想家、教育家。因为他曾在阳明洞读书、讲学，自称阳明子，所以别号阳明，人称"阳明先生"。死后谥号为文成，后人亦称他为"王文成公"。

王守仁出身于官僚地主家庭，他的父亲王华官至南京吏部尚书。他自幼就抱有"读书学圣贤"的志向。21岁举浙江乡试，后随父至京师，遍求朱熹遗书阅读。26岁时，因北方边报甚急，遂留心武事，学习兵法。

① 《学规类编》。
② 《朱子语类》卷十。
③ 《朱子语类》卷十一。
④ 《朱子语类》卷十。

28 岁举进士。不久，授云南清吏司主事，后改任兵部武选清吏司主事。1506 年，宦官刘瑾专权，南京科道官戴铣等上奏，请求惩治刘谨，被武宗下旨入狱。35 岁的王守仁上疏引救，指出这样做"使陛下有杀谏臣之名"，请求"追收前旨，使铣等仍旧供职"。结果被廷杖四十，谪为贵州龙场驿丞，一住 4 年。此后，王守仁先后担任过江西卢陵县知事、南京刑部和吏部清吏司主事、文选清吏司员外郎、南京鸿胪寺卿、都察院左佥都御史等职。1519 年，明宗室宁王朱宸濠在江西起兵叛乱，王守仁引兵攻下南昌，生擒朱宸濠，平定了统治阶层的内乱。1521 年，他升任南京兵部尚书，封"新建伯"。

王守仁在做官从政的同时，从未放弃教育活动。他从 34 岁(1505 年)开始收徒讲学，倡言"身心之学"。在他贬谪龙场后，创立龙冈书院，后又主讲文明书院。在北京、江西和南京为官期间，曾兴办社学，修建濂溪书院、阳明书院，又集门人于白鹿洞书院，还在浙江设立稽山书院，从事兴学、讲学共 23 年。他在 50 岁后，即嘉靖元年到六年(1522～1527 年)期间，曾专门在稽山书院、龙泉寺中天阁聚众讲学，从事著作。当时四方游学之士多集合于余姚一地，听他讲学，"环坐而听者三百余人"。可谓"环先生而居者比屋"，甚至"夜无卧处，更相就席，歌声彻昏旦"①。真是盛极一时。

他还曾镇压过农民起义和少数民族起义。如 1527 年，他总督两广军务，就镇压过广西瑶族和僮族的少数民族起义，第二年在回师途中病死于南安舟中。

王守仁不著书，他的语录、文录、杂文，由其弟子汇编成《王文成公全书》，共 38 卷。其中弟子记录他的言论和选摘他论学书札而成的《传习录》，是研究王守仁教育思想的主要资料。

王守仁继承和发展了陆九渊的哲学思想，形成了与程朱理学大相径庭的"心学"体系。他根据陆九渊"宇宙便是吾心，吾心便是宇宙"，"心即理"的思想，认为"人者，天地万物之心也；心者，天地万物之主也"②，"心外无物，心外无事，心外无理，心外无义，心外无善"③。一次，他与友人同游，一友指岩中花树问道："天下无心外之物，此花树在深山中，自开自落，于我心亦何相关？"他答道："你未看此花时，此花与汝心同归于寂；你来看此花时，则此花颜色一时明白起来，便知此花不在你的心外。"④这种把客观事物说成是人的意念活动的产物，离开了人的意念活动，就没有客观事物存在的观点，是一种主观唯心主义哲学观，所以人们又称王守仁的哲学为"心学"。

---

① 《王文成公全书》卷三《传习录》下。

② 《王文成公全书》卷六《答季明德》。

③ 《王文成公全书》卷四《与王纯甫书》。

④ 《王文成公全书》卷三《传习录》下。

在政治上，王守仁代表封建地主阶级的利益。他不仅镇压过农民起义和少数民族起义，而且提出“破山中贼易，破心中贼难”的政治名言，并认为“扫荡心腹之寇，以收廓清平定之功”是“大丈夫不世之伟绩”[①]。警告统治者要加强道德教化，治人要治心。他在南赣为官时，一方面行十家牌法，选民兵，建立地主阶级武装，对民众实行严密控制；另一方面颁布《南赣乡约》，兴办学校，加强封建思想统治。他在总督两广军务时，也是实行“可抚则抚，可捕则捕”的两手策略。可以说，“文政武功”他都娴熟。

二、王守仁的教育思想

（一）关于教育的作用和目的

王守仁认为造成明王朝岌岌可危局面的原因是“士风之衰薄”“学术之不明”。他说：“今夫天下之不治，由于士风之衰薄；而士风之衰薄，由于学术之不明；学术之不明，由于无豪杰之士者为之倡焉耳。”[②]所谓“明学术”，就是“明人伦”；“变士风”，就是改变“驰骛于记诵辞章，而功利得丧，分惑其心”的士风[③]。他要培养一批以“学圣贤”为志的“豪杰之士”，振兴封建道德，维护封建统治。他还从“心即理”出发，认为：“君子之学，以明其心，其心本无昧也；而欲为之蔽，习为之害，故去蔽与害而明复，非自外得也。”[④]又说：“君子之学，唯求得其心，虽至于位天地，育万物，未有出于吾心之外也。”学问之道就是求得其心，这是因为“心外无事，心外无理，故心外无学”[⑤]。因此，对个人来说，教育的作用就是明心、存心、求得其心，即去人欲，去习染，也就是“存天理，去人欲”。

王守仁认为教育的目的是“明人伦”，其理论基础是“致良知”说。他认为人人都有“不待学而有，不待虑而得”的“良知”，也就是“天理”。但“良知”在圣人和一般人之间是不同的，圣人之所以为圣，是因为天理纯全，良知常在；而一般人良知常被私欲所蒙蔽，有如晶莹的明镜，往往为尘埃所染，处于不显露状态，要想除掉私欲，恢复本心，必须要有为善去恶的“致良知”工夫。他说：“若良知之发，更无私意障碍。即所谓‘充其恻隐之心，而仁不可胜用矣’。然在常人不能无私意障碍，所以须用‘致知’‘格物’之功，胜私复理。”[⑥]因此，“致良知”也就是“存天

① 《王文成公全书》卷四《与杨仕德、薛尚诚》。

② 《王文成公全书》卷二十二《送别省吾林都宪序》。

③ 《王文成公全书》卷七《万松书院记》。

④ 《王文成公全书》卷七《别黄宗贤归天台序》。

⑤ 《王文成公全书》卷七《紫阳书院集序》。

⑥ 《王文成公全书》卷一《传习录》上。

理，去人欲”，以实现“明人伦”的教育目的。他所谓的“人伦”就是三纲五常等封建道德观念，他说：“所谓父子有亲，君臣有义，夫妇有别，长幼有序，朋友有信，五者而已。唐虞三代之世，教者惟以此为教，而学者惟以此为学。”[①]还说：“圣人之学，惟是致良知而已。”[②]其实质就是要求教育培养具有封建道德观念的“顺民”，以维护和巩固封建伦常的社会秩序。

（二）关于教育内容的主张

为了实现其教育目的，他认为凡是有助于“求其心”者均可作为教育内容，读经、习礼、写字、弹琴、习射，无不可学，这些在“胜私复理”方面各有其用。

关于读经的作用，王守仁的看法与朱熹的意见是有区别的。朱熹认为圣人教训具有经书，为学之道必须穷理，穷理必须读书。而王守仁认为，经书是“常道”，即永恒而普遍的道理，然其根源仍在本心。他说：“‘六经’者，吾心之记籍也，而六经之实，则具于吾心。犹之产业库藏之实积，种种色色，具存于其家，其记籍者，特名状数目而已。”[③]“六经”不过是“本心”的账簿而已，但“六经”所记“本心”各不相同。“《书》也者，志吾心之纪纲政事者也；《诗》也者，志吾心之歌咏性情者也；《礼》也者，志吾心之条理节文者也；《乐》也者，志吾心之欣喜和平者也；《春秋》也者，志吾心之诚伪邪正者也”[④]。所以读经是为了寻求帮助，复明本心之“常道”，就像跛人走路需要拐杖一样。因此他主张，读书时必须与自己的“心”结合起来，“终日与圣贤印对，是个纯乎天理之心，任他读书，亦只是调摄此心而已，何累之有？”[⑤]

王守仁认为写字、弹琴、习射对陶冶本心也很有价值。他说：“吾始学书，对模古帖，止得字形。后举笔不轻落纸，凝思静虑，拟形于心，久之始通其法……乃知古人随时随事只在心上学，此心精明，字好亦在其中矣。”[⑥]还说：“君子之于射以存其心也。是故懆于其心者其动妄，荡于其心者其视浮，歉于其心者其气馁，忽于其心者其貌惰，傲于其心者其色矜，五者，心之不存也。不存也者，不学也。君子之学于射，以存其心也。”[⑦]

根据这种教育内容的主张，王守仁提出了著名的“训蒙教约”，规定道德训练的标准为孝、悌、忠、信、礼、义、廉、耻八目，所设科目为歌诗、习礼、读书三项。歌

① 《王文成公全书》卷二《答顾东桥书》。
② 《王文成公全书》卷七《紫阳书院集序》。
③ 《王文成公全书》卷七《稽山书院尊经阁记》。
④ 《王文成公全书》卷七《稽山书院尊经阁记》。
⑤ 《王文成公全书》卷三《传习录》下。
⑥ 《王文成公全书》卷二十三《与郑邦瑞尺牍》。
⑦ 《王阳明先生全集》卷七《观德亭记》。

诗可以“精神宣畅”，“心气和平”；习礼可以“礼貌习熟”，“德性坚定”；读书可以“义礼浃洽”，“聪明日开”。每日课程，先考德，次背书、诵书，次习礼或作课仿，次复诵书讲书，次歌诗。“凡习礼歌诗之类，皆所以常存童子之心，使其乐习不倦，而无暇及于邪僻”[1]。

（三）关于教学的原则和方法

王守仁提出不少具体的教学原则和方法，有的是对前人的继承，如循序渐进、因材施教等，这些就不赘述。下面介绍几条能反映他个人思想特色的教学原则和方法。

1. 知行合一，事上磨炼。王守仁针对朱熹“知先行后”和“外心以求理”的观点，提出：“求理于吾心，此圣门知行合一之教。”“知之真切笃实处即是行，行之明觉精察处即是知”[2]，“知是行之始，行是知之成。若会得时，只说一个知，已自有行在；只说一个行，已自有知在”[3]。他的“知行合一”是以“致良知”为标准的，也是“致良知”的方法之一。“知”是知天理，“行”也是行天理，人只要切实地去掉“人欲”，保存“天理”，就自然达到“知行合一”。这种观点是对朱熹一味强调“知先行后”思想的修正，多少体现了从“理论到实践”、从“实践到理论”的辩证观，有一定的合理性。对于程朱理学知而不行的“空疏谬妄”，王守仁表现出更加重视行的倾向，提出“真知即所以为行，不行不谓之知”的观点。他认为“凡谓之行者，只是著实去做这件事”[4]，“人须在事上磨炼做功夫乃有益”[5]。他说：“夫学、问、思、辨、行皆所以为学。未有学而不行者也。如言学孝……岂徒悬空口耳讲说，而遂可以谓之学孝乎？学射则必张弓挟矢，引满中的；学书则必伸纸执笔，操觚染翰。尽天下之学，无有不行而可以言学者。”[6]他强调“行”才是“学”，反对“着空”，这也体现了他在教育上的求实精神，其积极意义是不能抹杀的。

2. 自求自得，独立思考。王守仁认为“是非之心，人皆有之”[7]，学习贵在自得。教师要引导学生“各得其心”。他说：“夫学贵得之心，求之于心而非也，虽其言之出于孔子，不敢以为是也，而况其未及孔子者乎？求之于心而是也，虽其言之出于庸常，不敢以为非也，而况其出于孔子者乎？”[8]他经常引用孟子的话：“君

---

① 《王文成公全书》卷二《传习录》中。
② 《王文成公全书》卷二《答顾东桥书》。
③ 《王文成公全书》卷一《传习录》上。
④ 《王文成公全书》卷六《答友人问》。
⑤ 《王文成公全书》卷三《传习录》下。
⑥ 《王文成公全书》卷二《答顾东桥书》。
⑦ 《王文成公全书》卷三《传习录》下。
⑧ 《王文成公全书》卷二《传习录》中。

子深造之以道，欲其自得之也。自得之……则取之左右逢其源。”并且非常赞成这一观点，他还说：“学问也要点化，但不如自家解化者，自一了百当。不然，亦点化许多不得。”[①]所谓“点化”，是指教师对学生的指点和开导，朋友间的砥砺和切磋；所谓“自家解化”，即发挥学生的独立思维能力来解决问题，认为这才是“一了百当”的工夫。在教学中，他绝少长篇讲述，大多是三言两语指点性的答疑，启发学生自已得出结论，体现了他重视学生“自家解化”的教学风格。他还提倡天下学术公有，认为人人都有独立思考和发表意见的权利。他说：“夫道，天下之公道也；学，天下之公学也；非朱子可得而私也，非孔子可得而私也。天下之公也，公言之而已矣。”[②]这就为学生学习“自求自得，独立思考”奠定了理论基础，从理论上提供了可能性。

孔子曾有“当仁不让于师”之说，孟子亦有“尽信《书》，则不如无《书》”之教，但这种注重学生独立思考、自求自得的风气，自汉独尊儒术之后一度被破坏了。至元明时期，孔子更被奉为“至圣先师”，朱熹亦被尊为“圣人”，他们的学说成为判断是非的最终标准。寻章摘句，推衍文义，“代圣贤立言”，成为主要的学习方法。这种传统的学风严重禁锢着人们的头脑，使人们丧失认识新鲜事物和进行创造的能力。而王守仁认为“是非之心，人皆有之”，提倡独立思考，强调自求自得，并把它们引向不囿于圣人之见、经书之说，是十分可贵的。

3. 师生和谐相处，无犯无隐。在师生关系上，王守仁不赞成传统的师道尊严，更反对道学教育束缚学生个性的教学秩序，主张师生之间应以朋友之道相待，提倡师生之间直言相谏。他说：“人谓事师无犯无隐，而遂谓师无可谏，非也。谏师之道，直不至于犯，而婉不至于隐耳。”[③]教师对学生的批评，应持欢迎的态度，“凡攻我之失者，皆我师也，安可以不乐受以心感之乎！”[④]他自己在学生面前，没有道学家那种“道貌岸然”的架子，而是十分随和。比如，有一次，他的弟子王汝中、省曾侍坐，把扇子放在一旁，王守仁立即握扇给他们，说：“圣人之学，不是这等捆缚苦楚的，不是装做道学的模样。”[⑤]又一次，王守仁在家乡与弟子一道过中秋节，100多名弟子欢聚天泉桥上，酒过半酣，王守仁提议大家表演节目，于是诸生比音而作，翕然如协金石，少间，能琴者理丝，善箫者吹打，或投壶聚算，或鼓棹而歌，远近相答，好不热闹。王守仁在弟子要求下，也即席赋诗，以曾点自

---

① 《王文成公全书》卷三《传习录》下。
② 《王文成公全书》卷二《传习录》中。
③ 《王文成公全书》卷二十六《教条示龙场诸生》。
④ 《王文成公全书》卷二十六《教条示龙场诸生》。
⑤ 《王文成公全书》卷三《传习录》下。

喻:"处处中秋此月明,不知何处亦群英……铿然舍瑟春风里,点也虽狂得我情。"[①]这种融洽的气氛,正体现了他们师生之间亲密无间的关系。

4. 顺应儿童天性,采取诱、导、讽的教学方法。王守仁从他的良知说出发,认为乐是心中本体,好玩是儿童的天性,教学必须引起儿童的乐学情绪,应从积极方面入手,激发儿童兴趣。他说:"大抵童子之情,乐嬉游而惮拘检,如草木之始萌芽,舒畅之则条达,摧挠之则衰痿;今教童子必使其趋向鼓舞,中心喜悦,则其进自不能已:譬之时雨春风,沾被卉木,莫不萌动发越,自然日长月化;若冰霜剥落,则生意萧索,日就枯槁矣。"[②]接着他提出,以诱之歌诗、导之习礼、讽之读书,来"训导其志意,调理其性情,潜消其鄙吝,默化其粗顽",以达到"日使之渐于礼义而不苦其难,入于中和而不知其故"的效果。因为"凡诱之歌诗者,非但发其志意而已,亦所以泄其跳号呼啸于咏歌,宣其幽抑结滞于音节也";"导之以习礼者,非但肃其威仪而已,亦所以周旋揖让而动荡其血脉,拜起屈伸而固束其筋骸也";"讽之读书者,非但开其知觉而已,亦所以沈潜反复而存其心,抑扬讽诵以宣其志也"[③]。也就是说,"诱、导、讽"的方法有利于人的德、智、体多方面发展。王守仁在"教约"中还提倡带有比赛、观摩性质的"会歌""会礼"活动,规定:"每学量童生多寡,分为四班。每日轮流一班歌诗,其余皆就席敛容肃听。每五日则总四班递歌于本学。每朔望集各学会歌于书院。"以调动学生的学习兴趣。

王守仁还批判了当时的儿童教育者对待儿童"鞭挞绳缚,若待拘囚",致使儿童"视学舍如囹狱而不肯入,视师长如寇仇而不欲见,窥避掩覆以遂其嬉游,设诈饰诡以肆其顽鄙,偷薄庸劣,日趋下流"[④]。为此,他要求教师切实按照他的意见去教导儿童,"尔诸教读,其务体吾意,永以为训,毋辄因时俗之言,改废其绳墨,庶成'蒙以养正'之功矣"[⑤]。

总之,王守仁关于儿童教育的思想是符合儿童生理与心理发展特点的,不仅具有进步的历史意义,而且具有积极的现实意义。

第五节 早期启蒙思想家的教育思想

中国的思想启蒙运动经历长期曲折的发展过程,而最初的萌动是17～18世纪明清之际的早期思想启蒙运动。其主要思想家有:黄宗羲(1610～1695年)、

---

① 《王文成公全书》卷三十四《年谱》。
② 《训蒙大意示教读刘伯颂等》。
③ 《训蒙大意示教读刘伯颂等》。
④ 《训蒙大意示教读刘伯颂等》。
⑤ 《训蒙大意示教读刘伯颂等》。

顾炎武(1619～1682年)、王夫之(1619～1692年)、颜元(1635～1704年)、李塨(1659～1733年)、戴震(1723～1777年)等。他们都是站在唯物主义立场上,代表进步的力量,对封建理学进行了无情的批判,提出了初步的民主和科学思想。尽管各个思想家的具体思想不尽相同,各有侧重,但总的趋势是一致的。不同支流朝着一个方向汇集成一股强大的社会思想潮流奔腾在我国思想史的长河中。

任何一种社会思想都是时代精神的反映,我国早期启蒙思想的形成也同样有着自己的社会根源。首先,在经济上,封建的生产关系开始衰败,土地高度集中,人民困苦不堪,引起了一些与社会下层有接触的地主阶级进步知识分子的不满和同情,促使他们去思考现实的社会问题。如颜元长期生活在农村,深知人民疾苦。明朝中后期,江南一带出现了手工工场,资本主义生产关系开始孕育,出现了市民阶层。他们反对封建的"重农抑商"政策,要求"农商并重",渐渐形成一股社会力量。早期启蒙思想家正是他们的代表。其次,在政治上,由于明末农民起义推翻了曾经十分强大的明王朝,武器的批判戳穿了君主专制的腐朽,皇权威风扫地,为批判君权提供了条件。同时代替明王朝统治的满族统治者勾结汉族官僚大地主屠杀英勇抵抗的江南人民,如"扬州七日""嘉定三屠"就是铁证。这更加激起进步知识分子的爱国之情,强烈要求赶走满族统治者,恢复明王朝统治。他们痛定思痛,把明朝的灭亡归罪于理学的空疏无用,因而提出"经世致用"的思想,并对以"一家之法"代"天下之法"的君主专制进行猛烈的抨击,提出了"天下为主,君为客""贵不在朝廷""贱不在草莽"[①]等初步的民主思想。另外,由于封建统治走下坡路,统治集团上下离心,使得皇帝更加依赖宦官。皇室、贵族和官僚之间争权夺利、斗争激烈,这也激起下级官僚和中小地主阶层的不满,他们也要求对皇室、贵族的权力加以限制。再次,由于科学技术的进步。明代中后期及清初我国已出现一批自然科学家和自然科学著作。如李时珍的《本草纲目》、徐光启的《农政全书》、宋应星的《天工开物》以及后来方以智的《物理小识》、梅文鼎和戴震的天文与数学方面的著作等。再加上西方传教士的介入,也带来了一些自然科学知识,这些都有力地促进了启蒙思想的发展。最后,早期启蒙思想家继承和发展了历史上唯物主义思想家的传统,特别是宋以后叶适、陈亮和王廷相等的务实、重人、重经世致用的唯物主义思想,他们对宋明理学进行了有力的批判。以上这些就是早期启蒙思想形成的主要社会背景。

在早期启蒙思想家的思想中,教育思想占有很重要的地位,他们在批判旧的封建理学教育的过程中,逐步形成新的资产阶级教育思想的萌芽,主要表现在以下几个方面:

---

① 黄宗羲《明夷待访录》。

一、关于教育的目的和作用

早期启蒙思想家明确提出了教育的目的就是要培养能“经世致用”的实用人才，能做到“仁义与事功合一”（黄宗羲语），不仅能“明道”，而且能“救世”，即“君子之为学也，以明道也，以救世也”（顾炎武语）。他们认为教育在人的发展和社会的发展中都起着重要作用。

就教育对个体的人的发展所起作用来说，他们首先对理学家的人性论进行彻底批判。理学家们认为人性是与生俱有的，人生来就有善恶之分。如朱熹等人就把人性分成义理之性（即天命之性）与气质之性。义理之性得之于天理，所以是善的，而气质之性是理与气相杂而成的，故有清浊之分，有善有恶。“圣人”之性是由纯“清气”构成的，是具有“天理”的人性，所以是天生的“仁义”“睿智”；而一般的社会人则多由“清气”和“浊气”混合而构成其性，即多表现为“天理”与“人欲”并存，而且“天理”常为“人欲”所蒙蔽，所以需要“圣人”来教育改造，以变化气质之性。也就是通过学习来“复性”，即所谓“革尽人欲，复尽天理，方始是学”。王守仁也认为人的气质生来就有“清浊粹驳”的不同，所以就有“圣人”和“愚夫愚妇”的区别。“圣人”的气质是纯清的，不须经过学习，其言行自然合乎“天理”，而“愚夫愚妇”生来气质就是“浊驳”的，所以需要“教化”，“教化”的目的就是要去掉杂质，也就是要“存天理，灭人欲”。而早期启蒙思想家认为气质之性是本然之性，性在气质之中，没有超乎气质的义理之性。他们讲的“气质”是指物质的东西，认为人的正当的物质欲望是合理的，“天下之公欲”就是“理”。戴震还提出“体民之情，遂民之欲”的进步思想。他们认为人性是后天习得而成的，是“习成而性与成也”。如王夫之明确提出人性是“日生则日成”的命题，认为教育不是复已成之性，而是“日新其性”“继善成性”的过程。颜元也说：“恶者，引蔽习染也。”去掉“引蔽习染”正是教育的作用。所以，人性是通过后天环境和教育在“日新”变化中形成的。

就教育对社会发展的作用来说，早期启蒙思想家深刻批判了理学教育的空疏无用。如颜元批判理学“分毫无益于社稷生民，分毫无功于疆场天地”①。顾炎武也指出：“近世号为通经者，大都皆口耳之学，无得于心，既无心得，尚安望其致用哉?”②因此，他强调要用实学的经世致用来代替理学的空谈，要能“为天地造实绩，而民以安，物以阜”。颜元也曾尖锐地批判当时的学校成为科举的附庸、势利的场所。他说：“八股行而天下无学术，无学术则无政事，无政事则无治功，

① 《存学编》卷二。

② 《亭林余集·与任钧衡》。

无治功则无升平矣！故八股之害，甚于焚坑。”[1]他认为学校不仅要教一些对社会实用的知识，而且应该成为议政的机构。他说：“天子之所是，未必是，天子之所非，未必非，天子亦遂不敢自为非是，而公其是非于学校。”[2]学校还应有监督、弹劾郡县地方行政官吏的权力，这似乎有点像西方议会的性质。总之，一个时代的教育必须有益于国计民生，有益于社会发展。

二、关于教育的内容

早期启蒙思想家们都竭力批判理学的空谈心性，不务实学，脱离实际，专学那些与现实相差甚远的歪曲经书的繁琐注疏等，认为教育内容必须注重实际问题，学习对实际有用的东西，如礼、乐、兵、农、医等。同时注重学习经史，研究经学的目的也是为了经世致用，以托古改制，认为古人是注重实学的，如黄宗羲曾主张学习“五经”、兵法、历算、医学等内容。在早期启蒙思想家中，颜元对教育内容的论述是最充分的，这里就以他为例来说明之。

颜元认为程朱同孔门“敌对”、与尧舜周孔“判然两家”[3]，他把孔子和程朱作了很形象的比喻。他说，请人画两张像，一边是孔子佩着宝剑，领着七十弟子，有的习礼，有的弹琴、练舞，有的研究兵农、政事，壁间陈放着弓箭、各种乐器和算器。另一边画的是程颐闭目静坐，像泥塑的菩萨一样，旁边是朱熹、陆九渊等，有的在打坐，有的拿着书在诵读，有的在讲“敬静”的性理，有的执笔著述，壁间放的尽是书籍笔砚之类的东西。两张画像说明孔子是讲“习行”“经世致用”的实学，而程朱是专门闭目修养、读死书的蛀书虫。他在《存学编·上陆桴亭书》中，较详细地论述了教育内容。他说：“某为此惧，著存学一编，申明尧、舜、周、孔三事，六府、六德、六行、六艺之道，大致明道不在读书章句，学不在疑悟诵读，而期如孔门博文约礼，身实学之，身实习之，终身不懈者。”“三事”指正德、利用、厚生说；“六府”指金、木、水、火、土、谷说；“六德”指智、仁、圣、义、忠、和；“六行”指孝、友、睦、姻、任、恤；“六艺”指礼、乐、射、御、书、数。六德、六行和六艺是“三物”。他认为古时的教师就是教这些，“六经”就是关于这些事物的簿籍，并认为“六艺”是最基本的教学内容。再来看看他晚年为漳南书院提出的“教育计划”。他将此书院分设六斋：(1)文事斋，课礼、乐、书、数、天文、地理等科；(2)武备斋，课黄帝、太公及孙吴诸子兵法，并攻守营阵、陆水诸战法及射御技击等科；(3)经史斋，课十三经、历代史、奏章、诗文等科；(4)艺能斋，课水学、火学、工学、象数等科；(5)理学斋，

---

① 《颜习斋先生言行录》卷下。

② 《存治编·学校》。

③ 《习斋记余·未坠集序》。

课静坐、编著程朱陆王之学；(6)帖括斋，课八股举业。由此可见，他安排的教学内容是文武并重，并注重实际的自然科学知识和工农业生产技术的学习，如天文、地理、水学、工学等，同时注重经史的学习。这里还需要说明一下，他既然批判理学、科举，又为何设理学、帖括两斋呢？他的理由是“见为吾道之敌对，非周孔本学，暂收之，以示吾道之广，且以应时制”[①]。这只不过是作为反面教材以及为权宜之计而已，由此也反映了他对理学批判的不彻底。总之，颜元安排的教育内容也是为他的政治目的服务的。他说，要以“垦荒、均田、兴水利”七字富天下，以“人皆兵、兵皆将”六字强天下，以“举人才，正大经、兴礼乐”九字安天下。这充分体现了他的“富国强兵”的政治理想。

三、关于知识的来源与获得

早期启蒙思想家都认为知识不只是来源于书本，更重要的是来源于客观事物，来源于社会实践。他们认为“理在气中”“理在事中”，而反对理学家们的“理在事上”“理来于心”。正如顾炎武所说：“形而上者谓之道，形而下者谓之器，非器则道无所寓”[②]。李塨也明确提出：“夫事有条理曰理即在事中。”认为人们的知识不是先天具有的，而是后天获得的，是人们后天接触客观事物，感知、思维的结果，也就是学习的结果。

那么，具体来说，应如何才能获得知识呢？他们认为应该是行先知后，强调“习行”“践履”，主张学思并重。王夫之说：“人于所未见闻者，不能生其心。”[③]戴震也说：“耳目鼻口之官接于物，而心通其则。”[④]要获得知识首先要接触事物，通过实践获得真正有用的知识，正如王夫之所说的：“行可兼知，而知不可兼行……君子之学，未尝离行以为知也。”[⑤]他还认为人们获得知识的过程是一个从不知到知，从少知、浅知到多知、深知的探求过程，这个过程他认为应包括“学、问、思、辨、行”几个方面，而“行”是首要的，“学、问、思、辨”是为“行”服务的。他还说：“致知之途有二：曰学、曰思……学非有碍于思，而学愈博则思愈远，思正有功于学，而思之困则学必勤。”[⑥]即主张学思并重，两者相互依赖。他们不仅是宣传号召人们要“习行”“践履”，而且自己首先就是这样做的，如颜元就长期从事农业生产劳动；顾炎武更是注意理论学习与实践考察相结合，他常常用骡马载着书到各

① 转引自毛礼锐：《中国古代教育史》，北京：人民教育出版社，1979年，第512页。

② 《日知录》。

③ 《张子正蒙注》。

④ 《孟子字义疏证》。

⑤ 《尚书引义》卷三。

⑥ 《四书训义》卷六。

地旅行、访问，了解社会实际。他们都反对理学教育的“半日静坐，半日读书”的那种读死书、读书死的学习方法，认为这不仅不能获得知识，而且严重摧残人的身心健康。如颜元指出：“譬之学琴然，读书犹琴谱也，烂熟琴谱，讲解分明，可谓学琴乎?”“辟如欲知礼，任读几百遍礼书，讲问几十次，思辨几十层，总不算知。直接跪拜周旋，捧玉爵，执币帛，亲下手一番，方知礼是如此……是谓物格而后至。”①他还批评整天坐着读书，不劳动，不做实际的事情，弄得身体衰萎，满身是病，造成“天下无不弱之书生，无不病之书生”②的局面。人们都讽刺当时的知识分子是“白面书生”，“书生无用”。

在注重实践知识的同时，早期启蒙思想家们也并不忽视有用的书本知识的学习，而且对古代的经史更为重视。即便颜元言语中表露出否定书本知识，甚至反对著书立说，但从他对教学内容的安排看，他并不是否定一切书本知识，只不过是对那些无用的特别是理学家的语录、注疏竭力反对而已。而且他们的思想和行为中还初步表露出理论学习与实践经验相结合的思想，如前面提到的顾炎武就非常重视书本知识的学习与实际考察相结合，当然他们的实践主要是指个人的实践，有其时代局限性。

早期启蒙思想家的教育思想在我国教育史上留下了闪光的一页。他们对封建理学僵死的教育内容和教学方法进行了坚决的批判，要人们面对现实世界，注重科学，学习那些能“利济苍生”的有用知识，并通过自己的亲身实践来获得知识。但是他们的思想也有其局限性。他们是处在旧的开始衰败但仍保有一定实力，而新的刚刚萌生的时代，即“新的要突破旧的，死的又拖住活的”这样一个时代，他们的思想难免不带有双重性。他们不想触动封建制度，想在维护封建制度的前提下，进行一些改革，在批判理学的同时，又抬出孔孟之学作为自己批判的武器。他们所谓的“实践”也只是个人实践而已。所以他们所点燃的进步思想的火花在被理学禁锢的黑暗社会中，在统治阶级的压制下，未能燃烧起熊熊的烈焰，理学仍占统治地位。但早期思想启蒙运动已在人民的思想中种下思想解放的火种，它激起一代代先进的中国人不断寻求真理、寻求救国救民之道的爱国热忱。从魏源、龚自珍、林则徐到康有为、梁启超，从孙中山到李大钊、毛泽东等，终于在中国共产党的领导下，通过无产阶级革命完成了思想解放运动。早期启蒙思想家的教育思想也同样影响着后来的教育改革，为近代资产阶级教育开设实科、学习自然科学开辟了道路。教育不再是脱离实际的心性之谈，而是与现实社会密切联系的用以培养实用人才的工具。一切进步的社会实践都是与进步思想的启迪分不开的，早期启蒙思想家的教育思想正是在这个意义上，在启迪后来的

① 《四书正误》卷一。

② 《朱子语类评》。

进步教育思想和教育实践上，显示了自己重要的历史地位。

早期启蒙思想家的教育思想在中国教育史上的地位不亚于欧洲文艺复兴时期人文主义者的教育思想在欧洲教育史上的地位。他们都是资产阶级思想启蒙运动的产物，都强调以人为中心，相信人的力量，蔑视神学，反对封建的禁欲主义；在教育史上，欧洲的人文主义者是批判经院哲学的神秘繁琐，嘲笑僧侣的无知；而中国的早期启蒙思想家是批判封建理学的空疏无用，嘲笑理学家们及其门徒的无知。他们都要求人重视现实世界，探索自然，追求科学，要求学校开设自然科学知识的课程，为近代资产阶级教育开设实科鸣锣开道。在教学方法上，他们都反对封建社会教育忽视“践履”，死啃书本、死记硬背的教学方法，要求人们从实践中、从现实世界中获得知识，把书本知识与实际联系起来；此外，他们还十分注意学习古代社会有用的东西来为现实社会服务。总之，早期启蒙思想家的教育思想有力地冲击了封建社会的教育，为资本主义教育的产生和发展作出了巨大贡献。

思考题

1.教育的出发点是人，中国古代教育家往往将“人性”作为讨论教育问题的前提。董仲舒、王充、朱熹、王守仁等封建社会的教育思想家承袭先秦诸子，都提出了各自的人性论观点。试分析他们人性论的不同之处，并探讨其历史意义和现实意义。

2.《颜氏家训》被誉为我国封建社会第一部系统完整的家庭教育的教科书，请阅读《颜氏家训》并思考其当代价值和历史局限性。

第三章

中国古代的教育制度与教育内容

我国古代教育较为发达，尤其是学校产生较早。据古籍记载，我国唐虞以前的五帝时代(前2700年左右)已有大学，名叫“成均”(最初见于《周礼》《礼记》二书)。传说中虞舜时的学校，兼作养老、藏米之所，并已有大学、小学之分(《礼记·王制》中记有：“有虞氏养国老于上庠，养庶老于下庠。”并注曰：“上庠，大学，在西郊；下庠，小学，在国中王宫之东”)。根据《尚书·舜典》和《尚书·虞书》记载，似乎在虞舜时就有了专门的学官，并已分为三个部门：一为“司徒”，由契负责，主持“五教”，即父义、母慈、兄友、弟恭、子孝；二为“秩宗”，由伯夷负责，主持“三礼”，即祀天神(日、月、风雷之类)、享人鬼(祖先之类)、祭地祇(山、川、草、木之类)；三为“典乐”，由夔负责，专掌乐教。尽管上述记载或传说还不能证明有了专门的学校，但至少可以说有了学校的萌芽。夏朝的学校在古籍中也有明确的记述，但尚未发现学校存在的直接证据。《礼记·王制》载：“夏后氏养国老于东序，养庶老于西序。”《礼记·明堂位》中陈注：“序者，射也，射以观德，有先后之次焉。”《文献通考·学校考》也称：“夏后氏以射造士。”也就是说，夏朝的学校叫“序”，以习射与习礼为其教学内容。商朝的学校不仅有古籍记载，而且有丰富的地下发掘的文物作证。《礼记·王制》载：“殷人养国老于右学，养庶老于左学。”注云：“学者，觉也，觉民者。”殷人重祭祀、崇礼乐，所以特设“瞽宗”。“瞽宗”为乐师瞽朦主持，是用作祭祀的地方，同时又是进行乐教、学习礼乐的机构。殷墟发现的甲骨文中不少内容也能反映当时教育的情况，如“聿”(笔)字，像手持笔形；“𠕁”(册)字，即将竹简穿在一起。这证明当时已有较成熟的文字和书写工具。但我国古代较完备的教育制度还是形成于西周时期，下面就重点论述西周、汉、唐、宋等朝代影响较大的教育制度以及古代社会的主要教育内容。

第一节　西周和汉代的教育制度

一、西周的教育制度

(一)西周的教育政策和学制系统

西周(公元前11世纪～前770年)是我国奴隶社会高度发展的时期,经济上实行奴隶主贵族的土地国有制,政治上实行以宗法制为基础的分封制度,思想意识上由重神鬼逐渐变为重人事,在教育上以“明人伦”为宗旨,高度垄断,形成“学在官府”“官守学业”的局面。

西周的学校集前代之大成,汇合各种学校,构成一套组织比较完备的学制系统。《古今图书集成》称:“周承四代之制,立四学于京师,辟雍居中(即成均),东胶在左(即东序),瞽宗在右(即右学),虞庠在国之西郊,其在侯国之都者曰頖宫,自乡遂而下,则庠序并设。”总的来说,西周的学校可分为国学与乡学两种。

1.国学。西周的国学是专为奴隶主贵族子弟设立的。据《礼记・王制》记载:“天子命之教,然后为学,小学在公宫南之左,大学在郊,天子曰辟雍,诸侯曰頖宫。”可见西周的“国学”按入学年龄和程度分成小学、大学两级,小学设在宫廷附近,大学设在近郊,天子与诸侯的大学名称各异。西周的大学有辟雍、大池、射庐、宣廚(榭)等不同名称,都是周天子率群臣及学生习射和作乐舞的地方。《诗经》中的《思齐》《灵台》《振鹭》等篇都载有辟雍或西雍,大概西周的大学建在四面环水的丘地上,“水旋丘如璧曰辟雍”,因四面有水似池,故曰“大池”,因在国之西郊,故称“西雍”,又因是陆上学射之所,故又称“射庐”[①]。

天子所设大学,规模较大,分为五学,辟雍居中,又称太学,四周分设四学,兼用四代之制:水南曰“成均”,取五帝之学名,习乐德、乐语、乐舞者居之;水北曰“上庠”,取虞学之名,典书、诏书者居之;水东曰“东胶”,取夏学之名,学干戈羽籥者居之;水西曰“西雍”,取殷学之名,亦曰“瞽宗”,学礼者居之。《大戴礼记》载有天子五学之说:“帝入东学,上亲而贵仁,则亲疏有序而恩相及矣;帝入南学,上齿而贵信,则长幼有差而民不诬矣;帝入西学,上贤而贵德,则圣智在位而功不遗矣;帝入北学,上贵而尊爵,则贵贱有等而始下不隃矣;帝入太学,承师问道,退习而考于太傅,太傅罚其不则而匡其不及,则德智长而治道得矣。此五学者,既成于上,则百姓黎民化辑于下矣。学成治就,以殷周之所以长有道也。”[②]诸侯所设

---

① 《诗・毛传》。

② 《大戴礼记・保傅》。

大学，规模比较小，仅有一所学校，因半环以水，故称“頖宫”，又名“泮宫”。

2. 乡学。乡学是地方学校，一般是按地方行政区划设立，地方区域大小不等，所设学校的名称也不同，但古籍对西周乡学的记载不尽相同。《周礼》记载：“乡有庠，州有序，党有校，闾有塾”；《礼记·学记》又说：“家有塾，党有庠，术（遂）[①]有序”；毛奇龄在《学校问》中却说：“至于乡以下，则有四学。”“一曰乡校”，“一曰州序”，“一曰党庠”，“一曰家塾”[②]。历代学者关于西周乡学的研究，多根据《周礼》“六乡六遂”的建制，即王城和诸侯国都的近郊为乡，设“六乡”（包括家、比、闾、族、党、州等六级建制）；其远郊为野，设“六遂”（包括家、邻、里、酂、鄙、县等六级建制）。一般认为西周的乡学主要分布于“六乡”；五户为比，五比为闾，可设“塾”；四闾为族，也是设“塾”；五族为党，设“庠”；五党为州，设“序”；五州为乡，设“校”。而有关六遂的学校记载极少，《汉书·食货志》有“里胥坐右塾，邻长坐左塾”语。“遂”处远郊，所居之人为“野人”，即为一般的劳动人民，即使有学校，大概也只是“塾”一类的学校而已，主要进行基本的“教化”。总之，西周的乡学还是可信的，主要是培养奴隶主和贵族的子弟，优异者可升入国之大学。史籍记载的西周乡学系统如此完备，也许只是一种理想，但它对后世却产生了深远的影响。

- 西周学校系统
  - 国学
    - 大学
      - 天子设立的
        - 成均（南学）
        - 上庠（北学）
        - 辟雍（太学）
        - 东序（东学或称东胶）
        - 瞽宗（西学）
      - 诸侯设立的“頖宫”
    - 小学
  - 乡学
    - 闾（25户）或族（100户）设“塾”
    - 党（500户）设“庠”
    - 州（2500户）设“序”
    - 乡（12500户）设“校”

西周学校系统图

（二）西周学校的教师和管理制度

西周的教育制度是政教一体、官师合一的。这是因为：古代的典章文物，如典、谟、训、诰、礼制等都藏于秘府，由专官执掌，唯官有书；礼、乐、射、舞所用的器具，都藏于宗庙，由典乐官掌握，唯官有器。欲学者必就官而学，因此学校教师一

---

① 郑玄认为“术”是“遂”字之误，毛奇龄认为“术”是“州”字之误，后者更可信。

② 孟宪承等编：《中国古代教育史资料》，北京：人民教育出版社，1961年，第21页。

般都由官吏兼任。西周国学的教官，由大乐正总其事，下设许多官员分掌各职。据《礼记·文王世子》载，有大乐正、小乐正、大胥、小胥、大司成、籥师、籥师丞、太傅、少傅、师氏、保氏等，大部分是正式乐官兼任贵族子弟的教师。乡学的教官，由地方各级行政首长兼任，大司徒总其成，并有退职的大夫和士任乡学的教师，“大夫七十致仕老于乡里为父师，士七十致仕老于乡里为少师”①。

西周的学校教育在管理方面也建立了初步的规程，主要表现在以下几个方面：

1.入学年龄及修业期限。入学年龄，古籍记载不一，据《大戴礼记·保傅》载：“古者年八岁而出就外舍，学小艺焉，履小节焉。束发（15岁）而就大学，学大艺焉，履大节焉。”按《白虎通》的解释，此大学之礼，系指王太子而言的。公卿之太子、大夫元士之嫡子，则为13岁入小学，20岁入大学，至于其他众子（包括大夫元士妾所生之子），则是15岁入小学，18岁入大学。由此可见，西周入学年龄因学生身份的不同而不同，这也反映了宗法等级制度对教育的制约。修业年限，文献无明确记载，据入学年龄推算，小学一般为7年，大学一般为9年。

2.考查与奖惩。《礼记·学记》记载：“一年视离经辨志，三年视敬业乐群，五年视博习亲师，七年视论学取友，谓之小成。九年知类通达，强立而不反，谓之大成。”考查中发现有不受教者，报告大乐正，大乐正报告王，王命三公九卿、大夫元士入学习礼以感化之。如不改变，王亲自视学，以示警告，仍不改变，则迁送远方。乡学的考查由乡大夫负责，“命乡论秀士，升之司徒，曰选士。司徒论选士之秀者而升之学，曰俊士”，选士和俊士都可免赋役，称为“造士”。若发现乡学中有不受教者，司徒集合乡中耆老于学中习礼以感化之，如不改变，右乡移于左乡，左乡移于右乡，再不改变，由乡住于遂，仍不改变，则弃之远方。国学中的大成者和乡学中的俊士都报告于王，而升诸司马，曰进士。“司马辨论官材，论进士之贤者以告于王，而定其论。论定然后官之，任官然后爵之，位定然后禄之”②。可见，西周学校的考查是和官吏的选拔统于一体的。

3.视学制度。西周的天子和诸侯每年都要视学，同时举行隆重的养老典礼，因为学校往往也是养老的地方，这样可以将“尊年敬德”和“尊教重道”结合起来，能更好地发挥学校教育的作用。天子视学每年多达四次，视学当日清晨，击鼓集众，天子至，行祭奠之礼；次日行养老礼。天子、公卿、诸侯、大夫均应出席，先祭先老，然后宴请众老，各就席次，献酢致酒，作乐歌诗，舞文舞武，即席“乞言”“合语”，即向耆老乞求善言，互议父子、君臣、长幼之道。这种制度后来在封建社会长期沿用。

---

① 王炳照等编：《简明中国教育史》，北京：北京师范大学出版社，1994年，第11页。
② 《礼记·王制》。

(三)西周的幼儿教育和女子教育

西周时就已经重视幼儿教育,甚至有了胎教思想,传说:"周妃后妊成王于身,立而不跛,坐而不差,笑而不喧,独处不倨,虽怒不骂,胎教之谓也。"《礼记·内则》记载了幼儿从出生到入小学之前的教育内容:"子能食食,教以右手;能言,男'唯'女'俞'(俞,然也)。男鞶革,女鞶丝(鞶,小囊盛帨巾者。男用韦,女用缯,有饰缘之)。六年,教之数与方名(方名,东西四方之名)。七年,男女不同席,不共食。八年,出入门户及即席饮食,必后长者,始教之让。九年,教之数日(朔望与六甲也)。"既有知识教育,又有品德教育,而且与幼儿的实际生活紧密结合。但西周还没有专门的幼儿教育机构,国子与公卿贵族子弟可以选任专门的师保,一般子弟只能受到家庭教育,父母就是幼儿最初的教师。

西周重男轻女的思想十分严重,女子没有受学校教育的权利和机会。幼儿从刚学会说话时起,就强调男女有别,言行举止、穿戴装束都有明确的界限。按《礼记·内则》所载:"女子十年不出,姆教婉娩听从;执麻枲,治丝茧,织纴组紃,学女事以共衣服。观于祭祀,纳酒浆、笾豆、菹醢,礼相助奠。十有五年而笄。二十而嫁。"这样,女子一生所学习和从事的工作内容无非是烹饪、缝纫、编织等家庭杂务,不必过问"治学"和"从政"的大事。由此可见,"女子无才便是德"的思想由来已久①。

资料卡片5

秦朝的文教政策

秦朝是中国历史上第一个统一的中央集权的封建国家。为了维护国家的统一和君主集权的封建制度,秦朝采用法家思想,主要实行三大文教政策。一是统一文字。秦统一六国以前,各国文字很不统一,这严重影响了统一政令的推行,也阻碍了各地区经济文化的交流。为此,秦始皇采纳李斯的建议,统一各国文字。文字的统一,对中国文化和教育的发展以及中华民族统一文化心理的形成起到了极其重要的作用。二是严禁私学。春秋战国时期私学兴盛。私学重各家之言,容易造成思想混乱,思想不统一则国家难以统一。因此,秦朝实行文化专制政策,禁止私学,甚至采取"焚书坑儒"的极端措施。"百家争鸣"的学术之风也从此结束。三是以吏为师。为了实现"以法治国",秦朝推行以法为教、以吏为师的教育政策。政府规定教育的内容限于法令,教育的目的就是培养知法守法、服从统治的顺民。所以,懂法、

① 参见王炳照等编:《简明中国教育史》,北京:北京师范大学出版社,1994年,第13~15页。

执法的封建官吏就是最合适的教师。“以法为教、以吏为师”导致秦朝社会出现“法律之外无学、官吏之外无师”的倒退局面。

二、汉代的教育制度

尽管秦朝是我国历史上第一个统一的封建国家，但为了统一思想，采取“焚书坑儒”“禁私学”“以吏为师”的政策，再加上是个短命王朝（前后16年），因此，其教育制度对后世影响很小。而汉代，不仅由于国家统一、经济繁荣、新的教学手段——帛和纸的出现，为学校教育的发展提供了物质条件，而且汉武帝“独尊儒术”，实施“重教”的政策，使汉代的官学和私学都得到了空前发展，学制系统已相当完备，为以后历代封建王朝的学校教育制度奠定了基础、提供了范本。

（一）汉代的官学制度

1.学制系统。严格地说，我国古代官学制度的建立始于汉武帝时期，至西汉末年平帝元始三年（3年）才制定了中央与地方的学制系统。汉代官学分五级：在中央有太学一级，在地方按行政系统分学、校、庠、序四级。由郡国县邑举办的称“学”和“校”，由乡和聚开办的称“庠”和“序”。太学创办于汉武帝元朔五年（公元前124年），招生人数不断增加，成帝时增至3000人。据《三辅皇图》说：“汉太学在长安西北七里，有市有狱。”可见当时太学的规模相当宏大，成为汉代的最高学府。平帝元始四年（4年）为太学生建筑校舍，能容纳学生万人。这是我国历史上大规模建筑大学校舍的开始，在世界古代教育史上也是少见的。太学生来源，除太常所择及郡国选送外，又增加公卿子弟及明经下第两种。东汉时，太学生人数大增，质帝时梁太后专政，为了笼络知识分子，太学生增至3万多人，京师形成了太学区。东汉明帝时除太学外，还创立宫邸学，也称“四姓小侯学”，使太子诸侯及功臣子弟学经。灵帝光和元年（178年）又创设鸿都门学，因校址在洛阳鸿都门而取此名，这所学校实际上是宦官为对抗太学而另立的一所太学，讲习辞赋、小说、绘画、书法，意在对抗太学的经学。学习成绩及格授予大官，不及格只授予小官，这是宦官极力培养自己势力的一种措施。可以说，鸿都门学是中国也是世界上最早的专门的文艺大学，有着重要的历史意义，是一种创造和教育改革。就整个汉代看，除太学发展较为正常外，地方学校时兴时衰。郡国设学开始时只是在个别地区，如景帝时蜀郡守文翁所办地方官学，很有影响。据《汉书·循吏传》记载：蜀郡太守文翁推行儒家的仁政之说，重视教化。他任蜀太守期间，为了改变当地落后的习俗，选拔郡县小吏中的优秀之士派遣京师，“受业博士”，学习儒经和汉代的“律令”，学成归蜀，从而引进中原先进的文化。同时，文翁在成都创设了官立学府“学宫”，招收生徒，免除他们的徭役，学成之后，授予重任，此外，还采取其他各种奖诱进学的办法。文翁兴学，得到汉武帝的赏识，并诏令天下："郡国皆立学校官。"虽然郡国学未能普遍设立，但是，由朝廷统一管辖的封建社会的地方官学由此产生。

太学属于大学性质，教授儒家六经，学、校属于中学性质，专学一经，庠、序似属小学性质。其实这种等级并不十分明显，当时也没有中小学的名称，学、校、庠、序四级之间没有连属关系，与中央太学也不相统属；只是由学、校出身的学生，才有升入中央太学求学的资格。宫邸学教授《孝经》《论语》等，鸿都门学教尺牍、辞赋及字画一类的艺术科目。另外，汉代设有专门的教育行政机关，在中央的教育长官称太常，却不是专管教育的，地方学校概由各级行政长官兼管。

2. 教师与学生。汉代太学里设有博士，学、校置经师一人，庠、序置孝经师一人，担任教学工作。太学教授之所以通称"博士"，是取其博学多能之意。博士是秦代的官名，汉承秦制，也设置了博士官。博士除执掌议政、制礼、藏书之外，还具有国家教授的职能，所以博士不仅应熟悉经史百家，还要"明于古今，温故知新，通达国体"[①]。当时博士皆为一世经师硕儒，随着太学的发展，往往出现师少生众的情况，为此他们常采取如下几种办法：一是会集诸生作大型讲演，称为"都授"；二是遣高徒代讲，这种代讲的高徒称为"都讲生"；三是聘请兼职教师，其中有社会上的知名儒生，也有朝廷的通经郎官。太学学生称"博士弟子"，或简称"弟子"，东汉时也称"诸生"或"太学生"。他们入学的资格和年龄，据《汉书·儒林传》记载：一由太常于京师地方直接挑选，凡在 18 岁以上、仪状端正的学生，均有被选入学的资格；二由郡国县邑于所辖地区选送，凡遇有"好文学，敬长上，肃政教，顺乡里，出入不悖"者[②]，可被选入太学。汉武帝时太学一年一考，考及格授予官职，有了官职还可留在太学继续研习。东汉时改为两年一考，及格者委以官职，不及格者仍旧留校，过两年再考，考及格做官，考不及格仍留校。从前得了官职的学生，满 2 年后，另有考试，及格者授予较大的官。但也有总考不及格的老学生，为了仕途，有的大半辈子都在太学里研读、背诵经书，结果还是"白首空归"。

3. 考试与视学。汉代太学没有规定修业年限，只要通过考试就可以毕业授官，所以汉代太学很重视考试。西汉太学、博士试策学子，每年进行一次，称为"射策"，类似我们今天的抽签考试。这种方法始于武帝时，由主试者设问题若干，按照难易分为甲乙两科，后来还有丙科。主试者把这些问题写在帛上面，密封好不让泄露，被试者随意抽取一种或两种解答，以他们所答试卷来评判优劣。试策合格曰"中"，分别授予不同官职。例如：中甲科者可任郎中，中乙科者可任

① 《汉书·哀帝本纪》。
② 《汉书·儒林传》。

太子舍人，中丙科者可任文学掌故。不过每考一次，授官皆有定额，定额的多少随朝廷各时期的需要而定。汉代很重视培养国家高级人才的太学，特别是东汉时光武帝曾亲自到太学予以奖励，后来的帝王一定时期也亲往太学省视一次，称“视学”。视学时召集太学教授，讲论经义和考查学生成绩，考查完毕还要与太学师生开会聚乐，并公开宣讲儒学，就像今天公开作学术报告一样，公开宣讲时，社会人士前来观听的很多，所以，视学不仅是对学校教育的重视，而且是对学校教育质量的有效监控，它是我国古代教育的优良传统之一。

（二）汉代的私学

1.汉代私学发展概况。汉代虽有官学，但数量有限，名额有限，并非人人可入；太学设于京师，远道的学生很难入学；想做官必须读书，要读书必须求师。汉代经师大儒凡得不到从政或任博士机会的，即从事私人讲学，也有很多名儒一面做官一面收录弟子，罢官还家仍讲学授徒。而一般士人拜他们为师，一方面有利于学业的精进，另一方面也有利于以后的进取，所有这些都是汉代私学特别是东汉私学盛行的原因。有影响的经师家里收的学生多的在数百人，有的达数千人，如牟长任博士任河内太守期间，受学诸生有千余人，著录弟子前后万余人。马融是东汉的名儒，教养诸生，常有千数；郑玄游学归里，学生相随常数百千人，晚年远道来学者数千人。

2.著录弟子与及门弟子。汉代私学学生求学，分著录弟子与及门受教两种。所谓“著录弟子”，即在名儒学者门下著其名，不必亲来受业，所以著录弟子能多至万人，这便是后世“拜门”的开始。“及门弟子”是直接从师受教的，人数多时，也采用高业弟子转相传授的教学方法。如董仲舒在讲学时，常使弟子“次相受业，或莫见其面”。《汉书·董仲舒传》载马融“门徒四百余人，升堂进者五十余生……乃使高业弟子”“以次相传，鲜有入其室者”。郑玄的弟子也是如此，有的三年未见师面，最后出师时才得一见。

3.小学阶段与专经阶段。汉代私学就其程度来说有小学阶段与专经阶段的区分。有相当于太学程度的经师大儒自立“经馆”“精舍”“精庐”等开门授徒，专习一经或数经，与太学相辅并行，学生的学业成绩不逊于太学；也有相当于小学程度的“书馆”“学馆”“书舍”等。小学阶段的私学又分两段。第一段是蒙学，以识字为主。因为汉代官学中缺乏蒙学一类机构，所以儿童启蒙阶段的教育主要由私学中的“书馆”等进行，这样就使私学在数量上超过官学，其中蒙学占主要地位。第二段主要是学习《论语》《孝经》，是专经前的准备阶段。学生不仅要识字，还要学习立身处世之道。学完这段，可到社会上谋职，或去做小吏；如想继续深造，可入太学或在私学专攻一经或数经。西汉师法极严，同时受简册笨重不便的限制，一人一生一般只能通一经。东汉时新的教学手段的产生，绢帛写经和纸张发明后，书籍比较轻便，市场上出现了书肆，这样，一人通数经的就渐渐多起来了[1]。

- 汉代学校系统
  - 官学
    - 中央
      - 太学
      - 鸿都门学
      - 宫邸学
    - 地方
      - 郡国设“学”
      - 县道邑设“校”
      - 乡设“庠”
      - 聚设“序”
  - 私学
    - 小学阶段：书馆、学馆、书舍
    - 专经阶段：经馆、精舍、精庐

汉代学校系统图

资料卡片 6

汉代的察举制

察举作为一种制度，是在汉武帝时期确立下来的。《汉书·武帝纪》载：建元元年（前 140 年）冬，武帝诏“举贤良方正直言极谏之士”。察举的科目繁多，可分为常科与特科两类，主要有贤良方正、孝廉、秀才（东汉时改称茂才）、明经、明法及其他临时规定的特殊科目。

两汉的察举以“德、才”为选拔人才的依据，但最主要的是孝廉科，以孝廉为重要考察内容，层层推荐，最后向朝廷举荐，所以也称“举孝廉”。这种制度重视考察品行，兼考察才能，能起到广开才路的作用，开始时有积极的社会意义。但后来荐举大权逐渐为权门势家所把持，对德、才的评价渐失客观，出现被荐举人名不副实，甚至是“举秀才，不知书；察孝廉，父别居”的不良局面。

资料卡片 7

魏晋的九品中正制

魏晋南北朝时期社会动乱，使汉代以来的“察举”推荐制度难以实行，而且豪强地主垄断政权，形成势力强大的门阀世族集团。曹丕即位后，采纳吏

① 参见王炳照等编：《简明中国教育史》，北京：北京师范大学出版社，1994 年，第 78～81 页。

部尚书陈群的建议，推行“九品中正制”。各地设置大小中正官，负责发现和考评人才，依家世和才德将人才分为九品：上上品、上中品、上下品、中上品、中中品、中下品、下上品、下中品、下下品，然后根据需要按品授官或补缺。当时来说，这也是一种比较好的储备人才和选拔人才的制度，有利于建立稳定的后备人才队伍，但实际上也承认了门阀世族集团的特权。随着门阀世族势力的日益膨胀，中正官几乎全为士族大官所垄断，而品第士人的标准也逐渐舍弃才德，专讲家世门第，甚至发展到“上品无寒门，下品无士族”的程度。

资料卡片 8

魏晋南北朝官学的变革——西晋的国子学

西晋咸宁二年(276 年)，晋武帝下令在太学之外另立国子学，四年(278 年)设置国子祭酒、博士各 1 人，助教 15 人，以教生徒。以后国子学制度逐步得到发展，成为与太学相区别、面向高层官僚子弟的学府。国子学的创办使传统教育体制由单一格局发展成太学与国子学并行的双轨制，也使传统教育体制走向多元化。

西晋时期，在统治阶级内部形成一个贵族阶层——门阀世族。国子学的创立旨在维护门阀世族的利益，强化教育的等级性，开了中央官学教育分别世庶的先例，从而保障了世族官僚子弟受教育的特权。

资料卡片 9

南朝的“四馆”和“总明观”

南朝宋文帝当政时期，由于社会安定和经济发展，官学出现了暂时的繁荣局面。438 年，文帝征召名儒、学官等先后设立儒学馆、玄学馆、史学馆和文学馆。4 馆并列，各就其专业招收学生，进行教学、研究活动。自汉以来，经学教育独霸官学，而此时兴起的研究老庄的玄学、研究历史的史学、研究辞章的文学，却与研究经术的儒学并列，这是学制史上的一大改革，也反映了当时思想文化领域的实际变化。

470 年，南朝宋明帝以国学既废，诏立总明观(亦称东观)，置祭酒，设儒、道、文、史 4 科，每科置学士 10 人，其他还置正令史、书令史、门吏等吏员数人。总明观虽是因国学的荒废而出现，但它并不是纯粹的教学机构，而是藏书、研究、教学三位一体的机关，其教学的任务实际上已退居次要地位。与“四馆”相比，总明观的机构较完备，管理更加完善，使原来单科性质的大学发展成实行分科教学制度的多科性大学，这对后代的专科学校和分科教学制度的发展有着重要影响。总明观到南齐485年国学再次兴建时方废止。

第二节 唐代的科举制度

唐朝的学校教育制度基本承袭汉制，中央设有“六学”“二馆”，即国子学、太学、四门学、书学、算学、律学、崇文馆和弘文馆，专科性质的学校的出现是其特点之一；地方设有府学、州学、县学、镇学等。但唐朝的科举制度对后世的教育制度和人才选拔制度影响深远。唐以前选拔人才的制度主要有汉代的举贤良方正、孝廉、秀才以及魏晋南北朝时期的九品中正制。尽管隋朝时开创了科举考试，但由于隋朝寿命的短暂，并未全面推行，只是到了唐朝，科举考试取仕制才全面代替推荐取仕制。从此，科举考试成了我国知识分子入仕的基本途径，学校也逐渐成为科举的附庸，直到1905年科举制被废除。

一、科举考试的生源和报考办法

据《新唐书·选举志》记载：“唐制，取士之科，多因隋旧，然其大要有三。由学馆者曰生徒，由州县者曰乡贡，皆升于有司而进退之……此岁举之常选也。其天子自诏者曰制举，所以待非常之才焉。”这就是说，唐朝取士主要有三条途径：由学校出身的叫“生徒”，由州县考送的叫“乡贡”，由天子诏举的叫“制举”。考生的来源主要有两类：一是由学校培养出来的学生，二是一般的读书人。这里讲的科举，主要是指“常贡”，“制举”是随帝王高兴和朝廷急需而举行，带有很大的随意性。

唐朝科举考试的报考办法是：每年仲冬，中央和地方官学都可以通过校内考试挑选学业已成的学生报送至尚书省。凡中央“六学”“二馆”的“生徒”，则由国子监祭酒挑选，凡地方郡县学的“生徒”，则由长吏挑选。“乡贡”则由各人自己怀牒向州县报考，试毕，长吏以乡饮酒礼饯行送至尚书省。无论是“生徒”或是“乡贡”，送尚书省报到后，填写姓名履历及具保结，由户部集阅后送考功员外郎考试，自开元二十四年(736年)起移试于礼部。省试及第后再参加吏部考试，及格后才能授官。考试的步骤：乡试(地方)—省试(中央尚书省礼部)—吏部试。

二、考试的科目和方法

唐朝科举设科繁多，常设的有秀才、明经、进士、明法、明字、明算六科，另外还有非常设的科目，如三礼、三传、一史、三史、开元礼、道举、童子科等。武则天时不仅亲行殿试，并增加武举。每科考试内容虽各有特点，但是差别不是很大，录取的主要是通经的儒士。在常设科目中明法、明字、明算等科所选人才，因为需要数量不多，统治阶级又不大重视，故不常开。秀才科，因取人标准过高过难，唐初很少举贡，此科在高宗初年就停止了。经常举行的是明经、进士两科，明经科自汉代就有，考试的主要内容是对五经义理的记忆和解释，同时也答时务策问；进士科是隋代才开设的科目，考试内容主要是试时务策问，也试经义。从内容上看，明经与进士没有什么根本区别，都是选拔能通经治世的人才，不过唐代进士科受到特别推崇，有重进士轻明经的倾向，每年录取进士平均约 30 人，大抵每百人有一两人得第，而明经则每十人有一两人可得第。故有“三十老明经，五十少进士”的谚语，说明考明经易，考进士难。

唐代科举考试的主要方法有帖经、墨义、口义、策问、诗赋五种。“帖经”是唐试士的一种重要方法，各科考试均须帖经，具体办法是将书上某行帖上几个字，要被试者将所帖的字填写出来。这和现在流行的填空题考试很类似。“墨义”“口义”是一种简单的对经义的问答，只要熟读经文和注疏就能回答，主要考被试者对经文的理解，以笔答曰“墨义”（笔试），以口答曰“口义”（口试）。“帖经”“墨义”“口义”因为简便，常要问三五十条，甚至 100 条才算通过。由于应举人多，主考人为了将考生分出优劣，常有专考孤章绝句、疑似参互之处，以迷惑被试者，这种考法要求读书人必须熟记、背诵经书和注疏。“策问”较前三种更难、更重要，各科入选最后差不多都通过“策问”来决定。“策问”的办法是设题指事，由被试者做文章，题目的范围是人事政治方面的，称方略策、时务策；“策问”本是一种较好的考试方法，但后来学者将每年的旧策编缀起来熟读烂背，“束书不观，专读旧策”，使得策问逐渐变成禁锢学生头脑的方法。“诗赋”是后来加试的一种方法，鉴于学者多背诵经义和旧策，没有实才，于是在经义策问的基础上加试一诗一赋，也称为“帖诗”。进士科的考试偏重诗赋，往往帖经不及格，如果诗赋好也可以通过，这对于诗赋的兴盛起了一定的推动作用。不过这种诗格律体裁均有固定的格式，语句用词又必须端庄典雅，堂皇斋丽，每诗 12 句或 16 句，首二句见题，中间八句两两相对，最后二句作结。这种格式在以后的科举考试中也慢慢形成一种禁锢人们思想的八股文。

读书人经过省试（尚书省礼部主试）合格了，只不过是取得了“出身”，还不能马上去做官，要想做官，还得参加吏部考试，吏部考试包括“书、判、身、言”四个方面。第一考"书",即书法写字,试其"楷法遒美";第二考"判",即写另一种文体的文章,试其"文理优长";第三考"身",考察其相貌是否端正,试其"体貌丰伟";第四考"言",考察其口齿是否清楚,试其"言辞辨正"。如果"书、判、身、言"全能通过,便可以授予官职,但一般职位不高,多为八九品官,不过从此便踏上了仕途,成为封建统治阶级中的一员,读书人因而把科举考试看成人生中的一件大事。

另外,唐代科举考试的试卷不糊名,取录进士除看试卷外,还要参考应试者平时的作品和声誉。因此,应试者必须向"先达闻人",尤其是那些参与决定取录名单的"通榜"者,呈献自己平时的力作,争取他们的"拂拭吹嘘",这在当时被称为"投卷"。自礼部投献的称"公卷",向达官贵人投献的称"行卷"。因"投卷"多且滥,一些主试官不得不规定"投卷"数量,有的对送来的作品根本不看。

唐朝科举考试的方法多种多样,有的偏重记忆,有的侧重文采,有的注重思想,这些方法在考试中交互使用,既可以考查学生的书本知识掌握情况,又可以考查学生的思想、人品和才气。

三、科举制度的作用和影响

唐王朝实行科举制度,的确满足了封建君主专制政治的要求,取得了统一思想、集权中央、巩固封建统治的效果。第一,官吏选用大权由朝廷来行使,这就加强了全国政权的统一和集中;第二,选官有统一的标准,全国想做官的人都全力去适应这些标准,就加强了思想的统一;第三,向各地方的庶族地主、平民打开了晋升的门路,网罗了一批中下层知识分子,使他们有了参与政治的机会,这就调和了阶级矛盾,扩大了统治阶级的基础;第四,科举从形式上看是较为公平的,任何人只要努力读书,就可以应考做官,这样不仅掩饰了官僚政治的阶级实质,还能吸引全社会的知识分子,使他们埋头读书,培养他们极其驯服的性格,不易发生不满封建统治的反叛思想;这也是科举考试制度能在封建社会维持1300年之久的根本原因。在我国封建社会的选士制度上,唐朝的科举制度算是一次大的改革,它总结了汉代到魏晋南北朝选士方面的经验教训,发展了考试取士的模式,使选士有了一定的客观标准,在当时的历史条件下,这种模式使一些出身低微的知识分子有了步入仕途的机会,打破了旧的封建等级界限;与察举和九品中正制相比较,它是比较进步、比较合理、比较符合历史发展要求的制度,对当时社会的发展起到一定的积极作用。

唐代普遍实行科举制度,对教育的影响是十分深刻的。由于选拔人才与培育人才的标准和要求一致起来,科举制度促进了学校教育的发展。第一,因为学子通过科举可以取得功名,进入上层社会,而要想通过科举考试,就必须进学校读书,从而促进了学校教育的发展,扩大了教育对象,出现了"五尺童子耻于不闻文墨”的好风气。第二，科举考试主要以儒家经典为内容，并策问时务，有利于统一学校教育的教学内容，并结束了魏晋以来学校教育所流行的清谈学风和玄虚思想。从当时的社会历史背景看，也提高了学校的教育质量。第三，唐朝的科举考试一般要考“诗赋”，这无疑对“唐诗”的兴盛起到关键作用，唐朝有籍可查的诗人有几千人，诗歌创作在唐朝时达到顶峰。第四，唐朝的科举科目中，除明经、进士科外，还有明法、明算、童子、武举等，这对于当时社会教育中重文轻武、重经轻算、重成人轻儿童的陈规，或多或少产生冲击，无疑也具有积极意义。

但是，科举考试考什么，学校教育也必然跟着注重什么，这使学校教育完全屈从于科举要求，在学校完全成为科举附庸的情况下，科举制度的种种弊端，也就直接影响学校教育的各个方面。第一，科举考试的内容局限于儒家的几部经典章句和华丽的诗赋，考试方法又偏重死记硬背，在这种风气的影响下，学校的教学工作也就出现重文辞少实学，重记诵不求义理，充满教条主义、形式主义恶习的弊病。这既不利于选拔和培养有实际能力的人才，又易形成空疏的学风。第二，科举考试把读书、应考和做官三件事紧密联系起来，科举成了封建知识分子进入官场的敲门砖，读书的目的就是为了“十载寒窗，一举成名，富贵荣华，锦衣玉食”，这种“万般皆下品，唯有读书高”“书中自有黄金屋，书中自有颜如玉”“两耳不闻窗外事，一心只读圣贤书”的人生哲学在学校教育中居于支配地位，严重影响着一般知识分子的思想。第三，科举考试的最后取舍权在主考官、礼部、吏部、宰相、皇帝手中，录取标准常以权势门第为转移，一般知识分子没有靠山、门路，很难有被录取的希望。在这种情况下，科举考试舞弊成风，像《唐摭言》中所揭露的那样，请托、通关节、场外议定名次、泄露试题、冒名顶替、传递答案、贪污受贿以及私门谢恩等无所不有。这严重毒害着知识分子的精神世界，败坏着学校和社会的风气。

以上分析的科举考试的利与弊基本上都存在于后世各朝的科举考试中；尽管唐以后各代科举考试基本上都沿袭唐制，但在具体的考试科目和方法上也有所变革。如宋初是每年考一次，神宗时改为三年考一次，此后成为定制。而诗赋科则时废时兴，其考试办法较前朝严密，采用糊名誊录，防止门第势力影响，并正式确立了殿试制度，加强了皇帝对选拔人才的控制。明朝只有进士科，并规定每逢子、卯、午、酉年的秋季举行乡试，称“秋闱”；每逢丑、辰、未、戌年的春季举行会试，称“春闱”。考试分三步。第一步在各省会举行，称“乡试”，考中者为“举人”。第二步在京师由礼部举行，称“会试”（或省试）。第三步称“廷试”（亦称殿试）。会试过关者，由天子亲自在朝廷策试，中第者称“进士”。“廷试”发榜分一、二、三甲，第一甲只三人，称状元、榜眼、探花，赐进士及第；第二甲若干人，赐进士出身；第三甲若干人，赐同进士出身。明朝科举考试的内容包括经义、当代的诏诰和律令、经史和时务策等三方面，考试所用文体，主要是“八股文”。明朝乡、会试都考三场，头场八股文，二场经义，三场策论。主司阅卷专重头场，凡头场卷子未能选中，二、三场卷子多不再看，实际上就是一篇八股文。八股文，又叫制义文，其文体用排偶，一般分六段：第一段为破承，第二段为小讲，第三段为提比，用三四比，第四段为中比，用五六比，第五段为后比，用七八比，第六段为束比。在破承和束比头尾两段中间的四段八比，是八股文的正文。这种考试方法更加形式化、教条化，对学风影响极坏。清朝大体因袭明制，但在乡试前设有童试，它既是县、州、府学的入学考试，也是获取秀才资格的考试，考上秀才后才能参加乡试、会试、殿试的逐级考试。所以说，唐以诗赋取士，宋以经义论策取士，明、清则以八股取士。

科举考试制度对日本、朝鲜和越南曾产生过较大影响。788 年，朝鲜开始仿唐制实行以儒学为标准的科举考试制度，直到 1893 年才废除。越南以儒学为标准举行科举考试是从 1075 年开始的，直到 1915～1919 年才正式废除。日本在 676 年设立大学寮，大学寮分经、音、书、算四科，入学资格及手续、科目考试的内容和方法，都与唐朝科举考试制度类似。18 世纪末到 19 世纪，在欧洲各国推行的文官考核制度也是吸取了中国科举考试的合理因素，1791 年，法国首先试行文官考核制度，1806 年，英国东印度公司开始实行文官考核制度，1855 年，英国开始推行文官考核制度。孙中山先生在所著《五权宪法》中说："现在各国的考试制度，差不多都是学英国的。穷流溯源，英国的考试制度，原来还是从我们中国学过去的。"可见，隋唐开创的科举考试制度，对东西方都产生过较大的影响①。

资料卡片 10

北宋三次兴学

"庆历兴学"：庆历四年(1044 年)，由范仲淹主持，主要措施：诏州县立学，普遍设立地方学校；将胡瑗的苏湖教法引进太学，改革太学；设立四门学，允许八品至庶人子弟入学；改革科举考试方法。

"熙宁兴学"：由王安石在宋神宗熙宁年间主持和推进，主要措施：改革太学体制，创立"三舍法"；颁布《三经新义》作为统一教材；改革科举制度，举办专门学校；扩建和整顿地方官学。

"崇宁兴学"：由蔡京在宋徽宗崇宁年间主持推进，主要内容：州县普遍设学，并扩建太学；以学校取代科举取士，采用太学"三舍法"考选取士；兴办专门学校，崇宁三年(1104 年)设置书学、画学、算学等专业学校。画学专门学校是中国古代唯一举办过的美术学校。

---

① 王炳照等编：《简明中国教育史》，北京：北京师范大学出版社，1994 年，第 128 页。

宋初的三次兴学，是自上而下的改革，不仅造成重视学校教育的影响，也在一定程度上摆脱了学校对科举的依附，推动了教育事业的发展。

第三节 宋代的书院制度

书院是中国自北宋到清代一种重要的教育组织形式，这一时期，它在政治和教育上都有着重要地位，起过重大作用。

一、书院制度的起源

"书院"名称起于唐代，其性质有官办、私办两种。如官方设立的丽正书院、集贤书院等，但那时的书院还不是聚徒讲学的教育组织，而是校刊、收藏经籍的场所。私人所建书院则是读书人自己治学的地方，虽然当时也有极少数书院开展一些讲学活动，但规模很小，未形成制度。只是到了北宋初期，书院讲学才逐渐兴起，并形成制度。书院讲学之所以萌发于唐末，而兴盛于宋代，原因主要有以下三个方面：

首先，官学衰落，士人失学。唐朝自"安史之乱"后，由盛而衰，形成藩镇割据的局面。各地节度使拥兵自重，相互征伐，社会动荡不安，这严重危害了学校教育事业的发展，使官学日趋衰落，士人大量失学。宋代也是如此，政局一直不稳，内忧外患，政府无暇顾及教育，也没有充足的实力兴学设校。但国家要发展，不发展教育不行，士人要进取，没有学上不行，所以北宋曾有三次兴学之举，即1044年的"庆历兴学"（以范仲淹为代表）、1068～1078年的"熙宁、元丰兴学"（以王安石为代表）和1102年的"崇宁兴学"（以蔡京为代表），但三次兴学结果都告失败，学校依然有名无实。正如朱熹在《衡州石鼓书院记》一文中所说："前代庠序之教不修，士病无所于学，往往相与择胜地，立精舍，以为群居讲易之所。"因此，社会动乱，官学衰落，是书院讲学萌发和兴盛的直接原因。

其次，我国有源远流长的私人讲学传统。早在春秋战国时期，私学就是一种重要的教育组织形式；秦朝虽禁私学，但私学禁而不止；汉朝以后，私学一直与封建官学并行发展，遍设于全国城乡各地，成为培养人才的另一条重要渠道。当社会发生动乱，官学无法维持时，私学往往能以顽强的生命力生存下来，甚至会有一定程度的发展。纵观历史，部分有悖于官学、不与统治阶级知识分子合流的"在野"知识分子，私人授徒讲学，独立研讨学问，传播一家一说，是我国古代文化教育事业的传统之一。所以说书院起于私学，"书院是私学的高级表现形式"，是有道理的。

再次，受佛教禅林的影响。佛教在西汉末年东汉初年开始传入中国，魏晋时期日益兴盛；至唐朝，佛教的重要派别禅宗日渐流行。禅宗把禅定作为修养的重要途径之一，所谓“禅定”就是“安静而止息杂虑”的意思，认为只要静坐敛心，专注一境，久之达到身心“轻安”、观照“明净”的状态，即成“禅定”。但要达到“禅定”的境界，必须要有清静的环境，不受外界干扰，所以佛教徒往往在山林名胜之处建立禅林精舍，从事坐禅和讲授佛经。书院大多也设立于山林名胜之处，显然是受禅林的影响。此外，佛教禅林中，高僧讲经说法所采取的升堂讲说、质疑问难等方式，以及徒众把讲经说法的内容记录下来的“语录”“章句”“讲义”等做法，对于书院的教学活动也产生了影响。

二、北宋的著名书院及其兴衰

宋初书院兴起，著名的有四大书院，然而各书所载，略有出入。王应麟的《玉海》以白鹿洞、岳麓、睢阳(应天府)、嵩阳为四大书院。而马端临的《文献通考》则以白鹿洞、石鼓、应天府、岳麓为四大书院。当时除上述书院外，茅山书院也很著名，是宋初大书院之一。

白鹿洞书院，位于江西庐山。唐贞元年间(785～805 年)，洛阳人李渤和其弟李涉在此读书，曾养一白鹿自随，李渤任江州刺史后，在读书处建筑台榭，名其地为“白鹿洞”。南唐升元年间(937～943 年)建白鹿洞国学，命国子监九经教授李善道为洞主，教授生徒，并置田以养诸生，学者大集。977 年江州知州周述上书朝廷，请赐《九经》以供生徒肄习，诏从其请，驿送国子监印本《九经》至书院，白鹿洞书院遂名闻天下。后又逐渐衰落，直至毁于战乱，南宋孝宗淳熙六年(1179 年)，朱熹任南康军太守，重修书院，并订立“白鹿洞书院教条”，朝廷又赐国子监经书，白鹿洞书院重又扬名于世。

岳麓书院，位于湖南长沙。初建者是彭城人刘鳌，原为佛寺，宋开宝九年(976 年)潭州太守朱洞扩建院舍，咸平二年(999 年)潭州太守李允又加以扩建，并请求朝廷赐书，1012 年，湘阴人周式主持书院，为岳麓书院第一任山长，他呈请太守刘师道扩建书院，生徒增至数百人。1015 年，宋真宗接见周式，任他为国子监主簿，仍归书院教授，真宗并亲书“岳麓书院”匾额以褒奖，“于是书院之称闻天下”。南宋孝宗时，朱熹为潭州太守，曾讲学其中，故声名大作。

石鼓书院，位于湖南衡阳。是唐元和年间(806～820 年)士人李宽的读书处。宋太宗至道三年(997 年)，李宽族人李士真援李宽故事，呈请郡守在李宽读书故址创建书院，以居衡阳学者，1035 年，集贤校理刘沆为衡阳太守，他请求朝廷赐额“石鼓书院”并学田。《衡州府志》记载：于是石鼓书院“遂与睢阳、白鹿、岳麓称四大书院焉”。当时衡阳尚未设州学，即以石鼓书院为州学，到南宋又加以扩充，朱熹曾为之作记。

应天府书院（即睢阳书院），位于河南商丘。原为宋名儒戚同文的旧居，1009年，应天府民曹诚于戚同文旧居旁建造学舍，并聚书1500余卷。曹诚愿以所建学舍捐赠入官，府奏其事，诏赐“应天府书院”匾额，命戚同文孙子奉礼郎戚舜宾主持，曹诚为助教，1035年，书院改为应天府学，给学田十顷。因应天府治所在睢阳（今商丘），故又称为“睢阳书院”。一说因人称戚同文为睢阳先生，故称“睢阳书院”。

嵩阳书院，位于河南登封。北魏时为嵩阳寺，唐代为嵩阳观，五代后周时改为“太室书院”。宋至道二年（996年）赐“太室书院”匾额及印本《九经注疏》，仁宗景祐二年（1035年），秘书著作郎王曾奏置书院院长，赐学田一顷，并更名“嵩阳书院”，从此名闻天下，南宋时衰废。

茅山书院，位于江苏金坛。因坐落于原江宁府茅山，故得此名，是宋仁宗时处士侯遗所建。1024年，光禄卿王随知江宁府，上奏朝廷请赐学田，上从其请。茅山书院在获得朝廷赐田时，曾名闻一时，但不久即衰落，南宋时金坛知县孙子秀曾重修书院，不久也是斋空徒散。

宋初书院一度曾起到地方学校的作用，对宋以后教育的发展产生过深远影响。马端临在《文献通考》中说：“是时未有州县之学，先有乡党之学……乡党之学，贤士大夫留意斯文者所建也，故前规后随，皆务兴起。后来所至书院尤多。而其田土之锡、教养之规，往往过于州县学，盖皆欲仿四书院云。”但北宋书院不久相继衰落，这种变化一方面是因北宋三次兴学，官学在短期内得到一定发展，学子们看到只有通过官学才能得以进仕，故而对书院渐渐淡漠；另一方面也由于部分书院后来变成官学，如有名的应天府书院。但与此同时也创建了不少新书院，有些是废弛的书院又重新被修复，因此，总体上说，北宋的书院有一定程度的发展，然而到南宋时，书院却得到了极大的发展。

三、南宋书院的兴盛

一方面，南宋偏安江南，战事不断，政治腐败，国力衰微，虽然地方也勉强设学，却是有名无实，于是私人书院又应运而生；另一方面，理学的发展也促成了南宋书院的兴盛。北宋理学是奠基时期，学者主要致力于个人探索。南宋理学已进入成熟时期，学者们开始大力传播。如朱熹，既是理学的集大成者，又是积极发展书院的倡导者，他不仅重修白鹿洞书院和岳麓书院，还到过很多书院讲学。其他理学大师如陆九渊、吕祖谦等，也是如此，吕祖谦主讲于丽泽书院，陆九渊主讲于象山书院，张栻主讲于岳麓书院。南宋书院的兴盛主要表现在以下几个方面：

第一，书院的数量空前增多，规模扩大。宋代共有书院多少所，说法不一。

有的统计为229所，北宋占20%左右，南宋占80%左右；有的统计为397所，北宋约占22%，南宋约占78%。尽管数字出入较大，但北宋与南宋书院所占比例基本上接近2:8。同时南宋书院的规模也比北宋扩大，北宋书院一般只有讲堂数间，斋舍数十间。南宋有些书院的讲堂、斋舍有百余间，还建有祭祀厅、藏书楼和各种景观，形成特有的书院建筑群。南宋著名的岳麓、白鹿洞、丽泽、象山四大书院，规模较大。

第二，书院的活动内容更加充实和丰富。一般说来，书院的活动内容主要有三项：一是藏书；二是供祀；三是讲学。这三项活动内容并不是一开始书院就都具备的，而是到南宋时才得以充分体现。南宋书院供祀的一般都是一个学派的先辈，从书院的供祀对象可以判断其政治倾向和学术宗旨。

第三，书院进一步制度化，订立了比较完备的条规。严格地说，南宋书院的勃兴发轫于朱熹复兴白鹿洞书院和岳麓书院，特别是他亲手拟定了"白鹿洞书院教条"，成为书院的标准学规，这是书院制度化的主要标志。"白鹿洞书院教条"明确了书院的宗旨，即以"父子有亲，君臣有义，夫妇有别，长幼有序，朋友有信"为为学之目；确定了教育教学的基本原则，即以"博学之，审问之，慎思之，明辨之，笃行之"为为学之序；提出了修身、处世、接物的基本要求，实际上是为书院制订了纲领性规程。

四、书院的教学特点及其意义

书院有私办、官办和私办公助等多种形式。其组织最初比较简单，它的主持人通常称"山长"或"洞主"，既负责书院的管理又承担书院的主要教学工作。讲学活动是书院的主要内容，也是书院作为教育机关的主要标志，它与官学有很大的不同，形成许多显著特点，在教育史上有着重要意义。

第一，书院是教学机构，同时又是学术研究机构。书院的创建者或主持人，多数是当时著名的学者，或是某一学派的代表人物，每个书院往往就是某一学派教学和学术研究的基地。教师的讲稿一般叫"讲义"，"讲义"多是教师对自己观点的阐述和他们的研究成果，所以说书院的教学活动和学术研究紧密结合，相互促进。

第二，书院重视学术交流，允许不同学派学者莅院讲学、辩理。特别是南宋以后"讲会"制度盛行，成为书院的重要教学形式，如朱熹和陆九渊是两个观点对立的学派，1181年朱熹邀请陆九渊赴白鹿洞讲"喻义"章，并把所讲内容刻石立于院内，首开书院"讲会"之风。这种"讲会"逐渐变成一个地区性学术活动，书院因而成为一个地区教育和学术活动的中心。

第三，书院讲学可自由听讲，不受地域和门派限制。著名学者在书院讲学，其他书院和外地书院的师生前来听讲，书院热情接待，并提供各种方便。南宋时，朱熹的学生黄干在白鹿洞书院讲“乾坤二卦”，山南山北的人士都来听讲，宋以后也是如此，如明代王守仁于1518年修建濂溪书院时讲学，四方学者前来听讲者300余人。

第四，书院教学方式以学生自学为主，或采取问难辩论的方式。在书院，教师非常重视指导学生自学，启发学生主动研习学问，学生在自我研习的过程中，遇到难解的问题向老师求教，老师可以集中讲授，也可以个别辅导和答疑，师生可以互相辩论。学生把老师讲的话记录下来，其笔记叫“语录”，如《朱子语录》就是辑其弟子99人的记录而成的。

第五，书院内师生关系比较融洽，师生感情相当深厚。书院名师不仅以渊博的学识教育学生，而且以自己的品德气节感染学生。教师尊重学生的人格和思想，有的是和学生吃住在一起，有的还经常让学有所得的高徒代自己讲学，如陆九渊，若初学者求见，他则令其先从弟子邓文范问学，他还曾命学生傅子云代讲，书院里较少有官学中师道尊严的氛围。

总之，书院制度对我国封建社会后期的教育和社会产生了巨大影响，它是官学不可或缺的补充，也是对官学的改造和批判，对后世的学风产生了积极影响，尽管它历经坎坷，但也一直延续到清朝末年。元朝统治者为了缓和民族矛盾，对书院采取承认、提倡和加强控制的政策，并尽力将其纳入官学轨道。明初，统治者非常重视学校教育，积极推进官方教育，使得明初官学的发展出现唐、宋所未见的盛况，同时大力倡导科举，致使书院沉寂130多年。明中叶以后，因长期受科举的影响，学校的学术研究之风荡然无存，一些有志于学术研究的学者纷纷创建书院，讲学授徒，以挽救学风的衰退。特别是王守仁、湛若水等的竭力提倡，直接推动了书院的复兴，并于嘉靖年间（1522～1566年）达到鼎盛。据统计，明朝书院有1239所，其中60%是嘉靖和万历年间的。就在明中叶书院迅速发展之际，又连续发生了四次大规模的禁毁书院之举，前两次是嘉靖十六年（1537年）和嘉靖十七年（1538年），因朝廷权要反对王守仁和湛若水的学说借故禁毁书院。第三次是万历七年（1579年），因执政的张居正反对书院讲学，认为是“别标门户，聚党空谈”，有害统治秩序，所以下令禁毁。但张居正死后，书院又不断复兴。第四次发生在天启五年（1625年），当时因顾宪成、高攀龙等讲学于东林书院（江苏无锡），常“讽议朝政，裁量人物”，招致宦官魏忠贤嫉恨，遂下令禁毁东林书院等。崇祯即位后，魏忠贤被黜，书院又相继兴复。四度禁毁，终不能置书院于死地，书院甚至还有了发展，可见其社会基础的牢固。清初，统治者在创办官学的同时，禁止民间创立书院，以防止有复明思想的学者利用书院讲学宣传民族思想，从而危及清朝统治。随着政权的巩固，统治者改变原先的消极防范措施。雍正十一年（1733年）的谕旨即已承认书院教学可以发挥科举羽翼的功能，认为书院“亦兴贤育才之一道也”，从此创设书院之风再起，有政府拨款置办的，有地方乡绅捐款倡立的。清朝书院数量之多，远超过前代，如安徽省的徽州府，清朝前期就有书院 54 所，当时安徽省是五府八州，可见书院之盛。但清代书院与科举考试关系更加密切，有的已将重心转向为科举考试服务。

资料卡片 11

积分法和六等黜陟法

积分法是累积计算学生全年学业成绩的方法。它始行于宋朝太学，完善于元朝国子学。明清继承和发展了该方法。基本规则是每月考试一次，每次考试上等的为一分，中等的为半分，年积分八分者为及格，可与出身，或者升级。不到八分者继续学习。成绩优异的生员，只要达到积分标准，也可以不受学习年限的制约。由于“积分法”注重学生平时的考试成绩，故具有督促学生平时认真学习的积极作用。

六等黜陟法是清朝时期实行的地方官学生员考核定级制度。学生考试成绩被分为六等：一等补廪膳生，二等补增广生，三等无奖无罚，四等罚责，五等降级，六等除名。其基本特点是对生员进行动态管理，其等级不是固定的，而是根据学业成绩升降。这有助于激发学生的学习积极性，提高学校教学质量。该制度是在明朝“六等试诸生优劣”方法基础上发展、完善而来，是清朝在地方官学管理上的一个创新。

第四节　中国古代教育的国际交流

世界各国的教育总是在相互交流与学习的过程中不断发展的。中国古代延绵几千年，特别是隋唐时期，是中国封建社会的鼎盛时期。在政治、经济、文化和教育各方面都发展迅速，是当时世界上的发达国家。隋唐统治者十分重视文化教育的国际交流，并取得了辉煌成就，对世界文化教育的发展作出了重要贡献。明清时期，随着西方基督教的传入，西方的教育模式开始影响中国。如果说隋唐时期的国际教育交流是以“教育输出”为主，那么到明清时期则渐渐呈现以“教育输入”为主的现象，且都与宗教传播和交流有关。

一、与亚洲国家的教育交流

中国古代与周边亚洲国家的教育交流最早，而且渐趋频繁和深入，尤其是隋唐时期。

自魏晋以来到隋唐，朝鲜半岛存在高句丽、百济、新罗三国并立的局面。前期，高句丽最强大，与中国的关系密切而悠久。到唐朝时交往更是频繁，在文化教育方面积极向中国学习。高句丽是最早传入汉字的国家。并仿效唐朝设立太学教育，传授中国的“五经”、“三史”、《三国志》和《春秋》等经典。三国都曾向唐朝派遣过留学生。640 年，留学唐朝而结业归国的新罗留学生及其他人员一次就达 105 人之多。其中最突出的是新罗留学生崔致远。他 12 岁入唐，18 岁考中进士，并在唐淮南节度使高骈麾下做过官，他回国时带回大量的中国典籍，并极力主张和推进在新罗实施科举制度，对中朝两国的文化教育交流作出了重要贡献。直到三国统一后，向唐朝派遣留学生的工作始终没有断过。多的时候达百余人，学习时间一般为 10 年。留学生的衣、食、住均由唐朝的鸿胪（古代掌管接待宾客之事的官员）负责，其购置书籍的费用则由本国负担[①]。新罗统一三国后，更是在前代的基础上仿照唐朝的官学制度建立了自己的国学，从管理体制、修业年限到培养目标、教学内容等均效仿唐朝的中央官学。935 年，重新统一朝鲜半岛的高丽王朝，其教育制度和内容仍然是仿照中国，并于 958 年开始实行科举制度，其方法基本沿袭唐制。

中日两国的文化教育交流源远流长，日本的文字就是从汉字脱胎而来。早在两汉、三国时期，两国人民就开始了友好往来和文化教育交流。到了唐朝，中日两国文化教育交流进入一个崭新的历史时期，特别是在 7 世纪初到 8 世纪 80 年代（即日本的奈良时代）达到鼎盛时期。其文化教育交流的主要特点是通过遣唐使和派遣留学生、学问僧来实现的。623 年，日本天皇采纳由唐归国的留学生与学问僧惠齐、惠光、福因等人的建议，与唐修好，派遣唐使促进两国交流。随遣唐使来中国的留学生，依其研究和学习目的的不同可分为两类：从事学问、技术、技艺等方面研学的称为留学生，从事佛教理论和佛教文化研学的称为学问僧。遣唐使不仅经常带领留学生、学问僧，还带领医师、画师和各种工匠来中国，最多时达五六百人。唐朝对日本来的使节和留学生，不仅热情接待，而且为其学习和工作提供便利条件。如对于日本文武朝的学问僧荣睿、普照、玄朗、玄法等，唐朝每年发给绢 25 匹和四季衣服。凡来唐留学生，在学期间，衣、食、住均免费。在中日文化教育交流史上，留学生和学问僧起了非常大的作用。在日本留学生中，最著名者乃是阿倍仲麻吕，后改名晁衡。717 年，他 20 岁时随第九次遣唐使来长安留学，进入唐朝太学攻读经学和诸艺学，他学业超群，于 721 年考中进士，在唐朝为官。他先后做过秘书监兼卫御卿、镇南都护、安南节度使等高官。他在中国期间，和当时著名的诗人李白、王维等交往甚密，结下了深厚的友谊。另一位著名的日本留学生吉备真备，在唐朝留学 17 年，精修“三史”（《史记》《汉书》《后

---

① 毛礼锐、沈灌群主编：《中国教育通史》（第 2 卷），济南：山东教育出版社，1986 年，第 551 页。

汉书》)、“五经”,身通“六艺”。他回国后,曾在大学寮任教,向400余名学生教授“三史”、“五经”、名刑、算术、汉音、书法等六道。他不仅取汉字的偏旁制定了片假名,催生了日本文字,还促进了日本政府礼制和学制的改革。还有来唐学习的著名僧人圆丘,在中国留学10年,回国时曾带回经论章疏、传记等584部以及大曼陀和诸尊坛像、舍利、高僧真影等50余种。

除日本的留学生(僧)来唐学习外,唐朝也有不少中国人到日本留学和讲学,积极传播中国的儒学和佛教。其中最杰出的代表是鉴真和尚。他应日本荣睿等人的请求,从749年起,带领弟子6次启程东渡,历时12年,历尽风险,以至双目失明。但他百折不挠,在66岁高龄时第六次率队出征,终于征服大海到达日本,受到日本隆重的欢迎与款待。日本朝廷专门为鉴真建筑了戒坛院,并在大东寺修建了一所名曰“唐禅院”的学问所,供他训练和培养僧侣之用。他赴日本时曾带去大量的经书和佛教艺术品,为日本佛教文化艺术的发展提供了宝贵的范本和样式。他还精通医学,以鼻嗅辨药物,并留下医书《鉴上人秘方》,为日本医学的发展作出了贡献。另外,他带去的24名弟子都是中国各大名寺的名僧高徒,盛唐时期培养的学有专长的优秀人才。他们和鉴真合力在日本传播中国的文化教育,对日本文化教育的发展作出了重大贡献。

隋唐时期,通过水陆“丝绸之路”,中国与越南(古林邑)、柬埔寨(古真腊)、缅甸(古骠国)、马来西亚(古麻六甲)、印度(古天竺)、阿富汗(古吐火罗)、伊朗(古波斯)等南亚和西亚诸国家开展了较为丰富的文化教育交流。如唐朝,中国与印度多次互派使者,频繁地进行经济与文化交流。不仅把中国的老子像和《道德经》等传入印度,唐朝还派玄奘和义净两次到印度留学。尤其是玄奘,在印度留学15年,并成为印度佛界的名师。同时,印度高僧大德也来到中国进行文化教育交流。

二、与西方国家的教育交流

基督教最早传入中国是在唐太宗贞观九年(635年),以其异端“聂斯脱利派”的形式出现的。因它是从波斯传入,沾染了浓厚的波斯色彩,所以被称为“波斯教”,后来又被称为“景教”。主要局限于新疆地区,宋以后又寂然无闻了。到元代,随着蒙古军队的西征,罗马的基督教传入中国内地,蒙古人称之为“也里可温”。意大利的方济各会修士约翰·孟德高维诺于1294年到达汗八里(今北京)。他建堂布道,蒙文译经,成为天主教派在华的第一位传教士和主教。但此教也随元朝灭亡而消失。基督教在中国得以发展是在明清之际。

辽、金、元时期,是中外文化教育交流较活跃的时期,尤以元朝为盛。特别是元世祖忽必烈,对接纳外来文化及学人采取开明政策,敢于保护和重用外籍学者。如元世祖礼遇并重用意大利学者马可·波罗，已成为中外交流史上的一段佳话。马可·波罗回国后曾著有《马可·波罗游记》一书，介绍了当时中国的情况，引起了欧洲各国对中国文化教育的极大关注。中国的先进科技和文化教育有不少也是在这个时期传入欧洲的。马克思曾经指出中国的火药、印刷术和指南针等发明的西传，是欧洲资本主义社会到来的三大预告，其中火药和指南针就是在这一时期传入欧洲的，中国教育史和世界教育史都应载入这一光荣的大事[①]。

明初（1405～1433年）郑和7次出使西洋，揭开了世界大航海时代的序幕。郑和以多元宗教文化为先导，促进了世界各国之间的往来，逐渐打破了全球东西方之间、各大洲不同地区之间相对封闭隔绝的状态。这对人类社会与国际关系产生了极为深刻的影响，导致人类社会日益具有世界性。一方面，郑和所到之处，往往立石纪功，宣扬中国文化；另一方面，此举也震惊了西洋的航海冒险家和传教士，激起他们东来的欲望，促进了世界经济、文化和教育交流。尤其是西方基督教传入中国后，除宗教传播外，也使西洋的数学、理化、天文等科学知识和教材随之传入，客观上对中国的文化教育产生了深远影响。

明朝时，耶稣会以西学伴宗教，通过意大利传教士利玛窦"儒服入京"，开创了"学术传教"之先河。16世纪时，欧洲部分国家进入资本主义原始积累时期。作为资产阶级前驱的殖民主义者，已开始海外掠夺。为了征服殖民地人民，他们让传教士先行，首先来到东方的是葡萄牙和西班牙传教士，其次是荷兰和英国人。自从葡萄牙国王约翰三世1540年要求罗马教皇派传教士到中国活动后，陆续有传教士到中国沿海一带，试图敲开中国的大门以进入内地传教，但都未成功。直到意大利籍传教士罗明坚·利玛窦（Matteo Ricci，1552～1610年）于明朝万历十一年（1583年）来华，才取得突破性进展。利玛窦掌握中文，吸收儒学，传授西方的自然科学，并几经周折于1601年初到达北京，受到明万历皇帝的召见。他主张将孔孟之道、中国的敬祖思想同天主教教义融合的思想比较容易为中国人接受。万历二十四年（1596年），利玛窦任在华耶稣会会长。17世纪后半叶，法国殖民势力也派来第一批天主教传教士，他们于1688年到达北京，受到康熙帝召见，并得到任用。俄国东正教也于17世纪末传入中国。1727年中俄《布连斯奇条约》中还规定了来我国的宗教职员和留学生人数，并帮助俄国在北京建立教堂。基督教新教派遣传教士到中国传教是在1807年，远比天主教、东正教要迟。第一个来华的是英国传教士罗伯特·马礼逊，他受伦敦会的派遣，先在美国商馆学习汉语，于1808年到达澳门，后根据伦敦会指示，开始编纂《华英字典》，并将《圣经》译成汉文，这是第一次在中国完整地传播《圣经》。美国第一个

① 毛礼锐、沈灌群主编：《中国教育通史》（第3卷），济南：山东教育出版社，1987年，第290页。

来华传教的是裨治文，同行的还有雅裨理，他们受美部会派遣于 1830 年到达广州，还有一名德国传教士郭实腊于 1831 年底到澳门。从 16 世纪中叶到19 世纪前期，西方各国传教士都千方百计地想进入中国。但是传教士的介入带有明显的文化侵略性质，想用宗教文化来征服中国。而中国的固有文化根深蒂固，使得外来文化的侵入受到阻碍。清初，康、雍、乾三帝基本上都是采取禁止西方传教士在中国传教的政策，堵住殖民势力的文化渗透达 100 多年，直到鸦片战争。其间，清政府也留用了一些帮助修历书等的技艺之人。到 1839 年 6 月，在本部 13 个省内活动的欧籍教士有 65 人，教徒约 30 万人，影响并不大。到1840 年鸦片战争之后，西方列强用大炮为传教士大量侵入中国开辟了一条广阔之道①。

另外，西方各国考试制度的确立深受中国科举制的影响，这是中西方文明和文化教育交流互鉴的又一历史见证。16、17 世纪，欧洲传教士开始把中国的科举取士制度介绍到欧洲，在 18 世纪的启蒙运动中，不少思想家认为中国的科举制度公平、公正，十分推崇。19 世纪英国借鉴中国科举制建立了通过定期公开考试招录政府文官的制度，并逐渐成为欧美各国仿效的文官制度。有西方学者认为，科举考试制度的创立是中国在精神文明领域对西方和世界的最大贡献之一，是堪与物质文明领域的四大发明相媲美的杰出贡献。

第五节　中国古代的教育内容

一、中国奴隶社会的教育内容

我国奴隶社会是指夏、商、周时期，其学校教育的内容主要是“六艺”。“六艺”之源可溯至遥远的原始社会时期，而基本形成则在夏、商、周三代。由于各代社会发展水平的差异，实施“六艺”教育也有侧重，所以马端临在《文献通考·学校》中称夏“以射造士”，商“以乐造士”，周“以礼造士”。“六艺”的顺序为“礼、乐、射、御、书、数”，这是承接周代以来的称呼，表明“以礼造士”的周代对“六艺”顺序的选择和排定正是当时社会的需要；若从历史顺序考察，当为“射、御、乐、礼、书、数”，下面具体述说之。

（一）射御之教

射，指射箭技术的训练；御，指驾驭战车技术的训练。射御之教，实际上就是军事教育。夏代重视射御之教是由其时代需要决定的，我国第一个奴隶制专制

① 伍德勤：《宗教与教育——宗教传播对世界教育影响的历史回眸》，北京：中国戏剧出版社，2006 年，第 195～196 页。

王朝夏建立后，面临巩固王权的严峻斗争，统治者既要依靠征伐所得的战俘充当奴隶，又要依靠武力镇压奴隶及不甘沦为属国的其他氏族部落的反抗，这样必然重视军事训练和武士的培养，所以夏代有"以射造士"之称，尚武正是夏代教育的主要特点。殷商教育承袭夏代，习射成为巩固奴隶制度的法宝，为统治者所重视。而到西周，射御之教更为成熟，练兵习武也是西周学校教育的主要任务，目的是把贵族子弟培养成国家的军事骨干，所以学校教师起初也多由军官担任。

射、御作为最基本的军事训练课程，有着明确的训练标准，学射有五条标准：一是"白矢"，要求矢射透箭靶，重在臂力；二是"参连"，要求三箭连发，重在速度；三是"剡注"，要求矢入箭靶颈高头低，重在易入；四是"襄尺"，若尊卑同射，卑退一尺，以别上下；五是"井仪"，要求四箭中靶成"井"型，重在准确。学御也有五条标准：一是"鸣和鸾"，要求车上铃声随车行而鸣，富有节奏；二是"逐水曲"，要求驾车依曲折水道疾驰而不颠坠；三是"过君表"，要求驱车穿过辕门间障碍物，准确而不相碍；四是"舞交衢"，要求驾车往来驰驱交叉道上恰似舞蹈轻盈适度；五是"逐禽左"，要求驱车拦兽于左方，以利君射。这些说明西周时对射御之学有很严格的要求，并形成一套相应的训练方法。

（二）礼乐之教

在奴隶社会，礼和乐是密切配合、不可分割的，凡是行礼的地方，就需要有乐，礼乐贯穿整个社会生活，体现宗法等级制度，对年青一代政治思想、道德品行的培养有重大作用。《礼记·文王世子》载："凡三王教世子，必以礼乐。乐所以修内也，礼所以修外也。礼乐交错于中，发形于外，是故其成也怿，恭敬而温文。"所以说"移风易俗，莫善于乐；安上治民，莫善于礼"。礼乐教育成为"六艺"教育的中心。

我国古代的音乐较为发达，史籍所载甚多。相传黄帝之时，命伶伦造律吕，命荣猨作钟，命大容作《咸池》之乐。先秦文献还记载夏禹受教之时多配以乐（"教寡人以道者击鼓，教寡人以义者击钟，教寡人以事者振铎，语寡人以忧者击磬……"①），吴季札与孔子曾观《韶乐》②等。但奴隶社会的乐教不仅是音乐教育，还包括诗歌、舞蹈等，相当于今天的美育。《诗经·郑风·子衿》郑玄注："古者教以诗乐，诵之、歌之、弦之、舞之。"西周国学由大司乐管理教务，重在主持乐教，负责以乐德、乐语、乐舞教国子。所谓乐德，其目为：中（言出自心，皆有忠实）、和（不刚不柔，宽猛相济）、祗（见神示则敬）、庸（接事以礼而有常）、孝（善待父母）、友（善待兄弟）。所谓乐语，其目为：兴（以善物喻善事，以恶物喻恶事）、道

① 《全上古三代秦汉三国六朝文》卷一。

② 《左传·襄公二十九年》《论语·述而》。

(引古以刺令)、讽(熟背文辞)、诵(吟诵有节韵)、言(直叙己意)、语(答人论难)。所谓乐舞,其目为:云门、大卷(黄帝乐)、大咸(尧乐)、大磬(舜乐)、大夏(禹乐)、大濩(汤乐)、大武(武王乐)。以上为六代乐舞,较为大型,也称"六乐"。另外,乐师还教国子一些小舞,如羽舞(手持鸟羽而舞)、干舞(持盾以舞)、人舞(徒手,凭手袖表演)等。

"礼"起源于祭祀,是学术界一致的看法。但"礼"的内容很广泛,不仅代表政治伦理、风俗习惯,而且渗透于社会生活各个方面。奴隶社会学校所教之"礼",主要是吉、凶、宾、军、嘉"五礼"。吉礼就是祭礼,事天地鬼神,为"五礼"之首,祭祀的仪容庄严肃穆。凶礼是哀邦国之忧,死亡为丧礼,饥馑与瘟疫为荒礼,祸灾为吊礼,国败为襘礼,寇乱为恤礼。宾礼是亲睦邦国之礼,天子诸侯互有朝聘之礼。军礼是协同邦国之礼,邦国不协,威以制之,使归于和同,其目有五:一是大师(指王者出征讨伐),用众之礼;二是大均(指校正户口、忧恤庶民),恤众之礼;三是大田(指天子诸侯四时亲自田猎),简众之礼;四是大役(如筑城凿池、任民之力),任众之礼;五是大封(如正其封疆、合聚编氓),合众之礼。嘉礼是一种应酬交际之礼,目的在于从自亲到亲万民,主要有饮食礼(亲宗族兄弟)、婚冠礼(亲成年男女)、宾射礼(亲故旧朋友)、饷燕礼(亲四方之宾客)等。"礼"在当时被看作社会立国的准绳,是国家命运之所系。《左传·隐公十一年》称:"礼者,经国家,定社稷,序人民,利后嗣者也。"《礼记·曲礼》也说:"夫礼者,所以定亲疏,决嫌疑,别同异,明是非也。"所以,"礼"犹如奴隶制国家的根本大法,包含从政治、经济、军事到文化、社会生活各个方面的伦理和法律的观念、规范,反映了维护宗法等级制度的需要。西周国学和乡学都将礼的内容贯穿于平时的教育实践中。

(三)书数之教

"书"指的是文字,"数"指的是算法,书数之教就是培养学生的文化基础知识和技能。西周时,文字应用已较为广泛,数学知识也有了更多的积累。据《周礼·地官·司徒》载:保氏教国子以"六书"。"六书"是声音训诂之本,名物度数之原,也是文字的纲领、造字的原则和用字的方法。关于"六书"的顺序,有三种说法:班固《汉书·艺文志》称:"象形、象事、象意、象声、转注、假借。"许慎《说文解字·序》称:"指事、象形、形声、会意、转注、假借。"郑众《周礼·保氏》注:"象形、会意、转注、处事、假借、谐声。"其中许慎之说最具代表性,影响最大。中国历史上记载的最早的儿童识字课本当推《史籀篇》,该书今天已经失传。

据《周礼·保氏》载,我国奴隶社会"数"的教学内容为"九数"。依汉代经学家的解释,"九数"的具体内容:方田(田亩面积的计算)、粟米(按比例交换)、衰分(按比例分配)、少广(体积计算方法)、商功(工程的计算)、均输(按人口、路途等条件计算运输赋粟和分配徭役）、盈不足（运用假设的方法解决难题）、方程（联立一次方程及正负数）、勾股（勾股定理）。关于“九数”之教，历史上尽管有不同的解释，但“九数”的内容为后来（约汉末三国时期）《九章算术》的产生奠定了基础，也表明当时的数学教育涉及范围是相当广泛的。

另外，《礼记·内则》还载有：“六年教之数与方名……九年教之数日，十年出就外傅，居宿于外，学书计。”也就是说，男子6岁开始教数数和南北东西的名称，9岁教记日的方法，10岁教“六书”和“九数”，可见书数之教是奴隶社会基础教育的基本内容。

总之，“六艺”教育的内容是多方面的，“六艺”教育可谓是原始社会的全面发展教育。有人认为，小学阶段教学的重点是书、数，大学阶段（约15岁以后）教学的重点是礼、乐、射、御。到西周后期，随着社会的发展和“六艺”教育的变化，射、御渐渐失去昔日实用的意义，而演变为“礼射”，礼乐教育（尤其是礼教）成为“六艺”教育的中心，到封建社会，我国学校教育的主要内容则是人文、道德教育，乐教也渐渐消失①。

二、中国封建社会的教育内容

我国封建社会的学校教育基本上也是分两段：初等教育（小学）和中等以上的教育（大学）。初等教育阶段主要是识字和学习基础知识、基本道德规范，不同时期编有不同的教材——通称“蒙童教材”。中等以上的教育阶段主要是教授“四书”“五经”，以培养“治国”“平天下”的人才。下面分别简述之。

（一）中国封建社会的蒙童教材

我国古代一直重视蒙童教材的编写，早在周朝、秦朝时期就编写了一些有影响的蒙学教材，如周朝的《史籀篇》、秦朝李斯的《仓颉篇》和赵高的《爰历篇》等，汉代有司马相如的《凡将篇》和史游（汉元帝时）的《急就篇》。但流传最广、影响最大且保存至今的是《急就篇》，所谓“急就”，意指速成和急用备查，现存有颜师古注本，分4卷，计2144个字（其中末尾128字为后人所加）。它是用当时的常用字编成三、四、七字句的韵文，内容包括姓氏、衣着、农艺、饮食、器用、音乐、生理、兵器、飞禽、走兽、医药、人事等；因它选字实用、内容广泛、与生活紧密联系，加之符合儿童心理认知特点、容易记忆，所以一直使用到唐代才被新的教材替代。

自东汉至隋唐，也流传多种蒙学教材，如蔡邕的《劝学》、顾恺之的《启蒙记》、周兴嗣的《千字文》以及唐代编撰的《开蒙要训》《太公家教》《兔园策》等，其中影

① 参见张惠芬、金忠明编著：《中国教育简史（修订版）》，上海：华东师范大学出版社，2001年，第39页。

响较大的是梁朝周兴嗣的《千字文》。周兴嗣用王羲之书法摹写1000个不同的字,编成四言韵语,共250句,供儿童识字使用,同时也介绍了有关自然、社会、历史、伦理、教育等方面的知识,隋朝开始流行,至宋朝时已成为广泛采用的蒙学教材。这里选摘部分内容供欣赏:

天地玄黄　宇宙洪荒　日月盈昃　辰宿列张　寒来暑往　秋收冬藏……

女慕贞洁　男效才良　知过必改　得能莫忘　罔谈彼短　靡恃己长……

孝当竭力　忠则尽命……

学优登仕　摄职从政……

乐殊贵贱　礼别尊卑　上和下睦　夫唱妇随　外受傅训　入奉母仪……

到了宋代,蒙学教材有了新的发展,主要表现在三个方面。一是唐以前多属综合性,宋代有了分类按专题编写的情况,有道德的、有历史的、有诗词歌赋的等,如历史教材就有王令的《十七史蒙求》、胡寅的《叙古千文》、黄继善的《史学提要》等,而朱熹的《训蒙诗》和陈淳的《小学诗礼》则是诗歌类教材。二是在以识字为主的基础上,伦理道德教育内容大大增加。如朱熹的《小学》、吕本中的《童蒙训》、吕祖谦的《少仪外传》、程端蒙的《性理字训》等,侧重于向儿童传授伦理道德知识以及为人处世、待人接物的准则。三是随着农、工、商子弟入学人数的增加,农、工、商各业的知识和技能逐渐被充实进蒙童教材,这是时代的进步。在宋代蒙童教材中,影响最大的是《三字经》和《百家姓》,它们与《千字文》并称为"三、百、千",成为宋以后封建社会蒙学的主要教材。

《百家姓》相传为宋初所编,作者不明,有人认为可能是两浙一带钱氏所作,因为第一字为"赵",尊国姓,第二字就是"钱",接着就是吴越一带的大姓,这也许有些道理。全书将各种姓氏编为每句4个字的韵语,共568个字,虽无文理,但便于诵读,故在南宋时,已十分流行,并成为农家子弟进行蒙学时的识字课本。现将其前半部分摘录如下:

赵钱孙李　周吴郑王　冯陈褚卫　蒋沈韩杨　朱秦尤许　何吕施张

孔曹严华　金魏陶姜　戚谢邹喻　柏水窦章　云苏潘葛　奚范彭郎

鲁韦昌马　苗凤花方　俞任袁柳　酆鲍史唐　费廉岑薛　雷贺倪汤

滕殷罗毕　郝邬安常　乐于时傅　皮卞齐康　伍余元卜　顾孟平黄

和穆萧尹　姚邵湛汪　祁毛禹狄　米贝明臧　计伏成戴　谈宋茅庞

熊纪舒屈　项祝董梁　杜阮蓝闵　席季麻强　贾路娄危　江童颜郭

梅盛林刁　钟徐丘骆　高夏蔡田　樊胡凌霍　虞万支柯　昝管卢莫

经房裘缪　干解应宗　丁宣贲邓　郁单杭洪　包诸左石　崔吉钮龚

程嵇邢滑　裴陆荣翁　荀羊於惠　甄麴家封　芮羿储靳　汲邴糜松

井段富巫　乌焦巴弓　牧隗山谷　车侯宓蓬　全郗班仰　秋仲伊宫

……

《三字经》相传为宋末王应麟(1223～1296 年)撰写(一说为宋末区适子所撰)，明清学者陆续对其补充并大量翻刻，1928 年经著名学者章太炎重订，全书共 1140 个字，反复字 5 次以上者不及十分之一，内容涉及教育、道德、物名、历史和自然常识等，尤其有不少古人勤奋好学的范例。形式上是三字一句，句句成韵，文字简练，概括性强，通俗易懂，便于背诵。很短的篇幅不仅能让儿童获得较为丰富的知识，而且能为古人的刻苦求学精神所激励，因此，《三字经》从宋末开始，经元、明、清，直到近代都广为流传，后来还出现了不少仿照《三字经》体例编写的蒙学教材，但均未能取代《三字经》的地位。中华人民共和国成立后，一段时期内《三字经》被批为"封建的东西"，但因其句短押韵、适合儿童诵记而流传下来，1995 年，广东教育出版社出版的《新三字经》面市后，在社会上引起了强烈反响，且广为流传，成为儿童课外阅读的好教材。

现根据 20 世纪 40 年代的石印本，将《三字经》全文抄录如下：

人之初　性本善　性相近　习相远　苟不教　性乃迁　教之道　贵以专
昔孟母　择邻处　子不学　断机杼　窦燕山　有义方　教五子　名俱扬
养不教　父之过　教不严　师之惰　子不学　非所宜　幼不学　老何为
玉不琢　不成器　人不学　不知义　为人子　方少时　亲师友　习礼仪
香九龄　能温席　孝于亲　所当执　融四岁　能让梨　弟于长　宜先知
首孝弟　次见闻　知某数　识某文　一而十　十而百　百而千　千而万
三才者　天地人　三光者　日月星　三纲者　君臣义　父子亲　夫妇顺
曰春夏　曰秋冬　此四时　运不穷　曰南北　曰西东　此四方　应乎中
曰水火　木金土　此五行　本乎数　曰仁义　礼智信　此五常　不容紊
稻粱菽　麦黍稷　此六谷　人所食　马牛羊　鸡犬豕　此六畜　人所饲
曰喜怒　曰哀惧　爱恶欲　七情具　匏土革　木石金　与丝竹　乃八音
高曾祖　父而身　身而子　子而孙　自子孙　至玄曾　乃九族　人之伦
父子恩　夫妇从　兄则友　弟则恭　长幼序　友与朋　君则敬　臣则忠
此十义　人所同　凡训蒙　须讲究　详训诂　明句读　为学者　必有初
《小学》终　至《四书》《论语》者　二十篇　群弟子　记善言　《孟子》者
七篇止　讲道德　说仁义　作《中庸》　子思笔　中不偏　庸不易　作《大学》
乃曾子　自修齐　至平治　《孝经》通　《四书》熟　如《六经》　始可读
《诗》《书》《易》　《礼》《春秋》　号《六经》　当讲求　有《连山》　有《归藏》
有《周易》　三《易》详　有典、谟　有训、诰　有誓、命　书之奥　我周公
作《周礼》　著六官　存治体　大小戴　注《礼记》　述圣言　礼乐备　曰《国风》
曰《雅》《颂》　号四《诗》　当讽咏　《诗》既亡　《春秋》作　寓褒贬　别善恶
三《传》者　有《公羊》　有《左氏》　有《穀梁》　经既明　方读子　撮其要
记其事　五子者　有荀扬　文中子　及老庄　经子通　读诸史　考世系

知终始　自羲农　至黄帝　号三皇　居上世　唐有虞　号二帝　相揖逊
称盛世　夏有禹　商有汤　周文、武　称三王　夏传子　家天下　四百载
迁夏社　汤伐夏　国号商　六百载　至纣亡　周武王　始诛纣　八百载
最长久　周辙东　王纲坠　逞干戈　尚游说　始春秋　终战国　五霸强
七雄出　嬴秦氏　始兼并　传二世　楚汉争　高祖兴　汉业建　至孝平
王莽篡　光武兴　为东汉　四百年　终于献　蜀魏吴　争汉鼎　号三国
迄两晋　宋齐继　梁陈承　为南朝　都金陵　北元魏　分东西　宇文周
与高齐　迨至隋　一土宇　不再传　失统绪　唐高祖　起义师　除隋乱
创国基　二十传　三百载　梁灭之　国乃改　梁唐晋　及汉周　称五代
皆有由　炎宋兴　受周禅　十八传　南北混　辽与金　皆称帝　元灭金
绝宋世　莅中国　兼戎狄　九十载　国祚废　太祖兴　国大明　号洪武
都金陵　迨成祖　迁燕京　十七世　至崇祯　权阉肆　寇如林　至李闯
神器焚　清太祖　膺景命　靖四方　克大定　廿一史　全在兹　载治乱
知兴衰　读史者　考实录　通古今　若亲目　口而诵　心而维　朝于斯
夕于斯　昔仲尼　师项橐　古圣贤　尚勤学　赵中令　读《鲁论》　彼既仕
学且勤　披蒲编　削竹简　彼无书　且知勉　头悬梁　锥刺股　彼不教
自勤苦　如囊萤　如映雪　家虽贫　学不辍　如负薪　如挂角　身虽劳
犹苦卓　苏老泉　二十七　始发愤　读书籍　彼既老　犹悔迟　尔小生
宜早思　若梁灏　八十二　对大廷　魁多士　彼既成　众称异　尔小生
宜立志　莹八岁　能咏诗　泌七岁　能赋棋　彼颖悟　人称奇　尔幼学
当效之　蔡文姬　能辨琴　谢道韫　能咏吟　彼女子　且聪敏　尔男子
当自警　唐刘晏　方七岁　举神童　作正字　彼虽幼　身已仕　尔幼学
勉而致　有为者　亦若是　犬守夜　鸡司晨　苟不学　曷为人　蚕吐丝
蜂酿蜜　人不学　不如物　幼而学　壮而行　上致君　下泽民　扬名声
显父母　光于前　裕于后　人遗子　金满籝　我教子　惟一经　勤有功
戏无益　戒之哉　宜勉力

明清时期，随着教育对象范围的扩大和印刷术的发展，蒙童教材也进一步发展，除前代的教材仍然流行外，又出现了一批新教材，如《千家诗》《小儿语》《女儿经》《弟子规》《幼学琼林》等。

《千家诗》有多种刻本，明清蒙学中流传的《千家诗》是在宋刘克庄编选的《分门纂类唐宋时贤千家诗选》基础上选录编订的，有王相选注的《新镌千家诗》和署名谢枋得选的《重订千家诗》，前者为五言，后者为七言，后来又将两种本子合而为一，共 200 余首，成为蒙学中十分流行的学诗启蒙课本，而且长期流传不衰，人们将它与《三字经》《百家姓》《千字文》合称“三、百、千、千”，列为蒙学中使用最广泛的 4 种教材之一。

《幼学琼林》，又名《成语考》，明程登吉原本，清邹圣脉增补，主要介绍自然、社会、历史、生活、伦理等常识的知识性读本，共4卷分33类。卷一：天文、地舆、岁时、朝廷、文臣、武职；卷二：祖孙父子、兄弟、夫妇、叔侄、师生、朋友宾主、婚姻、妇女、外戚、老幼寿诞、身体、衣服；卷三：人事、饮食、宫室、器用、珍宝、贫富、疾病死丧；卷四：文事、科第、制作、技艺、讼狱、释道鬼神、鸟兽、花木。涉及的内容非常广泛，其编写采用两两相对的骈语，读起来朗朗上口，便于记忆。下面摘录部分，读者可见一斑。

混沌初开，乾坤始奠。气之轻清上浮者为天，气之重浊下凝者为地……

韩信将兵，多多益善；毛遂讥众，碌碌无奇……

战胜而回，谓之凯旋；战败而走，谓之奔北……

何谓五伦，君臣、父子、兄弟、夫妇、朋友；何谓九族，高、曾、祖、考、己身、子、孙、曾、玄……

称教馆曰设帐，又曰振铎；谦教馆曰糊口，又曰舌耕。师曰西宾，师席曰函丈；学曰家塾，学俸曰束修……

桃李在公门，称人弟子之多……

冰生于水而寒于水，比学生过于先生；青出于蓝而胜于蓝，谓弟子优于师傅……

明珠投暗，大屈才能；入室操戈，自相鱼肉……

班门弄斧，不知分量……

乘患相攻，谓之落井下石……

岳飞背涅精忠报国，杨震惟以清白传家……

李白才高，咳唾随风生珠玉；孙绰词丽，诗赋掷地作金声……

陈琳作檄愈头风，定当神针法灸；子美吟诗除疟鬼，何须妙剂金丹……

冒雨剪韭，郭林宗款友情殷；踏雪寻梅，孟浩然自娱兴雅……

《小儿语》（明吕得胜编）、《弟子规》（清李毓秀撰）、《朱子家训》（清朱用纯撰）等，也都是对儿童进行道德教育的蒙学教材。其中也有培养儿童勤俭品质的内容，如《朱子家训》中就有：

黎明即起，洒扫庭除，要内外整洁……

一粥一饭，当思来之不易；半丝半缕，恒念物力维艰。

也有要儿童诚实、不要任性的教诲，如《小儿语》中有：

自家过失，不消遮掩，遮掩不得，又添一短。

儿小任情骄惯，大来负了亲心；费尽千辛万苦，分明养个仇人。

封建社会，还有专为女童编写的蒙学教材，如东汉的《曹大家女诫》、唐宋的《女论语》，还有明代的《女儿经》，像《后汉书》中的《列女传》（南朝史学家范晔撰）也成为女童的蒙学教材，清人王相将《女诫》《女论语》《内训》和《女范捷录》合编为《女四书》。这些教材除让女童识字外，主要是进行封建"妇德"的教育，如《女儿经》中明确提出："女儿经，女儿经。第一件，习妇德；第二件，修女容；第三件，谨女言；第四件，勤女工。"当然，女子念书识字在当时只是有钱人家的特权，而且主要是在家里进行。

封建社会的蒙学教育内容，除上述教材外，还有书法、算术(《九章算术》等)以及《孝经》《论语》等，总之，内容非常丰富，教材编写的形式也很科学，常常是句短押韵，便于诵读和记忆。宋末元初还出现了世界上最早的图文对照的《对相识字》课本，这种编排形式在明清时得到进一步推广，如明嘉靖年间刊刻的图文对照的《日记故事》就是其中之一，这种故事配插图的编排法，适合儿童学习的心理特点，对近代教科书的编撰有很大影响。

(二)中国封建社会的"五经"与"四书"教育内容

人们习惯讲封建社会的教育内容主要是"四书""五经"，将"四书"放在前面，主要是封建社会后期为突出儒家经典的重要地位所致，实际上从教学内容确定的先后顺序来讲，"五经"应当在前。"四书"被确定为封建社会重要的教学内容后，"五经"并未被代替，而是与"四书"一起，成为封建社会中等以上教育的主要内容，同时也是科举考试命题的主要依据，影响深远。

"五经"来源于孔子编订的《诗》《书》《礼》《乐》《易》《春秋》"六经"(或称"六艺")。封建社会独尊儒术后，孔子被奉为"圣人"，他编的教材是儒家思想最集中的表现，当然要成为学生学习的内容。由于《乐》与《诗》《礼》关系密切、不可分割，渐渐地，《乐》的内容就被融入《诗》和《礼》之中，成为学习《诗》和《礼》的一种形式、一种境界。特别是汉武帝"置五经博士"，便确立了"五经"在教育上的地位。

《诗》，分《风》《雅》《颂》三类。《风》包括15国的民歌，不少篇章反映人民的劳动和爱情生活，也揭露了当时上层社会的压迫和黑暗；《雅》是贵族文人在学习民间歌曲后抒发思想感情的作品，其中有不少反映现实社会矛盾和同情劳动人民的作品；《颂》是宗庙祭祖时所用的乐歌。诗篇形式以四言为主，语言朴素优美，音节自然和谐，共305篇，是对学生进行美育、智育和德育的综合性教科书。

《书》，又称《尚书》，也可能是上、尚音同而得名。是上自唐尧，下讫秦穆公的诏令文告等文献的汇编。据传孔子删订为百篇，现今流传下来的为28篇，主要是记载夏商以来，特别是周初奴隶制国家的重要史实。所选材料符合垂世立教、示人规范的政治标准，学习该书，可使人继承和振兴周代文武之道。但书中也有用刑的记载，《尚书·吕刑》中记载西周刑罚有5种：黥额、割鼻、砍脚、割生殖器、砍头，体现了西周德刑并用的统治经验和政治思想，对后世法家的思想影响较大。

《礼》，又称《仪礼》或《士礼》，它是西周、春秋时期婚、丧、祭、饮、射、朝、聘等各种典礼节仪的汇编，计17篇。孔子及其儒家学派非常重视《礼》的教育，可以说，它是“五经”教育的核心，是培养人伦道德的根本。后世的“礼”的教育内容，已不限于孔子修订的《仪礼》，还包括《周礼》和《礼记》，合称“三礼”。《周礼》原名《周官》，通常认为它是战国时期儒家作品；现有的《礼记》，有西汉戴圣所传的《小戴礼记》，有戴德所作的《大戴礼记》，大量记载了孔子有关礼的阐述。“立于礼”是儒家教育对学生的基本要求，所以后人也称儒家学说为“礼教”。

《易》，又名《周易》或《易经》，是卜筮之书。孔子以前有夏之《连山》、商之《归藏》及《周易》3 种卜筮书，孔子时仅存《周易》，传说为周人所作，故名。内容包括《经》和《传》两部分，《经》即今存之《周易》，记述 64 卦的卦辞和爻辞。以“--”象征阴，以“—”象征阳，由阴爻、阳爻两种基本符号配合组成八卦，象征 8 类事物：天、地、雷、风、水、火、山、泽；再将八卦两两相重组成 64 卦，共 384 爻；卦、爻各有说明，称卦辞和爻辞，作为占卜之用。《传》是记述后人对《经》文的解释，并对《易》的思想加以阐发。《易经》共 10 篇，称《十翼》，意为《经》之羽翼，一般认为出于战国末年多人之手；《周易》讲事物的变化，通过八卦形式推测自然和社会的变化，认为阴阳两种势力的相互作用是产生万物的根源，提出“刚柔相推，变在其中”的朴素辩证观，是哲学和神学教科书。

《春秋》是孔子根据《鲁春秋》整理而成的中国第一部编年史书，记载鲁隐公元年（前 722 年）至鲁哀公十四年（前 481 年）共 242 年的历史。孔子作《春秋》是为了“正名”，即用周礼规定的等级名分来矫正不合“礼”的社会现实，使纷乱的时代恢复安定。为了达到写历史来宣扬“名教”思想的目的，他很讲究用词，一字之中往往含有深意，后世遂又称“春秋笔法”为“一字褒贬”。由于这种写法言辞过简且晦涩，后世遂加以阐释、补充，从而产生诸家之传，今存者有《春秋公羊传》《春秋穀梁传》和《春秋左氏传》，合称“三传”。《春秋》是一部历史教科书，也是一部政治、道德教科书。

在封建社会的经学教育中，由于“五经”版本及后人解释的不尽相同，形成了不同的学派，统治者常根据自己的需要来修订经学教育的教材。早在西汉时就形成了今文经学和古文经学两大学派，经学研究和传授的主要形式是“章句”，所谓“章句”，即对先秦儒家经典分章节、断句读，并加以解释，但学派不同，分章、断句和释义的结果也不一样。汉初无古文经学，武帝末年，鲁恭王刘余毁孔子旧宅盖宫殿，发现壁中藏有用古文写的《尚书》《礼记》《论语》《孝经》等数十篇，又有河间献王刘德向朝廷献其所得古文经传。古文经为古代篆文所写，今文经为汉代隶书所抄，两种经书不仅书写字体不同，而且字句、篇章、解释及所记古代制度、人物评价也多有异处。汉武帝立太学，置五经博士教授弟子，所授经书都是今文经，今文经主张“微言大义”，东汉后期多和谶纬结合，旨在维护当时的封建统治。古文经学训诂简明，不凭空臆说，偏重名物考证，致力于考古学和文字学，马融等经学大师推崇古文经学，并以此教授郑玄，郑玄博采今、古文各家经说的精华，融以己意，构造出新的经学体系，最终消除了今、古文之争。

再如唐朝时，由于南北长期分裂，造成学术思想上各有师承、各有所本的错综复杂局面，贞观四年(630年)，唐太宗以“经籍去圣久远，文字多讹谬”，诏前中书侍郎颜师古考订“五经”。他之所以选中颜师古，是因为颜师古是名儒颜之推的孙子，世仕江左，学问通博；经过两年多的努力，《周易》《尚书》《毛诗》《礼记》《左传》等《五经定本》完成。太宗对此十分重视，特请宰相房玄龄召集诸儒“讨论得失”，最后于贞观七年(633年)，将所定书颁行天下，令学者习之。这样，颜校的“五经”以封建专制政府法定的经典形式，颁行全国，成为中央朝廷至地方州、县各级学校的标准教科书。《五经定本》颁行全国后，接着是编撰统一的“五经”义疏，贞观十二年(638年)，唐太宗针对当时“儒学多门，章句繁杂”的情况，命令新任国子祭酒孔颖达主编“五经”义疏。虽孔颖达深明“五经”，在南北经学方面有较深的造诣，但义疏工作量比校刊《五经定本》大得多。由孔颖达领衔，参加者除有颜师古、司马才章、王恭等名儒外，还有太学博士、助教以及四门博士、助教等共计20多人，经过两年的努力，180卷的“五经”义疏于贞观十四年(640年)编成，名为“义赞”。后李世民认为“义赞”名称不确切，下诏改名为《五经正义》，并将它交付国子监，作为试用教材。《五经正义》综合古今，考订异说，定于一尊，很符合唐王朝的封建统治需要，后经修订，成为全国性教科书。此后沿至宋代，明经科举取士，试题与经义皆以此为标准①。

“四书”是指《论语》《孟子》《大学》和《中庸》。《大学》和《中庸》原本是《礼记》中的2篇，关于其作者，看法不一，约成文于秦汉之际，到了宋代才被从《礼记》中抽出，与《论语》《孟子》相配，合称为“四书”。尤其是朱熹于淳熙年间(1174～1189年)编著的《四书集注》影响极大，不仅是后世学校的法定教材，也是科举考试的依据。

《论语》主要是孔子及其部分弟子的言行记录，全书共20篇，一篇包括若干章，主要反映孔子及其弟子关于政治、哲学、伦理、教育、文学、艺术等方面的思想。内容丰富，哲理性强，实用价值高，故有“半部《论语》可以治天下”之说。它是中华民族一份宝贵的思想文化遗产，影响深远。具体可参见第一章第一节“孔子的教育思想”。

《孟子》与《论语》有所不同，《论语》不是孔子自己的直接著作，而是后人对其言行的记述。而孟子直接参与了《孟子》一书的撰写和润色，司马迁在《孟荀列传》中说孟子：“退而与万章之徒序《诗》《书》，述仲尼之意，作《孟子》七篇。”《孟子》不仅是一部政治、哲学著作，而且是一部包括伦理学和教育学方面的内容，并在文学上有较高地位的作品。孟子提出的“王道”思想、“民本”思想以及“性善

① 伍德勤：《李世民教育思想初探》，《教育史研究》，1996年第4期。

论”等对后世影响很大。具体参见第一章第二节“孟子的教育思想”。

《大学》是一篇议论如何平治天下国家的政治论文，它提出了明明德、亲民、止于至善三条纲领，还提出格物、致知、诚意、正心、修身、齐家、治国、平天下八个条目。书中不仅对这些纲领和条目作了详尽论述，而且将个人修身看成是影响政治发展的关键因素。它所阐明的纲领和条目，成为此后封建社会伦理道德、政治哲学的核心，它本身也被历代封建统治者和封建文人尊奉为政治经典。

《中庸》的作者相传是孔子的孙子子思（名伋），但有人认为其中的部分内容不是子思直接所作。它是一篇带有唯心主义观点的儒家哲学论文，包含哲学、政治、伦理、教育等多方面思想。它将“诚”视为思想体系的最高范畴，提出“天命之谓性，率性之谓道，修道之谓教”，并说：“唯天下至诚为能尽其性”“诚者，天之道也；诚之者，人之道也”。据朱熹《四书集注》的解释：“中者，不偏不倚，无过无不及之名；庸，平常也。”取折中调和之意。如《中庸》中有：“君子中庸，小人反中庸”“隐恶而扬善，执其两端用其中于民，其斯以为舜也！”“致中和，天地位焉，万物育焉”等。“中庸”既是为人之道，也是治世之道。《中庸》中还提出“博学之，审问之，慎思之，明辨之，笃行之”的学习过程和方法，它对中国的政治、文化、教育和民族个性等都产生了深刻影响。

“四书”“五经”是我国封建社会主要的教育内容，是培养人才的重要工具。其影响之广泛，使用时间之长，在世界教育史上都是少见的。站在今天的立场看，其中当然有不少是封建的东西，但也不乏真知灼见，不少内容在今天仍然是培养人的品德和启迪人们智慧难得的食粮，目前我国中学语文课本中仍有不少内容选自“四书”“五经”。如初中语文教材中的《君子于役》《无衣》和《得道多助，失道寡助》《生于忧患，死于安乐》就分别选自《诗经》和《孟子》，高中语文教材中的《硕鼠》《伐檀》和《季氏将伐颛臾》则分别选自《诗经》和《论语》。

我国封建社会的学校教育内容，除“四书”“五经”外，还有一些专业和技能的知识。如医学则学习《本草》《脉经》等；书学则学习《石经》《说文》《字林》等；算学则学习《九章》《海岛》《周髀》等；律学主要学习律令和断案；画学则开设佛道、人物、山水、鸟兽、花竹等课程。到封建社会末期，随着西方传教士的大量进入，外语和西方的思想文化、自然科学知识逐渐进入少数学校，冲击着传统的教育内容，中国的教育开始迈向新的历程。

思考题

1.有人将科举制度称为中国古代的“第五大发明”，试比较科举制与当代中国高考制度、公务员招考制度的异同。

2.日本学者稻叶君山曾说：“书院的设立，实为中国学术文化建筑坚实的基础。盖从此，真正的学问研究所，不在学校，而在书院。于是教育独立，渐成民众化，学术进步乃臻于可惊的突飞的地步。”(参见《编辑之友》1985 年第 2 期武陵人的文章“漫话古代书院制度”)

1921 年，毛泽东在他的《湖南自修大学创立宣言》中，曾归纳了书院的三大优点：师生感情甚笃；没有教授管理，但为精神往来，自由研究；课程简而研讨周，可以优游暇豫，玩索有得。并认为，自修大学之所以为一种新制，就是取古代书院的形式，纳入现代学校的内容，而为适合人性便利研究的一种特别组织。

试分析中国古代书院制度对当代高等教育的启示。

3. 北宋“庆历兴学”时，范仲淹在太学引入胡瑗的“苏湖教法”，而“分斋教学”是苏湖教法的要义和精髓。试分析中国古代“分斋教学法”的历史意义和现实意义。

第四章

中国近代教育思想

近代中国的教育史，可以说是一部中与西、旧与新、传统与现代教育体制、教育观念冲突和交融的历史。1840 年的鸦片战争以及此后西方列强的步步进逼，使中国遭逢“数千年未有之大变局”，中华民族面临深重的民族危机，逐渐陷入半殖民地半封建社会的深渊。

如何培养人才，救亡图存、应对危机？19 世纪末 20 世纪初，后期洋务派的代表人物张之洞、资产阶级改良派的代表人物康有为和梁启超、资产阶级革命民主派的代表人物孙中山和蔡元培等，分别从各自的阶级、政治立场出发，对这一问题作出了自己的解答。

第一节　张之洞的教育思想

张之洞是后期洋务派的代表人物，他不仅对清末政治、工业、学术诸方面产生过重要而深远的影响，而且是中国半殖民地半封建社会教育制度的重要奠基人。他的“中体西用”的教育思想，实质上是清末官方教育的基本纲领，一直支配着晚清教育。

一、张之洞的生平及政治思想

(一)生平

张之洞

张之洞(1837～1909 年)，字孝达，号香涛，别号香岩居士，晚年称抱冰老人，死后谥“文襄”，直隶(今河北)南皮人，是后期洋务派的重要首领。

张之洞出身于世代为官的封建官僚家庭，自幼受到严格的家庭教育，博览群书。16 岁以乡试第一名中举，同治二年(1863年)参加会试、殿试,中"一甲第三名"(称"探花"),赐"进士及第",授"翰林院编修",自此步入仕途。同治六年(1867年),张之洞被派往浙江,担任乡试副考官,这是他的第一个官职;同年8月,就任"湖北学政",开始主管一省教育,任内于同治八年(1869年)在湖北武昌创建了"经心书院",并积极整顿湖北学风,奖掖真才实学,成绩显著。此后,历任四川学政、山西巡抚、两广总督、两江总督,成为清廷举足轻重的地方大员。

光绪十五年(1889年)到光绪三十三年(1907年),张之洞任湖广总督,在此期间,曾于1895～1896年、1902～1903年两次代理两江总督。在督理地方期间,张之洞尤其重视发展教育事业,创办了一批著名的书院和新式学堂,例如山西的令德书院、广东的广雅书院和水陆师学堂、江南陆军学堂、湖北自强学堂、湖北工艺学堂、湖北师范学堂等,并大力提倡留学教育,对中国地方教育的发展和近代化起到一定作用。

此外,光绪二十九年(1903年),他还与荣庆、张百熙等一起主持制定了我国第一个近代学制——"癸卯学制",成为我国近代半殖民地半封建教育制度的重要奠基人。光绪三十三年(1907年),张之洞奉旨入京,供职中枢,主管学部,总掌全国的教育事宜,直到宣统元年(1909年)去世。其著作由许同莘编为《张文襄公全集》。

(二)政治思想

张之洞生活的年代,基本上与清王朝后期(1840～1912年)的历史相重合,而这段历史时期,正是清王朝由衰败腐朽到最后灭亡的历史时期;也是西方列强的侵略逐渐加深,中华民族的灾难日益深重的历史时期;同时还是人民革命风起云涌、变革潮流汹涌澎湃的历史时期。

作为后期洋务派的首领、晚清王朝重要的封疆大吏,张之洞力图维护清王朝统治,基于此,他一方面主张抗击外国侵略,光绪十年(1884年),法国侵略越南,边疆告急,正在两广总督任上的张之洞,拨军筹饷,积极支援抗法战争。1895年,李鸿章与日本签订丧权辱国的《马关条约》,张之洞进行了无情抨击,说"大约稍有心肝之人皆必不可为之"[①],这种批评也间接反映了张之洞的爱国、反对侵略的思想。

同时,张之洞又主张兴办洋务,学习西方先进的科学技术,作一些局部的变革,在地方督抚任上,他开设了一些新式军用、民用企业,对中国的近代化作出了一定贡献。

---

① 毛礼锐、沈灌群主编:《中国教育通史》(第4卷),济南:山东教育出版社,1988年,第132页。

但张之洞又反对人民革命，极端仇视义和团运动，在义和团运动期间，搞所谓的“东南互保”，镇压农民运动。他也反对资产阶级改良运动和资产阶级民主革命，主张维护封建纲常名教，反对民主平等思想。他可以说是集进步与保守、爱国与反动于一身的封建官僚。

二、张之洞的教育思想

张之洞对清末教育的影响极大。作为后期洋务派的首领，他非常重视人才的培养，对学校教育的重要性有着非常深刻的认识，同时，对教育的目的、作用以及内容也有理论化、系统化的论述。清末旧教育制度的废除以及新教育制度的建立，都与他有着不可分割的关系，其教育思想极为丰富，归纳起来可分为如下几个方面：

（一）“中学为体，西学为用”

“中学为体，西学为用”是张之洞的基本教育思想，这一思想在他的代表作《劝学篇》中有系统的论述。光绪二十四年（1898 年），维新变法运动渐入高潮，顽固派和维新派的斗争也日趋激烈，张之洞认为两派的主张都有缺点，“旧者因噎而食废，新者歧多而羊亡；旧者不知通，新者不知本；不知通则无应敌制变之术，不知本则有非薄名教之心”，由此，著《劝学篇》，以折中新旧。书分内外两篇，内篇讲中学，即旧学，外篇讲西学，即新学。“内篇务本，以正人心；外篇务通，以开风气”①，“中学为内学，西学为外学；中学治身心，西学应世事”②，也即所谓“中学为体，西学为用”，或者说，“旧学为体，新学为用”。这里，既体现张之洞对待中西文化的态度，又反映他的基本教育主张，即教育的内容应当以“中学”为根本，辅以“西学”。

所谓“中学”，张之洞认为主要是“四书”“五经”、中国史事、政书、地图等，它们是一切学问的根本和基础，应放在首位。“讲西学必先通中学，乃不忘其祖也”③，学生应当先从中国的经史子集中学得“圣人之心”和“圣人之行”，他说：“今日学者，必先通经，以明我中国先圣先师立教之旨，考史以识我中国历代之治乱，九州之风土，涉猎子集以通我中国之学术文章。”然后“择西学之可以补吾阙

---

① 舒新城编：《中国近代教育史资料》（下册），北京：人民教育出版社，1961 年，第 962 页。

② 毛礼锐、沈灌群主编：《中国教育通史》（第 4 卷），济南：山东教育出版社，1988 年，第 152 页。

③ 舒新城编：《中国近代教育史资料》（下册），北京：人民教育出版社，1961 年，第 962 页。

者用之，西政之可以起我疾者取之，斯有其益而无其害”[①]。

张之洞认为学习“中学”，首要在于“明纲”，即学习中国的三纲五常封建伦理道德。为了“明纲”，他非常强调读经的重要性，要求中小学堂读经，认为“若学堂不读经书，则是尧舜禹汤文武周公孔子之道，所谓三纲五常尽行废绝，中国必不能立国矣”[②]。这种思想在“癸卯学制”即《奏定学堂章程》中体现得更为明确：“无论何等学堂，均以忠孝为本，以中国经史之学为基。俾学生心术壹归于纯正”，然后再以“西学瀹其智识，练其艺能”[③]，使学生成为对封建统治有用的人才。

所谓“西学”，张之洞将其归纳为“西政”和“西艺”两个方面，其具体内容是：“学校地理、度支赋税、武备律例、劝工通商、西政也；算绘、矿医、声光、化电、西艺也。”[④]张之洞所讲的“西政”，只是西方资本主义国家的某些规章、律例，并非资本主义的政治制度，他极端反对维新派所主张的“政”，即效仿西方政体，改君主专制政体为君主立宪政体。在张之洞那里，引进西学的原则是：“果其有益于中国，无损于圣教者，虽于古无征，为之固亦不嫌。”[⑤]也就是说，只要是有益于封建统治秩序稳定和维护封建纲常名教的“西学”，就可以大胆引进；那些能够动摇封建统治、有损纲常名教的资产阶级民主自由的政治学说和进步的资产阶级文化，则在坚决反对之列。张之洞阐述“中体西用”思想的《劝学篇》一出版，就受到清廷的赞赏和重视，命军机处颁发各省督抚、学政各一部，并要求他们广为刊布。《劝学篇》因此得以挟朝廷之力而风行海内，而由张之洞概括总结的“中体西用”思想也因此主导了清末教育的发展。此外，西方传教士还把此书翻译成英法两国文字，在欧美等地出版，纽约版本竟易其名为《中国唯一的希望》，由此也可看出张之洞的《劝学篇》和“中体西用”思想的阶级、政治实质。

(二)重视教育，兴办学堂，培养人才

张之洞认为办洋务是重要的，但救国之道不在技术而在人才。他指出国势之强由于人，人才和人才的培养比技术的引进更重要，如果“有船而无驾驶之人，有炮而无测放之人，有鱼雷而无修造演习之人，有炮而不谙筑造攻守之法，有枪炮队而不知训练修理之方，则有船械与无船械等”[⑥]，在他看来，中国不贫于财，而贫于人才，只有人才日多，国势方能日强。而人才的培养，兴教育、办学校是最

---

① 毛礼锐、沈灌群主编：《中国教育通史》(第4卷)，济南：山东教育出版社，1988年，第154页。

② 舒新城编：《中国近代教育史资料》(上册)，北京：人民教育出版社，1961年，第200页。

③ 舒新城编：《中国近代教育史资料》(上册)，北京：人民教育出版社，1961年，第195页。

④ 舒新城编：《中国近代教育史资料》(下册)，北京：人民教育出版社，1961年，第967页。

⑤ 转引自王炳照、阎国华主编：《中国教育思想通史》(第5卷)，长沙：湖南教育出版社，1994年，第119页。

⑥ 转引自刘秀生、杨雨青：《中国清代教育史》，北京：人民出版社，1994年，第223页。

好的办法，教育是立国之本、自强之策，学校是教育和培养人才的基地，用他的话来说就是“非育才不能图存，非兴学不能育才”[①]。他考察西方各国强盛的原因，也得出结论：“西国之强，强以学校。”

因此，张之洞在几十年的政治生涯中，非常重视教育和办学，兴办了一系列新式学堂，涉及军事教育、职业技术教育、外语教育、儿童教育、师范教育等方面。此外，他还大力提倡留学教育，认为留学1年胜于在国内读洋文5年，他曾派遣工人到比利时学炼钢铁，派学生分赴英、德、法国学习军事和制造技术，后来又派遣大批学生留学日本。正是在他的筹划下，湖北成为清末向日本派遣留学生最早也是最多的省份，江南诸省的留学生教育也得到较快发展，培养了一批具有近代知识的军事、科技和管理人才。张之洞派遣留学生出国学习的目的，是希望这些人学成归国后为封建统治服务，然而与他的主观愿望相反，许多留学生后来接受资产阶级民主思想，成为清政府的掘墓人、资产阶级民主革命的骨干力量，这恐怕是他所始料不及的。

（三）改书院为学堂，推行新学制，废科举

张之洞在湖北、四川学政任内和山西巡抚任内曾分别建立了经心、尊经和令德书院，后又在广州设立广雅书院、湖北设立两湖书院，这些书院在当时都是比较著名的教育机构。张之洞设立书院的目的，是为了“养贤才”，“羽翼圣道，匡济时艰”[②]。这些书院注重经史古学的研究，与当时只注重举业的教育风气相比，在重研究、务实学方面向前迈进了一步，这无疑具有积极意义。

但随着时代的变化，形势的发展，传统教育显得愈来愈脱离社会实际。针对这种情况，张之洞认为必须改革传统教育，改书院为新式学堂，以期培养“体用兼备”的人才，“令守道之儒兼为识时之俊”[③]。因此，他于光绪二十四年（1898年）上书清廷，提出改经心、两湖书院为学堂。书院改为学堂后，除教授经史外，增加了许多“西学”课程，涉及天文、地理、测量、化学、博物学、算学、格致、制造等门类；在教学管理方面，张之洞还改旧的积分法为“日课”，即按日上堂教习，类似现代的班级授课制。可见，张之洞对书院的改革，实际上就是他的“中体西用”教育思想的具体化。

光绪二十九年（1903年），张之洞参与主持制定了中国第一个近代学制——“癸卯学制”，这是他对于中国教育近代化的一大贡献。“癸卯学制”亦称《奏定学堂章程》，它包括20多个文件，以“中体西用”为教育宗旨，该学制将普通教育分

---

① 舒新城编：《中国近代教育史资料》（上册），北京：人民教育出版社，1961年，第58页。

② 毛礼锐、沈灌群主编：《中国教育通史》（第4卷），济南：山东教育出版社，1988年，第139页。

③ 舒新城编：《中国近代教育史资料》（上册），北京：人民教育出版社，1961年，第77页。

为初等、中等、高等三级，另外还有师范教育和实业教育两系统，并制定了各级各类学校的具体章程。“癸卯学制”由国家正式公布在全国施行，是中国近代史上一个十分重要的学制，以后学制的制定大都以其为蓝本。

对于科举制度的废除，张之洞功不可没。科举制度自隋炀帝大业三年(607年)建立以来，其存在的1300年间几经变化，到清朝末年已经腐败不堪，屡遭抨击，许多有识之士纷纷建议废科举、兴学校，戊戌变法时维新派就持此主张。张之洞也认识到：“科举文字，每多剽窃；学堂功课，务在实修。科举止凭一日之短长，学堂必尽累年之研究；科举但取词章，其品谊无从考见；学堂兼重行检，其心术尤可灼知。”①学堂虽好，然“科举一日不停，士人皆有侥幸得第之心”，“学堂决无大兴之望”；学堂不兴，“民智复无由大开，求其进化日新也难矣”②。正是在张之洞等人的多次请求下，清廷于光绪三十一年(1905年)颁布上谕，宣布自“丙午科为始，所有乡会试一律停止，各省岁科考试亦即停止”③。从此科举制度完全废除，中国教育开始迈上一个新的发展阶段。

以上介绍的是张之洞教育思想的主要方面。实际上，张之洞对妇女、儿童教育的重视，也是值得我们研究的，他先后在湖北兴办了一些妇幼学堂，如湖北敬节学堂(是当时的幼儿师范学校)、湖北育婴学堂(相当于今天的保育员学校)、湖北女学堂(此乃湖北近代女学之始)。张之洞还创办了我国最早的幼儿园——湖北幼稚园，此外，他在湖北创办了图书馆和《湖北商务报》《湖北日报》《汉报》《楚报》等报纸，为湖北文教事业的发展作出了卓越贡献。

资料卡片 12

曾国藩的家庭教育思想

曾国藩(1811～1872年)的家庭教育思想既贯穿传统的儒家教育理念，又结合具体的生活实际，思想内容丰富，自成体系。第一，强调“孝友”为家庭之祥瑞。曾国藩毕生注重“孝悌”，要求弟子“入则孝，出则悌”。第二，强调勤俭持家。他认为，勤与俭是关系个人、家庭、社会兴衰成败的大问题，是个人立身处世的根本。第三，强调家和则福自生。“和气致祥，乖气致戾”是曾国藩家庭伦理教育的又一思想。第四，强调教化乃兴家之策。重“教化”是中国传统家庭伦理的一大特征。曾国藩非常重视“教化”对子弟道德品质养成的重要作用，他把家庭作为培养子弟的基地，治家与教子相得益彰。曾国藩的家庭教育思想具有一定的现实意义。

---

① 舒新城编：《中国近代教育史资料》(上册)，北京：人民教育出版社，1961年，第59页。

② 舒新城编：《中国近代教育史资料》(上册)，北京：人民教育出版社，1961年，第62页。

③ 舒新城编：《中国近代教育史资料》(上册)，北京：人民教育出版社，1961年，第63页。

第二节 康有为、梁启超的教育思想

康有为、梁启超是中国19世纪末叶资产阶级维新派的著名代表人物、戊戌变法运动的主要领导人。他们目睹近代中国内忧外患、国困民穷的状况，忧心如焚，以拳拳爱国之心，提出效法西方、改革政治、变法维新的主张，并付诸实践，掀起了为时虽短暂，但却轰轰烈烈的“百日维新”。在他们的变法运动中，教育活动占据极为重要的地位，他们的变法主张，有许多涉及教育问题，其中变科举、废八股、兴学校、育人才等主张得到落实，从而开创了中国近代教育的新局面。

一、康有为、梁启超的生平及其政治思想

(一)康有为的生平及其政治思想

康有为(1858～1927年)，原名祖怡，字广厦，号长素，广东南海人，出生于世代读书为官的大家庭，自幼受到良好的儒家传统教育，五六岁即开始读唐诗、四书五经，十二三岁起广泛涉猎文史，并喜读邸报，渐知朝廷政事，唯不好学做科举考试的八股制艺，故十四五岁时，两次考秀才都不中。

康有为

1876年康有为到广州，师从当时的著名理学家朱次琦，朱次琦在学术上讲求经世致用，康有为在其门下洗心受教3年，备听数千年学术源流，融会贯穿百家之说，打下了扎实的旧学根基。然而，封建社会的急剧崩溃，国家民族的危难，使他一方面对传统文化产生怀疑，感到旧学无法解决现实问题；另一方面对清朝统治的腐败深感不满，非常彷徨和苦闷。于是辞师回到家乡南海的西樵山，“专讲佛道之书”，然而在康有为沉迷于佛道经典时，偶然结识了由京城来游西樵山的翰林院编修同乡张鼎华，通过张鼎华，康有为“尽知京朝风气，近时人才及各种新书”，从此，西学进入康有为视野。同年，康有为游历香港，看到“西人宫室之瑰丽，道路之整洁，巡捕之严密”，深深感到“西人治国有法度”，古老的中国再也不能夜郎自大，以天朝大国自居，而以“古旧之夷狄视之”了。1882年他进京应试，归途路经上海，受到更大的触动，“益知西人治术有本”，因之，“大购西书以归”①，从此开始讲求西学。

康有为努力阅读了江南制造局和外国教会翻译的西书，以及《海国图志》《瀛

① 转引自王炳照、阎国华主编：《中国教育思想通史》(第5卷)，长沙：湖南教育出版社，1994年，第160页。

寰志略》等介绍外国情况的著作，认识到西方资本主义国家的社会制度，比中国的封建社会制度进步得多，因此决心以“西学”——这个当时最锐利的精神武器，来探求救国救民的途径。1888年，康有为再度赴京应试，不第。同年冬，以“布衣”上书，提出“变成法”“通下情”“慎左右”三点建议。这次上书虽然不达，却在京城产生了相当大影响，从此，康有为开始了倡导变法维新的政治活动。

1890年，康有为回到广东，开始酝酿、完善自己的变法维新理论体系，并着手培养变法维新运动的骨干人才。1891年，他在广州长兴里创办万木草堂，进行讲学，宣传自己变法维新的政治主张。陈千秋、梁启超、麦孟华等都是他的学生，后来均成为维新派的精英。讲学期间，他先后完成了两部宣传变法维新的重要著作，即1891年刊行的《新学伪经考》和1896年刊行的《孔子改制考》，为变法维新奠定了理论基础。

1895年中日甲午战争中国战败，清廷准备同日本签订丧权辱国的《马关条约》，消息传来，正在北京应试的康有为，联合应试的举人1000多人上书清帝，要求政府“拒和、迁都、变法”，这就是历史上有名的“公车上书”。这次上书，同1888年第一次上书一样，都没有到达光绪帝手里，当然更不可能阻止《马关条约》的签订，然而，却由此拉开了戊戌变法运动的序幕，并奠定了康有为维新派领袖的地位。

“公车上书”后不久，康有为考中进士，授工部主事。此后康有为又先后于1895年5月和6月、1897年11月、1898年1月和2月，五次上书光绪帝，痛陈民族危机的严重性和变法的迫切性，要求光绪皇帝，“及时发愤，革旧图新”。1898年6月11日，光绪皇帝颁布“明定国是”诏书，宣布变法，并起用康有为等维新派人士，戊戌变法运动由是达到高潮，成为全国性的政治运动。但由于变法触动了以慈禧太后为首的掌握实权的顽固派利益，9月21日，慈禧等发动宫廷政变，囚禁光绪皇帝，逮捕、杀害维新派人士谭嗣同等。康有为、梁启超逃亡国外，变法运动失败。

20世纪初，资产阶级革命派领导的资产阶级民主革命运动兴起，提出“推翻清朝封建统治，建立共和政权”的革命口号，而康有为却没能够跟随时代的步伐继续前进，仍坚持其改良主义的政治立场，在他的一生中，“君民共主”即君主立宪是他所追求的一种理想的政治制度。虽然，在《孔子改制考》和《大同书》等书中，他也提出在所谓的“升平世”即君民共主时代之后，会出现一个“太平世”即民主共和时代。然而，从他一生的实践来看，康有为从来没有停止过建立君主立宪政体的努力：为了“君主立宪”这一政治理想，他先是希望通过变法运动，改良清王朝政治，兴民权、开议院，改君主专制政体为立宪政体。戊戌变法运动失败后，又反对资产阶级民主革命，鼓吹立宪保皇，辛亥革命后，他甘冒天下之大不韪，与张勋一起扶植溥仪复辟，给自己的政治生涯抹上了极不光彩的一笔。1927年，病逝于青岛。

(二)梁启超的生平及政治思想

梁启超(1873～1929年)，字卓如，号任公，广东省新会人，康有为的得意门生和得力助手。出身于封建地主家庭，自幼受儒家正统教育，读过不少中国古代的经史典籍，12岁考中秀才，补博士弟子员。17岁中举，18岁进京参加会试，归途路经上海，购得《瀛寰志略》，是为梁启超接触西学之始。此后，经原"学海堂"学友陈千秋的介绍，拜康有为为师，于1891～1894年在康有为的万木草堂学习。在学堂，他旦夕聆听康有为的教诲，阅读了大量的西学书籍，并协助康有为编撰、校勘《新学伪经考》和《孔子改制考》，深受康有为维新变法改良主义思想的影响，奠定了其一生的思想基础。

梁启超

1895年中日甲午战争后，与其师康有为一起发起维新变法运动，参与"公车上书"，请求变法。此后，协助康有为组织救亡团体"强学会"，任书记员，并担任康有为创办的刊物《中外纪闻》的主要撰稿人，1896年1月，强学会被查封，《中外纪闻》被迫停刊后，到上海与汪康年等一起创办《时务报》，自任总撰述。梁启超以其敏锐的思维，犀利、畅达的笔触，在《时务报》上发表了《变法通议》等著名政论文章，宣传维新变法，在国内思想界产生了很大影响。《时务报》也因此成为维新派的喉舌，数月之间，《时务报》销量增加到1万多份，张之洞称之为"实为中国创始第一种有益之报"。梁启超在《时务报》上的有力宣传，大大加强了维新变法运动的声势，其个人声誉也迅速提高，时人将之与其师康有为并称"康梁"。

1898年百日维新期间，他协助康有为主持变法事宜，并受赏六品衔，专办大学堂和译书局事务。变法失败后，长期流亡国外，在日期间他创办了《清议报》《新民丛报》，广泛介绍欧美的政治、经济和思想文化，鼓吹自由、平等、民族主义等资产阶级思想，批判封建主义，揭露清王朝的黑暗，提倡解放思想，提倡资产阶级的新文化，在中国思想界起到一定的启蒙作用。

1905年中国同盟会成立后，资产阶级革命运动蓬勃开展。梁启超的思想却没能跟上时代步伐，仍然与其师康有为一起鼓吹立宪保皇，受到革命党人的批判。辛亥革命后，组织进步党，积极参与政治，并在1913年9月～1914年2月担任熊希龄内阁的司法总长；袁世凯阴谋复辟帝制，梁启超拒绝其20万元巨款的收买，于1915年9月发表《异哉所谓国体问题者》一文，公开反对改变共和政体，他还策划武装反袁，指使自己的弟子、爱国将领蔡锷秘密回云南起兵反袁，自己也潜赴广西，策动两广独立，成立军务院。1917年，张勋和康有为扶植溥仪复辟，梁启超同样公开表示反对，张勋复辟失败，他又在段祺瑞内阁当了三个月的财政总长。1917年底，他脱离政界，长期专门从事教育和学术活动，1929年病逝。遗著有《饮冰室文集》《清代学术概论》《先秦政治思想史》等。

从梁启超的一生来看，其政治思想总体上是积极的、进步的。早年追随其师康有为，要求实行变法维新，对中国封建主义的政治、经济和文化教育进行资本主义式的改革，变封建君主专制为君主立宪制，开放民权，发展资本主义。更重要的是，梁启超还亲身投入到变法实践中，为变法维新呼吁呐喊，成为戊戌变法运动的伟大旗手。变法失败后，他流亡日本，仍然继续鼓吹变法，主张立宪保皇，要求民权；虽然在资产阶级民主革命兴起后，到辛亥革命成功前，他的反对革命、主张保皇的思想宣传，一定程度上阻碍了革命的发展，但他对封建专制主义的批判和揭露、对西方资产阶级民权政治学说的介绍，对于资产阶级民主革命的兴起和发展又具有一定的启蒙意义。辛亥革命成功后，他顺应历史潮流，放弃立宪主张，拥护共和制度，并反对袁世凯称帝和张勋复辟，为保卫共和政体作出了自己的贡献。

二、康有为、梁启超的教育思想

（一）康有为的教育思想

作为资产阶级改良派的代表人物、戊戌变法运动的领导人，康有为的教育思想系统而丰富，主要有如下几个方面：

1. 非常重视教育的作用，主张变科举，废八股；建学校，育人才。在康有为看来，教育是国家富强的根本。一个国家教育发达，“才智之民多”，则国家富强；反之，教育落后，“才智之士少”，则国家必贫弱。他认为中国贫弱的原因，就在于教育不良，缺乏人才，“今天下治之不举，由教学之不修也”[①]，因此，康有为主张，“欲任天下之事，开中国之新世界，莫亟于教育”[②]。

康有为看到，晚清八股取士的科举制度对人才的培养极为不利，他在1898年上呈的《请废八股折试帖楷法试士改用策论折》中指出，八股取士制度，使人“自童年而咿唔模仿”，“迄白首而按节吟哦”，结果往往把人培养成不学无术的庸才。同年6月16日他面见光绪帝时，提出：“学八股者，不读秦汉以后之书，更不考地球各国之事。”[③]却位居高官，闭目塞听，贻误国家。康有为把割地、赔款、国弱、民贫，都归罪于八股取士制度，在他的影响下，光绪帝1898年6月23日下

① 郑登云编著：《中国近代教育史》，上海：华东师范大学出版社，1994年，第134页。

② 转引自王炳照、阎国华主编：《中国教育思想通史》（第5卷），长沙：湖南教育出版社，1994年，第163页。

③ 毛礼锐、沈灌群主编：《中国教育通史》（第4卷），济南：山东教育出版社，1988年，第226页。

诏:“著自下科为始,乡会试及生童岁科各试,向用四书文者,一律改试策论。”除请废八股取士制度外,康有为还主张停止传统过时的弓矢之武试,代之以广设武备学校,培养新式兵学人才。为此,他还专门向光绪帝呈递了一个折子,即1898年5月上呈的《请停弓刀石武试改设学校折》。

康有为在提倡废八股、停武试,改变科举制度的同时,极力主张建立各级学校,培育新式人才。1898年6月,康有为向清帝呈送了他的《请开学校折》,建议效仿德国、日本学制,通令全国各省、府、县、乡开设学校,并为此提出了一个完整的学校教育体系:乡立小学,儿童7岁入学,学习文史、算学、舆地、物理、歌乐,学习时间8年,此阶段实行强迫义务教育,儿童不入学者,罚其父母;县立中学,儿童14岁入学,除加深小学阶段的学习内容外,增开外国语,并重视实用学科。并将中学分为2个阶段,初等科2年,毕业后升入高等科,学习时间也是2年,此外,初等科毕业,还可升入专门学校,学习农、商、矿、林、机器、工程、驾驶等专业。每省各设专门的高等学堂或大学,京师更设立了京师大学堂,大学内分经学、哲学、律学和医学4科。为了培育教育师资人才,康有为建议设立师范学堂,而为了统一管理教育事务,康有为还建议成立“学部”。上述这些主张和建议,在“百日维新”期间得到了部分实现,对以后新学制的建立有一定影响。

2.提出实行胎教、幼教,重视女子教育。康有为在他的《大同书》中主张,儿童在未出生前,就要进行胎教,“教之于未成形制以前”;具体的做法是:为孕妇设立“人本院”,由医生选择最能养胎健体的食品和最适宜孕妇的衣着,对孕妇进行修养、音乐、卫生等方面的教育,以保证生出健康聪明的婴儿。这一思想反映了中国古代医学和西方近代科学的融合,具有重要意义。

婴儿出生后,康有为主张,应立即送入公立的育婴院,3岁后转入公立的慈幼院,接受幼稚教育,不须父母抚育。对于幼教,康有为认为要注意儿童身心发展的阶段性:儿童衣服要合体,饮食要适度,游戏、休息都要符合儿童身心发展的特点,保证儿童身体健康;儿童学说话时,要“教以言”,到了儿童会唱歌时,要“教以歌”。也要注意幼教场所的选址,环境要幽雅,气候要适宜,以保证儿童成长的良好环境。此外,康有为还认为,搞好幼教,必须十分注意教师的选择,幼儿教师必须是“德性慈祥,身体强健,有恒性而无倦心,有弄心而非方品者”,他认为女子“静细慈和有耐性”,最适合当幼教教师。应当承认,康有为关于幼教的论述,除要把初生婴儿送入育婴院有点不合情理也不可行外,其他都是非常正确的。

在女子教育方面,康有为提出“男女同权”,即享有同等的受教育权利。女子应当与男子一样有权入小学、中学和大学学习,学成之后,应与男子一样,可以为官、为师,“但问才能,不问男女”,这只是他所设想的未来“大同”社会的美妙图景。所以他指出,在现阶段,“宜先设女学,章程皆与男子学校同。其女子卒业大学及专门学校者，皆得赐出身荣衔，如中国举人、进士，外国学士、博士之例”[①]。康有为对女子教育的重视、提倡，在男尊女卑、所谓“女子无才便是德”的封建时代，无疑具有积极的进步意义。

3.教学内容方面，康有为主张德智体美并重，中西兼学。梁启超在《南海康先生传》中说，康有为“其为教也，德育居十之七，智育居十之三，而体育亦特重焉”。德育方面，康有为要求学生做到格物、克己、励节、慎独、主静、养心、变化气质、敦行孝悌等；智育方面，他为学生规定了义理、考据、经世、文字等4种学科、17门课程，此外，还有游历、演说、札记等课外活动；体育方面，康有为要求学校须设体操场，要有必需的体育设施，他特别重视对学生进行兵式体操的训练，这在当时是一创举；美育，也是康有为重视的一项教育内容，他强调教学环境的幽雅，以及对学生进行音乐、舞蹈的训练，目的就是要给学生以“美”的熏陶。总之，康有为是希望学生在德智体美诸方面都得到全面发展，成为新型人才。

康有为所希望的新型人才，是适应时代需要的“中西兼通”的所谓“新民”，因此，在学校的课程设置方面，采取“中西兼学”的方针。在他所设置的义理学中，既有中国哲学，又有泰西哲学；在考据学中，既有中国经学、史学，又有万国史学、地理学、格致学；在经世之学中，既有中国政治沿革之得失，又包括万国政治之得失、政治原理学、政治应用学等；在文字学中，既有中国辞章学，又有外国语言学。此外，康有为还十分重视西方的自然科学，他主张：凡天文、地矿、医律、光重、化电、机器、武备、驾驶等，皆学之[②]。由此可见，康有为对待中西文化的态度，和洋务派的“中体西用”论，是有着很大不同的，这种不同表明近代中国人在认识中西文化关系的问题上，又前进了一大步。

4.主张改革教学方法。首先，康有为主张让学生集体学习，反对传统的“独学法”，认为前者有利于学生互相观摩、互相启发，而“独学”则会导致孤陋寡闻；其次，康有为改革传统的照本宣科、死记硬背的教和学的方法，而采用启发的教学法，并鼓励学生自学，做读书笔记；再次，康有为主张在教学中要重视实验和实习，注重学生动手能力的培养。此外，康有为还主张由国家派人到西方各国去留学、考察，即他所谓的“派游学”的主张，他认为要想全面了解西方各国的情况，完全掌握先进的科学技术，光靠翻译外国书籍是不够的，必须派人出国学习，这一思想在百日维新期间颁布的新政诏书中得到体现。

总之，康有为不愧为戊戌变法时期教育改革的导师，他的许多思想在今天仍具有一定的现实意义，可以为我们的素质教育提供借鉴。

---

① 毛礼锐、沈灌群主编：《中国教育通史》（第4卷），济南：山东教育出版社，1988年，第229～230页。

② 舒新城编：《中国近代教育史资料》（下册），北京：人民教育出版社，1961年，第918页。

(二)梁启超的教育思想

梁启超的教育思想在许多方面深受其师康有为的影响。首先，与康有为一样，梁启超非常重视教育在变法维新、救亡图存、改造国家过程中的作用。他鼓吹教育救国，认为"中国之衰弱，由于教之未善"[①]，而要使中国富强，梁启超指出，当务之急，在于"开民智""育人才"。其次，与康有为一样，梁启超主张废八股、变科举、兴学校。梁启超在《论变法不知本原之害》一文中强调："变法之本在育人才，人才之兴，在开学校，学校之立，在变科举。"在《论科举》一文中，他又指出："欲兴学校、养人才以强中国，唯变科举为第一义。"将废科举看成变法成败、强中国的关键。他认为科举制度在延续了千余年之后，已经非常腐朽了：由于科举取士，只要求八股精通、楷法优美，士子为取功名，读书范围狭窄，致使他们不识古今，不知五洲。在《公车上书请变通科举折》中，他进而指出外强侵略，割地赔款，"皆由科第不变致之也"。但废八股只是为育人才扫清了障碍，要想真正做到育人才，进而强中国，必须大力兴办新式学校。他在《学校总论》一文中指出："亡而存之，废而举之，愚而智之，条理万端，旨归本于学校。"强调学校在培育人才、救亡图存中的作用。此外，同康有为一样，梁启超也非常重视儿童教育和妇女教育，他在《变法通议》中提出治天下有两个根本，即"正人心、广人才"，而这两个根本的培植，却要从"蒙养"开始，"蒙养"根本的培植，要由"母教"开始，"母教"根本的培养要从女学开始。实际上就是强调儿童教育和女子教育，尤其是女子教育，它是国家治乱强弱的根本；他还有专门论述儿童教育和女子教育的文章，即《论幼学》《论女学》，对后世影响很大。

当然，梁启超的教育思想，对康有为的师承绝不限于上述内容，由于他勤于思考，善于体察事物，又勇于接受西方的新思想，因此，其教育思想体系已远远超越其老师，主要表现在如下几个方面：

1.提出了一个相当完备、而又较为科学的国民教育体系。在《教育政策私议》中，梁启超仿照日本的教育制度，并依据人的年龄和身心发展特点，设计了一个国民教育体系，将学校教育分为4个时期：5岁以下为幼儿期，接受家庭和幼稚园教育；6～13岁为儿童期，接受小学教育；14～21岁为少年期，接受中学或寻常师范及各种实业教育；22～25岁为成人期，接受大学教育。梁启超将大学分为一般大学和师范大学，又将一般大学分成文、法、医、理、工、农、商等科；在师范大学和寻常师范学校之间，还设有高等师范学校[②]。实际上，梁启超所提出的这个学校教育体系，尽管带有一定的理想成分，但是相当完备，且较为科学，影响较大。

---

① 舒新城编：《中国近代教育史资料》(下册)，北京：人民教育出版社，1961年，第932页。

② 舒新城编：《中国近代教育史资料》(下册)，北京：人民教育出版社，1961年，第940页。

2. 为实施小学义务教育，提出了具体措施。与康有为一样，梁启超主张对儿童实行为期8年的强迫义务教育，违者罪其父母。为实现义务教育，梁启超还详细论述了义务教育的具体实施措施，他主张凡有千人以上的乡村和市镇，必须设小学1所，大乡大镇则可划为若干区，每区设小学1所，而小于千人的乡村，则可数村合设1所小学。在义务教育的经费来源方面，他主张由乡镇自筹，或以公产收入支付，或征收学校税①。此外，梁启超对义务教育的教材、管理等方面提出一些建议。他的这些主张和建议，对后世义务教育的实施有一定积极影响。

3. 高度重视师范教育。早在1896年，梁启超就撰有《论师范》一文，主张在中国开办师范学校，认为师范教育是“群学之基”，“欲革旧习，兴智学，必以开办师范学校为第一义”，“师范学校立、而群学之基悉定”。在他看来，教师是学术的根本，人才的大源，“故夫师也者，学子之根核也，师道不立，而欲学术之能善，是犹种莨莠而求稻苗，未有能获者也”。为了发展师范教育，他还具体设计了小学、中学、大学教师师资的培养办法，并提出“寻常师范学校”“高等师范学校”和“师范大学”三级师范教育的学校体系，由此可见，梁启超在我国师范教育的规范发展方面立下了不朽的功勋，他的关于师范教育的思想在今天仍具有现实意义。

4. 主张教学方法要具有民主性和科学性。梁启超极端反对当时初等教育中盛行的体罚——“扑教”的教学方法，认为这是一种亡国灭种的做法，必须尽快制止。他主张在教育教学中，教师应“不妄施扑教”，而应对儿童“导之以理，抚之以术”。此外，梁启超还极力反对传统的只注重记忆、强调灌输的教学方法，主张教学方法的选择要适合儿童特点，在《论幼学》中，他介绍了西方循序渐进、由浅入深的教学法，“先识字，次辩训，次造句，次成文、不躐等也。识字之始，必从眼前名物指点，不好难也……日授学不过三时，使无太劳，致畏难也”。梁启超对这种教学法非常欣赏，主张予以借鉴，建议尽量减少儿童课堂学习的时间，把余下的时间用于进行对儿童身心有益的活动，如参观、游戏、体育、音乐等。可见，梁启超反对教学上对儿童的“扑教”和“灌输”，在教育教学方法上具有一定的民主性和科学性特点。

5. 主张教育要有正确的目的，做到学以致用。梁启超在他的《论教育当定宗旨》一文中，指出由于教育的周期性较长，必须有明确的宗旨(目的)，且宗旨必须正确，梁启超反对传统的“升官发财”的教育宗旨，也反对洋务教育的宗旨，认为洋务教育所谓的“培人才”“开民智”，不过是“培养汉奸之才”“开奴隶之智”。在梁启超看来，正确的教育宗旨应当是：“以造就国民为目的”，培养适合新时代的

---

① 舒新城编：《中国近代教育史资料》(下册)，北京：人民教育出版社，1961年，第942页。

“新民”。在《新民说》中，梁启超指出培养“新民”是“今日中国第一急务”，并进一步论述了“新民”应具有的品质：国家思想、权利思想、义务思想、政治能力、进取冒险精神，以及公德、私德、自尊、合群等。不但教育当有正确的宗旨，梁启超还指出，学生的学习也应当有正确的目的，他要求学生读书要切于时局，穷理要注意目前事理，总之，要讲求学以致用。

总之，梁启超的教育思想对后世影响很大，为清末民初新教育制度的确立奠定了思想和理论基础，我们今天发展教育事业，也可以从中得到一些有益的启示。

资料卡片 13

严复的教育思想

严复（1854～1921 年）是中国近代教育救国论的提倡者之一。他提出了“三育救国”论：鼓民力、开民智、新民德。所谓“鼓民力”，就是要发展体育，禁止吸食鸦片和革除缠足陋习，使国民有强健的身体。要使国家富强，必以国民的身体健康为基础。所谓“开民智”，就是要废除八股，学习西学，全面开发国民的智慧。西方社会之所以强盛，是由于民智已开，国民的文化教育水平高，科学技术发达，百业进步，所以说“民智者，富强之原”。所谓“新民德”，就是用西方资产阶级的“自由、民主、平等”来代替中国封建主义伦理道德，进行道德重建，全面提高国民的道德水准。他试图通过改革教育来全面提高国民素质，以实现救亡图存，使中国走上富强之路，这在当时具有振聋发聩的启蒙作用，对社会产生了积极影响。另外，他还提出“体用一致”的文化教育观。他不同意“中体西用”的提法，他认为“中学有中学之体用，西学有西学之体用”，真正的西学包括西方的民主、政体、科学等。“体用一致”不是中西文化简单的拼凑，而是要建构一种融汇中西、兼备体用的新文化体系。

第三节　孙中山的教育思想

孙中山，中国民主革命的伟大先行者，伟大的政治家、思想家。他不仅领导了伟大的辛亥革命，推翻了清政府，结束了中国 2000 多年的封建帝制，建立了资产阶级民主共和国。更为重要的是，他通过革命实践，使其思想跟随时代步伐，始终不断前进，从而为中国人民的解放事业立下了不朽的功勋。

一、孙中山的生平及政治思想

(一)生平

孙中山(1866～1925年),名文,字德明,号逸仙,因从事革命活动,曾化名中山樵,后遂以“中山”为号,广东香山(今中山市)人。孙中山出身于香山县翠亨村一贫苦农民家庭,青少年时代曾读过3年私塾,1878年前往檀香山,在他的哥哥(早年当雇工,后通过垦荒成为华侨资本家)孙眉的资助下,先后在美、英等国为殖民地人民开设的学校里读书,1892年毕业于香港西医书院。

孙中山

十几年的西式教育,不仅使他学习到许多西方的自然科学知识,而且使他接触了大量的资产阶级政治学说,并深受其影响。1884年中法战争,中国不败而败的结局,以及国家民族的危亡、清政府的腐败,使他萌发了反清革命思想。1893年,他与陆皓东、郑士良等在广州筹组兴中会,以“驱除鞑虏,恢复华夏”为其宗旨。1894年,孙中山又北上京津,拟投书李鸿章,提出“人能尽其才,地能尽其利,物能尽其用,货能畅其流”的治国建议,但被李鸿章拒之门外。上书失败,孙中山认识到要改造中国,和平的方法已不可行,从此走上革命道路。1894年11月,孙中山在檀香山联合20多名反清的华侨,正式建立了中国资产阶级第一个革命团体——兴中会,并着手筹备回国发动反清武装起义,1895年春,孙中山回到香港,建立了兴中会总部,并为兴中会拟定了会章和会员入会誓词,会章分析了民族危机的严重性,指斥清政府的腐败,会员入会誓词即“驱除鞑虏,恢复中华,创立合众政府”。这个誓词实际上是兴中会的革命纲领,表明以孙中山为首的革命党人,一开始就是把推翻清政府的专制统治与建立资产阶级共和国结合起来,当作自己的奋斗目标。兴中会总部成立后,立即准备在广州发动起义,因走漏风声而遭破坏,起义的重要领导人陆皓东被捕牺牲,孙中山逃亡日本。此后孙中山在日本横滨设立兴中会分会,后又到美国、英国,在当地华侨中宣传革命,并考察西方社会。在1896、1897年的两年时间里,他研读了欧美资产阶级革命时代的许多著作,接触了大量当时流行的各种资产阶级社会政治学说,并目睹了资本主义各国的尖锐社会矛盾,对社会主义运动学说也有所了解。这一切都使他的民族、民权主义思想有了进一步发展,民生主义思想也初步形成。

1897年7月,孙中山回到日本,就近策动国内革命,并于1900年发动了广东惠州起义。1903年孙中山在日本青山秘密创办军事学校,在学校的入校誓词中,他首次提出了“驱除鞑虏,恢复中华,创立民国,平均地权”的16字纲领。

1905年8月，孙中山在日本东京领导成立了中国第一个统一的资产阶级革命政党，即中国同盟会，将上述16字纲领作为同盟会的宗旨；同年11月，在东京创办《民报》，作为同盟会的机关报，在《〈民报〉发刊词》中，孙中山将16字纲领概括为“民族”“民权”“民生”三大主义。1911年10月武昌起义爆发，全国蜂起响应，清朝统治迅速崩溃；12月29日，孙中山自海外归国，被公推为临时大总统，1912年元旦，在南京宣誓就职，成立了以他为首的中华民国临时政府。不久，在内外压力下，孙中山于1912年4月1日被迫让位于伪装共和的袁世凯。

1912年8月，同盟会改组为国民党，孙中山为理事长，由宋教仁代理。1913年3月，袁世凯为打击民主势力，指使人在上海车站，刺杀了宋教仁。“宋案”发生后，孙中山主张立即讨袁，于同年6～9月领导了反袁的“二次革命”。“二次革命”失败后，孙中山再度流亡日本，为反对袁世凯专制独裁及其复辟帝制的阴谋，1914年，孙中山在日本东京成立中华革命党，他宣称中华革命党，要以实行“民权”“民生”两主义为宗旨，以扫除专制政治、建设完全民国为目的。1915～1916年，袁世凯“洪宪帝制”出台后，孙中山坚决反对，领导中华革命党进行了反袁武装斗争；1917年，张勋复辟，孙中山在上海发表《讨逆宣言》，表示坚决反对帝制复辟，反对北洋军阀的统治，拥护共和民主制度；此后，直到1922年，孙中山曾数次在广州领导护法运动，但终因军阀势力的破坏而失败。

1922年以后，在苏联和新生的中国共产党的帮助下，孙中山的三民主义思想有了很大变化，将旧三民主义发展为新三民主义，明确提出反帝反军阀的革命纲领，并开始实行联俄、联共、扶助农工的三大政策。1924年1月，他主持召开了国民党“一大”，正式改组国民党，吸收共产党员以个人身份加入国民党，并着手组建革命武装，使广东成为中国国民革命的根据地。1924年10月，冯玉祥发动北京政变，将所部改称“国民军”，并电邀孙中山北上共商国是，孙中山应邀，于11月4日离粤北上，后又于10日发表《北上宣言》，重申反帝反军阀的政治立场，并主张召开国民会议以解决时局问题。到北京后，孙中山旧病复发，于1925年3月12日去世。著作被后人编成《孙中山全集》《孙中山选集》等。

（二）政治思想

孙中山的政治思想即三民主义，但三民主义本身又是一个动态的、不断发展的理论，而且在第一次国共合作前后又有旧、新三民主义之分。

旧三民主义中“民族主义”的内容是，“驱除鞑虏，恢复中华”，也就是要实行民族革命，推翻清王朝的统治，建立统一的民族国家。在具体解释其民族主义时，孙中山着重强调了下述两点：第一，清政府对内奉行民族压迫，对外卖国求荣，完全成了帝国主义侵略中国的工具，因此，推翻清政府，既可解除国内的民族压迫，又可打击帝国主义。第二，“反满”并非笼统排满，并非种族复仇，并非调着不同族的人便要排斥，而是要解除清王朝对国内其他各民族的民族压迫，实现包括满族在内的国内各民族的平等，实现各民族的共和。应当说，孙中山的这种民族主义思想是积极进步的，它既反对民族压迫，又反对狭隘的民族主义或民族复仇主义。然而，它的缺陷也是明显的：虽然它将“反满”和打击帝国主义联系起来，但却对帝国主义国家抱有幻想，认为它们会同情甚或帮助中国革命，因此没有明确提出反帝主张，从而在理论上模糊了广大革命者的思想，使他们对帝国主义的本质认识不清。辛亥革命的最终失败，很大程度上是因为大多数革命党人看不出帝国主义支持袁世凯的险恶用心，而拱手让出政权，从而让帝国主义成功实现了其换马计划，即用袁世凯取代清王朝，作为其统治中国的工具。旧三民主义中“民权主义”的中心内容，就是要推翻封建君主专制统治，建立资产阶级民主共和国。在孙中山看来，推翻清王朝统治，实现民族革命的同时，也必须废除在中国行之数千年的君主专制政体，实行民权革命，创立民国，使人民享有参政权。而旧三民主义中“民生主义”的中心内容，则是“平均地权”。所谓“平均地权”，就是核定地价，将土地的现有地价，归原主所有，革命后社会改良进步的增价，则归国家所有，为国民共享。实际上，孙中山是希望通过平均地权的办法，在发展资本主义的同时，又防止资本主义制度所造成的贫富不均和由此带来的社会的尖锐对立，从而做到政治革命、社会革命毕其功于一役。但孙中山的“民生主义”并没有真正触及中国农民所关心的土地问题的实质，即土地的所有权问题，而在中国，农民的土地问题的解决，是中国民主革命成功的关键。

第一次国共合作之后，孙中山对三民主义作了重新解释，将旧三民主义发展为新三民主义。新三民主义的“民族主义”，明确提出了反对帝国主义，争取民族解放的革命纲领。新三民主义的“民权主义”，与旧民权主义不同，它着重强调民权“为一般平民所共有”，批判资产阶级国家的民权制度，说其往往成为资产阶级所专有的压迫平民的工具。关于“民权主义”，孙中山还主张实行直接的民权，即主张全体国民享有选举、创制、复议、罢官诸权，并主张剥夺反动派的民权。新三民主义的“民生主义”，较旧民生主义也有了很大的进步，即提出“耕者有其田”“节制私人资本，发展国家资本”的主张。可见，孙中山的新三民主义和中国共产党新民主主义革命纲领，在基本原则上是一致的，是第一次国共合作的思想基础。

与新三民主义相联系，孙中山还提出了“联俄、联共、扶助农工”的三大政策。实际上，要真正实行新三民主义，就必须实行三大政策，二者不可割裂。否则，就是联帝而不是反帝，是反共而不是真正地实行民主，是扶助地主、资本家，压制工农，而不可能实行“耕者有其田”“节制资本”，总之，就不是真正的新三民主义。

二、孙中山的教育思想

孙中山的教育思想在其整个思想体系中占有相当重要的地位。在其一生的伟大革命实践中，他都十分重视教育的作用，对如何发展教育事业、如何通过教育启迪人民的革命和民主意识等问题，作了大量有益的探讨与实践，为我们留下了宝贵的精神财富。

（一）非常重视教育的作用

首先，孙中山认为，人的一切知识都来自后天的教育和学习。在他看来，人的天赋资质是有差别的，他把人按其天赋资质分成三类，即"先知先觉者"（绝顶聪明，举一反三的人）、"后知后觉者"（聪明才力较次，只能够跟随模仿的人）、"不知不觉者"（聪明才力更次，不能知，只能行），但即使是绝顶聪明者，若不学习，他的天赋资质也不能很好地表现出来，若没有人随时随地施教，则其"贤才亦以无学而自废，以至于湮没而不彰"①。这里，我们姑且不论其将人分成上述三类的做法是否正确，他对教育和学习在人才培养过程中作用的强调，还是值得肯定的。

其次，孙中山认为，发展教育、培养人才，是一个国家富强发达、文明进步的关键。他认为中国古代教育发达，因此当时的国势强盛。他在《上李鸿章书》中指出，今天西方各国的强盛，也恰是因为他们的教育发达，"庠序学校遍布国中，人无贵贱皆奋于学"，以至人才众多。此外，孙中山还认为通过教育，使人民掌握更多的文化知识，必然会提高这个国家的文明程度。

最后，孙中山认为革命的成功要靠教育宣传。在长期的革命实践中，孙中山认识到，革命的成功，"宣传要占九成，武力只可用一成"，"革命成功全赖宣传主义"，"教育便是宣传"，通过宣传三民主义理论，教育士兵、唤起民众，是革命取得成功最重要的因素。并且革命所需的各类专门人才，也要通过教育来培养，黄埔军校创办的目的就是要培养革命军官。而革命成功后，也需要教育年青一代继承革命未竟之功，巩固革命成果。

（二）主张先革命后教育、先经济后教育

清末改良主义者大都主张"教育救国论"，将教育看成是救亡的根本途径，尤其是严复，他在《致外交报主人论教育书》中，提出中国所最患者有三：愚、贫、弱。认为三者中，尤以愈民愚（即通过教育改变人们的愚昧状况）为最急。但是，在政治腐败、民族危亡的情况下，"教育救国"无疑是一种空想，孙中山对这一点认识

① 舒新城编：《中国近代教育史资料》（下册），北京：人民教育出版社，1961年，第1003页。

得较清楚，在《改造中国之第一步只有革命》一文中，他明确指出：因为现在中国的政治非常腐败。至于改造方法，应从何处着手？有人说，教育是立国的要素。但我们若致力于教育事业，一般官吏，非特不能提倡，且将设法摧残[①]。因此，基于此种认识，孙中山一直坚持革命先于教育，只有先通过革命推翻清政府的统治，才能谈得上其他各项事业包括教育事业的革新与发展，从而实现中国的彻底改造。

对于发展经济和发展教育的关系，孙中山认为，"民以食为天，不足食胡以养民？不养民胡以立国？是在先养而后教，此农政之兴尤为今日之急务也"。因此他主张革命成功后，应当首先发展实业，待实业发达，民生畅遂，普及教育乃可实行。在《北伐宣言》中，他更明确指出，只有政治经济问题解决之后，文化教育等问题至此方不落于空谈。我们认为，孙中山强调文化教育的发展要有相应的经济作基础，无疑是正确的，但不能机械地认为等经济发展了，再去普及发展教育，应提倡"教育先行"。

（三）重视普及教育

孙中山非常重视教育的普及，在他主持制定的《中国同盟会总章》中，把普及义务教育作为政纲之一。1912 年，孙中山又发表了《社会主义之派别及方法》一文，文中他认为最不平等的事情就是：同为社会之人，生于富贵之家，即能受教育，生于贫贱之家，即不能受教育。因此，他主张教育平等，使穷苦儿童都能上学。而为了做到这一点，他主张学校不仅要免收学费，且要为穷苦儿童解决衣、食、住、书籍等问题[②]。

除注意儿童教育的普及外，孙中山看到，要普及教育，还必须改变女子不能受教育、少数民族地区教育不发达的状况，使中国四万万人皆受教育。1912 年他在广东女子师范第二校作《女子教育之重要》[③]的讲演时指出："中国女子虽有二万万，惟于教育一道，向来多不注意，故有学问者正少。"他认为，处于当今时代，必须让广大女子受到良好的教育，"认提倡女子教育为最要之事"，只有这样，才有望男女平权，只有男女平权才有望养成真正的共和民国。这里，孙中山将能否普及女子教育提到关系民主共和国能否真正建成的高度，具有重要意义。此外，对于少数民族地区教育比较落后的问题，孙中山也给予了高度重视，1912 年他在蒙藏统一政治改良会的演讲中指出："凡属蒙古回疆同胞"，"今皆得为国家主体，皆得为共和国之主人翁，即皆获得参政权"，然而，要使他们成为共和国真

① 舒新城编：《中国近代教育史资料》（下册），北京：人民教育出版社，1961 年，第 1012 页。

② 舒新城编：《中国近代教育史资料》（下册），北京：人民教育出版社，1961 年，第 1007 页。

③ 舒新城编：《中国近代教育史资料》（下册），北京：人民教育出版社，1961 年，第 1006 页。

正的“主人翁”，必须将教育普及到他们中间。为此，孙中山在就任临时大总统时，专门成立了一个蒙藏教育司，以负责少数民族的教育事宜。

（四）关于教与学的一些主张

在学习内容上，孙中山主张一方面要学习祖国的传统文化，另一方面应该学习西方的自然科学和物质文明。关于学习方法，孙中山告诫学生学习要注意方法，不要死记硬背，不能只知其然不知其所以然，而应当用观察和判断的方法进行考察；学习要刻苦钻研，多动脑筋，认真思考，对于老师课堂上讲的知识，不仅要弄懂，而且要做到举一反三、融会贯通；课堂之外，也要主动学习，多看杂志报纸；学习要有恒心，不要见异思迁，要由浅入深，自简而繁，等等。孙中山的这些谆谆教导对于学生的学习无疑是有益的。

对于如何当好老师，如何教好学生的问题，孙中山也曾论及。他认为要做一个好老师，首先要提高自己，要学好文化知识，要关心国家大事，要了解自己的责任。在为广东第一女子师范学校校庆纪念会所作的演说中，他提出“要教别人怎样可以明白这些道理，便要自己先明白这些道理”。此外，孙中山还主张，宣传要从群众的实际需要出发，要多用群众欢迎的话语去讲，对群众应晓之以理，等等，这些主张虽然说的是宣传，但宣传本身就是教育。

孙中山的教育思想中还有一些论述是关于德育问题的，例如，他提出“行易知难”的哲学命题，指出实践不难，而真知的获得，却要努力去实践，不断实践，方能获得，以此教育青年人要克服畏难情绪，勇于实践，以求获得真知；他教育学生要树立服务于人类、“天下为公”的远大理想，摒弃“为官发财”思想，立志救国救民；他主张对于传统道德，不应全盘否定，而应批判继承。孙中山的这些论述对于搞好学生的德育工作，对于“以德治国”方略的实施，都具有积极意义。

第四节　蔡元培的教育思想

蔡元培是我国近代著名的民主革命者、卓越的教育家。他一生经历了中国近代旧民主主义革命和新民主主义革命两个重要的历史阶段，始终致力于国家、民族的独立和人民的解放事业，并为我国的科学文化教育事业作出了不朽的贡献。

一、蔡元培的生平及哲学思想

（一）生平

蔡元培（1868～1940年），字鹤卿，号孑民，浙江绍兴山阴人，出身于钱庄经理家庭。自幼聪颖好读书，17岁中秀才，18～20岁曾在家乡做过塾师，其间博览群书，并开始接触西方文化。后连中举人、进士。1892年，以新科进士身份，参加朝考，被选为翰林院庶吉士，1894 年，授职翰林院编修，1898 年 9 月，戊戌变法失败，蔡元培对清政府深感失望，遂辞官回归故乡从事教育。

蔡元培

1898 年冬，回到故乡的蔡元培就任绍兴中西学堂监督（即校长），这是他服务于新式教育的开始。他在学校主持开设了“日文”等一些新课程，添置了一批理化实验仪器和生物标本，后因其支持新派教员，宣传进化论，改革尊君、卑民、重男、轻女等旧习，受到旧派和校董的干涉，愤而辞职；此后，蔡元培曾先后担任过嵊县剡山书院、诸暨丽泽书院的院长。

1901 年蔡元培到上海，应聘为南洋公学之特班总教习，宣传革新，提倡民权，鼓励学生自由读书。1902 年 4 月，与章太炎等在上海发起组织了中国教育会，被推为会长，中国教育会表面上是办教育，暗中却是在进行民族、民主革命的宣传。同年秋，南洋公学因校方无理压制学生，爆发学生退学风潮，蔡元培同情退学学生，遂同中国教育会，募款创办了爱国学社，以容纳退学学生，他被推为学社总理，接着，蔡元培等又创设了爱国女学。在学社和女学中向学生灌输革命思想，并且在爱国学社中推行军事训练，为民主革命做准备。1904 年蔡元培与陶成章等组织成立了革命团体光复会，被推为会长，1905 年加入孙中山领导的中国同盟会，并被孙中山委任为同盟会上海分会会长。

1907 年蔡元培赴德留学，先在柏林学习德语，次年进入莱比锡大学学习教育学、心理学、美学、哲学等学科，广泛涉猎西方文化科学知识，并翻译了泡尔生的《伦理学原理》，编写了《中国伦理学史》等书。1911 年 10 月，辛亥革命爆发，蔡元培当即与留德同学联名给国内各省当局发电，敦促他们响应武昌起义，11 月，应国内电召回国。

1912 年 1 月，中华民国成立，蔡元培被孙中山委任为临时政府的教育总长。任职期间，对旧教育进行了一系列反封建的具有资产阶级民主性质的改革，并着手制定了民国的教育方针，发表了《对于教育方针之意见》，奠定了民国教育的理论基础。1912 年 7 月，因不满袁世凯独裁专制，辞去教育总长职务，并于同年 9 月再次赴德留学。1913 年 9 月，又前往法国从事学术研究，考察法国教育。1915 年 6 月，与李石曾、吴稚晖、吴玉章等在法国创办勤工俭学会，并与一些法国名流组织华法教育会，发起和推动留法勤工俭学运动，许多无产阶级革命家，如周恩来、蔡和森、赵世炎、邓小平、陈毅、聂荣臻、向警予、王若飞、李富春、陈延年等，当年都曾赴法勤工俭学。

1916 年底，蔡元培回国，次年 1 月出任北京大学校长，担任北大校长期间，采取许多措施对北大进行改革，使北大成为名副其实的全国最高学府。蔡元培积极支持陈独秀领导的新文化运动，五四运动的爆发也与他有着密切关系。1919年5月2日，他将巴黎和会上中国外交失败、丧权辱国的《巴黎和约》即将签字的消息告知北大学生代表，于是北大学生联合其他学校爱国学生，决定5月4日在天安门前举行爱国大示威。运动爆发后，他又拒不执行召回游行学生的命令，并积极组织营救被捕学生。

1923年，蔡元培因不满北洋政府非法逮捕北大教授，愤然辞去校长职务，再赴欧洲进行学术研究。1924年1月，国民党"一大"在广州召开，远在欧洲的蔡元培被选为候补中央监察委员。1926年1月，又当选中央监察委员，并于同年回国。1927年南京国民政府成立，蔡元培担任国民政府委员及常务委员、教育行政委员会委员、国民政府大学院院长、中央研究院院长、代理司法部长、监察院院长等职务。1928年8月，蔡元培辞去其他各职，专任中央研究院院长，直至逝世。

1931年九一八事变后，蔡元培坚决主张抗日。1932年，又与宋庆龄、鲁迅、杨杏佛等发起组织中国民权保障同盟，任副主席，竭力营救被捕的爱国人士和中共党员。1937年，上海沦陷后，移居香港，积极拥护国共合作。1940年3月5日，蔡元培在香港病逝，举国哀悼，毛泽东在唁电中称他为"学界泰斗，人世楷模"，中共中央也在唁电中高度评价其一生，说他"为发展教育文化事业勋劳卓著，培植无数革命青年"。遗著由高平叔编成《蔡元培教育文选》《蔡元培教育论集》《蔡元培教育论著选》。

（二）哲学思想

蔡元培的哲学思想，主要体现在他对世界观问题的认识上。蔡元培将世界分为现象世界和实体世界两方面，现象世界与实体世界区别在于，前者相对，后者绝对；前者受因果律支配，后者超乎于因果律；前者与空间、时间有不可分离的关系，后者则无空间、时间可言；前者可靠经验，后者全凭直观。二者的关系用他在《对于新教育之意见》[①]一文中的话来说，即"现象实体，仅一世界之两方面，非截然为互相冲突之两世界"。

在这里，蔡元培所说的现象世界，实质上是指有形的相对的有生灭变化的现实世界，而所谓的实体世界，实质上是指一切有形世界背后的无形的绝对的永恒的世界本体。那么，他所说的这个世界本体，到底是物质的，还是精神的？在《对于新教育之意见》一文中，他指出："故实体世界者，不可名言者也。然而既以是为观念之一种矣，则不得不强为之名，是以或谓之道，或谓之太极，或谓之神，或谓之黑暗之意识，或谓之无识之意志。"可见，他所说的世界本体或实体世界，是

① 《蔡元培教育论著选》，北京：人民教育出版社，1991年，第1～7页。

一种客观精神或意志，在世界观、本体论上，蔡元培所奉行的是客观唯心主义的思想路线。

从他的世界观出发，在人生观、历史观问题上，蔡元培认为，个人的生命及现世之幸福，乃至国家民族的存在，都不可能长久，“人不能有生而无死。现世之幸福，临死而灭”，“国不能有存而无亡，世界不能有成而无毁”，这些思想都具有一定的辩证法因素。蔡元培虽然认为现象世界的幸福不能长久，但并没有因此而导向虚无，他认为现象世界的人我之别、各种不平等是阻碍人类到达实体世界的原因，而现世幸福是不幸福之人类到达实体世界之一种作用。也就是说，他肯定对现世幸福的追求（包括国家民族之自由的追求），认为它是到达实体世界（即无差别、无人我的绝对永恒的理想境界）的一种途径。这样，蔡元培实际上是否定了宗教观念对现世幸福的否定，而肯定政治家对现世幸福的追求。应当说，他的思想在旧民主主义革命时代是具有积极意义的，它既肯定了革命的正当性，又有利于人们冲决封建之网罗，追求个人的幸福。

二、蔡元培的教育思想

（一）“五育”并重，“养成人的共和健全之人格”

蔡元培在 1912 年就任教育总长时，提出民国教育应以养成共和健全之人格为目标。他认为国民无完全人格，“欲国家之隆盛，非但不可得，且有衰亡之虑焉”[①]；为了实现对国民进行完全人格的教育，实现人的全面和谐发展，他提出“五育”（即军国民教育、实利主义教育、公民道德教育、世界观教育和美育）并重的教育方针，在《对于新教育之意见》一文中，他对上述“五育”作了详尽的论述。

军国民教育，就是体育，内容包括军事训练和体育锻炼。他认为军国民教育在其他国家“已有道消之兆”，然而在我国，“则强邻交逼，亟图自卫，而历年丧失之国权，非凭借武力，势难恢复”。同时，军人革命之后，难免会出现无军人执政的状况，非行举国皆兵之制，则无以平均其势力，势必会造成军阀专政。因此，必须实行军国民教育。

实利主义教育，即智育，内容包括物理、化学、历史、地理等科学文化知识。他认为当今世界的竞争，不仅在武力，而且在财力；而要使国家富强，实利主义教育，“固亦当务之急者也”。他十分重视对学生进行智育教育，要求大学生应以研究学术为天职，并认为中小学教育是高深学术的基础，教育工作必须打好牢固的基础；他高度重视学生智力的发展，反对注入式教学，主张启发学生积极思维，并要求学生学习时不能单靠教师和书本，应养成自觉、自动、独立思考的习惯。

---

① 《蔡元培教育论著选》，北京：人民教育出版社，1991 年，第 75 页。

公民道德教育，即德育，内容是自由、平等、博爱。蔡元培认为，若不加强公民道德教育，兵虽可强，则恐难免侵略和私斗；国虽可富，则恐难免智欺愚、强欺弱，造成贫富悬殊，甚而酿成“资本家与劳动家血战之惨剧”。因此，进行军国民教育和实利主义教育必须同时进行公民道德教育。

然而，军国民教育、实利主义教育和公民道德教育，都是隶属于政治之教育，是立足于现世幸福之追求的教育，前两者补追求幸福者自卫自存力之不足，公民道德教育则使追求幸福者互相卫互相存。蔡元培没有否认现世幸福的追求，并将之看成是到达理想的实体世界的一种途径，但他认为要达到这理想的实体世界，光靠发展立足于追求现世幸福的教育是不够的。他“尤所注重”的是世界观教育和美感教育，认为这是两种超乎于政治和现世幸福之追求的教育，是到达理想的实体世界的津梁。

所谓世界观教育，用蔡元培的话来说就是“消极方面，使对于现象世界，无厌弃亦无执著；积极方面，使对于实体世界，非常渴慕而渐进于领悟，循思想自由言论自由之公例，不以一流派之哲学一宗门之教义梏其心，而惟时时悬一无方体无始终之世界观以为鹄。如是之教育，吾无以名之，名之曰世界观教育”。也就是说，世界观教育的目的：其一，使人们以平常心（不厌弃、不迷恋的心态）对待现象世界的一切；其二，使人们了解作为理想境界的实体世界，并将之时时置于心间，渴慕之、追求之，而最终领悟之，达到思想自由，不受门派之偏见制约。之所以必须进行这种世界观教育，他认为是因为“非有出世思想者，不能善处世间事”，只有具备上述出世的世界观（或思想），即平常心和思想自由、不受偏见制约，才能很好地处理世间之事。

然而，怎样才能有效地进行世界观教育呢？蔡元培认为只有通过美感教育，“美感者，合美丽与尊严而言之，介乎现象世界与实体世界之间”，是现象世界进入实体世界的桥梁。在他看来，美育可以陶冶人的情操，使之高尚纯洁，而使人我之见，利己损人之念，“以渐消沮也”。现象世界中的爱、恶、惊、惧、喜、怒、悲、乐等情感，一旦成为美术资料进入美术作品，则观看的人除获得美感外，一无杂念。他认为这就是对于现象世界，无厌弃亦无执著，从而得到浑然的美感，也就是达到与造物为友，而已接触于实体世界之观念矣[①]。也就是说，通过美感教育，可以使人超脱世俗，从而提升人的精神境界。

蔡元培认为，“五育”不可偏废。“譬之人身，军国民主义者，筋骨也，用以自卫；实利主义者，胃肠也，用以营养；公民道德者，呼吸机循环机也，周贯全体；美育者，神经系也，所以传导；世界观者，心理作用也，附丽于神经系而无迹象之可

① 《蔡元培教育论著选》，北京：人民教育出版社，1991年，第5、87页。

求”[①]。而且在各学科教学中都要体现“五育”的内容，或者说应将“五育”渗透于学科教学中。比如语文课程，他认为“国语国文之形式，其依准文法者属于实利，而依准美词学者属于美感。其内容则军国民主义当占百分之十，实利主义当占其四十，德育当占其二十，美育当占其二十五，而世界观则占其五”[②]。

需要指出的是，1928 年 5 月 15 日，在大学院召开的全国教育会议上，蔡元培又提出了“使教育科学化、劳动化、艺术化”的教育方针[③]。这样，劳动教育也被蔡元培纳入其教育思想体系中，从而形成德、智、体、美、劳等一套完整的资产阶级民主主义教育方针。虽然，其目的是要培养全面和谐发展的、具有健全人格的资产阶级共和国民，但这一套教育思想却有许多可资我们借鉴的地方。

(二)“尚自然”“展个性”的教育原则

“尚自然”“展个性”，是蔡元培从资产阶级自由主义的立场出发，针对封建教育无视学生的特点，违反自然，束缚人的个性而提出的教育主张。1912 年 7 月，他在全国临时教育会议上指出，封建旧教育以成人之自存成见强加于儿童，不顾儿童自身的特点，阻碍儿童个性的自由发展；民国之新教育，则立于儿童之地位，按照儿童的兴趣和特点，使儿童自然自由地发展[④]。1918 年，他又作了《新教育与旧教育之歧点》的演说，演说中他首先指出：教育要深知“儿童心身发达之程序，而择种种适当之方法以助之”，进而提出教育“与其守成法，毋宁尚自然；与其求划一，毋宁展个性”[⑤]。

为贯彻其“尚自然”“展个性”的教育主张，他要求教师在教学中，不要采用注入式的教学方法，他说教书“并不是像注水入瓶一样，注满了就算完事”[⑥]，而应当引发学生的兴趣，并因材施教。教师还应注意不要将自己的意志强加给学生，要注意发挥学生学习的主动性、积极性。在教育实践中，蔡元培始终坚持“尚自然”“展个性”的教育原则，在南洋公学时，他提倡学生自己读书，在主持爱国学社时，也给予学生以充分的民主和自由；在执掌北大期间，更明确提倡思想自由、学术自由，强调个性自由发展，并改“年级制”为“选科制”，给学生以更大的发展空间。

(三)“思想自由、兼容并包”的办学指导思想

在担任北大校长时，蔡元培认为大学是“囊括大典，网罗众家”，研究高深学

---

① 舒新城编：《中国近代教育史资料》(下册)，北京：人民教育出版社，1961 年，第 1025 页。

② 舒新城编：《中国近代教育史资料》(下册)，北京：人民教育出版社，1961 年，第 1025 页。

③ 《蔡元培教育论著选》，北京：人民教育出版社，1991 年，第 536 页。

④ 《蔡元培教育论著选》，北京：人民教育出版社，1991 年，第 15 页。

⑤ 《蔡元培教育论著选》，北京：人民教育出版社，1991 年，第 155 页。

⑥ 《蔡元培教育论著选》，北京：人民教育出版社，1991 年，第 316 页。

问的地方。因此，提出了对于学说，“循思想自由原则，取兼容并包主义”，无论为何种学派，“苟其言之有理，持之有故，尚不达自由淘汰之命运者，虽彼此相反，而悉听其自由发展”①。他不仅是这样说的，而且是这样做的。当时的北大汇集了不同思想、不同学派的学者，既有信仰马克思主义的李大钊、陈独秀，也有奉行实用主义的胡适；既有新派教员，也有像辜鸿铭、刘师培这样的宣扬国故、反对革新的复古主义者。总之，蔡元培执掌的北大，是一个各种主义并存、各家学派同在、新旧思想杂处的北大，而这自然应归因于他的“思想自由、兼容并包”之办学原则。

（四）教育独立的主张

教育独立是蔡元培多年来的理想。早在 1922 年，他就提倡教育独立，主张教育事业应当完全交给教育家，使教育保有独立的资格，不受各派政党和各派教会的影响。他认为，若把教育权交给政党，在两党更迭的时候，教育方针也要跟着改变；若把教育权交给教会，宗教是保守的，宗教教义和规定会限制科学的发展。因此，他主张教育应超然于党派和教会之外。

为了实现他的这一教育理想，1927 年，在被南京国民政府任命为教育行政委员会委员后，随即和李石曾联合提议组织中华民国大学院，作为全国最高的学术和教育行政机构。同年 6 月，他被国民政府委任为大学院院长。10 月 1 日，大学院正式成立。大学院内，设立人学委员会，由大学院正、副院长，以及各国立大学校长、大学院教育行政处主任、专家学者组成，有权推荐大学院院长并议决学术教育上的重大问题。大学院之下，采取大学区制，将全国分为若干大学区，大学区设大学 1 所，校长 1 人，总理学区的学术和教育行政事务。大学院相对于中央政府，大学区相对于地方政府，均具有相对独立性。

然而，教育独立毕竟只是一种空想，现实中是行不通的。大学院和大学区制实行后不久，便遭到国民党当权派的反对，1928 年 8 月，蔡元培不得不辞去大学院院长职务；10 月，大学院改为教育部，次年 6 月，大学区制亦被取消。从而彻底宣告其教育独立思想及实践的失败。尽管如此，他的教育独立思想也有其合理的一面，他给我们提出一个应该重视的课题，就是：由于教育确有其自身的特点和发展规律，政府和执政党在保证对教育的领导和指导的前提下，应处理好政府行政部门与教育部门的关系。

作为伟大的民主主义教育家，蔡元培的教育思想异常丰富，以上所谈四点，并不能涵盖其全部。例如，他对平民教育的重视和提倡、对读书做官发财的封建旧习的批判，以及成立大学评议会、教授会推进民主治校的思想等，同样都是他教育思想中的闪光点。总之，蔡元培教育思想的许多方面，不但在历史上产生过

① 《蔡元培教育论著选》，北京：人民教育出版社，1991 年，第 170、190 页。

深远影响，而且对于我们今天教育事业的发展，也有着重要意义。

资料卡片 14

勤工俭学运动

勤工俭学发端于1912年，当时李石曾、吴玉章、吴稚晖等人在北京发起组织“留法俭学会”。目的是大兴苦学之风，从而输世界文明于国内，以改良中国社会。1912～1913年，赴法留学者达80多人。1915年6月，蔡元培、吴玉章、李石曾等为增进华工的知识和技能，成立勤工俭学会，明确提出“勤于工作，俭于求学，以进劳动者之智识”的宗旨。在华工教育中创造了半工半读的教育形式，产生了最初的工读主义教育思想。1919～1920年底，留法勤工俭学达到高潮。该运动于1925年前后结束，这是一次使青年知识分子和工农群众相结合、脑力劳动和体力劳动相结合、教育和生产劳动相结合的大规模实践尝试。五四运动后，新文化运动进入一个新的阶段，这时勤工俭学活动的性质和内容也发生了相应变化。参与勤工俭学活动者不仅一边工作一边学习，还积极参加社会政治斗争。正是这种教育、生产劳动和政治斗争相结合的道路，使得大批参加勤工俭学活动的进步青年后来都成为无产阶级先锋队战士。

本章介绍了中国近代三个阶级的代表人物的教育思想。后期洋务派首领、集洋务派教育思想之大成的张之洞，在清末资产阶级维新变法运动勃然兴起、西方资产阶级民主政治学说开始传播之际，系统地、理论化地提出了“中体西用”的教育救国论，其实质是要在维护封建纲常名教的前提下，学习西方的某些近代科技，以维护封建统治阶级的根本利益和清王朝的反动统治，在当时的特定时代背景下，具有保守性的一面。但不可否认，张之洞和他的“中体西用”理论，在中国近代化(包括教育近代化)进程中，产生了重要作用，例如，设工厂、开矿山、修铁路、办报纸、提倡农工商以及变科举、兴学堂、派遣留学生等。资产阶级维新派的代表人物康有为、梁启超的维新变法理论和主张，代表了时代和历史进步的要求，他们所提出的教育主张，即“废科举、兴学校、开民智、育人才”，“培养‘中西兼通’的新民”，反映了新生资产阶级为拯救危局，发展资本主义而培养人才的强烈愿望。有些教育思想，如女子教育思想，幼教、胎教思想，义务教育和师范教育思想，在当时的中国都具有开创性，在今天也有许多可资借鉴的地方。特别是梁启超提出的较完整的学校教育体系，对后世教育事业发展的影响更为深远，实际上奠定了后世学校教育体系的理论基础。资产阶级革命民主派的代表人物孙中山、蔡元培，尤其是蔡元培，在教育的民主化和科学化方面、在新式教育体系的建立和新式教育方针(即全面发展的方针)的确立方面,为中国教育事业的发展作出了突出贡献。他们的许多教育思想,如孙中山的普及教育思想、蔡元培的“五育”并重思想和平民教育思想,以及他们重视德育的思想等,在今天仍有其重要的现实意义。

第五节　20世纪二三十年代教育改革思潮

20世纪初,随着以美国为代表的西方近代教育改革思想的大量传入,以及五四新文化运动的影响,一大批中国知识分子改革教育的热情被激发,他们试图通过教育改革来实现强国富民之梦。在10余年的时间里,各种教育思潮并出,出现了我国教育史上少有的教育思想大繁荣时期。下面介绍几种影响较大的教育改革思潮:

一、平民主义教育思潮

平民主义教育思潮是五四新文化运动中民主思潮在教育领域的反映。首先,一批知识分子积极研究、宣传平民教育思想和投身平民教育运动。1916年10月全国教育会联合会通过了《注意贫民教育案》,1919年10月又通过了《失学人民补习法》,平民教育已逐步引起教育界乃至整个社会的重视。平民主义教育思潮的共同点在于批判传统的“贵族主义”等级教育,破除千百年来封建统治者独占学校教育的局面,使平民百姓享有受教育权利,从而使平民百姓通过获得知识来改变命运。但由于政治立场和思想倾向的不同,特别是五四运动以后,这股思潮明显分化,平民主义教育思潮和平民教育运动中的各派别在平民教育的目的、内容和途径等方面表现出相当大的差异。

以陈独秀、李大钊、邓中夏为代表的具有初步共产主义思想的知识分子,站在“庶民”的立场,为广大劳工阶级争取受教育权,使“引车卖浆之徒,瓮牖绳枢之子”能够读书受教育①。他们要求平民教育必须符合劳动人民谋求自身解放的根本利益,必须与革命斗争同时进行,并认为,要真正解决平民教育问题,必须先解决经济和政治制度问题,否则劳动人民不可能得到平等的教育。所以,他们主张首先要致力于民主社会制度的实现,使这些劳苦工作的人也能得到均等的机会去分配物质生产的成果。只有在无产阶级革命取得胜利的情况下,工农劳苦大众才能获得教育的权利和机会。同时,一批具有初步共产主义思想的进步知识分子也纷纷发起开展平民教育的实践运动。如毛泽东1917年11月在湖南第

① 陈独秀:《今日之教育方针》,《新青年》2卷6号,1917年2月。

一师范学校创办了工人夜校、1919年3月邓中夏发起组织“平民教育讲演团”并负责筹办长辛店劳动补习学校等。具有初步共产主义思想的知识分子的早期平民教育活动，一开始就表现出将教育与政治斗争结合起来，以此为启发民众思想觉悟的工具，并逐渐发展成共产党领导下的革命的工农教育。

一批资产阶级知识分子在西方尤其是美国杜威民主主义教育思想的影响下，把平民教育视为救国和改良社会的主要手段，希望通过平民教育来实现平民（民主）政治。他们认为：“不先有了平民教育，那能行平民政治？那能使用平民政治的工具？”[①]这些学者也批判和揭露了统治阶级对教育的独占，歌颂劳动人民的伟大，肯定他们受教育的权利，提倡“平等主义的教育”。他们主张通过语言文字通俗化、学校教育和社会教育相结合、启发民众“自动”的学习来实现平民教育，并倡导知识分子应主动帮助劳苦大众接受教育。1919年10月，北京高等师范学校的教职员和学生组织的平民教育社是实践这一思想的最早团体。留美学生晏阳初1918年赴法国参加为华工服务工作，教华工识字学文化。回国后，于1922年主编出版了平民教育教材《平民千字课》，深受欢迎。1923年，成立了由朱其慧为董事长、陶行知为董事部书记、晏阳初为干事长的中华平民教育促进总会。在“除文盲，作新民”的旗帜下，在全国各地劳动群众聚集的地区和单位，设立平民学校、平民读书处、问字处。在不到9个月的时间里，20个省区成立了50多个平民教育促进分会，50多万人学读《平民千字课》，资产阶级的平民教育运动达到高潮。

平民教育运动使得一些平民受到不同程度的文化知识教育，客观上扩大了教育对象，在一定范围内普及了教育，对后世产生了深远的影响。1925年以后，中华平民教育促进会的工作重点由城市逐渐向农村转移，1927年全国自行组织的乡村平民教育促进会已有150多个。自此时起，平民教育运动的主流地位渐为乡村教育运动所取代，并最终融入30年代流行一时的乡村教育运动。

二、工读主义教育思潮

工读主义教育思潮萌发于第一次世界大战期间蔡元培、吴玉章、李石曾等人对旅法华工的教育活动，并受到第一次世界大战后“劳工神圣”思想以及我国五四新文化运动的影响。其主要特点是强调教育与生产劳动相结合，具体包括勤工俭学、工学结合、半工半读、工读互助、手脑并用等。倡导工读主义教育的人，有早期共产主义知识分子，有资产阶级教育家，也有空想社会主义者和无政府主义者，他们在“工读”旗帜下形成了关于工读目的和意义的不同主张。

---

① 《发刊词》，《平民教育》第1号，1919年10月10日。

由匡互生、周予同等北高师学生1919年2月发起组织的工学会，主张把工学作为实现民主自由、发展实业、救济中国社会的武器。认为工学会"是要把工和学并立，作工的人一定要读书，读书的人一定要作工"①。工学主义者不仅以劳动为实现求学目的之手段，而且将工学视为理想社会的通则和社会各分子的天职。工学不可分割，"工便是学，学便是工"，"活到老，学到老，做到老"，由此打破"劳心者治人，劳力者治于人"这种不公平、不人道的封建旧观念，并改变历来中国生利者少、分利者多，以致民穷财尽的社会现状。为了宣传、研究和实验工学主义，工学会创办了《工学》杂志，成立了石印、照相、打字、雕刻等小组，并设想每周授课、做工和自修的课时数，但因牵涉学校教学和工厂做工等诸多问题，工学会的实验困难重重。

由少年中国学会成员王光圻发起组织的北京工读互助团代表着更为激进、影响也更大的工读主义派别，受无政府主义和空想社会主义的影响，它们将工读视为实现新生活、新社会的有效手段。1919年8月，王光圻提出空想社会主义的新村生活，并在城郊建菜园，同道者十数人互助合作，亦工（农）亦读，自给自足。在蔡元培、陈独秀、李大钊、胡适等社会名流的支持下，他们还成立了工读互助团。通过互助合作、半工半读，试图将工读互助团办成"人人做工、人人读书，各尽所能、各取所需"，所得归公、费用公出，大事公决、事务共管的组织，并在此基础上推而广之，实现"小团体大联合"，通过这种"平和的经济革命"去避免武力的流血革命，最终实现日出而作、日落而息，凿井而饮、耕田而食，不要皇帝、无需政府的"大同"生活。

以李大钊为代表的具有共产主义思想的知识分子，也倡导工读主义思想，一方面提出工人和农民的工读问题，另一方面也支持青年学生的工读互助实验，尤其是号召知识青年到工农中去，初步提出知识分子与工农结合的思想。并认为，只有做到"工不误读，读不误工，工读打成一片，才是真正人的生活"②。由于农民是劳工阶级的大多数，农村教育又最落后，李大钊要求青年怀着"尊劳主义"精神到处在黑暗、痛苦中的农民大众中去，与劳苦大众打成一片，"作现代文明的导线"。知识青年一方面要用"文化的空气"将"静沉沉的老村落"改变成"活泼泼的新村落"，另一方面也要建立起新道德、新观念。尽管观点不尽一致，李大钊也给予工读互助团的活动以支持，还指导北大平民教育讲演团深入民众，帮助他们组织工读互助的团体"曦园"，北大马克思主义研究会的成员大多参与其中。

另外，还有以胡适、张东荪为代表的纯粹工读主义思想。胡适认为，工读主义"不过是靠自己的工作去换点教育经费而已"，算不上什么"了不得"的新生活，

① 《工学会的旨趣书一》，《工学》，1919年第1卷1号。

② 《李大钊文集》（下），北京：人民出版社，1984年，第172页。

只要老老实实去“研究怎样才可以做到‘靠自己的工作去换一点教育经费’的方法，不必去理会别人的问题和别的主义”[1]。张东荪也把工读单纯看作是解决青年失学问题的好方法，提出各省“省立学校与省立工厂合一化”或者“学校的工厂化”。并认为，学校工厂合一的好处在于学校可以不收费，工厂又有了学徒，可谓一举两得。

工读主义教育思潮在20世纪20年代中期渐趋沉寂，虽然各派观点差异较大，但都促进了教育与生产劳动相结合，促进了知识分子与工农相结合，并借工读主义教育实践探索新生活、新社会，这在中国教育史上具有积极的意义。

三、实用主义教育思潮

实用主义教育思潮的产生直接受美国实用主义哲学家、教育家杜威的教育学说影响。民国初年，杜威的教育学说经蔡元培的译介开始为中国教育界所了解，而中国教育界对实用主义教育思想产生兴趣是源于1913年黄炎培发表的《学校教育采用实用主义之商榷》一文。而在中国形成实用主义教育思潮，是在五四运动前后，尤其是杜威来华讲学之后。1919年5月之后的两年多时间里，应邀来华的杜威足迹遍布中国南北11个省及主要城市，并作了多次演讲。他的学生胡适、陶行知、郭秉文、蒋梦麟等也极力宣传其学说，并帮助翻译、出版杜威在华演讲集。实用主义教育思想一时成为全国很有影响的教育思潮。

杜威将教育看成是“人类社会进化最有效的一种工具”，“社会的改良全赖学校”，学校教育对改造社会的作用远较警察、法律、政治等机构来得有效[2]。此说正合当时中国资产阶级试图以教育为手段进行社会改良、避免发生社会革命的思想，即教育救国的主张。同时，杜威的“教育即生活”“学校即社会”“儿童中心”，即将现实生活的内容组织到教学过程中，使学生“从做中学”、尊重儿童的兴趣和个性等主张，也很适合当时中国教育界要求改革传统教育脱离社会需要、脱离儿童生活和发展需要等弊端的需要。实用主义教育思潮的产生意味着中国教育界的教育观念发生了很大转变，不仅对教育理论，而且对教育实践均产生了深远影响。就对教育理论的影响而言，以“儿童的发展”和“社会的适应”的观点来解释什么是教育，认为教育的过程就是它自身的目的，视课程为儿童在学校环境中的活动，教材也应以儿童活动为中心并按儿童心理发展顺序进行组织等观念，均体现出受实用主义教育思想的影响。就对教育实践的影响而言，如1922年颁布的新学制废除了教育宗旨而代之以七项标准，显而易见已打上“教育即生长”

---

① 胡适:《工读互助团问题》,《新青年》,1920年第7卷第5期。

② 孙培青主编:《中国教育史(修订版)》,上海:华东师范大学出版社,2000年,第387页。

“教育无目的”的烙印，新学制的框架结构也大致参照美国。而盛行一时的教育心理测量、课程教材和教学方法改革实验等都是实用主义教育思潮付诸实践的体现。此外，实用主义教育思潮也对教育救国、教育独立、职业教育、平民教育、生活教育等多种教育思潮产生了影响。

四、科学主义教育思潮

科学主义教育思潮是五四时期非常流行的一种新思潮。科学教育发端于洋务运动时期的“西艺”教育。五四新文化运动树起“民主”与“科学”两面大旗，科学教育思潮由此进入新的发展阶段。当时倡导科学教育的主要流派有：以任鸿隽为代表的中国科学社，倡导将科学内容尤其是科学方法、科学精神渗透到学校教育之中；以陈独秀为代表的激进民主主义者，以科学为思想解放的武器，通过文化反思倡导科学启蒙；以胡适为代表的实证主义，倡导“大胆的假设，小心的求证”，以此为解决一切学术问题和社会问题的有效方法。

1914 年 6 月，任鸿隽与赵元任、胡明复等留美学者在美国发起组织中国科学社，倡导科学教育，主张将科学内容与方法渗入各项社会事业，次年刊发《科学》杂志，向国内宣传其主张。中国科学社在美国成立和开展活动之时，正值新文化运动在国内兴起。新文化运动将科学与民主并举，并主张用理性的精神和科学的态度来判断一切社会问题，建设中国的“真教育”。海内外相呼应，科学教育成为一种社会思潮。1918 年底蔡元培被选为中国科学社董事长，同年社机构迁回国内，在上海、南京设事务所，选出竺可桢、丁文江等科学家为理事。通过发行刊物、翻译书籍、编订科学名词，以及设立图书馆、博物馆和各种科学研究所，传播科学知识和科学思想，促进中国社会和教育界在五四以后形成颇具声势的科学教育运动。

五四以后，科学教育运动在西方学者和科学成果的推动下得到较为广泛的开展，表现为两个方面：一是提倡学校中的科学教育，即科学的教育化趋势。清末以来，虽经民初的教育改革，但学校开设的科学课程仍嫌不足，教育方法仍以讲读为主，忽视实验教学，科学教育水平低下。1921 年美国教育家孟禄应邀来华调查中国教育，通过调查，孟禄认为，中国中学的科学教育机械地接受科学知识，对科学的概念不甚明了，忽视实验。1922 年起，中华教育改进社总干事陶行知也主持开展教育调查，以期改进中小学的科学教育。1923 年，孟禄介绍美国科学教育家推士来华帮助发展科学教育，推士在华 2 年，先后调查了 10 省 24 个城市 200 多所学校，讲演 200 余次，并撰文提出改进中国科学教育的建议，给中国科学教育以一定的促进。二是提倡以科学的方法研究教育，即教育的科学化趋势。一方面出版专著、编写教材，编制心理与教育测量量表，开展实验；另一方面在高校开设相关专业和课程，培养专业人才。如1921年廖世承、陈鹤琴合编的《智力测验法》，较系统地介绍了各种智力测验方法。同时，为各省县视学、教育局长、中小学校长、师范学校教育心理学教员举办讲习班，为教育教学的改革提供指导和帮助。

科学主义教育思潮促进了当时中国社会、教育家重视科学教育和教育科学研究，使得以科学的方法研究教育蔚然成风。各种新教学方法的实验广泛开展，道尔顿制、设计教学法、蒙台梭利教学法等广为流传，高校中也开始设置培养教育学科专门人才的学科和专业[①]。

五、国家主义教育思潮

国家主义教育思潮是一种具有强烈资产阶级民族主义色彩的社会思潮，产生于18世纪末的欧洲，20世纪20年代在中国兴起。其代表人物是李璜、余家菊、曾琦等人。国家主义教育思潮的主旨在于以国家为中心，反对社会革命，通过加强国家观念的教育来实现国家的统一和独立。国家主义者认为，五四以来个性解放的流行，使许多青年只知自己不顾他人与国家，这在列强对中国强权相临的情势下于中国极其不利，当前之要必须以国家为中心。国家主义者认为，教育的作用在于“同化”，即将个人生活的人造就成社会生活的人，教育的目的不是为了发展个性，而在于：“（一）培养自尊精神以确立国格；（二）发展国华以阐扬国光；（三）陶铸国魂以确定国基；（四）拥护国权以维系国脉。”[②]总之，教育是国家的工具，教育的目的对内在于保持国家安宁和谋求国家进步，对外在于抵抗侵略，延存国脉；教育设施应完全由国家负责经营、办理，国家对教育不能采取放任态度。国家主义教育思潮认定外国在中国办教育是怀有政治侵略之心、经济侵略之图和文化侵略之念，为国家生存、文化延续和社会安宁计，必须收回教育权；出于培养良好国民的考虑，倡导教育机会的均等和普及教育、义务教育；出于维护国家和民族统一大业的考虑，提倡蒙藏教育和侨民教育，并提倡国耻教育、军事教育，以及提倡教育和学术独立等。

一方面，国家主义教育思潮藉教育以“爱国”“救国”相号召，尤其是“五卅”惨案后，颇合民众意愿。另一方面，国内军阀专权，战乱连年，教育凋敝，国家主义者提倡教育超越党派和教会之上而保障其发展，也颇合教育界和学者之心。于是1924～1925年国家主义教育思潮耸动一时。国家主义教育思潮也共同促成了20年代中国的收回教育权运动，促成了学校加强军国民教育和爱国教育。但

---

① 孙培青主编：《中国教育史（修订版）》，上海：华东师范大学出版社，2000年，第389页。

② 余家菊：《国家主义教育学》，上海：中华书局，1925年，第32页。

国家主义教育思潮本质上是一种教育救国论，而且一味地反对教育的政治性和党派性，加之其浓厚的政治宗派色彩和一些成员依附军阀的言行不一，使之一开始就受到马克思主义者恽代英、张闻天等人的批判。随着北伐战争的节节胜利，国民党明令禁止国家主义，国家主义教育思潮随之消沉。

资料卡片 15

晏阳初的乡村教育思想

晏阳初(1890～1990 年)长期担任中华平民教育促进会总干事，1929～1936 年，他在河北定县进行乡村平民教育实验。他认为中国的大患是民众的“贫、愚、弱、私”四大病，主张通过办平民学校对民众首先是农民，先教识字，再实施生计、文艺、卫生和公民“四大教育”，培养知识力、生产力、强健力和团结力，以造就“新民”。并主张在农村实现政治、教育、经济、自卫、卫生和礼俗“六大整体建设”，从而达到救国强国的目的。他还提出“农民科学化、科学简单化”的平民教育目标，并认为欲化农民，须先农民化，即彻底与广大农民打成一片。所以，他以身作则携家小和弟子到定县农村开展乡村建设运动。他的实践活动对中国以及世界的平民教育都产生了深远影响。他被称为“世界平民教育之父”，也曾被美国有关机构评为“世界最具革命性贡献的十大伟人”之一，他是唯一获此殊荣的亚洲人。美国著名作家、诺贝尔奖获得者赛珍珠称他是“在世界黑暗之处点燃一盏明灯”的人。

思考题

1.“中学为体，西学为用”的思想是一种试图调和“中学”与“西学”、“旧学”与“新学”的文化教育观。有人说，“中体西用”思想对中国近代教育的影响是双重的。试分析这种双重影响体现在哪些方面？

2.结合时代背景分析比较蔡元培“五育”并举的教育方针与当代中国“德智体美劳全面发展”教育方针的异同。

第五章

中国现代教育思想

1919年爆发的五四运动，标志着中国反帝反封建的资产阶级民主革命发展到一个新的阶段，即由旧民主主义革命阶段向新民主主义革命阶段转变。在这个历史阶段，马克思列宁主义的传入及传播，使中国人民找到了反帝反封建、解决中国问题的崭新思想武器。中国共产党领导和团结全国人民，运用这个思想武器，最终取得了中国革命的伟大胜利。

在文化教育领域，一批以杨贤江为代表的、掌握马克思主义理论的先进知识分子，以马克思主义的立场、观点和方法来考察中国的教育问题，批判各种错误的教育思潮，从而为我国马克思主义教育理论和教育思想的形成奠定了基础。这一历史阶段，在国民党统治区，还涌现出一批具有爱国主义和民主主义思想的教育家，如陶行知、黄炎培等，他们的教育理论和实践也大大丰富和发展了我国的新民主主义教育思想。同时，在中国共产党领导的革命根据地，在长期的革命实践中，逐步建立了民主的、科学的、大众的新民主主义教育思想，而革命领袖毛泽东在新民主主义革命和后来的社会主义建设中所形成的博大精深的教育思想体系，更深刻影响了我国教育的发展。

第一节　黄炎培的教育思想

黄炎培，我国近现代著名的爱国主义和民主主义教育家、我国近现代职业教育的创始人。他的职业教育思想和他为之奋斗终生的职业教育实践，对改革脱离社会生活和生产劳动的传统教育起过重要作用，并为我国近现代职业教育的发展和职业教育理论的创建，作出了重要贡献。

一、黄炎培的生平

黄炎培(1878～1965年)，号楚南，后改号韧之、任之，笔名抱一，江苏川沙县(今属上海市)人。黄炎培出身于封建知识分子家庭，父亲充任督抚幕僚，长年在外，幼年由母亲教他念书认字，后入南汇县外祖父家的家塾读书，深受儒家"泛爱众而亲仁""亲亲而仁民"思想的影响。母亲、父亲相继亡故后，家境日渐贫窘，在亲友的帮助下，始得继续读书，20岁时经人介绍到南汇三灶乡任塾师。1899年，应松江府试，以第一名考取秀才。1901年，黄炎培考入上海南洋公学特班，师从特班总教习蔡元培，深受其爱国主义、民主主义和教育救国思想的影响。在南洋公学期间，他曾于1902年秋应江南乡试，考中举人；1903年，南洋公学学潮后，返回故里，创办了川沙县第一所新式学堂，即川沙小学堂。教学之余，黄炎培经常以演讲的形式，痛陈国家民族的危机，揭露清廷的腐败。1903年6月23日，在南汇县新场镇演讲时，被南汇知县以"革命党"的罪名抓捕入狱，后经上海土木界著名人士、同乡友人杨斯盛的多方营救，在江苏督抚"就地正法"电令下达前1小时出狱，随即逃亡日本。

黄炎培

1904年，黄炎培由日本返回国，在上海南市城东女校、丽泽小学任教，后又应杨斯盛之邀主持广明小学和广明师范讲习所，1905年经蔡元培介绍加入中国同盟会，秘密为革命奔走，1906年担任由杨斯盛出资创办的浦东中学校长。清廷于1908年9月宣布"预备立宪"后，各省相继成立咨议局，黄炎培在1909年被选为江苏咨议局议员、常驻议员；1911年辛亥革命后，出任江苏都督府民政司总务科长兼教育科长；1912年南京临时政府成立后，改任江苏都督府教育司长，任内竭力从事地方教育改革，规划发展江苏省教育事业；1913年6月任教育部课程标准起草委员会委员，被推举为江苏省教育会副会长，同年8月，因感于学校教育与社会生活之隔绝、脱节，发表《学校教育采用实用主义之商榷》一文，提倡实用主义教育，主张学校教育应与实际生活相接近、相联系。这篇文章为他以后提倡和从事职业教育打下了思想基础。1914年2月，为反对袁世凯独裁统治，黄炎培辞去江苏教育司长职务。此后，以江苏省教育会常任调查干事、上海《申报》旅行记者的身份，先后赴安徽、江西、浙江、山东、河北等省考察教育。1915年4月，参加农商部游美实业团，在美国考察职业教育，面对发达的美国职教，他深感必须在中国提倡职业教育以改造传统教育，他在《新大陆之教育》一文中谈道"回念吾国……不能不认职业教育为方今之急务"。之后，他又到日本、菲律宾等地考察，更加坚定了其提倡职业教育的决心。

1916 年 9 月，江苏省教育会召开大会，黄炎培向大会提出《提倡实施职业教育方案》，并主持成立了江苏省职业教育研究会。1917 年 5 月 6 日，黄炎培联合蔡元培、马相伯、张元济、蒋梦麟、伍廷芳等教育界、实业界知名人士 48 人，在上海发起成立"中华职业教育社"，黄炎培任办事部主任。此后至 1931 年九一八事变前，黄炎培把主要精力放在从事职教活动上，但同时参与了南京高等师范学校、东南大学、南京河海工程学校、暨南学校、上海商科学校、厦门大学的筹办工作。此外，他还与蒋梦麟、陶行知共同主持《新教育》月刊，并担任中华教育改进社董事、中华教育文化基金董事会董事等职。值得一提的是，在此期间，他还曾经两次拒绝担任北洋军阀政府教育总长之职。

九一八事变后，黄炎培积极投身抗日救亡运动。他参加了民间组织的抗日救国研究会，并出版免费刊物《救国通讯》(后改名《国讯》)，在 1932 年上海的一·二八事变中，他发动中华职业教育社职工，积极支持十九路军的抗战，1937 年八一三抗战时，他担任上海市抗敌后援会主席，为工厂内迁、慰劳和募捐而日夜奔忙。1938 年 6 月，中华职业教育社内迁重庆。在 14 年抗战中，他担任国民参政会参政员等职，致力于团结抗战，同时也积极致力于民主事业。1941 年 3 月，中国民主政团同盟在重庆成立，黄炎培担任常务委员会主席(同年 10 月辞职)，1945 年 7 月抗战胜利前夕，与储辅成、傅斯年等应邀访问延安，归来后，写成《延安归来》一书，对延安充满向往之情，1945 年 12 月，发起组织中国民主建国会，被推为召集人，积极为国内和平民主奔走，1946 年，国民党单方面召开国大会议，黄炎培拒绝参加，不与国民党当局合作。中华人民共和国成立后，历任政务院副总理兼轻工业部部长、全国人大常务委员会副委员长、政协全国委员会副主席、中国民主建国会主任委员等职。1965 年 12 月 21 日病逝于北京。

黄炎培主要的教育论述有《学校教育采用实用主义之商榷》《实用主义小学教育法》《黄炎培考察教育日记》《中华职业教育社宣言书》《中国教育史要》等。1985 年上海教育出版社出版的《黄炎培教育文选》，收录了他的大部分教育论文。

二、黄炎培的职业教育思想

在长期的职业教育实践中，黄炎培一方面认真总结清末以来我国兴办实业学堂的经验教训，另一方面也批判借鉴了欧美、日本等的有关理论和制度，从而逐步形成自己的一套颇具特色的职业教育思想体系。其思想内容主要包括以下几个方面：

(一)关于职业教育的目的

黄炎培在 1916 年 1 月 3 日的松江演说中指出，是"纯为生活起见"，也就是，对不能接受高等教育的学生，予以生活应有之学识和切要之技能，使其出校后便能谋生；使已就职业者，助其业务之改良与进步，亦使实业前途进步益无限量。1917 年 5 月中华职业教育社成立，在发布的《中华职业教育社宣言书》中，上述思想得到了明确体现："夫职业教育之目的，一方为人计，曰以供青年谋生之所需也；一方又为事计，曰以供社会分业之所需也。"

当然，黄炎培对职业教育目的的认识，是不断深化的。1918 年 5 月，在中华职业教育社成立一周年之际，黄炎培对职业教育的目的作了更全面、更具理论性的归纳：为个人谋生之预备；为个人服务社会之预备；为世界及国家增进生产能力之预备。20 年代以后，他又把"谋个性之发展"列为职业教育的目的之一，并把职业教育的终极目标或目的概括为：使无业者有业，使有业者乐业。此后几十年，黄炎培虽在不同的场合，从不同的角度，对职业教育的目的作过许多阐述，但总是把这两句话作为职业教育的终极目标或目的。更为难能可贵的是，抗日战争爆发后，随着政治思想的跃进，他又把职业教育的目标同社会改造的任务联系起来，例如，1939 年 5 月他在一次会上说："职业教育的目的何在呢？"往远处说，是在实现一个民生幸福的社会。在那个社会，确切达到了"无业者有业，有业者乐业的目的。要使社会上没有无业者，也没有不乐业者，职业教育，本社（中华职业教育社）工作的任务，才算是真正完成"。

黄炎培试图通过推广职业教育来解决当时国家社会的重大问题，实现国家社会的改造，实现"使无业者有业，使有业者乐业"的目的，无疑是积极的、美好的。但在国家经济、政治问题通过革命的方式，实现根本改造之前，职业教育自身的发展也是困难的，就是有所发展，"实质上总是为资本家增加获得利润的有利条件"[①]，更何谈国家社会的改造，实现民生幸福的社会？因此，所谓"使无业者有业，使有业者乐业"的目的，在当时只能是一种空想。

（二）对职业教育办学方针的认识

黄炎培十分重视职业教育的社会化和科学化，在他看来，社会化和科学化是职业教育所应遵循的基本办学方针。

所谓职业教育的社会化，用黄炎培的话来说就是："职业教育宜以经济为中心"[②]，"办理职业教育，并须注意时代趋势与应走之途径，社会需要某种人才，即办某种学校"，"职业教育的原则，着重在社会需要"[③]。1925 年以后他又提出"大职业教育主义"，指出："办职业学校的，须同时和一切教育界、职业界努力的沟通

① 华东师范大学教育系编：《中国现代教育文选》，北京：人民教育出版社，1989 年，第 155 页。

② 郑登云编著：《中国近代教育史》，上海：华东师范大学出版社，1994 年，第 421 页。

③ 毛礼锐、沈灌群主编：《中国教育通史》（第 5 卷），济南：山东教育出版社，1988 年，第 531 页。

和联络；提倡职业教育的，同时须分一部分精神，参加全社会的运动。”[①]也就是说，办职业教育要以社会经济为中心，根据社会的需要，而且要和全社会其他部分沟通联络，并要关心社会运动，参加社会运动。总之，既不能盲目地不顾社会需要去办职业教育，也不能孤立地脱离社会去办职业教育。黄炎培特别强调职业教育的这种社会化，将之称为“职业教育机关的唯一生命”。他说：职业教育机关“最紧要的一点，譬如人身中的灵魂，‘得之则生，弗得则死’。是什么东西呢？从其本质来说，就是社会性；从其作用来说，就是社会化……职业教育机关惟一的生命——是怎么？就是——社会化”[②]。

正是因为对职业教育社会化的这种认识，所以黄炎培的教学实践活动，从专业设科、课程设置、招生人数、培养规格，直到职业道德标准的制定，无不建立在详细周密的社会调查基础之上。以他所领导的中华职业学校为例，学校开办之前，为了确定应设专业，进行了大量的调查研究，发现上海市西南区之重要职业，以铁工、木工为多数，故决定以此二者为学校主科。中华职业教育社还通过对海关进出口情况的实地调查，发现珐琅、纽扣这两种货物的进口量最大，于是在中华职业学校开设珐琅、纽扣两科，培养技术人才，并附设珐琅、纽扣工厂，投入成批生产，从而抵制了外货。此外，中华职业教育社在黄炎培的领导下，还形成了一种制度，那就是定期邀请工、农、商、教育各界专家集会，随时了解社会需求，征求各界对学生的反应，对学校的要求，以期改进工作。黄炎培反复告诫人们：“职业教育是绝对不许关了门干的，也绝对不许在书本里讨生活的……所以职业教育，绝对不许理想家和书呆子去干的。”[③]

所谓职业教育的科学化，就是用科学来解决职业教育问题。他把办理职业教育的工作归纳为两大部类：一类是物质方面，如农业、工业、商业、家事等各专业课程的设置，以及教材的选择编写、教学训练原则的确定、实习设施的配置等，都力求因地因时制宜，经过试验，取得经验，逐步推广；一类是人事方面，采用科学管理方法组织职业教育机构。黄炎培试图将职业教育建立在职业心理学和社会心理学的基础之上，指出要“因职业的各各不同，与人的天性、天才、兴趣、环境的各各不同，替它分别种类，谁则宜某种，谁则不宜某种”[④]。1921 年中华职业教

---

① 华东师范大学教育系编：《中国现代教育文选》，北京：人民教育出版社，1989 年，第 117 页。

② 华东师范大学教育系编：《中国现代教育文选》，北京：人民教育出版社，1989 年，第 122～123、125～126 页。

③ 华东师范大学教育系编：《中国现代教育文选》，北京：人民教育出版社，1989 年，第 121 页。

④ 毛礼锐、沈灌群主编：《中国教育通史》（第 5 卷），济南：山东教育出版社，1988 年，第 533 页。

育社又参考德国方法，制成七种职业心理测验器，并在招生时加以应用。黄炎培力求把中华职业教育社的工作纳入科学化轨道，因此，他重视调查，注重试验，勤于总结，在长期实践的基础上，借鉴国外经验形成了一套从职业陶冶、职业训练到职业指导、职业补习教育的系统理论。

黄炎培提出的职业教育社会化和科学化命题，以及他在实践中为此所作的努力，表现出他可贵的探索精神，在中国职业教育史上具有开创性意义。

（三）关于职业教育的教学原则

黄炎培认真总结清末以来开办实业学堂的经验教训，指出所谓的实业学堂或学校的功课设置，重理论而轻实习，“所谓实业教育，非教以农工商也，乃教其读农工商之书耳”①，从而导致学生富于欲望而贫于能力。他认为，“职业教育的目的乃在养成实际的、有效的生产能力，欲达此种境地，需要手脑并用”②，并认为单靠读书，欲求得实用的知识和技能，是不可能的。为此，他提出“手脑并用”“做学合一”“理论与实际并行”“知识与技能并重”，作为职业教育最基本的教学原则。

在教育实践中，他力图通过各种制度保证上述原则的贯彻实施。中华职业学校在其章程中明确规定：本校特重实习，生徒半日授课，半日工作，务期各种技能达于熟练。铁工、木工、珐琅、纽扣各科的课程表还具体规定：“每周授业时间总数约计 48 小时，授课 24 小时，实习 24 小时，但至必要时于休息时间亦得课以实习。”③在招生方面，主张招收家长有某方面职业经历的学生入学，在教师聘用方面，也非常重视受聘者的实际职业经验，主张聘用那些既受过学校教授又有实际职业经验的人，如果这样的人不易得，退而求其次，宁聘有实际经验者，不愿聘仅受过学校教育者。中华职业学校还有一条特别规定，即学生修业期满仅发修业证书，必须在工作单位实习一年，证明能胜任所担任工作后，再发给毕业证书。

应当说黄炎培在体力劳动和脑力劳动、理论和实际的关系上，能达到上述认识，并把它们作为重要的教学原则，在教育实践中加以贯彻实施是非常可贵的。而且对于直接向农、工、商各界输送从业人员的职业教育而言，强调动手能力的培养和基本技能的训练，显然比普通教育有更重要的现实意义。他提出的这些教学原则，不仅对于今天的职业教育具有重要的指导意义，也是今天的普通教育

① 转引自王炳照、阎国华：《中国教育思想通史》（第 6 卷），长沙：湖南教育出版社，1994 年，第 126 页。

② 毛礼锐、沈灌群主编：《中国教育通史》（第 5 卷），济南：山东教育出版社，1988 年，第 534 页。

③ 转引自王炳照、阎国华主编：《中国教育思想通史》（第 6 卷），长沙：湖南教育出版社，1994 年，第 127 页。

应当注意吸收和借鉴的。贯彻这些教学原则的一些具体做法，也是值得今天的职业教育机构学习。

(四)关于职业道德教育的思想

黄炎培非常重视对职业学校的学生进行职业道德的培养训练，他认为，职业教育，从内涵上讲，应该包括职业技能的教授学习和职业道德的培养训练，二者缺一不可。离开职业道德的培养训练，职业教育也就失去了真义。

黄炎培所说职业道德的培养训练，其基本内容就是“敬业乐群”。所谓“敬业”，是指“对所习之职业具嗜好心，所任之事业具责任心”，所谓“乐群”，是指“具优美和乐之情操及共同协作之精神”[①]。黄炎培反复告诫青年学生：“诸君须知，人生必须服务，求学非以自娱。无论受教育至若何高度，总以其所学能应用社会，造福人群为贵。彼不务应用而专读书，无有是处”；“职业平等，无高下，无贵贱，苟有益于人群，皆是无上上品”[②]，中华职业学校还将“敬业乐群”作为学校校训。后来中华职业教育社又根据黄炎培的意见，制定和完善了职业道德教育标准(亦称训育标准)，将“敬业乐群”具体化，内容有：认识职业之真义在服务社会；养成责任心；养成勤劳习惯；养成互助合作精神；养成对所从事职业之乐趣，等等。

黄炎培之所以如此重视职业道德的培养训练，并将“敬业乐群”作为职业道德教育的基本内容，一方面，因为他认为职业教育不仅是为个人谋生的，而且是为社会服务的，是增加社会物质财富，调整人们相互关系的重要手段；而人们对自己所从事职业的理解、热爱和强烈兴趣，是激发其事业心、创造力和积极性的重要动力。另一方面，还因为当时的社会普遍以“读书做官”为荣，轻视农、工、商各业，他提倡“敬业乐群”的目的，就是要冲毁这具有浓厚封建色彩的社会心理对学生的束缚，培养一批既有一技之长，又有服务精神，以及热爱自己职业的专门人才。

值得注意的是，随着社会实践活动领域的扩大和政治思想的转变，黄炎培不断赋予职业道德教育以新的内容。1933 年在中华职业学校成立 15 周年纪念会上，他号召学生：“人人须勉为一个复兴国家的新公民，人格好，体格好，人人有一种专长，为社会国家效用。”[③]所谓“人格好”，他解释为：“须有高尚纯洁之人格，

---

① 转引自王炳照、阎国华主编：《中国教育思想通史》(第 6 卷)，长沙：湖南教育出版社，1994 年，第 128 页。

② 转引自王炳照、阎国华主编：《中国教育思想通史》(第 6 卷)，长沙：湖南教育出版社，1994 年，第 129 页。

③ 毛礼锐、沈灌群主编：《中国教育通史》(第 5 卷)，济南：山东教育出版社，1988 年，第 538 页。

须有博爱互助之精神，须有侠义勇敢之气概，须有刻苦耐劳之习惯。而更须以坚强贞固的节操战胜千难百险的环境。……将吾整个生命，完全献给我国家民族生存工作上。”[①]1935年在黄炎培的倡议下，中华职业教育社邀集专家拟定了《复兴民族的行为标准》，作为对职业学校学生进行职业道德教育的新要求，从而使他所倡导的职业道德教育，不仅具有民主性、反封建意义，而且具有强烈的爱国主义精神。

第二节　陶行知的教育思想

陶行知是我国现代教育史上一位伟大的人民教育家。他一生经历了由旧民主主义革命和新民主主义革命两个阶段，思想上也经历了由民主主义到共产主义的转变；他以毕生精力投入到教育实践中，创造、发展了著名的“生活教育”理论，为改造中国的旧教育，创造人民的新教育作出了重要贡献，也给我们留下了一份宝贵的遗产。

一、陶行知的生平

陶行知（1891～1946年），原名文濬，安徽歙县人。幼年因家境贫寒，交不起学费，无力上学读书，后家乡一位塾师方秀才见其聪敏好学，便免费为其开蒙，1906年入耶稣教内地会所办的“崇一学堂”读书，在这里，陶行知接受了西方文化科学的教育。1908年进入杭州广济医学堂，半年后，因不满学校歧视不信教的学生而愤然退学。1910年，陶行知考入南京金陵大学文学系，在校学习期间，他关心时事，拥护辛亥革命；由于信奉王阳明“知行合一”学说，曾改名陶知行。1914年秋，他赴美留学，开始在伊利诺伊大学学市政，获政治学硕士学位，此后又进入哥伦比亚大学师从杜威和孟禄，研究教育，杜威的实验主义哲学和教育学说对他产生了很大影响。1917年秋，他在获得哥伦比亚大学“都市学务总监资格凭”后，怀着“要使全中国人都受到教育”的宏愿回国。

陶行知

回国后，陶行知应南京高等师范学校之聘，担任教育学教员，后为教授，次年又担任教务主任兼教育科主任。在南京高等师范学校，陶行知曾讲授教育学、教育行政和教育统计等课程，介绍实用主义理论。五四反

① 毛礼锐、沈灌群主编：《中国教育通史》（第5卷），济南：山东教育出版社，1988年，第538页。

帝爱国运动爆发后，他在南京6000人的游行集会上，痛斥卖国的“二十一条”，并组织南京学界联合会，积极支持学生运动。1921年9月，南京高等师范学校并入东南大学，他继续担任教育科主任，同年冬，中华教育改进社成立，陶行知担任该社的主任干事，中华教育改进社由新教育共进社、新教育杂志社和实际教育调查社合并而成，以蔡元培、黄炎培等9人为董事，以调查教育实况、研究教育学术、谋求教育改进为宗旨，社址设在北京。1923年，陶行知与朱其慧、晏阳初等人发起成立了中华平民教育促进会，积极提倡和推动平民教育运动。

陶行知在推行平民教育时，主要关注的是农民或者乡村的教育问题。1924年10月，他发表《平民教育概论》一文，提出：“中国以农立国，十有八九住在乡下。平民教育是到民间去的运动，就是到乡下去的运动。”号召来自农村的学生寒暑假回到自己的乡村去开展平民教育。1926年11月，中华教育改进社组织召开了乡村教育联合研究会，会上通过了陶行知起草的《我们的信条》：“我们从事乡村教育的同志，要把整个心，献给我们三万万四千万农民。”他是这样说的，也是这样做的。1926年12月，陶行知为中华教育改进社起草了《改造全国乡村教育宣言书》，提出要筹集资金，在全国办乡村学校，以改造农村的生活。1927年，他在南京和平门外晓庄，创办了实验乡村师范学校，后改名晓庄师范学校。陶行知坚持进步的办学方针，将教育与时代的主题紧密相连，1927年3月，当北伐军向南京胜利进军的时候，他和学校师生积极组织救护队、难民收容所，并成立慰问队，欢迎北伐军，协助当地组织农民协会，支持反对土豪劣绅的斗争；他提出政治与教育不可分离，在实行国民政治革命的同时，还必须实行教育上的革命，只有如此，国民革命才能成功。

1935年，一二·九运动爆发后，中国人民抗日救亡运动蓬勃展开，陶行知立即号召山海工学团的师生参加救亡运动，并撰文支持青年学生的爱国举动，指出“读死书，死读书，读书死的时代是早已过去了”，应该去过着民族革命的生活，受民族革命的教育[①]。同年12月12日，他和宋庆龄、何香凝、马相伯、沈钧儒等知名人士，联合发表了《上海文化界救国运动宣言》。1936年1月，上海各界救国联合会成立，陶行知被推为理事，同年2月，发起成立国难教育社，并拟定《国难教育方案》，主张推行国难教育，唤醒大众组织起来救国，同年5月，全国各界救国联合会成立，他被选为常务委员和执行委员。1936年7月，陶行知应世界新教育会议的邀请，赴伦敦参加了第七届年会，并受全国各界救国会的委托，以国民外交使节的身份，到欧美等地宣传中国人民的抗日主张，发动海外侨胞共赴国难。11月，沈钧儒等救国会“七君子”被国民党反动政府逮捕，陶行知虽身在海

① 《陶行知全集》(第3卷)，成都：四川教育出版社，1991年，第696页。

外，亦遭通缉。在国外，他仍与国内保持密切联系，指导国内将“国难教育”运动改为“战时教育”运动、将“山海工学团”改为“战地服务团”。1938 年夏，陶行知回到国内，10 月到重庆，以国民参政员的身份出席国民参政会第二次会议。同年 12 月，生活教育社在桂林正式成立，他被推选为理事长，提出普及“抗战建国教育”和“反侵略教育”。1939 年 7 月，他又在重庆创办了蜚声中外的育才学校，培养了大批革命战士和专业人才。

1945 年抗战胜利前后，陶行知适时提倡民主教育运动，撰写了大量文章，揭露和批评国民党推行法西斯教育，主张实行新民主主义的政治和教育，并提出“民主的、科学的、大众的、创造的”四大教育方针，1946 年他和李公朴等在重庆创办了社会大学。1946 年 7 月 25 日，尚在为反内战、反独裁的和平民主事业，为人民教育事业鞠躬尽瘁，奔走呼号的陶行知，不幸因脑溢血与世长辞，年仅 55 岁。他的死，是中国人民的损失，他逝世后，周恩来在给中共中央的电报中指出，“十年来，陶先生一直跟着毛泽东同志为代表的党的正确路线走，是一个无保留追随党的党外布尔什维克”，毛主席称他是“伟大的人民教育家”。

二、陶行知的教育思想

陶行知的教育思想非常丰富，这里主要介绍他的普及民众教育的思想、师范教育改造的思想和生活教育理论等。

（一）普及民众教育的思想

普及民众教育，是陶行知一生孜孜以求的理想。早在 1914 年南京求学期间，陶行知就在其毕业论文《共和精义》中强调指出，“今日当局者第一要务，即视众庶程度，实为不足。但其为可教，施以相当之教育，而养成其为国家主人翁之资格焉”[①]。这可以说是他一生普及民众教育思想的肇基，尽管具有空想的改良的性质。美国留学归来，陶行知先是提倡新教育，希望通过这种新教育，使人人都具有“利用自然界”和“谋共同幸福”的能力，从而成为自立、自主、自动的共和国民。继而在 1923～1926 年，又大力提倡平民教育，在《平民教育概论》中，他认为今日之平民教育就是将来普及教育的先声。1926 年以后陶行知又提倡乡村教育，主张通过推行乡村教育来谋求中国农民的解放，并且为了培养从事乡村教育的教师，还于 1927 年 3 月创办了著名的晓庄师范学校。1931～1935 年，他发起普及教育运动，要使生产的劳苦大众受教育，受人民所需要的教育。在 1934 年发表的《普及教育运动小史》一文中，他说自己这十几年来，无论是提倡平民教育、乡村教育，还是提倡劳苦大众的教育，其目的只有一个，就是要使教育

① 《陶行知全集》（第 1 卷），成都：四川教育出版社，1991 年，第 189 页。

普及，使没有机会受教育的人可以得到他们所需要的教育；这一时期，他的普及教育思想有了很大发展，已经明确将普及教育的目的与保卫祖国领土主权完整、争取中华民族之自由平等联系起来。为了普及教育，他还创造了“科学下嫁运动”“空中学校”“工学团”“小先生制”等具体的普及方式。

20 世纪 30 年代后期，陶行知抛弃了希望通过普及教育实现大众解放和民族解放的改良主义思想，认识到“大众文化的普及要等到整个政治变成大众的政治”，但他并没有因此而消沉，进而提出“大众的政治绝不是凭空从天上掉下来的，它是要靠着大众继续不断的奋斗才能实现”，积极投身于民族民主革命的洪流，自觉地以文化教育为武器，来转变大众的思想，保证革命胜利[①]。他开始使“普及大众教育”的活动自觉地服从于民族和大众解放的总目标，为民族和大众的解放服务。也正是因为此，他在抗战中创办的育才学校才能为革命输送大量人才。也正是因为此，他才能适时在抗战中提出“战时教育”“全面教育”，在抗战胜利后提出“民主教育”等口号，并为此奋斗不息直至病逝。

陶行知的普及教育思想有许多在今天仍有其积极意义，能够为我们今天普及教育提供一定的借鉴。

第一，他非常关注女子教育和老人教育问题，并想出用“小先生制”的办法来解决。他认为小孩学了知识后当“小先生”，去教女子和老人，既可以解决由于封建意识造成的女教师少、男教师不便教女子的问题，也可以解决老人读书识字的问题。今天男女同校，固然不会再有什么男教师不便教女子的问题，但女子教育问题尤其是女童的失学问题，依然存在；老人的教育问题尤其是农村中老人的扫盲教育问题，其实也没有得到很好解决，“小先生”的办法，应当说仍有其现实意义。

第二，陶行知非常重视向劳动人民宣传自然科学知识。为了使自然科学知识和成果不再为少数人（资本家及其子女）所独占，为了使做工种田的人、拾垃圾的孩子、烧饭的老太婆也能享受近代科学知识，他发起了“科学下嫁运动”。他主编出版了生物、化学、物理、天文矿物、农业、生理卫生等通俗的自然科学教科书，并创造了“空中学校”，利用无线电台向广大民众广播科学知识。今天，陶行知的做法尤其值得学习。

第三，陶行知非常重视教育机会的均等。他一生中所致力追求的教育普及，目的就是要使广大没有机会受到教育的劳动人民，有机会受到他们所需要的教育。他自己也为此作出了不懈的努力。后期，特别是抗战胜利后，他的这个思想更加明确，在 1945 年 11 月 1 日发表的《民主教育》中，他指出教育机会均等，“对人说，无论男、女、老、少、贫、富、阶级、信仰，以地方说，无论远近、城乡都应有同

---

① 《陶行知全集》（第 3 卷），成都：四川教育出版社，1991 年，第 462 页。

等机会享受教育之权利”。也就是说，民主教育需要破除性别、年龄、种族、财产等的限制，实现受教育的机会均等。但要突破这些限制，尤其是财产的限制，实现民主教育、教育机会的均等，就离不开民主政治的建立，“有民有、民治、民享的政治，才有民有、民治、民享的教育”，否则，“农工阶级忙碌一天，还陷入吃不饱饿不死的状态，当然谈不到受教育”[①]。今天，人民是国家的主人，陶行知教育机会均等的理想有了实现的基础，但要真正实现这一理想，还须大家努力奋斗，我们国家也正在采取相应的措施，使人民不再因经济或财产的原因而不能接受教育，这就是陶行知教育机会均等的思想给我们的启示。

此外，陶行知将普及教育与控制人口增长、教育立法联系起来的思想，在今天也是有意义的。他认为“依照老法子，每年只增加几十万学生，而人口之增加倒超过十倍之数，那是一万年教育也不会普及。就是用我们提议的新法去普及教育，这过分的人口增加也得要统制”。他主张中华民国的国民必须成为现代人，对拒绝现代化的人，施以法律的处分，有知识的人必须拿自己已得的知识去教人，认为这是纳知识税，对不肯教人的人，以抗税论罪；立定妨害进步罪，一切妨害别人求学的人都要受法律的制裁[②]。他在《中国普及教育方案商讨》一文中，也提出普及教育必须强迫兴学、强迫教人、强迫求知，主张对侵犯别人上学或自修权利者，处以1年以下有期徒刑或1000元以下罚金，凡对自愿教人的人施以阻止者，也要处以3个月以下有期徒刑或100元罚金[③]。应当说，他的这些思想是很有远见的。

（二）师范教育改造的思想

普及民众教育，必须依靠师范教育来培养师资。陶行知曾长期从事师范教育工作，这使得他对旧师范教育的弊端有着深刻了解，再结合自己对普及民众教育所需师资素质问题的体察，他因而鲜明地提出彻底改革旧师范教育的主张，要求使师范教育为劳苦大众服务，尤其是为广大农民服务。他还认为“中国今日教育最急切的问题是旧师范教育之如何改造，新师范教育之如何建设”[④]，将师范教育的改造放在十分重要的位置。具体而言，陶行知关于师范教育改造的思想主要有三点：

第一，关于师范教育改造必要性的认识。师范教育在陶行知心中有着十分重要的地位，在他看来，师范教育实乃“国家所托命”，它“可以兴邦，也可以促国

---

① 《陶行知全集》（第4卷），成都：四川教育出版社，1991年，第490页。

② 《陶行知全集》（第3卷），成都：四川教育出版社，1991年，第223页。

③ 《陶行知全集》（第3卷），成都：四川教育出版社，1991年，第243页。

④ 郑登云编著：《中国近代教育史》，上海：华东师范大学出版社，1994年，第408页。

之亡"[①]。他认为传统的师范教育脱离生活，脱离实际，直接可以造成不死不活的教师，间接可以造成不死不活的国民。之所以这样说，是因为传统的师范学校只是在那里教洋八股，制造书呆子，这些大书呆子分布到小学里，又以几何的加速率制造小书呆子，倘使再刮一阵义务教育的大风，可以把书呆子的种子布满全国，叫全国的国民都变成书呆子，中华民国简直可以变成中华书呆国。这样一个书呆国不亡国才怪呢！要想不亡国，就必须对传统的师范教育予以根本改造，将不死不活的师范学校改造成有生活力的师范学校。这是因为"有生活力的国民，是要靠着有生活力的教师培养的；有生活力的教师，又是靠着有生活力的师范学校训练的"[②]，全国的国民都成了有生活力的国民，国家、民族自然就会兴旺发达。

第二，关于师范教育改造方向的认识。传统的师范教育必须改造，但如何改造？怎样才能建成有生活力的师范学校？为此他发起了师范学校下乡运动。早在1921年12月，陶行知就在一次关于师范教育的讲话中指出："现在的师范多设在城市，因之乡村受益少。因乡下学生入师范后，都不愿在乡下做事而愿在城市做事"，而"中国的农民占85%，设立师范学校，宜顾全农家子弟"。因此，他认为应当将许多师范学校设在小镇上[③]。1926年1月，他发表了《师范教育下乡运动》一文，指出："中国的师范学校多半设在城里，对于农村儿童的需要苦于不能适应。城里的师范生平日娇养惯了，自然是不愿到乡间去的。就是乡下招来的师范生，经过几年的城市化，也不愿回乡服务了。所以师范学校虽多，乡村学校的教员依然缺乏。"[④]为了使师范教育下乡，陶行知主张师范学校应在乡间设立分校，"以为造就乡村师资之所"，并主张每个师范分校设立附属小学一所，以资乡村师范学生实习。但师范学校设在乡间，并不等于师范教育就真正下了乡。他认为要真正做到这一点，就必须训练学生改造眼前的乡村生活，也就是说，必须在乡村的环境里训练乡村的师资，使他们掌握改造乡村生活的本领，而不能使师范学校的教育与乡村的环境脱节，形成学校是学校，乡村是乡村的局面，如果是这样，绝不是真正的乡村师范学校，师范教育就不是真正地下了乡。为了实践其师范教育下乡的思想，陶行知在1927年3月创办了晓庄师范学校。晓庄师范学校是一所别开生面的学校，在这里，师生们共同开荒种地，日常生活所需的衣、食、住、行都由师生动手来获取；在这里，学校、社会融为一体，师生、农民打成一片，晓庄师范学校因此在全国卓有声誉，产生了很大的影响。

---

① 郑登云编著：《中国近代教育史》，上海：华东师范大学出版社，1994年，第408页。

② 《陶行知全集》(第1卷)，成都：四川教育出版社，1991年，第96页。

③ 《陶行知全集》(第1卷)，成都：四川教育出版社，1991年，第387页。

④ 郑登云编著：《中国近代教育史》，上海：华东师范大学出版社，1994年，第409页。

第三，关于艺友制师范教育。陶行知认为，现行师范教育将学理和实习分为二事，“简直是以大书呆子教小书呆子”，所出人才和普通中学没有什么分别。他还感觉到各行各业实行艺徒制之实效，于是提出艺友制师范教育的方式。什么是艺友制师范教育？他指出，艺是艺术或手艺，友是朋友，凡用朋友之道教人学做艺术或手艺便是艺友制，教师的生活或职业也是一种艺术或手艺，学做教师有两种途径：一是从师，一是访友。凡用朋友之道教人学做教师，便是艺友制师范教育。要想做好教师，最好是和好教师做朋友，因为跟朋友操练比从师来得格外自然，格外有效力。陶行知提倡艺友制师范教育，是要让它和师范学校相辅而行，并不是用它来代替师范学校，他认为师范学校应当根本改造而不应当废除（这一点前面已经谈到）。他认为“凡学校有一艺之长的教师便可招收艺友”[①]，也就是说，从幼稚园到研究所，只要有“有一艺之长的教师”，就可实行艺友制。应当说，陶行知所提倡的艺友制师范教育方式，对于我们今天青年教师的培养，也是有一定借鉴意义的。

（三）生活教育理论

生活教育理论是陶行知在推行平民教育运动失败后提出的完整的教育思想体系，它既包括教育的目的和方针，又包括教育的内容和方法，是一种具有创造性、不断发展和进步的教育理论，是对杜威实用主义教育思想的突破。它有三个基本点：“生活即教育”“社会即学校”“教学做合一”。下面就这三个基本点分别予以介绍。

1.“生活即教育”。陶行知极力反对传统教育，认为其脱离实际，脱离生活，“中国的教育太重书本，和生活没有联系”，“教育与生活分离”[②]，“先生是教死书，死教书，教书死；学生是读死书，死读书，读书死”[③]。杜威的改良主义教育宣称“教育即生活”，虽然承认教育与生活的联系，但那只是把教育与生活关在学校里，所谓生活也不过是试验性质的，是假的生活，教育和活生生的社会生活仍是脱节的。针对传统教育和改良主义教育的这个弊病，他提出“生活即教育”的思想。

在他看来，“教育的根本意义是生活之变化。生活无时不变，即生活无时不含有教育的意义”，“到处是生活，即到处是教育”，教育是生活的影子[④]，自古以来，有生活即有教育，过什么生活便受什么教育，“过好的生活，便受好的教育；过坏的生活，便受坏的教育；过有目的的生活，便受有目的的教育；过糊里糊涂的生

---

① 《陶行知全集》（第1卷），成都：四川教育出版社，1991年，第154～157页。
② 《陶行知全集》（第3卷），成都：四川教育出版社，1991年，第593～594页。
③ 《陶行知全集》（第4卷），成都：四川教育出版社，1991年，第638页。
④ 《陶行知全集》（第3卷），成都：四川教育出版社，1991年，第246、715页。

活，便受糊里糊涂的教育”。因此，生活即是教育，教育与生活从来是分不开的，“教育是从生活中得来的”①。“我们要想受什么教育，便须过什么生活”，在1946年5月生活教育社上海分社筹备会上的讲话中，他更加系统地提出“教育不通过生活是没有用的，需要生活的教育，用生活来教育，为生活而教育。为生活需要而办教育，教育与生活是分不开的”②，也就是说，教育要通过现实生活，在现实生活中进行；教育要以服务生活为目的，为生活的需要而教育；教育要以生活为其内容。他在给一位朋友的信中进一步指出：“从定义上说，生活教育是给生活以教育，用生活来教育，为生活的向前向上的需要而教育。从生活与教育的关系上说，是生活决定教育。从效用上说，教育要通过生活才能发出力量而成为真正的教育。”③这个表述，不仅同样坚持了前面所说的“教育要通过生活、用生活来教育、为生活的需要而教育”的观点，而且进一步明确了生活对教育的决定作用。总之，办教育和受教育都要以生活为中心，不能脱离生活，为教育而教育。这就是陶行知所倡导的生活教育的方针，他的乡村教育乃至其此后一生的教育实践，包括国难教育、战时教育、民主教育，实际上都立足于这一方针。

这里需要指出的有两点：其一，陶行知提出的生活教育这一方针，并没有否定书本的作用。它是针对传统教育在教育内容上太重书本的情况而提出的，是主张在生活中，用“活书”即“生活”来进行教育，而并没有否定书本的作用，在他看来，书是为生活服务的，“过什么生活，用什么书”，书只是生活中的一种工具，脱离了生活，书有何用？况且书和书中的知识本身就是著书人“在行动中得来的”，也就是说是在生活中受生活的教育（生活与生活摩擦）而得来的。另外，书中的知识是真知识，还是假知识，也必须通过生活、用生活来检验，“真的便用的出去，假的便用不出去”④。陶行知关于书的这些认识，无疑是正确的，也是符合辩证唯物主义认识论的。其二，陶行知的生活教育理论，并没有忽视教育改造社会、影响社会生活的能动性。虽然，他认为“生活即教育”，有生活即有教育，过什么生活即受什么教育；主张教育不能脱离生活，要为生活而教育，通过生活来教育，用生活来教育，但他并没有因此而像有些论者批评的那样，忽视教育对社会和社会生活的能动改造。如果是那样，他一生所孜孜以求的普及教育、乡村教育等教育实践，还有什么意义？实际上，忽视教育对社会及社会生活的能动改造，将教育与生活混同起来的认识，恰恰是他所批判的，“有人说，生活即是教育，那么自古以来就有生活，即有教育，又何必要我们去办教育呢？他这句话，分析是

---

① 《陶行知全集》(第3卷)，成都：四川教育出版社，1991年，第246、533页。

② 《陶行知全集》(第3卷)，成都：四川教育出版社，1991年，第247、638页。

③ 《陶行知全集》(第4卷)，成都：四川教育出版社，1991年，第428页。

④ 《陶行知全集》(第3卷)，成都：四川教育出版社，1991年，第343、715、609页。

对的，断语是错的。我们承认自古以来便有生活即有教育。但在同一个社会里，有的人是过着前进的生活，有的人是过着落后的生活。我们要用前进的生活来引导落后的生活，要大家一起来过前进的生活，受前进的教育”①。也就是说，陶行知主张不能让人在生活中受盲目的教育，而要用生活教育来引导人们过向前向上的生活。在《普及现代生活教育之路》中，他也提出，普及教育的目标是要“教时代落伍的人一起赶上时代的前线来”。此外，他的其他教育实践，包括国难教育、民主教育，乃至育才学校、社会大学的创办，可以说都是为了社会的改造和进步。

2.“社会即学校”，是陶行知的又一重要教育思想。与“生活即教育”思想一样，它也是针对传统教育的弊端而提出来的。陶行知认为传统教育是为学校而办学校，在学校与社会中间人为造了一道高墙，以至于“学校是学校，社会是社会”，学校与社会隔绝；改良主义的教育固然已经觉得学校是离不开社会的，提出“学校社会化”“学校即社会”的主张，把社会的东西，诸如公安局、卫生局等，挑选几样，缩小一下，请到学校里，但这样的学校不过像是一个大鸟笼，鸟笼再大，即便再塞一些树枝，它也绝不是鸟的世界，同样，学校即使是包罗万象，它与社会依旧是隔膜的②。为了实现学校与社会的沟通，陶行知提出了“社会即学校”的思想。陶行知认为，“生活即教育”，整个社会的生活场所，亦即教育场所，因此又可以说“社会即学校”。在他看来，“自有人类以来，社会即是学校，生活即是教育”，在社会这所大学校里，“生活教育与生俱来，与生同去。出世便是破蒙，进棺材才算毕业”，“人人可以做我们的先生，人人可以做我们的同学，人人可以做我们的学生。随手抓来都是活书，都是学问，都是本领”。陶行知又接着指出，这样的学校，在传统教育那里，是没有地位的，士大夫们是不承认的，之所以不承认，是因为他们有特殊的学校给他们的子弟受特殊的教育。而对于人民大众来说，社会不仅是他们的学校，而且是他们唯一的学校③。

因此，陶行知主张，学校和社会要实现真正的沟通，必须做到两点：其一，“以社会为学校”。那就是要承认社会即学校，把社会当作学校，在社会这所伟大的学校里，“活到老，做到老，学到老”。他认为当教育被少数人独占，“教育雨不落在劳苦人的田园里”时，大众尤其要正式承认社会是自己的唯一学校，而且要有意识地运用这所唯一的学校，在生活、斗争中增加自己的知识，增加自己的力量，增加自己的信仰④。其二，让“学校和社会打成一片”。也就是要把横亘在学校和社会间的“高墙”拆去，使学校和社会融为一体。陶行知认为要实现学校和社

① 《陶行知全集》（第3卷），成都：四川教育出版社，1991年，第716页。

② 《陶行知全集》（第3卷），成都：四川教育出版社，1991年，第532、594、246页。

③ 《陶行知全集》（第3卷），成都：四川教育出版社，1991年，第246～247页。

④ 《陶行知全集》（第3卷），成都：四川教育出版社，1991年，第532、641、266、247页。

会的沟通，学校就必须“拆墙”，所谓“拆墙”，也就是转变态度，承认“社会即学校”[①]。拆了墙后，教育就可以从鸟笼中解放出来，学校就可以延伸到整个社会中，以广阔的社会生活场所为自己的课堂，以多彩的生活为自己的教学内容，教育与生活因此可以紧密联系，拆了墙后，学校也会因此成为人民大众求知的场所，而不再与他们无关[②]。更重要的是，拆了墙后，社会的中心问题便成了学校的中心问题。这中心问题就是政治经济问题，学校“就会自然而然的去运用社会的力量，以应济社会的需求”。总之，拆了墙后，学校与社会就不再是隔绝的，而是融为一体的，“彼此之间，很难识别的”[③]。他所创办的一系列学校，如晓庄、育才等，就是这样一种与社会打成一片、没有围墙的新型学校。由上述内容不难看出，他并不像有些论者批评的那样，是要取消学校，更不是提倡“学校消亡论”，而是要对传统的学校加以根本改造。

3.“教学做合一”，是陶行知生活教育理论的教学方法论。陶行知对“教学做合一”作过比较系统的阐发，在《教学做合一》一文中，他说：“教学做是一件事，不是三件事。我们要在做上教，在做上学。在做上教的是先生，在做上学的是学生。从先生对学生的关系说，做便是教；从学生对先生的关系说，做便是学。先生拿做来教，乃是真教；学生拿做来学，方是实学。不在做上用工夫，教固不成教，学也不成学”[④]，在《教学做合一下之教科书》一文中，他更进一步指出：“教学做合一是生活现象之说明，即是教育现象之说明。在生活里，对事说是做，对己之长进说是学，对人之影响说是教。教学做只是一种生活之三方面，而不是三个各不相谋的过程。同时，教学做合一是生活法，也就是教育法。它的涵义是：教的方法根据学的方法；学的方法根据做的方法。事怎样便就怎样学，怎样学便怎样教。教与学都以做为中心。在做上教的是先生，在做上学的是学生。在这个定义下，先生与学生失去了通常的严格的区别，在做上相教相学倒成了人生普遍的现象。”[⑤]

很显然，陶行知“教学做合一”思想不单是指出在教育上要做到“教学做合一”，“教”与“学”都要以“做”为中心，而且是指明教育要围绕实际生活，“做”的是实际生活，“学”的是实际生活，“教”的也是实际生活。因此，他的“教学做合一”思想，实际上是其“教育即生活”“社会即学校”思想在教学方法上的体现。它与杜威“做中学”的主张是根本不同的，杜威“做中学”的主张是与他的“教育即生

① 《陶行知全集》(第3卷)，成都：四川教育出版社，1991年，第532、594页。

② 郑登云编著：《中国近代教育史》，上海：华东师范大学出版社，1994年，第414页。

③ 《陶行知全集》(第3卷)，成都：四川教育出版社，1991年，第594、532页。

④ 《陶行知全集》(第1卷)，成都：四川教育出版社，1991年，第126页。

⑤ 黄书光：《中国教育哲学史》(第4卷)，济南：山东教育出版社，2000年，第403页。

活”“学校即社会”思想一致的，不过是让学生在模拟的社会环境中，“做”模拟的社会生活，“学”的当然也不可能是真正的社会生活。此外，陶行知所说的“做”与杜威“做中学”的“做”，在本质上也是不同的。杜威所说的“做”“只是满足儿童的活动本能，是生物个体适应环境的变化，确切地说，是为了适应美国资本主义工业社会生活不断变化和发展的需求”，而陶行知的“教学做合一”思想中的“做”，“已非适应环境的本能活动，而是以现实社会生活为基础的实践”[①]。陶行知自己也指出：“‘做’是在劳力上劳心。因此，‘做’含有下列三种特征：(1)行动；(2)思想；(3)新价值之产生。”[②]在《通不通》一文中，他进而强调：“我们所提倡的是‘在劳力上劳心’，而不是寻常学校里的劳作……我们是要大家参加社会生活里的劳动，而参加这种劳动的时候是要手脑并用。”[③]可见，陶行知所说的“做”，指的是社会实践，而且是指在社会实践中“手脑的并用”“劳力上劳心”，而不是单纯的劳力或劳心，他对“做”的这个阐释无疑是符合辩证唯物主义认识论的。

当然，陶行知“教学做合一”思想的形成，并非一日之功，而是经历了一个发展过程，而这个过程恰好展现了一个伟大的教育家勇于在实践中修正自己，不断进取的伟大人格。留美回国之初期，他看到国内的学校里，先生只管教，学生只管受教，实行的是以“教”为中心的满堂灌的“教授法”，因此提出批评，发表《教学合一》一文，提倡教学合一，指出教师的根本职责不是“教书”，而是“教学”，“教学生学”，教师自己也当“一面教一面学”，“教的法子必须根据学的法子”[④]。然而陶行知的探索并没有停止，1922 年在“教学合一”的基础上，他又提出“事怎样做就怎样学；怎样学就怎样教；教的法子要根据学的法子，学的法子要根据做的法子”[⑤]，可以说已经萌生了“教学做合一”的思想，只不过名称还没有正式提出而已。1925 年，他把自己的这一思想称作“教学做合一”，并在 1926 年以后，通过《教学做合一》《教学做合一下之教科书》等文章系统加以阐发，而且在晓庄师范学校、育才学校等加以试验，不断丰富发展。

以上介绍了陶行知教育思想的几个主要方面，实际上，在他的教育思想中，还有许多值得我们吸取和借鉴的东西，例如，他的“解放儿童创造力”的思想。陶行知认为传统的儿童教育是“苦海”，中国的小孩是在“苦海中成长”，我们应该把儿童的苦海创造成儿童的乐园，而要做到这一点，成人必须把自己“摆在儿童的队伍里，成为孩子当中的一员”，以赤子之心，去发现儿童的创造力，解放儿童的

① 黄书光：《中国教育哲学史》(第 4 卷)，济南：山东教育出版社，2000 年，第 399～400 页。

② 黄书光：《中国教育哲学史》(第 4 卷)，济南：山东教育出版社，2000 年，第404 页。

③ 《陶行知全集》(第 3 卷)，成都：四川教育出版社，1991 年，第 344 页。

④ 《陶行知全集》(第 1 卷)，成都：四川教育出版社，1991 年，第 24 页。

⑤ 《陶行知全集》(第 1 卷)，成都：四川教育出版社，1991 年，第 125 页。

创造力。怎样解放呢？一要解放儿童的头脑，使其从迷信、成见、曲解、幻想等“裹头布”层层的包缠中解放出来；二要解放儿童的双手，家长、保育员、教师应当允许儿童有动手的机会，不要动手就打手心，那样会摧残儿童的创造力，说不定就把中国的“爱迪生”给枪毙了；三要解放儿童的眼睛，要让儿童去观察，培养其观察力；四要解放儿童的嘴，小孩有问题要准许他们问，因为对问题的解答可以增进他们的知识，小孩只有得到问的自由，才能充分发挥他们的创造力；五要解放儿童的空间，要让儿童有机会去接触大自然的花草、树木、青山、绿水、日月、星辰，接触大社会中的士、农、工、商，三教九流，自由地对宇宙发问，与万物为友，并且向中外古今三百六十行学习，只有解放了空间，儿童才能收集丰富的资料，扩大眼界，以发挥内在的创造力；六要解放儿童的时间，学校和家长不要把儿童的时间排得太紧，要把儿童从月考、学期考、会考、毕业考等众多的赶考中解放出来，多留一些时间让儿童去接受大自然和大社会的宝贵知识[①]。可见，陶行知提出的“解放儿童创造力”的思想，在今天仍然具有十分重要的现实意义，对于我们实施素质教育是很有帮助的，我们的教育行政部门、学校、学生家长都可以从中得到有益的启示。

资料卡片 16

梁漱溟的乡村教育思想

梁漱溟(1893～1988 年)，蒙古族，原籍广西桂林，生于北京。中国著名的思想家、哲学家、教育家、爱国民主人士，并是现代新儒家的早期代表人物之一，有“中国最后一位大儒”之称。代表作有《中国文化要义》《东西文化及其哲学》《中国人》《读书与做人》《人心与人生》等。

梁漱溟认为，东西方教育存在明显差异，中国传统的教育侧重于“情意”，例如孝悌之教；而西方侧重于“知识”，例如自然科学之教。东西方教育各有得失，应该相互借鉴。但是，近代以来，中国备受列强欺凌。为了民族自救，中国人开始向西方学习，教育模式也全部西方化。对此，梁漱溟提出尖锐的批评：学校制度自从欧美流入中国以来，始终未见到何等的成功，反而带来许多病痛，甚至使有能力的人变为无能力的废物。他认为，要解决中国的社会问题，需将西方现代化的优点与中国文化的优点融合起来，儒家的义理不是在课堂上谈谈就可以，而是要在生活特别是乡村生活中去实践。为此，他提出“乡治”的思想，并辞去北大教职到农村开展“乡治”实验。1928 年他在河南进行过短期的实验，1931 年又来到山东的邹平，进行了长达七年

① 《陶行知全集》(第 4 卷)，成都：四川教育出版社，1991 年，第 537～543 页。

的乡村建设运动。他主张“乡村自救”，制定“乡规乡约”，创办“乡农学校”，开展以培养农民自我发展能力为导向的乡村教育实践。乡农学校的课程分两类：一类是各校共有的课程，包括识字、唱歌、德育等；另一类是根据当地生活环境的需要开设的课程，如产棉区就组织农民学习种植棉花的技术，等等。后来，实验区逐步扩大到全省十几个县，在海内外产生了深远影响。

第三节 陈鹤琴的教育思想

陈鹤琴是中国现代教育史上著名的教育家、儿童心理学家和儿童教育专家，五四运动后新教育的第一代创业者之一。他毕生致力于儿童教育事业，是中国现代幼儿教育的奠基人，“活教育”理论的倡导者，为探索和建立中国化、科学化的幼儿教育体系作出了重要贡献。

一、生平

陈鹤琴（1892～1982 年），浙江省上虞县百官镇人，出身于一个逐渐破落的小商人家庭。6 岁丧父，8 岁入私塾，14 岁（1906 年）由姐夫资助入杭州蕙兰中学读书。杭州蕙兰中学是一所教会学校，陈鹤琴在这里开始接受新式教育。中学毕业后，1911 年 2 月考入上海圣约翰大学，同年秋考入北京清华学堂高等科。在清华求学期间，曾创办清华校役补习学校以及成府村义务小学。1914 年 8 月，陈鹤琴赴美留学。他原定学医，后决定改学教育。在美国，先入约翰斯·霍普金斯大学，并于1917 年获得文学学士学位，同年进入哥伦比亚大学师范学院，就学于名教授克伯屈、孟禄、桑代克等人。1918 年，在哥伦比亚大学获教育学硕士学位。

1919 年，陈鹤琴放弃攻读心理学博士学位的计划，应邀回国任教于南京高等师范学校（1921 年改名为国立东南大学），教授教育学、心理学和儿童心理学等课程，并于 1923 年兼任教务主任。1920 年，陈鹤琴开始致力于儿童心理和家庭教育的实验研究，他以自己的长子陈一鸣为研究对象，进行了 808 天的观察和实验，从而成为我国最早以观察法和实验法研究儿童身心发展的教育家。1923 年，陈鹤琴创办了中国第一所实验幼稚园——南京鼓楼幼稚园，并兼任园长。1927 年，陈鹤琴在南京发起组织了幼稚教育研究会，并创办《幼稚教育》月刊，自任主编并亲自撰写发刊词，发动大家来研究幼稚教

陈鹤琴

育。1929年,陈鹤琴同陶行知合作,发起建立中华儿童教育社,并担任主席,该社到1937年成为当时全国最大的儿童教育学术团体和研究推动儿童教育的中心。抗日战争全面爆发后,陈鹤琴积极参加救亡运动。1939年,为躲避日伪暗杀,陈鹤琴离开上海到了后方。1940年,创立江西省立实验幼稚师范学校。1941年创办《活》杂志,提出了活的教学原则。抗日战争结束后,任上海市教育局顾问。1946年和1948年主编《活的创造——理论与实践》《活理论与实施》等两部著作,对活理论与实践进行了比较全面的总结与概括。

新中国成立后,陈鹤琴曾任南京师范学院院长,历任全国第一、二、三、四、五届政协委员,1979年又任中国教育学会名誉会长,全国幼儿教育研究会名誉理事长,为新中国的幼儿事业作出了巨大贡献。1982年12月30日,在南京病逝,终年91岁。

二、陈鹤琴的教育思想

(一)论幼儿教育

1.论幼儿教育的重要性。对于幼儿教育的重要性,陈鹤琴很早就有着非常深刻的认识。在1927年为《幼稚教育》月刊写的《〈幼稚教育〉发刊词》一文中,他认为幼稚教育是培养国民健全人格的基础性工作,“幼稚教育是儿童的基本教育,亦即人群的基本教育。儿童在这个时期,关于习惯、知识、言语、思想各个方面都打了很深的根基。倘使在这个时期,根基稍一不稳,将来要想建造健全的人格,也就不可能了。所以,我们要培养健全的人格,促进健全的社会,第一须注重幼稚时期的教育,竭力宣传初期儿童教育的重要,而引起一般社会的注意”[①]。

新中国成立以来,特别是1979年以后,陈鹤琴对于幼儿教育重要性的认识进一步深化。在1979年召开的全国幼儿教育研究会成立大会上,陈鹤琴指出:“今天的婴幼儿到2000年的时候,正是建设社会主义现代化强国的生力军。发展幼托事业,培养具有体魄强壮、品德良好和智力发达的祖国幼苗,是关系到祖国与民族前途的根本大计,对实现四个现代化影响深远。”他号召教育工作者“必须十分重视和开展对幼教的科学实验,探出一条中国化的幼儿教育的客观规律,从而促进全民族的幼儿教育的发展”[②]。在1981年为自己的《家庭教育》一书所作的“重版序”中,陈鹤琴更是满怀深情地写道:“儿童是振兴中华的希望。儿童教育是整个教育的基础,关系到我们伟大祖国的命运。”[③]

---

① 陈秀云编:《陈鹤琴教育文集》(下卷),北京:北京出版社,1983年,第6~7页。

② 陈秀云编:《陈鹤琴教育文集》(下卷),北京:北京出版社,1983年,第897页。

③ 陈鹤琴:《家庭教育》,上海:华东师范大学出版社,2006年,第23页。

2.论幼儿教育的观念和方法。陈鹤琴认为，“假使我们要收教育的效果，对于儿童的观念，不得不改变的；施行教育的方法，不得不研究的”[①]。在他看来，传统的幼儿教育观念必须彻底改变。他反对封建的、错误的儿童观和教育观，极力主张儿童教育的科学化、民主化。为此，他提出了“了解儿童”“尊重儿童”“热爱儿童”“教育儿童”的口号。他说：“做父母、做教师的，要怎样来实践他们教导儿童的责任呢？我觉得可靠的条件之一，便是要了解儿童。儿童的喜怒哀乐，儿童的成长与成熟，儿童的学习与思想，儿童的环境，以及儿童从新生到成长的整个过程当中所产生的一切变化与现象，我们都应当有相当的研究与认识。只有在了解儿童之后，我们对儿童的教导，才能确有实效。”[②]他在《家庭教育》一书中曾描绘儿童心理的七个基本特点：小孩子是好游戏的，小孩子是好模仿的，小孩子是好奇的，小孩子是喜欢成功的，小孩子是喜欢野外生活的，小孩子是喜欢合群的，小孩子是喜欢称赞的。在他看来，“若能依据小孩子的心理而施行教育，那教育必有良好的效果”[③]。陈鹤琴认为，了解儿童除需要读儿童心理学外，还要深入儿童生活，去观察，去体会，去与儿童做伴、做朋友。在陈鹤琴看来，“小孩子有小孩子的意志，小孩子有小孩子的人格。成人应当尊重小孩子的意志，尊重小孩子的人格”[④]。他还认为，教育的过程同时也是一个情感交流的过程，因此教育者必须热爱儿童，也正因此他把“热爱儿童”作为幼稚教师的起码条件予以强调。

在教育方法上，陈鹤琴依据上述原则提出了一系列科学的幼儿教育方法，如：游戏式的教学法；寓教育于生活之中；整个教学法；科学地运用模仿心理；实现教育者之间的教育联合，等等。在上述教学方法中，尤其值得一提的是“整个教学法”。所谓整个教学法，就是把儿童所应该学习的东西整个地、有系统地去教儿童学。这种教学法就是将各种功课融合，功课无规定的学习时间；所用的教材是以故事或社会或自然为中心的，或是以做为出发点的[⑤]。这种教学方法既适应了幼儿心理的特点，又使教学内容有一定的系统性，是陈鹤琴在幼儿教育理论上的一个重要贡献。

3.论幼儿教育师资的培养。陈鹤琴非常重视幼儿教育师资的培养，他认为这是办好幼教、普及幼教的关键所在。他对于传统师范教育中存在的学非所用、用非所学、读书和做分家等弊病有着非常深刻的认识，一贯主张幼稚园的教师应当经过充分的训练才能成为合格的幼教老师。陈鹤琴提出，培养幼

---

① 陈秀云编：《陈鹤琴教育文集》（上卷），北京：北京出版社，1983年，第1页。
② 陈秀云编：《陈鹤琴教育文集》（上卷），北京：北京出版社，1983年，第423页。
③ 陈鹤琴：《家庭教育》，上海：华东师范大学出版社，2006年，第8页。
④ 陈秀云编：《陈鹤琴教育文集》（上卷），北京：北京出版社，1983年，第781页。
⑤ 陈秀云编：《陈鹤琴教育文集》（下卷），北京：北京出版社，1983年，第107页。

儿园师资，首先要注意培养学生对幼教专业的热爱；其次要让学生认识到幼教师资的重要性——是在为培养祖国的下一代奠定良好的基础；再次要让学生懂得不仅要了解幼儿身心发展的规律，具有广博的自然科学和社会科学知识，而且要掌握教育幼儿的技能技巧。只有做到这些，才能使幼儿园教师成为幼儿的朋友、幼儿的好教师。

陈鹤琴认为，对儿童的纯爱和感情，对从事幼教工作的认识和决心，是一个好教师必须要解决的首要问题。他在江西创办的实验幼师，要求学生一入学就须到附小、幼稚园、婴儿园同孩子交朋友，认定一个孩子作为研究对象，通过与孩子相处，培养对儿童、对教育工作的深厚感情。此外，他还要求学生必须懂得教育理论，掌握教学业务和技能技巧，如讲故事、画画、做手工、制作教具和玩具，会唱歌，会儿童舞蹈、游戏，能奏一种乐器，能种菜养花、饲养家禽、布置环境等。

(二)论“活教育”

“活教育”理论是陈鹤琴具有代表性的教育思想，是他针对旧教育的弊端而提出的。陈鹤琴把理论脱离实际、学校脱离社会、教学脱离儿童实际的旧教育看作死教育，认为这种教育使儿童没有了思想的机会，窒息了儿童的思维，扼杀了儿童的个性。因此，他鲜明地提出“活教育”的理论和方法，以反对这种扼杀人性的旧教育。其主要思想如下：

1.论“活教育”的目的。陈鹤琴说：“活教育的目的就是做人，做中国人，做现代中国人。”[①]陈鹤琴认为，作为一个人，首先，他必须热爱人类，不论国籍、种族、阶级或宗教；其次，他必须热爱真理，不为富贵所淫；再次，他要有人类崇高的精神，天下一家的观念。而陈鹤琴认为，作为一个中国人，除要具备上述三点基本要求外，还要懂得爱护这块生养自己的土地，要爱自己国家长期延续的光荣传统，要爱与自己共命运的同胞。并且拥有这份情感的中国人，应该团结起来，为提高中国在世界上的地位、为国家的兴旺发达而共同努力。不过，作为一个现代中国人，作为一个生活在20世纪特定时代背景下的现代中国人，作为一个要承担科学民主的启蒙和救亡图强的艰巨历史任务的现代中国人，陈鹤琴认为，还必须具备五个条件：第一，要有健全的身体；第二，要有建设的能力；第三，要有创造的能力；第四，要能够合作；第五，要有服务精神，肯为社会造福。

抗日战争胜利后，陈鹤琴对于“活教育”目的的论述又有了新的发展。他把“做人、做中国人、做现代中国人”改为“做人、做中国人、做世界人”。他提出“做世界人”，要“爱国家、爱人类、爱真理”，而“爱人类”就是要爱劳苦大众的大多数，恨人类共同的敌人，不要把自己的享乐建立在大多数劳苦大众的血泪上。

---

① 梅克、陈秀云主编：《陈鹤琴全集》(第四卷)，南京：江苏教育出版社，1991年，第356页。

2.论"活教育"的课程。陈鹤琴认为，传统教育的课程是固定的，教材是呆板的，书本是唯一的教育资料，学生谓之"读书"，先生谓之"教书"，把读书和教书当成学校教育的全部内容，人的观念被书本严重束缚住了，结果只能变成"书呆子"。因此，他要把学生从这种束缚中解放出来，让学生直接向大自然、大社会学习。他说："大自然、大社会都是活教材。""活教育的课程是把大自然、大社会做出发点，让学生直接向大自然、大社会去学习"，"去向活的直接的'知识宝库'探讨研究"①。

陈鹤琴认为"大自然、大社会"是活的书，直接的书；而书本上的知识却是死的书，间接的书。他主张让儿童在与活的书——大自然、大社会的直接接触中，在亲身观察中获取经验和知识，而间接的书本知识只能当作学习的副工具，是"活的书"的一种补充。因此，我们认为，陈鹤琴并没有决然否定书本知识的作用，而是恰恰给书本知识以一个正确的定位，希望人们能够抛弃过去"书本万能"的错误观念。

关于"活教育"课程的内容，陈鹤琴将其具体化为"五类"，即所谓"五指活动"：儿童健康活动（包括卫生、体育、营养等）、儿童社会活动（包括史地、公民、时事等）、儿童科学活动（包括生、数、理、化等）、儿童艺术活动（包括音、美、工等）、儿童文学活动（包括读、写、说、译等）②。可以看出，陈鹤琴的"五指活动"课程打破了传统按学科组织的体系，采取活动中心和活动单元的形式，能够很好地体现儿童生活的整体性和连贯性，对于今天的幼儿园教学仍有一定的借鉴意义。

3.论"活教育"的教学方法。陈鹤琴说："活教育的教学方法也有一个基本原则。什么原则呢？就是：'做中教，做中学，做中求进步'"，"不但要在'做'中学，还要在'做'中教，不但要在'做'中教与学，还要不断地在'做'中争取进步"③。陈鹤琴认为，"做"是教学的基本原则，一切的学习，不论是肌肉的，还是神经的，都要靠做。强调"做"是学生学习的基础。

陈鹤琴非常重视儿童在学习过程中的主体地位和在活动中直接经验的获取，要求组织教学时，尽力让儿童在具体活动中去直接经验，从经验中获得各种知识。所以他把"活教育"的教学过程归纳为四个步骤：实验观察、阅读参考、发表创作、批评研讨。要求每一个学生准备好一本工作簿，在工作簿上编写自己的教材。教师的责任是引发、供给、指导、欣赏。

---

① 梅克、陈秀云主编：《陈鹤琴全集》（第四卷），南京：江苏教育出版社，1991年，第364、365页。

② 梅克、陈秀云主编：《陈鹤琴全集》（第四卷），南京：江苏教育出版社，1991年，第374～389页。

③ 梅克、陈秀云主编：《陈鹤琴全集》（第四卷），南京：江苏教育出版社，1991年，第366页。

陈鹤琴还依据儿童心理学和教育学原理，并结合自己的教育经验，详细阐述了“活教育”的教学原则：“凡是儿童自己能够做的，应当让他自己做。”“凡是儿童自己能够想的，应当让他自己想”，“你要儿童怎样做，就应当教儿童怎样学”，“鼓励儿童去发现他自己的世界”，“积极的鼓励胜于消极的制裁”，“积极的暗示胜于消极的命令”[①]等。

以上所述，只是陈鹤琴教育思想的主要方面，实际上他的教育思想非常丰富。他的教育思想不仅在中国现代教育史上具有重要影响，而且影响着我国今天的教育改革。

资料卡片 17

杨贤江的教育思想

杨贤江(1895～1931年)，浙江余姚人。中国共产党早期的活动家、中国青年运动的杰出领导人、马克思主义教育理论家。他用马克思主义的立场、观点和方法研究教育发展史，撰写了《教育史ABC》一书，1930年又出版了《新教育大纲》。《新教育大纲》是我国第一部系统介绍马列主义教育思想的著作。他运用马克思主义的基本原理阐明教育的本质，他认为教育产生于当时当地人民实际生活的需要，教育作为社会上层建筑之一，是由经济和政治所决定的，并对经济和政治产生影响。他逐一批驳了“教育神圣说”“教育清高说”“教育中正说”“教育独立说”以及“教育万能说”“教育救国说”“先教育后革命说”等错误观点，并明确提出教育可以作为革命的武器，在革命的进程中发挥作用。他认为，应给青年人以正确的教育和指导，使他们在德智体诸方面都得到健康发展，成为社会有用之才。他指出，学生不应该只埋头读书，而应当关心和研究政治，必要的时候还应当起来斗争。他告诫学生，在斗争中必须依靠团体而非个人力量，要有组织有纪律；应该把斗争的目标放在争取广大学生的利益，以避免学生间的分化；学生运动应与工农运动相结合。他还批判了资本主义教育商品化、独占化、侵略化的特点，也阐述了社会主义教育的阶级性以及教育与生产劳动相结合的意义。

总之，杨贤江不仅批判了20世纪20年代形形色色的改良主义教育思潮，而且在中国第一个系统介绍了马克思主义教育学说，并运用这一学说分析中国教育问题，从而为我国科学教育学的建立奠定了理论基础。他也因此成为中国无产阶级教育理论的先驱者。

① 陈秀云编：《陈鹤琴教育文集》(下卷)，北京：北京出版社，1983年，第653～700页。

第四节　毛泽东的教育思想

毛泽东，中国各族人民的伟大领袖，伟大的马克思主义者，伟大的无产阶级革命家、战略家和理论家，中国共产党和中华人民共和国的主要缔造者。他是一个政治家、哲学家，也是一个教育家。他站在哲学和政治的高度审视教育问题，既有宏观把握，也有微观思考，所形成的教育思想是对马克思主义教育思想的继承和发展，在我国现代教育史上占有重要地位。

一、毛泽东的生平及政治、哲学思想

（一）生平

毛泽东（1893～1976年），字咏芝（或润之、润芝），湖南湘潭韶山冲人。出身于农民家庭，其父毛顺生靠自己的勤劳、善经营而使家庭生活较为富裕。毛泽东8岁入私塾，学习《三字经》《论语》《孟子》等，接受传统文化的熏陶，1910年秋考入湘乡县立东山高小，1911年考入长沙湘乡驻省中学读书；辛亥革命爆发后，和几位同学一起投笔从戎，参加革命军。清政府被推翻，中华民国成立后，毛泽东以为革命已经胜利，当了半年兵便退出军队，决心继续求学，以第一名的成绩考入湖南省立高等中学堂，1912年7月因不满学校教学，认为自己读书、自己研究比进学堂更有益处，遂离开高等中学堂，开始在湖南图书馆自学，比较广泛地接触了西方各种新思想，研读了《物种起源》《原富》《天演论》《群学肆言》等名著。

1913年，毛泽东考入湖南省立第四师范学校（后并入湖南第一师范学校），"一师"五年半的求学生涯，对他来说，是人生中一个很重要阶段，他受到杨昌济、徐特立等老师的较大影响，阅读过陈独秀、胡适、李大钊等新文化运动旗手在《新青年》上发表的大量文章，并将他们奉为自己的楷模。1917年冬，和蔡和森、萧子升等发起组织新民学会，1918年夏，毛泽东从"一师"毕业后，受"新村主义"的影响，和蔡和森、张昆弟等设立工读同志会，半耕半读，以进行"新村"计划的实验；同年8月，毛泽东到北京，从事留法勤工俭学的组织工作。9月底，经杨昌济介绍，到李大钊任主任的北大图书馆当助理员，在李大钊的帮助和影响下，大量阅读了宣传俄国十月革命和马克思主义的文章，开始朝着马克思主义方向发展。1919年4月，毛泽东回到长沙，担任"一师"附小主事。五四运动爆发后，他立即领导新民学会会员深入长沙各校，亲拟传单，动员青年学生响应北京学生的爱国行动，举行反帝反军阀的游行示威活动；同年7月，由他主编的《湘江评论》创刊。毛泽东在《湘江评论》上发表《民众的大联合》等著名文章，无情抨击帝国主义和封建主义，宣传十月革命和马克思主义，号召民众大联合，共同改造国家和社会。

这表明毛泽东的思想正迅速由革命民主主义向马克思主义转变。同年底，为驱逐反动军阀张敬尧，毛泽东率领“驱张请愿团”到北京。在京期间，加入了“少年中国学会”，并最终确立对马克思主义的信仰。

1920年8月，毛泽东、何叔衡等发起创办了文化书社，宣传新文化、传播马克思主义，9月与何叔衡等发起组织俄罗斯研究会，研究俄国革命，宣传马克思主义；与此同时，他还与人发起成立了湘潭教育促进会，以期革新教育；1920年冬，毛泽东在长沙组建了长沙共产主义小组，1921年6月和何叔衡一道出席了在上海召开的中国共产党第一次全国代表大会。同年8月，创办了湖南自修大学，1923年11月自修大学被军阀政府查封后，他又创办了湘江学校，这两所学校对传播马克思主义，培养革命干部起了重要作用。国共合作后，1923年底，毛泽东到广州出席中国国民党第一次全国代表大会，并当选为国民党候补中央执行委员。1925年10月，曾代理国民党中央宣传部长，并负责主编《政治周刊》。1926年3月，毛泽东担任广州第六届农民运动讲习所所长，并亲自讲授《中国农民问题》，为中国共产党培养了一批农民革命干部，推动了农民运动的发展。1927年大革命失败，毛泽东回到湖南，发动和领导了湘赣边界的秋收起义，并于同年10月率领起义部队到达井冈山，创建了第一块农村革命根据地——井冈山革命根据地，开辟了“农村包围城市，武装夺取政权”的革命道路。1931年，受王明路线的排挤而离开中共中央领导职位，1935年1月，长征途中，在遵义召开中共中央政治局扩大会议，会上选举毛泽东为政治局常委，并恢复他对红军的指挥权，此后，毛泽东指挥红军完成长征，使中国革命转危为安。1936年12月，他与周恩来等人促使西安事变和平解决，从而出现了国共第二次合作、团结抗日的新时局。抗日战争时期，以他为首的中国共产党坚持统一战线中的独立自主原则，坚持敌后抗战，为抗日战争的胜利作出了巨大贡献。1945年，在中共七大上，毛泽东当选为中共中央主席，毛泽东思想被确认为全党的指导思想。

抗战胜利后，1945年8月28日，为争取国内和平，毛泽东亲赴重庆同蒋介石谈判，签订了《双十协定》。1946年6月，国民党悍然发动全面内战后，毛泽东指挥人民解放军奋战3年，推翻了国民党反动政权对大陆的统治。在1949年9月21日召开的中国人民政治协商会议第一届全体会议上，他当选为中华人民共和国中央人民政府主席。10月1日，毛泽东在天安门城楼上庄严宣告中华人民共和国成立。

新中国成立后，毛泽东领导全国人民艰苦奋斗，取得了抗美援朝、社会主义改造等一系列胜利，在社会主义建设时期，我国在经济建设、国防、外交等各个领域，也同样取得辉煌成就。他对中国革命、社会主义建设的功绩和贡献是不可磨灭的。1976年9月9日病逝于北京，享年83岁。主要著作收入《毛泽东选集》等书。

(二)政治、哲学思想

毛泽东的政治思想，主要包括关于新民主主义革命和建设的理论、关于社会主义改造和建设的理论等方面的内容。

1. 关于新民主主义革命和建设的理论。毛泽东认为，由于近代中国社会在性质上是半殖民地半封建的，中国人民受到帝国主义和封建主义的双重压迫，帝国主义和中华民族的矛盾、封建主义和人民大众的矛盾是近代中国社会的两大主要矛盾。因此，近代中国革命的任务，就是反对帝国主义、反对封建主义，也就是推翻帝国主义和封建主义的统治，实现国家独立和民主。革命的性质由革命的任务决定，近代中国革命的性质是反帝反封建的资产阶级民主革命。中国的民主革命以五四运动为界，划分为旧民主主义革命和新民主主义革命两个时期。历史证明，旧民主主义革命，包括农民阶级领导的太平天国运动和民族资产阶级领导的辛亥革命，都没有能够完成反帝反封建的历史任务。五四运动之后，由于马克思主义的传播、中国共产党的成立等，旧民主主义革命转变为新民主主义革命。新民主主义革命是无产阶级及其政党(共产党)领导下的人民大众的反帝反封建革命，它是世界无产阶级社会主义革命的一部分，是社会主义革命的必要准备，其前途必然是社会主义而不是资本主义。但是，必须看到新民主主义革命和社会主义革命是性质不同的两个革命过程，绝不能混淆两者的界限，把本属于将来社会主义革命的任务，拿到新民主主义革命阶段来做。

在新民主主义革命中，无产阶级必须通过自己的政党掌握革命的领导权，以稳固的工农联盟为基础，团结城市小资产阶级和民族资产阶级，建立革命的统一战线，反对帝国主义、封建主义和官僚资本主义。在中国，反帝反封建的新民主主义革命的主要形式是武装斗争。这是由于中国内部没有资产阶级民主，外部没有民族独立，反革命的统治阶级凭借强大的武装力量对人民实行独裁恐怖统治。在这种情况下，只能是“枪杆子里面出政权”，离开武装斗争就不可能有革命的胜利。但是，一方面，由于敌人力量异常强大，且占据中心城市，农村则是敌人统治的薄弱环节；另一方面，由于中国民主革命的中心问题就是土地问题，占全国人口80%的广大农民是革命的主力军，有着迫切的革命要求，因此，中国革命的武装斗争，必须而且只能够是无产阶级及其政党领导的、以农民为主体的人民战争，必须而且只能走建立农村革命根据地，以农村包围城市，进而夺取全国政权的道路。另外，他认为党的建设是革命取得胜利的重要保证，并将之与统一战线、武装斗争并称为中国革命克敌制胜的三大法宝。

新民主主义革命胜利后，在政治上，所要建立的国家国体实行人民民主专政，政体实行人民代表大会制，各革命阶级在无产阶级领导下，以工农联盟为基础，联合对敌人实行专政，人民内部则实行广泛的民主，人民代表大会制则是实现这种民主的最好形式。在经济上，新民主主义国家没收地主土地分给农民，实行耕者有其田；没收官僚资本为国家所有，建立国有经济，它是社会主义性质的，是将来整个国民经济社会主义改造的物质基础；新民主主义国家在没收地主土地和官僚资本的同时，实行保护民族工商业的政策，对城市中的民族资本主义经济和农村中的富农经济，采取不没收、允许其存在和发展的政策。在文化上，新民主主义国家要建设的新文化，是新民主主义的，是无产阶级领导下的人民大众的反帝反封建的新文化，是在马克思主义和共产主义思想指导下的民族的科学的大众的文化。

2. 关于社会主义改造和建设的理论。中华人民共和国成立初期，国家的社会性质是新民主主义的。在新民主主义社会这个历史阶段，必须创造条件，进行社会主义改造，为向社会主义社会过渡作准备。因此，毛泽东提出，从中华人民共和国成立到社会主义改造基本完成，是一个过渡时期。党在过渡时期的总路线和总任务，是要在一个相当长时期内，基本上实现国家工业化和对农业、手工业、资本主义工商业的社会主义改造。

1956 年社会主义改造基本完成，我国开始进入社会主义社会。毛泽东及时提出中国的社会主义建设必须走自己的路，工业化不能照抄照搬苏联工业化的经验。政治上，提出必须区分“敌我矛盾”和“人民内部矛盾”这两类不同性质的矛盾，并指出，在社会主义时期，必须调动一切积极因素，正确处理人民内部矛盾。在与各民主党派的关系上，毛泽东提出“长期共存、互相监督”的方针。文化上，提出“百花齐放、百家争鸣”的正确方针。尽管毛泽东晚年因发动“文化大革命”而犯了错误，但其发动“文化大革命”的初衷，却是为了防止党和国家政权变色，即为了防止党变修，国变“资”，应当说，毛泽东发动“文化大革命”的出发点，是有其正确性的，他提出的“防资防修”的命题，在今天仍然具有一定的现实意义。

毛泽东的哲学思想，主要反映在他的《矛盾论》和《实践论》两部著作中，前者较系统地反映了他的唯物辩证法思想，后者则是他的辩证唯物主义认识论的集大成之作。

在《矛盾论》中，毛泽东从六个方面展开了其辩证法思想体系，丰富和发展了马克思主义哲学。第一，关于两种宇宙观的对立。也就是形而上学与辩证法的对立，前者用孤立的、静止的、片面的观点去看世界，否认事物发展的根本原因是事物内部的矛盾性；辩证法则用了联系的、发展的、全面的观点看世界，认为事物发展变化的根源在于事物自身，在于事物内部的矛盾性，内因是变化的根据，外因是变化的条件。第二，关于矛盾的普遍性。毛泽东指出，矛盾存在于一切事物之中，在一切事物的发展过程中，自始至终都存在矛盾运动，没有矛盾就没有世界。第三，关于矛盾的特殊性。毛泽东特别强调对矛盾特殊性的研究，要求注意每一事物与其他运动形式质的区别。毛泽东认为矛盾的普遍性和特殊性的关系，就是矛盾的共性和个性的关系。第四，关于主要矛盾和矛盾的主要方面。他认为，在复杂事物的发展过程中，有许多矛盾存在，其中必有一种是主要矛盾，它的存在和发展，规定和影响着其他矛盾的存在和发展；而在矛盾的两方面中，必有一方面是主要的，事物的性质是由主要矛盾的主要方面所决定的。第五，关于矛盾的同一性和斗争性。毛泽东认为一切矛盾着的东西，互相联系着，在一定条件下，共处于一个统一体中，且在一定条件下互相转化，这就是矛盾同一性的全部意义；而斗争性则是指对立面之间互相排斥、互相斗争的矛盾关系。他指出，同一性是相对的、有条件的，而斗争性则是绝对的、无条件的，"有条件的相对的同一性和无条件的绝对的斗争性相结合，构成了一切事物的矛盾运动"。第六，关于对抗性矛盾和非对抗性矛盾。毛泽东认为矛盾有对抗性的，也有非对抗性的，两者在一定条件下可以相互转化，他并且指出，矛盾性质不同，条件不同，解决的方式也应当不同，对抗只是解决激化与尖锐化矛盾的一种形式，是矛盾斗争的一种形式，不是它的一切形式。

在《实践论》中，毛泽东对其辩证唯物主义认识论作了阐发。其基本思想：社会实践是认识的源泉和基础，通过实践而发现真理，又通过实践而证实（检验）真理和发展真理。从感性认识而能动地发展到理性认识，又从理性认识而能动地指导革命实践，改造主观世界和客观世界。实践、认识、再实践、再认识，这种形式循环往复以至无穷，而实践与认识之每一循环的内容，都比较地进到高一级程度。毛泽东辩证唯物主义认识论的思想精髓就是实事求是。实事求是的认识论，是以实践为基础的能动的革命的反映论，体现了辩证唯物主义世界观、认识论、方法论的高度统一。

二、毛泽东的教育思想

毛泽东不但早年直接从事过教育工作，积累了丰富的教育教学经验，而且在领导中国人民的革命过程中，也一贯重视教育工作，对教育领域的许多问题，诸如教育的性质和功能、教育的目的和方针、教与学、思想政治教育工作等，进行了深层次思考，并得出许多科学的结论。

（一）关于教育的性质和功能

毛泽东早年受杨昌济的影响，在思想上十分重视教育，认为教育具有改造社会的功能，并且还为此进行过"工读新村"的实验，把创造新学校、实施新教育和创造新家庭、新社会联系在一起。在教育的性质上，早年毛泽东指出，当时的教育是贵族、资本家的专利，一般平民绝对没有机会接受教育，因此，他提出教育要面向工农大众的思想，还在"一师"求学时，他就曾办过工人夜学。由于早年毛泽东没有认识到，教育的性质总是取决于一定的社会经济和政治，在经济、政治没有发生根本变革之前，所谓面向工农大众的教育是不可能实现的，而依靠教育来改造社会也无疑是空想。

服膺马克思主义之后，在长期的革命生涯中，毛泽东对教育的性质和功能作过多方面论述。他认为教育性质的确立和功能的发挥，总是取决于一定的社会经济和政治结构，并反过来对这一政治、经济结构产生影响。因此，一定的文化教育必定是一定社会的政治、经济在观念形态上的反映，并为一定社会的政治、经济服务。在毛泽东看来，封建社会里，作为封建经济、政治之反映的占统治地位的文化教育，其性质也是封建主义的。近代中国，与半殖民地半封建的经济、政治相适应，占统治地位的文化教育必然是半殖民地半封建的文化教育。革命的文化教育工作，是无产阶级和人民群众进行革命的有力武器，是革命战线中一条必要的和重要的战线，它的宗旨就是根据各个时期的具体需要为无产阶级和人民群众的革命和建设事业服务。在土地革命时期，他提出要"使文化教育为革命战争和阶级斗争服务"[①]。在抗日战争时期，他强调要实行抗战教育政策，使教育为长期的战争服务。在解放战争时期，他指出，教育主要是为解放战争服务。新中国成立后，毛泽东又提出教育为工农服务，为生产建设服务。在社会主义改造完成后，他又明确提出教育必须为无产阶级政治服务。在这里，所谓为无产阶级政治服务，实质上，更加全面地概括了社会主义教育的功能，因为政治是经济的集中体现，政治又是阶级的政治、群众的政治，只有通过政治，阶级和群众的需要才能集中表现出来，教育为无产阶级政治服务，也就是为无产阶级的经济基础和上层建筑服务，为无产阶级和人民群众建设社会主义物质文明和精神文明的需要服务。

(二)关于教育的目的和方针

教育的目的和方针，是关系培养什么人和如何培养的问题。对于这一问题，毛泽东在不同历史时期的回答并不完全一致，但其基本精神无疑是贯通的，这就是：在培养什么人的问题上，一贯坚持教育要培养德智体几方面协调发展、个性与群体性高度统一、体脑结合的时代新人；在如何培养的问题上，强调"三育"并重，让学生生动活泼、主动地得到发展，并强调教育要与生产劳动相结合、理论要联系实际、知识分子要与工农群众相结合。

早在"一师"求学的时候，毛泽东就对当时教育界重德育、智育而轻体育的通病提出批评，在他看来，身体是基础，无体则无德智，"体者，载知识之车而寓道德之舍也"，"体强壮而后学问道德之进修勇而收效远"，因此，德智体当协调发展。

---

① 《毛泽东同志论教育工作》，北京：人民教育出版社，1992 年，第 8 页。

小学阶段，教育“宜注重于身体之发展，而知识之增进，道德之养成次之”，“中学及中学以上宜三育并重”[①]，不可偏废。后来在社会主义建设时期，毛泽东把社会主义教育的目的和方针概括为：“使受教育者在德育、智育、体育几方面都得到发展，成为有社会主义觉悟的有文化的劳动者。”[②]在这里，毛泽东把德育放在“三育”之首，把“有社会主义觉悟”放在“有文化”之前，是因为在他看来，正确的政治观点是一个人的灵魂，青年学生应把坚定正确的政治方向放在第一位。当然，他也十分重视文化科学知识方面的教育，要求工农干部学习理论必须首先学习文化，要求做到红与专的统一，既反对迷失方向的实际家，又反对空头政治家[③]。他也同样重视体育，重视学生的健康和身体的发展。中华人民共和国成立初期，他曾两次写信给当时的教育部长马叙伦，提出学校要注意健康第一，学习第二，并提议采取行政步骤，具体解决学生健康问题[④]。1953 年 6 月，他在接见青年团第二次全国代表大会主席团时，提出“要使青年身体好，学习好，工作好”[⑤]，将身体好放在首位，并提议增加学生睡眠的时间，青年人要工作学习和娱乐休息睡眠两方面充分兼顾。1965 年 7 月，他在对相关材料进行批示时，仍指出“学生负担太重，影响健康，学了也无用”[⑥]，并给当时的中宣部部长陆定一写信，建议减轻学生负担，注意学生健康。

在强调“三育”并重，德、智、体全面发展的同时，毛泽东还特别强调教育对学生个性的培养，主张让学生生动活泼、主动地发展。早年，他就对摧残人性、灭绝个性的中国专制教育深恶痛绝，认为这种教育旨在使学生处于被动地位，并不惜一切手段地去消磨个性，灭掉性灵，其实质就是对学生人格和尊严的粗暴侵犯。因此，他极力主张“自教育”，并创办了湖南自修大学，以造就时代急需的具有独立个性人格的人才。在后来的新民主主义革命和社会主义建设中，毛泽东仍然一如既往地关注教育对人的个性的培养，他指出，要想推翻半殖民地半封建的旧中国，建立社会主义的新中国，“没有几万万人民的个性的解放和个性的发展”[⑦]，那只能是完全的空想。新中国成立后，毛泽东仍坚持学校教育应该培养青年的个性和创造精神，必须改革压制才能和主动精神的教学方法、考试方法与

---

① 转引自蒋伟杰、万喜生主编：《学习和研究毛泽东教育思想——毛泽东教育思想研究论文集》，长沙：湖南教育出版社，1991 年，第 156 页。

② 《毛泽东选集》（第 5 卷），北京：人民出版社，1977 年，第 385 页。

③ 《毛泽东同志论教育工作》，北京：人民教育出版社，1992 年，第 269 页。

④ 《毛泽东同志论教育工作》，北京：人民教育出版社，1992 年，第 295～296 页。

⑤ 《毛泽东同志论教育工作》，北京：人民教育出版社，1992 年，第 218～219 页。

⑥ 《毛泽东同志论教育工作》，北京：人民教育出版社，1992 年，第 288 页。

⑦ 《毛泽东选集》（第 3 卷），北京：人民出版社，1953 年，第 1060 页。

课程内容。1964年他曾批评说,现在的学校课程太多,学生压力太大;讲授又不甚得法;考试方法以学生为敌人,举行突然袭击。这三项都是不利于培养青年在德智体诸方面生动活泼、主动地得到发展的[①]。

另外,就如何培养社会主义新人的问题,毛泽东还提出"教育与生产劳动相结合""理论联系实际""知识分子与工农相结合"等指导方针。例如,1934年他就指出苏维埃文化教育总方针的重要内容之一"在于使教育与劳动联系起来"[②],抗日战争时期,他要求抗大学员一面学习,一面生产。新中国成立后,他仍然一再强调教育与生产劳动相结合。1958年他在视察天津大学、武汉大学时,热情支持学生开展半工半读,勤工俭学,并指出高校应抓住的三件大事之一就是"把教育和生产劳动结合起来",认为"以后要学校办工厂,工厂办学校","老师也要参加劳动,不能光动嘴,不动手"[③],从而做到理论联系实际、知识分子与工农相结合。也正是在他的倡导下,教育与生产劳动相结合成为我国社会主义教育方针的重要内容。

(三)关于教与学

毛泽东认为,在教与学的过程中,学生是学习的主体,是学习的主人。他特别强调发挥学生学习的主观能动性,认为应该把学习的主动权交给学生。他积极提倡学生自学,特别重视发挥学生的创造性,主张大力培养学生的自学能力和创造精神,要求学生不要跟着教师后面亦步亦趋,也不能无鉴别地兼收并蓄,而要开动思想机器,对所学内容进行"去粗取精、去伪存真、由此及彼、由表及里"的思想加工。更不要迷信权威,不要做书本的奴隶,而要主动地学、大胆地学,要敢于向前人、向书本、向权威挑战。

那么,在教与学的过程中,教师的地位与作用又如何呢?毛泽东虽然十分重视教师的作用,他说:"一个军事学校,最重要的问题,是选择校长教员和规定教育方针。"[④]但他不赞成"教师中心论"。他认为,校长、教师是为学生服务的,而不是学生为校长、教师服务的。因此,为了给教育对象做好服务工作,教师就必须向学生,也就是自己的教育对象学习,研究教育对象,了解教育对象的实际,并根据教育对象的实际,安排教学。所以,毛泽东明确指出:"只有做群众的学生才能做群众的先生。"[⑤]

在教学内容上,毛泽东一贯提倡"少而精",主张减轻学生负担,要给学生创

---

① 《毛泽东同志论教育工作》,北京:人民教育出版社,1992年,第286页。

② 《毛泽东同志论教育工作》,北京:人民教育出版社,1992年,第8页。

③ 《毛泽东同志论教育工作》,北京:人民教育出版社,1992年,第274页。

④ 《毛泽东同志论教育工作》,北京:人民教育出版社,1992年,第9页。

⑤ 《毛泽东选集》(第3卷),北京:人民出版社,1953年,第865页。

造积极主动地发展的条件。早在1917年，他就在《体育之研究》中批评说："课程密如牛毛，虽成年之人，顽强之身，犹莫能举，况未成年者乎？况弱者乎？"并一针见血地谴责那些办学者是对学生"蹂躏其身"，"戕贼其生"。后来，他又在《湖南自修大学创立宣言》中，把"课程过繁"列为资产阶级现代学校的一大弊端。中华人民共和国成立后，他曾多次指示有关教育部门和大中学校，要注意学生健康，批评课程太多，要求砍去一些，以免学生负担过重，影响健康。直到晚年，他也一直强调课程太多、教材内容繁杂，会使学生天天处于紧张状态，有碍他们身心健康发展。

在教学方法上，毛泽东提倡采取启发式，反对注入式，反对满堂灌，要求教师讲课要有趣味，要使学生生动活泼地学习。对待考试问题，他提出要改革传统的考试方法，反对利用考试对学生搞突然袭击，以偏题、怪题整学生，而主张要把精力放在培养学生分析问题、解决问题的能力上，赞成考试题目公开，让学生通过看书、钻研去完成，而不是靠死记硬背。他还非常强调考试中要发挥学生的创造性，主张学生的答案如有创见，即使20题只答出10题，也可以给100分，而如果答案平庸、无创见，尽管所有题目都答了，也可以只给五六十分。

毛泽东关于教与学的上述思想，对于我们今天实施素质教育，培养能够适应现代科学技术迅速发展和国际竞争日趋激烈的形势的社会主义建设人才，具有十分重要的指导意义。

（四）关于思想政治教育工作

毛泽东一贯重视思想政治教育，认为先进的思想一旦被人们掌握就会转变为巨大的物质力量，达到改造世界、改造社会的目的。因此，他从无产阶级革命事业出发，把思想政治教育工作视为一切工作的"生命线"，一再强调要把思想政治教育工作放在其他工作的首位。如1964年7月5日，他与侄儿毛远新（时为哈尔滨军事工程学院学生）谈到教育问题时说，"阶级斗争是你们的一门主课"，"阶级斗争都不知道，怎么能算大学毕业呢？"并要求学生到农村搞"四清"，到工厂搞"五反"①。

毛泽东所说的思想政治教育的内容，是比较系统的，主要包括如下几个方面：其一，共产主义世界观教育。毛泽东认为，人们在改造客观世界的过程中，也在不断改造着自己的主观世界，而且只有不断改造自己的主观世界，树立正确的科学世界观，才能正确认识社会历史发展规律，并正确地去改造世界、改造社会。因此，他非常重视世界观的改造，主张用共产主义世界观，也就是马克思主义哲学（辩证唯物论和历史唯物论）教育人民，武装全体人民的头脑。其二，革命理想

---

① 《中华人民共和国教育大事记》，北京：教育科学出版社，1984年，第370页。

和优良传统教育。毛泽东很重视革命理想教育，明确要求共产党人必须树立人类最先进的理想，即共产主义理想，并认为向全体人民不断灌输共产主义理想应当成为政治工作的基本任务。毛泽东还很重视优良传统教育，认为中华民族有着数千年的历史，富有光荣传统，有许多珍贵品，有无数可歌可泣的英雄业绩，因此，“从孔夫子到孙中山，我们应当给以总结，承继这一份珍贵的遗产”①。其三，共产主义道德品质教育。毛泽东认为，共产主义道德的本质是大公无私、毫不利己、专门利人。因此，培养共产主义道德品质，就是要使人们具有公而忘私、忠诚老实、助人为乐、全心全意为人民服务的高尚情操。其四，自觉的纪律教育。毛泽东非常重视纪律在革命事业中的作用，把它看成是革命利益的需要，是革命力量之所在，是革命斗争取得胜利的保证。因此，他强调要加强纪律教育，坚决克服无组织、无纪律、无政府状态。但需要指出的是，他并不把纪律和自由对立起来，而是认为在人民内部，不可以没有自由，也不可以没有纪律；不可以没有民主，也不可以没有集中。因此，主张把自由与纪律、民主与集中统一起来。此外，毛泽东还主张对人民，当然也包括广大学生，进行爱国主义和国际主义教育、时事政治教育、群众观点和集体主义教育等；他要求教育广大人民掌握正确的阶级观点和阶级分析的方法；并要求加强劳动观点教育，教育广大青年学生、知识分子热爱劳动和劳动人民，树立全心全意为人民服务的思想，克服轻视体力劳动和工农的错误思想，走与工农群众相结合的道路，成为脑体结合、手脑并用、全面发展的劳动者。

除论及思想政治教育工作的重要性和内容外，毛泽东还谈到思想政治教育工作应遵循的原则和采用的方法。应遵循的原则主要有：理论联系实际；因材施教；调动一切积极因素；团结—批评—团结；惩前毖后，治病救人等。应采用的方法主要有：民主的方法、说服的方法、讨论和辩论的方法、实际锻炼的方法、树立榜样的方法、帮助诱导的方法和自我教育的方法等。

总之，毛泽东一直强调政治是“统帅”，是“灵魂”，他的关于思想政治教育工作的思想，对于我们今天实施《公民道德建设实施纲要》，培养公民“爱国守法、明礼诚信、团结友善、勤俭自强、敬业奉献”的基本道德素质，具有非常重大的意义。

第五节 邓小平的教育思想

邓小平（1904～1997 年），是伟大的马克思主义者，伟大的无产阶级革命家、政治家、军事家、外交家和教育家，同时也是中国人民解放军、中华人民共和国的

① 《毛泽东选集》（第 2 卷），北京：人民出版社，1952 年，第 522 页。

主要领导人之一，中国社会主义改革开放和现代化建设的总设计师，建设有中国特色社会主义理论的创立者。邓小平的一生，是光辉的战斗的一生，他为中国新民主主义革命的胜利和新中国的成立，为中国社会主义的创建、巩固和发展，立下了不朽的功勋。他的思想和改革实践也对世界产生了巨大影响。

一、邓小平的生平及政治、哲学思想

（一）生平

邓小平，原名邓先圣，1904 年 8 月出生在四川省广安县协兴乡牌坊村。5 岁进私塾，学名邓希贤，后转入新式小学。高小毕业后，考入广安县中学。1919 年秋，考入重庆勤工俭学留法预备学校。受五四运动的影响，这时他有了朴素的"工业救国"的爱国思想。1920 年夏，赴法国勤工俭学。1922 年参加旅欧中国少年共产党（后改为中国社会主义青年团旅欧支部），1924 年转为中国共产党党员。从此，他走上无产阶级职业革命家的道路，成为一名共产主义战士。1926 年初，邓小平离法赴苏，先后在莫斯科东方大学、中山大学学习。1927 年春，邓小平受党的派遣回国，到西安冯玉祥国民军联军担任中山军事学校政治处处长兼政治教官，并任该校中共组织的书记。蒋介石在上海发动四一二反革命政变后，邓小平转赴汉口，在中共中央机关工作。不久，汪精卫主政的武汉政府也公开反共，白色恐怖笼罩全国，中国共产党被迫转入地下。为了适应秘密的工作环境，他从此改名为邓小平。

1928～1929 年，任中央秘书长。1928 年中国共产党在莫斯科召开第六次全国代表大会，他协助留在国内的中央领导人，处理中央日常工作。大革命失败以后，中国共产党为了挽救革命，发动了一系列武装起义。1929 年夏，邓小平作为中共中央代表前往广西，同张云逸等发动百色起义，创建了红军第七军和右江根据地。次年 2 月，又发动龙州起义，建立了红军第八军和左江根据地。1931 年夏，邓小平到达中央革命根据地，先后担任瑞金县委书记、会昌中心县委书记、江西省委宣传部部长。1934 年邓小平随中央红军长征。1935 年 1 月，他参加了在中国共产党历史上具有伟大转折意义的遵义会议。1937 年，日本帝国主义向中国发动了全面侵略战争。大敌当前，国共两党实现了第二次合作。中国工农红军改编为国民革命军第八路军。1937 年 8 月，邓小平任八路军政治部副主任，奔赴华北抗日前线。1938 年 1 月，任八路军一二九师政治委员，刘伯承任师长。邓小平和刘伯承率一二九师深入日本侵略军占领区的后方，以太行山为中心，率部进行了一系列战斗，创建了晋冀豫抗日根据地、冀鲁豫抗日根据地等。1945 年 8 月日本投降时，他和刘伯承率部开创的太行、太岳、冀南、冀鲁豫四块根据地已基本上连成一片，成为拥有 2400 万人口、30 万军队的全国最大的解放区。同月，中共中央决定成立晋冀鲁豫中央局和晋冀鲁豫军区，邓小平任中央局书记和军区政治委员，刘伯承任军区司令员。

抗日战争胜利以后，国民党在与共产党进行和平谈判的同时，不断挑起局部战争。由刘邓领导的晋冀鲁豫解放区，横亘中原，正堵住国民党军队向华北、东北解放区进攻的通道，是军事上的战略要地，国民党军队的进攻矛头首先就指向这个地区。1946 年 6 月，蒋介石发动全面内战。刘邓率晋冀鲁豫野战军主力在陇海铁路南北开展运动战，大踏步进退，连续进行了陇海、定陶、巨野等较大规模的战役，大量歼灭国民党军队的有生力量。1947 年 5 月，邓小平任中共中央中原局书记。6 月，根据中共中央和毛泽东由战略防御转入战略进攻，将战争引向国民党统治区的战略部署，他和刘伯承率晋冀鲁豫野战军主力 12 万人，强渡黄河天险，打通了南下的道路。接着，又千里跃进大别山，由此揭开了中国人民解放战争战略进攻的序幕。1948 年 9 月至 1949 年 1 月，人民解放军按照中共中央和中央军委的战略部署，进行了具有决战性质的辽沈、淮海、平津三大战役。由刘伯承、邓小平等组织和领导的淮海战役歼敌 55 万余人，取得了淮海战役的完全胜利。1949 年 4 月，以邓小平为书记的总前委统率第二、第三野战军发起京沪杭战役，一举突破国民党军队的长江防线，解放了南京、上海等市及苏、皖、浙、赣等省广大地区。南京的解放，宣告了国民党统治的覆灭。

1949 年 9 月，中华人民共和国成立前夕，邓小平在中国人民政治协商会议第一届全体会议上，被选为中央人民政府委员。他参加了开国大典。随后他和刘伯承率部进军大西南，迅速消灭了盘踞在云、贵、川 3 省的 90 多万国民党反动武装，把国民党反动统治势力最后逐出中国大陆。1952 年，邓小平调到中央，被任命为政务院副总理兼财政经济委员会副主任，后又兼任政务院交通办公室主任和财政部部长。1954 年以后，任中共中央秘书长、组织部部长，国务院副总理，国防委员会副主席。在中共八届一中全会上，他当选为中央政治局常委、中央委员会总书记，成为以毛泽东同志为核心的中国共产党第一代领导集体的重要成员。邓小平主持中央书记处工作长达 10 年。这 10 年，是我国开始全面建设社会主义的 10 年，中国共产党领导全国人民在社会主义经济建设和文化建设中取得了很大成就，积累了重要经验。1966 年"文化大革命"开始，在这场长达 10 年的动乱中，邓小平两次受到错误的批判和斗争，并被撤销一切职务，经历了他革命生涯中最艰难、最曲折的时期。

"文化大革命"结束后，1977 年 7 月，中共十届三中全会决定恢复邓小平中共中央副主席、国务院副总理、中央军委副主席、人民解放军总参谋长的职务。当时面临的形势十分严峻，整个国家问题成堆，急待解决。他一出来工作，立即表现出作为战略家的远见卓识，从千头万绪中抓住具有决定意义的环节，首先推动思想路线的拨乱反正，领导和支持开展关于真理标准问题的讨论。1978 年 12

月召开的中共十一届三中全会，是新中国成立以来党和国家历史上具有深远意义的伟大转折，开创了社会主义事业发展的新时期。十一届三中全会重新确立了解放思想、实事求是的思想路线，果断停止使用“以阶级斗争为纲”的错误口号，把党和国家的工作重点转移到社会主义现代化建设上来，并作出实行改革开放的战略决策。经过这次全会，形成了以邓小平同志为核心的中共第二代领导集体。1982 年 9 月，中国共产党召开第十二次全国代表大会，邓小平被选为中央政治局常委，并任中央军委主席。后来，从领导岗位退下来后，他仍然以高度的历史责任感关注改革开放和现代化建设事业。1992 年初他视察了武昌、深圳、珠海、上海等地并发表重要谈话，总结了中共十一届三中全会以来实行改革开放的经验，明确回答了困扰和束缚人们的许多重大认识问题。他指出：“社会主义的本质，是解放生产力，发展生产力，消灭剥削，消除两极分化，最终达到共同富裕。”提出判断各方面工作的是非标准，“应该主要看是否有利于发展社会主义社会的生产力，是否有利于增强社会主义国家的综合国力，是否有利于提高人民的生活水平”。

邓小平同志于 1997 年 2 月 19 日病逝，享年 93 岁。主要著作有《邓小平文选》《邓小平论教育》。

（二）政治、哲学思想

这里主要介绍邓小平在改革开放时期的政治、哲学思想。首先，针对在拨乱反正、纠正“左”的错误过程中出现的摆脱共产党的领导、反对社会主义道路等右的思潮，他旗帜鲜明地提出“必须坚持社会主义道路、坚持人民民主专政、坚持中国共产党的领导和坚持马克思列宁主义、毛泽东思想”的四项基本原则。认为“四项基本原则”是实现四个现代化的根本前提。其次，他提出了社会主义初级阶段的著名论断。认为我国仍处在社会主义初级阶段，社会主义初级阶段就是经济、文化、科技、教育等不发达的阶段，亦即经济、文化、科技、教育等尚未实现现代化的阶段。所以，要加强改革开放，要大力发展经济，要注重社会主义精神文明建设。同时提出要建设有中国特色社会主义理论，社会主义也要搞市场经济、民主政治、法制建设等重要思想。并提出到 21 世纪中叶我国社会主义发展应分三步走的设想：第一步，从 1981 年到 1990 年，人均国民生产总值翻一番，解决人民的温饱问题；第二步，到 20 世纪末再翻一番，人民生活达到小康水平；第三步，到 21 世纪中叶，人均国民生产总值达到中等发达国家水平，人民生活比较富裕，基本实现现代化。他还创造性地提出“一国两制”的构想。为了解决香港、澳门、台湾的问题，实现祖国统一，他尊重历史和现状，从实际出发，创造性地提出“一个国家，两种制度”的伟大构想，即在祖国大陆实行社会主义制度，在香港、澳门、台湾地区实行资本主义制度。在这一思想的指导下，我国顺利使香港、澳门回归，实现了和平统一，也为国际上解决类似问题提供了范例。

在哲学上，邓小平最注重实事求是，善于用辩证的观点和发展的观点看问题。“文化大革命”结束后，特别是党的十一届三中全会后，中国将走什么道路？发展前景如何？不仅是全中国人民而且是世界人民关注的重大问题。能否打破长期形成的教条主义和个人崇拜的思维模式，使党的思想路线重新回到马克思主义“实事求是、一切从实际出发”的思想上来是关键。邓小平针对“左”倾思想严重束缚人们头脑的客观现状，以反对“两个凡是”(即“凡是毛主席作出的决策，我们都坚决拥护；凡是毛主席的指示，我们应始终不渝地遵守”)为突破口，领导全党全国人民打破思想枷锁和僵化的思维模式。他尖锐地指出：“两个凡是”不符合马克思主义的基本原理，也不符合毛泽东倡导的实事求是的唯物主义思想。为了在全党形成一切从实际出发、实事求是的思想作风，他引导和领导了关于真理标准问题的大讨论。1978 年 12 月 13 日，他在中央工作会议闭幕会上，发表了著名的《解放思想，实事求是，团结一致向前看》的讲话，明确指出：“目前进行的关于实践是检验真理的唯一标准问题的讨论，实际上也是要不要解放思想的讨论。”“一个党，一个国家，一个民族，如果一切从本本出发，思想僵化，迷信盛行，那它就不能前进，它的生命就停止了，就要亡党亡国。”开展实践是检验真理的唯一标准的讨论，使党和全国人民解放了思想，为重新恢复党的正确路线，把党和国家的工作重心从“以阶级斗争为纲”转移到现代化建设上来，为开创新的局面奠定了思想基础。改革开放后，邓小平还根据社会的发展变化，用发展的眼光看待知识分子，及时提出“知识分子是工人阶级的一部分”这一科学论断，从而改变了中国知识分子因长期被作为工人阶级的对立面而遭歧视、不被重视的历史。这也是他实事求是哲学思想的具体运用。

二、邓小平的教育思想

邓小平的教育思想是邓小平理论的重要组成部分，是新时期我国社会主义教育事业发展的指导思想。邓小平非常重视教育事业的发展，在他的论著和讲话中，关于建设有中国特色社会主义的教育思想占有突出地位。他的教育思想具有鲜明的中国特色和时代特征，是马克思教育理论在当代中国的新发展。学习邓小平教育思想，对于深化教育改革，提高教学质量具有十分重要的意义。

(一)关于教育的作用和优先发展教育的思想

新中国成立后，由于受“左”倾思想的干扰，教育事业的发展也是起起落落。特别是“文革”10 年，教育事业损失惨重。1977 年，邓小平重新出来工作时就自告奋勇要求抓科技和教育。他说：“我们要实现现代化，关键是科学技术要能上去，发展科学技术，不抓教育不行。靠空讲不能实现现代化，必须有知识，有人才。没有知识，没有人才，怎么能上得去？"[①]1982年，在谈到世纪末的发展战略时，邓小平指出："前十年打好基础，后十年高速发展。战略重点，一是农业，二是能源和交通，三是教育和科学。搞好教育和科学工作，我看这是关键。没有人才不行，没有知识不行，'文化大革命'的一个大错误是耽误了十年人才的培养，现在要抓紧发展教育事业。"[②]他在1985年的全国教育工作会议上还明确提出"一个地区，一个部门，如果只抓经济，不抓教育，那里的工作重点就是没转移好，或者说转移得不完全。忽视教育的领导者，是缺乏远见的、不成熟的领导者，就领导不了现代化建设"[③]。他意味深长地告诫大家："中央提出要以极大的努力抓教育，并且从中小学抓起，这是有战略眼光的一着。如果现在不向全党提出这样的任务，就会误大事，就要负历史的责任。"[④]根据邓小平的意见，1977年恢复了高考制度，接着又恢复了研究生招生制度和派遣留学生制度，并逐步在全党确立了教育优先发展的战略。党的十三大提出"百年大计，教育为本"，"必须坚持把发展教育事业放在突出的战略位置"；党的十四大更加明确地提出"我们必须把教育摆在优先发展的战略地位，努力提高全民族的思想道德和科学文化水平，这是实现我国现代化的根本大计"。

（二）关于教育方针和教育目的的思想

"教育要面向现代化，面向世界，面向未来"是邓小平关于我国新时期教育发展的指导方针。"三个面向"是邓小平1983年9月8日给北京景山学校的题词，9月30日《人民日报》作了报道。"三个面向"全面概括了我国教育面临的新形势和新任务，指明了我国教育改革和长远发展的方向。"面向现代化"就是教育要适应以经济建设为中心的社会主义现代化建设的需要，坚持为社会主义现代化建设服务的方向；"面向世界"就是要学习世界各国先进的科学技术、管理经验和教育理念，使我国教育能适应世界发展的需要，屹立于世界先进教育之林；"面向未来"就是教育要有长远的发展规划，要为21世纪社会的发展准备好人才。"三个面向"是一个有机整体，它是我国新时期的教育方针，是邓小平整个教育思想的精髓。

培养"有理想、有道德、有文化、有纪律"的"四有"新人是邓小平关于教育目的的思想。1981年11月，邓小平会见外宾时谈道："所谓高度文明，就是人民要有理想，要个人利益服从整个国家和民族的利益，要守纪律，要有道德，要坚持我

---

① 《邓小平文选》(第2卷)，北京：人民出版社，1994年，第40页。

② 《邓小平文选》(第3卷)，北京：人民出版社，1993年，第9页。

③ 《邓小平文选》(第3卷)，北京：人民出版社，1993年，第121页。

④ 《邓小平文选》(第3卷)，北京：人民出版社，1993年，第120～121页。

们历来的艰苦奋斗的传统,否则我们的事业是不会有希望的。”[①]1985 年 3 月,邓小平在全国科技工作会议上作了《改革科技体制是为了解放生产力》的报告,接着又即兴讲话强调:“一定要坚持发展物质文明和精神文明,坚持五讲四美三热爱,教育全国人民做到有理想、有道德、有文化、有纪律。”[②]1989 年 10 月,邓小平在给少年先锋队题词时又写到,要“培养有理想、有道德、有文化、有纪律的无产阶级革命事业接班人”[③]。根据他的思想,党和人大的有关会议、报告都进一步确定了“四有”新人的培养目标。它不仅是针对我国的青少年学生,而且是针对全体公民的素质要求;不仅是当代育人的标准,而且是今后一代又一代人的培养标准。他还要求学生德、智、体全面发展,提出“从事脑力劳动的青年,也应该经过一段时间的体力劳动,这对于他们的德育、智育、体育的全面发展是必要的”[④]。

(三)关于教师地位和师生关系的思想

邓小平明确指出:“一个学校能不能为社会主义建设培养合格的人才,培养德智体全面发展、有社会主义觉悟的有文化的劳动者,关键在教师。”[⑤]他特别给予小学教师以高度评价:“一个小学教师,把全部精力放到教育事业上,就是很可贵的。要当好一个小学教师付出的劳动并不比一个大学教师少,因此小学教师同大学教师一样光荣。”[⑥]根据他的提议,从中央到地方,先后采取多种措施对优秀教师和优秀教育工作者进行表彰、奖励。有很多教师被授予劳动模范称号或获得五一劳动奖章;不少教师被推选为各级人民代表大会代表或政协委员,积极参政议政,甚至走上领导岗位。1985 年我国确立了新的教师节。1993 年我国颁布了《中华人民共和国教师法》,以法律的形式规定:“各级人民政府应当采取措施,加强教师的思想政治教育和业务培训,改善教师的工作条件和生活条件,保障教师的合法权益,提高教师的社会地位。全社会都应当尊重教师。”人民教师彻底甩掉了“臭老九”的帽子。邓小平还特别提倡尊师爱生,建立新型的师生关系。他说:“我们提倡学生尊敬师长,同时也提倡师长爱护学生。尊师爱生,教学相长,这是师生之间革命的同志式的关系。”[⑦]

---

① 周立平、钟灏主编:《邓小平教育思想概述》,北京:人民教育出版社,1992 年,第 221 页。

② 《邓小平文选》(第 3 卷),北京:人民出版社,1993 年,第 110 页。

③ 滕纯主编:《邓小平教育思想研究》,沈阳:辽宁人民出版社,1992 年,第 110 页。

④ 《邓小平同志论教育》,北京:人民教育出版社,1990 年,第 12 页。

⑤ 《邓小平同志论教育》,北京:人民教育出版社,1990 年,第 64 页。

⑥ 《邓小平同志论教育》,北京:人民教育出版社,1990 年,第 29 页。

⑦ 《邓小平同志论教育》,北京:人民教育出版社,1990 年,第 65 页。

(四)关于教育与生产劳动相结合的思想

邓小平在1978年4月召开的全国教育工作会议上指出:“马克思、恩格斯、列宁和毛泽东同志都非常重视教育与生产劳动的结合,认为在资本主义社会里这是改造社会的最强有力的手段之一;在无产阶级取得政权之后,这是培养理论与实际结合、学用一致、全面发展的新人的根本途径,是逐步消灭脑力劳动和体力劳动差别的重要措施。”[①]他认为,要坚持教育与生产劳动相结合,首先要重视体力劳动和尊重体力劳动者。他说:“我们要参加劳动,特别要积极参加工农业生产的体力劳动,因为体力劳动是社会存在和发展的基础,是最大多数人民都要担负的光荣义务。轻视体力劳动的剥削阶级思想的残余,是我们的新社会前进的障碍物。”[②]坚持教育与生产劳动相结合也就是坚持学用结合、理论联系实际。他说:“学生学的和将来要从事的职业不相适应,学非所用,用非所学,岂不是从根本上破坏了教育与生产劳动相结合的方针?那又怎么可能调动学生学习和劳动的积极性,怎么可能满足新的历史时期向教育工作提出的巨大要求?”[③]但教育与生产劳动相结合要从实际出发,坚持实事求是,不搞“一刀切”,最终要保证教学质量。他说:“学生参加劳动,一是必须,二要适当,三看可能。普通中学可以根据现有的条件搞一些小农场、小作坊,学生轮流参加生产,或者到农村参加义务劳动。学校要把劳动定到课程中,每周规定半天,主要是使娃娃们养成劳动习惯,加强集体观念……但是不要影响学生的学习。总之,学校要保证提高教学质量,否则就不能说是成功的。”[④]“各级各类学校对学生参加什么样的劳动,怎样下厂下乡,花多少时间,怎样同教学密切结合,都要有恰当的安排。”[⑤]“劳动可以在中小学就注意。从青少年起教育他们热爱劳动有好处。到大学以后,重点是结合学习搞对口劳动。”[⑥]

邓小平关于教育与生产劳动相结合的思想,反映了我国新时期社会主义现代化建设的要求,也体现了教育发展的规律,更是对马克思主义教育与生产劳动相结合思想的继承和发展。

总之,邓小平的教育思想非常丰富,除上述内容外,还包括素质教育思想、教育管理思想、政治教育思想、军事教育思想等。他的教育思想是一个有机整体,具有自身的科学体系,是我国新时期教育改革和发展的指南。

---

① 《邓小平文选》(第2卷),北京:人民出版社,1994年,第107页。
② 《邓小平文选》(第1卷),北京:人民出版社,1994年,第276页。
③ 《邓小平文选》(第2卷),北京:人民出版社,1994年,第107~108页。
④ 《邓小平文选》(第1卷),北京:人民出版社,1994年,第281页。
⑤ 《邓小平文选》(第2卷),北京:人民出版社,1994年,第107页。
⑥ 《邓小平文选》(第2卷),北京:人民出版社,1994年,第68页。

思考题

1.新文化运动时期的中国,出现过平民教育思潮、工读主义教育思潮、职业教育思潮、科学教育思潮、国家主义教育思潮等各种教育思潮。试比较它们各自的教育价值观,并分析其历史影响和对当代的启示。

2.研读教材内容和查阅相关资料,试比较陶行知的生活教育思想与杜威关于教育本质问题论述之间的异同及其现实意义。

3.梁漱溟是现代新儒家的早期代表人物之一,有"中国最后一个大儒"之美誉。分析他的乡村教育实验对今天我国农村教育改革的启示。

第六章

中国近现代的教育改革与发展

中国的封建社会比较长，西方的资本主义社会已发展了 200 年，我国仍然停留在封建社会，所以到了封建社会末期，我国的科学技术和教育已远远落后于西方。鸦片战争，西方列强的大炮轰开了中国的大门，警醒了一批有识之士，中国开始艰难地迈向近代化历程，而中国教育的近代化，不仅直接受前面第四章所述的一批进步教育家的思想影响，而且深受西方传教士来华传教的影响。

1919 年五四运动后，中国开始迈向现代社会，尤其是 1921 年中国共产党成立后，中国社会形成了两大政治集团，中国的教育也分成两块：一是国民党统治的资产阶级教育，一是共产党领导下的革命根据地的新教育。新中国成立后，我国进入社会主义的教育阶段。本章选取洋务运动时期、戊戌变法时期、国民党统治时期、新民主主义革命时期以及新中国的教育改革为视点，全面透视我国近现代教育改革和发展的脉络。

第一节　洋务运动和戊戌变法时期的教育改革

一、洋务运动时期的教育改革

在资本主义列强对中国进一步侵略和中国农民革命运动的冲击下，清朝封建统治集团内部逐渐形成了两派——顽固派和洋务派。顽固派是清朝统治集团中一些昏聩、僵化的大贵族官僚结成的反动政治集团。他们妄自尊大，害怕新生事物，把一切科学技术都视为“奇技淫巧”“雕虫小技”，只要是“圣人”没说过的就一概反对。代表人物是倭仁、徐桐等。洋务派是清朝封建统治集团内部出现的向买办转化的军阀官僚集团，代表人物有奕訢、曾国藩、左宗棠、李鸿章、张之洞等。他们在维护清朝封建统治这个根本问题上，与顽固派并无任何区别，只是主张对封建专制制度作一些枝节性改革，以适应发生巨变的新形势，自 19 世纪 60 年代开始到

90 年代,举办了一系列“自强”“求富”的学习外国船坚炮利的洋务事业,史称“洋务运动”。洋务教育是洋务运动的重要组成部分,在洋务教育思潮的影响下,开启了中国近代教育的改革,主要表现在创办新式学堂和开创留学教育两个方面。

(一)创办新式学堂

鸦片战争后,中国被迫在一定程度上对外开放,随着外交事务的增加,清政府成立了总理各国事务衙门,急需懂得外语的办理外事的人员,恭亲王奕䜣于 1862 年上奏开设外国语学校,培养这方面人才。其他洋务派人物也有类似要求。于是,1862 年清政府在北京开设了京师同文馆,这是第一所洋务学堂。以后,洋务学堂不断开设,这些学堂大致可以分为三类:第一类是方言学堂,也就是外国语学堂;第二类是军事学堂;第三类是技术学堂。

外国语性质的学堂主要有:1862 年在北京开设的京师同文馆(1866 年后转为综合性学校),1863 年在上海设立的广方言馆,1864 年设立的广州同文馆,1893 年开设的湖北自强学堂等。这类学校以学习外国语为主,主要培养翻译人员。

军事学校主要有:1866 年福州船政局附设的船政学堂,1881 年天津创办的北洋水师学堂,1886 年开设的天津武备学堂,1887 年开设的广东水陆师学堂,1890 年南京开设的江南水师学堂,1893 年天津创办的军医学堂,1895 年湖北设立的武备学堂等。这些学校主要是培养能使用洋枪、洋炮的士兵和军官。

技术学堂主要有:1865 年上海江南制造局成立的附设机械学堂,1866 年成立的福州船政学堂,1880 年天津设立的电报学堂,1882 年上海设立的电报学堂,1892 年湖北矿务局附设的采矿工程学堂等。开办这些学堂的主要目的是培养会使用、维修洋机器的人员和一些通讯人员等。

京师同文馆是我国最早的官办新式学校。同文馆创立之初,是专修外国语的学校,学生都是从满族亲贵中选取的十三四岁少年,初创时只是英文馆,学生 10 人;1863 年增加法文馆和俄文馆。1866 年又根据奕䜣建议,增加了天文算学馆,讲习天文、算学。1872 年设德文馆,1896 年设东文馆。1900 年八国联军攻占北京时京师同文馆停办,后于 1902 年并入京师大学堂。至 1866 年增设天文算学馆开始,同文馆已演变为综合性学校,学生仍在满族贵族中挑选,但条件有所提高,算学馆、天文馆收 30 岁以下有科第出身的人。1887 年全馆学生达 120 人,学习年限为 8 年。

同文馆的课程,外语居首位,“洋文、洋语已通,方许兼习别艺”。以后课程有所增加,如算学馆设外语、算学、化学、万国公法、医学、生理、天文、物理,此外,汉文经学要贯穿始终。同文馆,特别重视对学生封建道德习惯的培养,馆内有一本包含 3000 条礼仪的书,学成后学生的一切举措便可动定皆宜了。另外,同文馆还向学生灌输殖民主义思想，如由外国教习讲的万国公法课，就有宣传强国压迫弱国的强盗逻辑。帝国主义分子还以宗教麻痹学生的思想。按清政府规定，本来馆内是不允许宣传基督教的，但由于外国传教士对同文馆的控制逐渐加深，这个规定就无形中取消，外国教员（也是传教士）课上、课下可以向学生自由谈论基督，兜售他们的"基督文明"。

学校管理也受外国势力控制。学校经费多由海关拨款，而海关则由海关总税务司英国人赫德掌管，同文馆从学校经费到聘请校长教员都由赫德一手包办，管理学校的大权也逐步落入外国人手中。1889 年清政府任命美国传教士、万国公法教员丁韪良任总教习（相当于校长，任职 25 年）。以后，继丁韪良任总教习的仍为洋教习。教员中 80％是外国人。

同文馆既有封建性，又有殖民地性，是清政府和外国资本主义在教育上相互结合的产物。同文馆和它以后出现的一批洋务学堂，是我国半殖民地半封建教育的开端，它不仅采用新的办学形式，而且在由外国语学校演变为综合性学校以后，增设了一系列自然科学课程，将科学教育正式引入中国教育，使中国教育向前迈进了重要的一步。京师同文馆和其他的洋务学堂，在我国教育发展史上具有一定的地位。

（二）开创留学教育

洋务派除办新式学校外，还开我国公费留学的先河。他们曾派不少留学生到英、法、德、美、日等国学习军事、技术和自然科学。如 1872 年开始的幼童留美；1875 年闽浙总督沈葆桢派遣福建船政学堂学生 5 人，前往法国学习船政；1877 年李鸿章与沈葆桢合奏派福建船厂制造学生 14 人、制造艺徒 4 人，前往法国学习制造，派遣驾驶学生 12 名，前往英国学习驾驶；1876 年李鸿章派武弁7 人赴德国学兵技；1881 年李鸿章又奏派船政学堂学生 10 名分别赴美、德学习；1886 年船政大臣裴荫森奏准，选派 34 人出国留学；1896 年张之洞奏准选派江南陆军学堂、铁路学堂及储才学堂中已通西文学生，出洋学习，要求在史册、地志、富国、交涉、格致、农事、商务、武备各科中选习数门，期限是 6 年。这掀起了我国近代史上第一次出国留学的热潮。

在上述留学活动中，最著名的是容闳率领的幼童留美。容闳本是由教会学校送到美国接受中等和高等教育的，回国后立意将美国教育输进中国，1870 年他向曾国藩提出派留学生赴美的教育计划，得到曾国藩的支持。1871 年，曾国藩和李鸿章联合上奏《选派幼童赴美肄业酌议章程折》，得到清廷批准，决定选 120 人，分 4 批派出，由陈兰彬、容闳任留学生正、副监督。1872 年，容闳率 30 名幼童赴美，这是中国官派留学之始。前后 4 批学童中，最大的 16 岁，最小的 10 岁，每届学生留学以 15 年为限，计划 15 年后分批回国。

留美学生学习的内容，除肄习西学外，仍兼习中学，亦即在国外除学习军政、船政、步算、制造诸学外，还要学习《孝经》《小学》、“五经”及国朝律例等书。每逢节日，要由监督召集学生，宣讲《圣谕广训》，在重大节日和朔望（古历初一、十五）等日要望阙（指对着清朝皇宫所在方向）行跪拜礼，还要瞻拜孔子神像，以防丢了中国教育的正统。1881 年 6 月，已改任驻美国公使的陈兰彬上奏，转述留美事务所总办吴子登意见：“外洋风俗，流弊多端，各学生腹少儒书，德性未坚，尚未究彼技能，先已沾其恶习，即使竭力整顿，亦觉防范难周。”[①]此外，容闳向美国提出选派程度较高的学生，入美海陆军学校学习，遭美拒绝。7 月，清政府解散留美事务所，留学生分三批被撤回国。学业未成，半途而废，说明中国在沦为半殖民地厄运以后，内有顽固守旧势力的阻挡，外受资本主义的歧视，出洋学习先进的科技也成了一件艰难的事。

洋务派办留学教育是要维护其半殖民地半封建的统治，培养洋务人才。但历史的事实也说明，它打破了传统教育的封闭性，留学青年接触了西方资产阶级文明，学到了近代自然科学和生产技术知识，成为新型的知识分子。他们中有科学技术人才如詹天佑，海军人才如林曾泰、刘步蟾，外交人才如梁敦彦，哲学政治学人才如严复以及一批企业管理人才等。他们是中国第一代专业科技人才，在中国近代社会的发展中起了不可或缺的作用。

洋务教育具有浓厚的半殖民地半封建色彩，是中国半殖民地半封建教育的开端。它是在不改变封建教育根基的基础上，吸收西方新教育的因素，尽管其成效是有限的，但从中国教育的演进来考察，洋务教育创办了中国第一批新式学校，将“西学”如数学、天文、物理、化学、生物等列入教学内容，并开始派留学生出国学习西方技艺，培养了近代第一批新式知识分子等，在中国教育发展史上的地位是不容忽视的。

资料卡片 18

太平天国的教育政策

历时 14 年的太平天国运动是中国历史上规模空前的农民革命运动，它不仅猛烈地冲击了清王朝的封建统治和经济秩序，在文化教育领域也进行了大胆的改革。首先，强调宗教教育，即以发动和组织农民起义的思想武器“拜上帝教”教义为其政治教育内容，将政治、宗教和教育统一起来。其次，实行平等的儿童教育政策。为了让儿童接受太平天国的文化教育，太平天国专门请人为少年儿童编写了蒙学读物，例如《幼学诗》《三字经》《御制千字

① 《中国近代教育大事记》，上海：上海教育出版社，1981 年，第 42 页。

诏》等，这些读本在采用中国古代传统蒙学教材形式的基础上，重点向儿童灌输反对清朝、崇敬上帝、“敬耶稣”“顺内亲”等思想。再次，注重成人教育和妇女教育。为此，大刀阔斧地改革文字和文风：第一，吸收民间常用的简体字作为官方用字，便于书写。第二，仿照西方的做法，在书写、印刷时引入标点符号，便于识读。第三，要求文章的内容反映现实生活，提倡使用大众化的语言。第四，改革科举制度。太平天国依然采用科举制作为选拔人才的主要形式，在程序、方法上沿袭旧制，但在考试内容、对象上作了重大改革：不从“四书”“五经”中出题，而是从太平天国新编的《旧遗诏圣书》《新遗诏圣书》《真命诏旨书》中出题，并突出“策论”；在报考对象上，不仅废除门第、出身、籍贯等方面的限制，而且允许女子应试。

总之，太平天国的教育多半采取临时性的方式，以社会教育为主，因军事影响和其他原因，正规的学校教育还无力建立起来。

二、戊戌变法时期的教育改革

鸦片战争后，由于外国资本主义的侵入，加速了中国自给自足自然经济的解体，为中国民族资本主义的发展提供了商品市场和劳动力市场，随着资本主义的缓慢发展，从官僚、地主和商人中转化出民族资产阶级，并自 19 世纪 70 年代开始出现早期资产阶级改良主义者，1895 年中日甲午战争失败以后，早期资产阶级改良主义思潮，开始转变为爱国救亡运动，即康有为、梁启超、谭嗣同、严复等领导的维新变法运动。从 1898 年 6 月 11 日光绪帝颁布《明定国是》诏书宣布变法维新开始，至 9 月 21 日慈禧发动政变结束，共 103 天，史称“百日维新”，即戊戌变法运动。

（一）维新派和顽固派、洋务派在教育问题上的论争

以康有为为首的维新派要求改变封建专制政体，实行君主立宪，兴办新式工业，发展资本主义经济，改革取士制度，学习西方文化等。这一切都受到封建保守势力的抵制，双方展开尖锐的论战，反映在文化教育上主要有以下几个方面：

第一，要不要反对以三纲五常为中心的封建伦理道德。资产阶级维新派要求打破封建专政，主张君主立宪。为此，在思想意识上要求输入西方资产阶级的伦理道德观念，以西方某些民主观点来反对封建专制思想，特别是君权思想。如严复在《辟韩》一文中指出君臣本无别，君原为民所共举，为民办事而已。他们推崇西方民主政治制度，提出国家是“民之公产”，王侯将相不过是“通国之公仆隶”，民才是“天下之真主”。维新派以资产阶级“天赋人权”的思想反对纲常名教，认为把人束缚在君主、父亲、丈夫之下，是违背人生天赋之权的，这种上可虐

下、下不可违上的规定，是毁家亡国的谬论；君、父、夫有自主之权，臣、子、妇也有自主之权，“三纲”之说是违背天理的。

代表封建势力与维新派论战的人物是张之洞，他反驳维新派对三纲五常的批判，坚持三纲五常是国君立国、教师立教之最根本原则，若弃此而倡民权，必引起大乱。实际上，资产阶级维新派对民权的要求也是很有限的，他们主张的“兴民权”，不过是“兴绅权”，只是要求在保留君主的情况下，允许资产阶级参政。他们反对三纲五常也并不彻底，多数人不敢直接攻击封建纲常伦理，往往还附会古代经籍，像康有为就曾将孔子打扮成一个改良主义的政治家，认为君主立宪制是符合孔子之道的。

第二，要不要提倡“西学”，批判“中学”。维新派主张学习“西学”，包括西方资产阶级的社会政治学说和自然科学，他们是中国近代向西方寻求真理的一派代表人物。他们批评“宋学义理”“汉学考据”和“辞章”之学，认为这些被封建统治者提倡的“中学”无实无用，只能培养俗儒、鄙夫。但封建顽固派坚持维护旧学、“中学”，认为提倡西学是“离经叛道”。洋务派主张“中学为体，西学为用”，其基本精神与顽固派无别。他们的“中学”包括中国经学与史学，核心内容则为三纲五常。他们也讲西学，但其含义与维新派不同。其内容是西文与西艺，对西方的政治学说是反对的，所以维新派批评他们不过是“盗西法之虚声，而沿中土之实弊”。

第三，要不要废八股，变科举，改革封建主义的教育制度。顽固派坚持八股取士制度；维新派认为欲救中国，必须开民智，培养人才，这就必须废除八股，改革科举制度，建立资本主义的教育体系。康有为在变法期间特写《请废八股试贴楷法试士改用策论折》，指出：“变法之道万千，而莫急于得人才，得人才之道多端，而莫先于改科举。”在改科举中，第一便是废八股。与废八股、变科举相配合的，便是要大兴学校。梁启超在《学校总论》中说：“亡而存之，废而举之，愚而智之，弱而强之，条理万端，皆归本于学校。”按照资本主义教育制度，维新派提出在中国建立新的学校体系的主张，对于改革封建官学、私学、书院等也都提出具体的建议。顽固派反对维新派兴办学校的主张，认为这是“邪说”，是败人心、坏风俗，是违背中国正道的。洋务派虽然也主张兴办新式学校，但其目的在于培养体用兼备的“通儒”，对于资产阶级维新派要培养新政人才，是坚决反对的。

(二)“百日维新”中的教育改革

1.废除八股，改革科举制度。1898 年 6 月 23 日，光绪帝颁布谕令，自下科为始，乡、会试及童岁科各试，向用四书文者，一律改试策论。这就是说，进士、举人、秀才的考试，原来的八股文一律改为策论。乡、会试仍定为 3 场：第一场试中国史事、国朝政治论五道；第二场试时务策五道，专问五洲各国之政、专门之艺；第三场试四书义 2 篇、五经义 1 篇。考童生(秀才)也参照这个办法，先试古经 1 场，专取史论时务策命题，正场试以四书、五经义各1篇。规定以后一切考试、取士要以讲求实学、实政为主。在规定的考试之外，还开设考试经世致用的学问——经济特科（法律、财政、外交、物理学），以选拔新政人才。维新运动失败后，八股文虽一度被恢复，但很快又停止了。

2.在北京设立京师大学堂。京师大学堂的设立，早在“百日维新”前就有议论，“新政”开始，便着手开办。将原设官书局和译书局并入大学堂，利用官书局原址。按光绪的指令：“京师大学堂为各行省之倡，必须规模宏远，始足以隆观听而育人才。”办学要“参用泰西学规”“中西并用”，“为广育人才，讲求实务”。光绪谕军机大臣与总理衙门议奏大学堂章程，后由梁启超参考日本和西方学制，起草了《京师大学堂章程》，共分8章52条。课程分普通学和专门学两类。普通学为学生所必修，专门学每人各占1门。普通学有经学、理学、中外掌故学、诸子学、初级算学、初级格致学、初级政治学、初级地理学、文学、体操10种，并须于英、法、俄、德、日5种外国语中选习1种，与普通学同时学习。专门学分为高等算学、高等格致学、高等政治学、高等地理学、农学、矿学、工程学、商学、兵学、卫生学10种。学生学完普通学后，要选习专门学1门或2门。

清廷派孙家鼐为管学大臣，管理大学堂事务。以后，他又用丁韪良为总教习，专管西学。按规定，京师大学堂的任务，不仅在管理自身，成为各省学堂的表率，而且有统辖各省学堂的大权。1898年9月政变发生，“新政”停止，但京师大学堂并没封闭，只是逐渐有名无实。民国初年，京师大学堂改为北京大学。

3.筹办各级学堂和各种专门学堂。各地旧有的大小书院，一律改为兼习中学和西学的学堂，省会的书院改为高等学堂，府城的书院改为中等学堂，州、县的书院改为小学堂；地方捐办的义学、社学，亦令中西兼学；此外，奖励绅民兴学。民间祠庙不再祠典者，也改为学堂；在专门学堂方面，筹备设立铁路、矿务、农务、茶务、蚕桑、医学等学堂；另外，还倡导兴办女学。康有为、梁启超等都力主男女平等，主张女子教育是国家强弱的基础。梁启超曾考察各国强弱与女学的关系，认为“女学最盛者，其国最强”，如美国；“女学次盛者，其国次强”，如英、法、德、日；“女学衰，母教失”，只能侥幸存国，如印度、波斯、土耳其等国。因此，他强调当务之急“宜兴妇学”。他还曾于1897年帮助经元善在上海创办近代中国自己设立的第一所女学。

4.派人出国游学和编译外国教科书、其他书籍。一方面由各省督抚在学堂中挑选聪颖学生并有志深造者，送往日本等国游学。另一方面建立译书局和编译学堂，编译外国教科书及其他书籍，积极引进“西学”；并鼓励自由设立报馆、著书和发明创造等。

（三）维新派在变法运动中创办的主要学校

资产阶级维新派创办的主要学堂有万木草堂、时务学堂、通艺学堂、浏阳算学馆、时敏学堂、务本女学、经正女学等，影响最大的是万木草堂和时务学堂。

1. 万木草堂。万木草堂是康有为1891～1895年在广州长兴里设立的，是康有为宣传变法思想、形成变法理论、培养变法人才的重要阵地。开始只有学生20多人，后来达100多人，康有为在这个学堂讲学4年。课程是中、西兼学，又分内课与外课。

内课学科有：(1)义理之学，包括孔学、佛学、周秦诸子学、宋明学、泰西哲学；(2)考据之学，包括中国经史学、万国史学、地理学、数学、格致学；(3)经世之学，包括政治原理学、中国政治沿革得失、万国政治沿革得失、政治经济学、群学；(4)文字之学，包括中国辞章学、外国语言文字学。

外课学科分校中、校外两种，校中有演说（每月朔望课之）、札记（每日课之）；校外有体操（每间一日课之）、游历（每年假时课之）。外课也就相当于我们今天说的活动课。除上述课程外，还有音乐和体育。概括起来，万木草堂施教内容，既有中国经史、诸子之学，也有包括自然科学与社会科学在内的西学，可以说是德、智、体、美各育兼而有之。

在教学的组织管理方面，康有为自任总教授、总监督，还在学生中选3～6人为学长，分别协助他进行各科教学。图书、仪器也由学生自己管理。

康有为教育学生，特别重视发扬爱国精神，广求智慧。除教学外，他要求学生每天记“札记”，每月交一次，且亲自批阅，还要求学生会演说，这一切在培养学生的变法思想、训练变法骨干方面无疑起了重要作用。

2. 时务学堂。时务学堂是由熊希龄、梁启超、谭嗣同1897年10月在湖南长沙创办的。梁启超被聘为中文总教习，谭嗣同、唐才常任分教习。时务学堂的办学目的是要使学生有变法思想和广博的知识。梁启超任总教习以后，亲自制定了《湖南时务学堂学约》，规定学纲10条：立志、养志、治身、读书、穷理、学文、乐群、摄生、经世、传教。其中前8条是学堂每日功课，后2条是知识的运用；经世，是把学习的知识用于分析时政，比如由教习选择各报所记载的一二件事，叫学生发表已见；传教，是把学到的主张传播出去，“共矢宏愿”。

时务学堂的功课也分普通学和专门学。普通学的学科有诸子学、经学、公理学、中外史治及格算诸学之粗浅者；专门学分3部分：公法学、掌故学、格算学。学生入学后1～6月学普通学，从第7个月开始，在继续学习普通学的同时增加专门学，学者各选一门专门学学习。

万木草堂、时务学堂等资产阶级维新派办的学校，反映了资产阶级对教育的要求，在教育目的、教育内容和教育方法上都有别于封建主义的旧教育。这些学校培养出一批变法人才，如梁启超、陈千秋、徐勤就是万木草堂的高材生，蔡锷、范源濂（中华民国成立后曾任教育部副部长、部长）则是时务学堂的学生。但这些学堂，也存在一些封建主义因素，在课程上还有不少封建主义的内容，在道德训练的方法上，如“主静”“养心”“敦行孝悌”等，基本上是沿袭宋明理学家的教育主张。

总之，维新派的教育改革措施，是富有资本主义色彩的，对封建主义的传统教育造成了重大冲击，这些改革措施体现了资产阶级维新派发展资本主义的愿望，他们的教育主张得到了某些实现。但这些改革措施也保留了一定的封建性内容，反映了资产阶级维新派的局限性①。

三、清末新学制的建立

建立新学制的设想由来已久，早在太平天国革命时期，容闳就向洪仁玕呈献过教育改革计划。洋务运动和“百日维新”之后，不少有识之士大量介绍西方学制和日本近代学制，清政府也派官员到日本等国进行实地考察。1902 年，清政府公布了由管学大臣张百熙拟定的一系列“学堂章程”，统称为《钦定学堂章程》。因 1902 年为农历壬寅年，故又称“壬寅学制”。这是我国近代首次建立系统的学校教育制度。

“壬寅学制”虽经正式公布，但并未实行，第二年，即 1903 年又由张百熙、张之洞、荣庆拟定了《奏定学堂章程》，1904 年 1 月开始执行。这个章程规定了学校系统，除制定各级各类学堂章程以外，还确定了学校管理法、教授法等，因 1903 年是农历癸卯年，这个学制也称为“癸卯学制”。“癸卯学制”纵的方面把整个学程分为 3 段 7 级：第一阶段为初等教育。分为蒙养院 4 年，初等小学 5 年，高等小学 4 年，共 3 级 13 年。第二阶段为中等教育，仅设中学堂 1 级，5 年。第三阶段为高等教育，分高等学堂（或大学预科）3 年，分科大学堂 3～4 年，通儒院 5 年，共 3 级 11～12 年。儿童从 7 岁入小学，到通儒院毕业，共计约 26 年。横的方面，与高等小学堂平行的是实业补习学堂、初等农工商实业学堂和艺徒学堂；与中学堂平行的是初级师范学堂和中等农工商实业学堂；与高等学堂平行的是优级师范学堂、实业教员讲习所和高等农工商学堂。

“癸卯学制”是中国第一个正式颁布并在全国范围内实际推行的学制，一直沿用到清政府灭亡。其间也有些变化，如 1907 年清政府颁布了《女子小学堂章程》和《女子师范学堂章程》，女子取得一定的受教育权利，但男女不得同校。1910 年小学一律改为 4 年，1911 年中央教育会议决议小学 4 年的教育为义务教育。中学教育方面，1909 年仿德、法制，实行文理分科。成人教育方面，从 1905 年以后推行补习教育。1905 年学部（以前教育由礼部兼管）成立后，还规定了各项留学章程，对留学资格、管理、奖励办法等都作了规定，逐步形成了一套留学制度。另外，清政府于 1906 年正式废除了科举制度。尽管这个学制具有资本主义

① 参见王炳照等编：《简明中国教育史》，北京：北京师范大学出版社，1994 年，第 251～258 页。

教育的性质，但并没有摆脱封建教育精神，如1906年，学部正式颁布的教育宗旨则是“忠君、尊孔、尚公、尚武、尚实”。同时也有不少内容是照抄外国（主要是日本）的，所以新学制仍具有半封建半殖民地性质。

第二节 南京临时政府和1922年的教育改革

一、南京临时政府的教育改革

20世纪初，随着中国改良派改革的失败，以孙中山为首的资产阶级革命派发动了辛亥革命，并于1912年1月1日成立了中华民国，孙中山就任南京临时政府大总统。在教育方面，同年1月9日成立中央教育部，著名的资产阶级民主教育家蔡元培任教育总长，立即着手对封建主义旧教育进行资产阶级性质的改造。

（一）发布教育改革令

1912年1月19日，教育部发布《普通教育暂行办法通令》《普通教育暂行课程之标准》及课程表。“暂行办法”共14条，主要规定“初等小学可以男女同校”，“凡各种教科书，务合乎共和国宗旨，清学部颁行之教科书，一律禁用”，“小学读经科，一律废止”，“小学手工科，应加注重”，“初等小学算术科，自第三年起兼课珠算”，“中学校为普通教育，文、实不必分科”等。所以，这个“暂行办法”废止了以忠君、尊孔、读经为中心的封建教育制度，其基本思想是符合资产阶级民主精神的。“课程之标准”是具体规定课程内容的改革法令，它拟定了初小、高小、中等学校和师范学校的学习科目，以及各学年每周各科授课的时数等，为以后小学、中学和师范教育改革奠定了基础。

同年3月，又公布了《国民教育部官职令》，规定教育部下设普通、专门、实业、社会、礼教、蒙藏6个教育司，分管相关教育事宜。7月10日，在蔡元培主持下，召开了中央教育会议，对封建主义旧教育进行了全面改造。

（二）颁布新的教育方针

蔡元培1912年4月发表了《对于教育方针之意见》一文，批判了清政府1906年颁定的教育宗旨，主张对青少年进行道德教育、实利主义教育、军国民教育、美育。在他的这一思想指导下，1912年7月召开的临时教育会议讨论并通过了新的教育方针。9月2日正式公布实行。新的教育方针：“注重道德教育，以实利教育、军国民教育辅之，更以美感教育完成其道德。”道德教育就是要培养青年具有自由、平等、博爱的资产阶级道德观念；实利主义教育是进行生产和知识技能的教育，相当于智育和劳动技术教育；军国民教育，也就是体育，主要是强健学生体魄；美感教育也就是美育，进行包括美术、音乐以及与之相适应的思想陶冶的教育。

这个教育方针，体现了资产阶级关于人的德、智、体、美和谐发展的思想，否定了清政府“忠君、尊孔、尚公、尚武、尚实”的教育宗旨，否定了君权的绝对权威和儒家思想的独尊地位。新的教育方针的颁定，是中国教育的一大进步。

（三）制定新学制系统，改革旧课程

在临时政府教育部召开的中央教育会议上，议决了《学制系统案》，并于9月3日颁布了《学校系统令》，称为“壬子学制”。1913年，教育部又陆续颁布了各级各类学校法令，补充了该学制，逐步形成了一个新的学制系统，故称“壬子癸丑学制”。这个学制规定整个教育期限为17年或18年。共分3段4级：初等教育2级，初小4年，男女同校，高小3年，男女分校；中学校4年；大学6～7年。小学之前有蒙养园，大学之上有大学院，均不限年限。从横的方面讲，也分3个系统，除普通教育系统外，有师范教育和实业教育。师范教育分师范学校和高等师范学校两级，相当于中等和高等教育阶段。实业教育有乙种实业学校和甲种实业学校，相当于高小和中等教育阶段，还有专门学校，相当于大学阶段的教育。各阶段教育的任务和课程简介如下：

1.小学校。1912年9月颁布的《小学校令》指出，儿童6～14岁入小学，“小学校教育以留意儿童身心之发育，培养国民道德之基础，并授以生活所需之知识技能为宗旨”。初等小学课程有修身、国文、算术、手工、图画、唱歌、体操7种，女子增加缝纫课。高小课程有修身、国文、算术、本国历史、地理、理科、手工、图画、唱歌、体操10种，男子增加农业课，女子增加缝纫课。农业课可根据情况改设商业课，高小有条件的还可开设外语课。

2.中学校。1912年9月公布的《中学校令》，规定“中学校以完足普通教育，造成健全国民为宗旨”。中学学科有修身、国文、外国语、历史、地理、数学、博物、物理、化学、法制经济、图画、手工、乐歌、体操14种，其中外国语以英语为主，也可择法、德、俄语。此外女子加授家事、园艺、缝纫，但园艺可缺。

3.大学。1912年10月教育部公布了《大学校令》，规定“大学以教授高深学术、养成硕学宏材，应国家需要为宗旨”。大学分文、理、法、商、医、农、工7科。并分预科及本科，预科3年，本科3年或4年；大学毕业可进大学院，修业期不限。1913年1月，教育部颁布的《大学规程》详细规定了各种课程，如文科分为哲学、文学、历史学、地理学4门。

4.专门学校。在“壬子癸丑学制”中，取消了原来“癸卯学制”中的高等学堂，以专科学校代之，入学资格为中学毕业生。“专门学校以教授高等学术、养成专门人才为宗旨”，其种类为法政、医学、药学、农业、工业、商业、美术、音乐、商船、

外国语等专门学校。

5. 师范教育。师范教育分师范学校和高等师范学校两级。“师范学校以造就小学校教员为目的”，女子师范学校“以造就小学校教员及蒙养园保姆为目的”，“高等师范学校以造就中学校、师范学校教员为目的”，“女子高等师范学校以造就女子学校、女子师范学校教员为目的”，两级学校均设选科、专修科、研究科。

师范学校设置的课程包括修身、教育、国文、习字、英语、历史、地理、数学、博物、物理化学、法制经济、图画、手工、农业（或商业）、乐歌、体操；教育类课程包括普通心理学、伦理学大要、教育理论、哲学发凡、教授法、保育法、教育史、教育制度、学校管理、学校卫生、教授实习等，约占课程总量的九分之一。高等师范学校预科课程有伦理学、国文、英语、数学、伦理学、图画、乐歌、体操等。高师本科分为六部，尽管各部课程不同，其中教育类课程是统一的，包括心理学、教育学、教育史、教授法、学校卫生、教育法令等。第三学年第三学期[①]全部安排实习。

6. 实业教育。1913 年 8 月，教育部公布《实业学校令》和《实业学校规程》，规定“实业学校以教授农工商业必需之知识技能为目的”，“实业学校分甲种乙种：甲种实业学校施完全之普通实业教育；乙种实业学校施简易之普通实业教育；亦得应地方需要授以特殊之技术”。实业学校的种类有农业学校、工业学校、商业学校、商船学校、实业补习学校等。在《实业学校规程》中，具体规定了上述各种实业学校的种类、分科及课程等。

“壬子癸丑学制”与“癸卯学制”相比，有很大进步。它缩短了修业年限，废除了科举制度，取消了毕业生奖励出身的制度；女子教育取得一定的地位，普通中学、中等实业学校、师范学校、高等师范学校都规定设立女校，初等小学还可以男女同学；从课程改革上，取消了忠君、尊孔的课程，增加了自然科学课程和生产技能的训练课程；改进了教学方法，反对体罚，要求教育联系儿童实际，适合儿童身心发展特点。

总之，南京临时政府的教育改革，是近代资产阶级对封建教育的第一次系统改革，它反映了发展资本主义经济与政治的要求，尽管有其不彻底的方面，但毕竟是资产阶级新教育反对封建主义旧教育的一次重大胜利，有着重要的历史进步意义[②]。

---

① 当时规定一学年为三学期：8 月 1 日至 12 月 31 日为第一学期；次年 1 月 1 日至 3 月 31 日为第二学期；4 月 1 日至 7 月 31 日为第三学期。三个假期是：暑假，大学为 55 天，中学为 40 天，小学为 30 天；年假，一律 20 天；春假（清明节），一律为 7 天。

② 参见王炳照等编：《简明中国教育史》，北京：北京师范大学出版社，1994 年，第 286～290 页。

二、1922 年的教育改革

（一）新文化运动推动下的教育改革

1919 年五四运动前后，一批进步的知识分子总结辛亥革命的经验教训，认为革命的失败与国民性有直接的关系；他们以进化论的观点和个性解放的思想为武器，猛烈抨击封建主义的正统思想——孔学，他们大力提倡新道德、反对旧道德，提倡新文学、反对旧文学，自觉地向封建礼教挑战。特别是具有初步共产主义思想的知识分子，运用马克思主义观点作武器参与批判，使斗争更加深入，形成了彻底地反对封建文化的运动，如李大钊从 1919 年开始写了一系列的文章，用马克思主义历史唯物论的观点分析批判封建的伦理道德，指出孔子只能是“一代哲人”，绝不是“万世师表”。由于五四新文化运动是一场伟大的文化革命，所以对教育领域的影响是巨大的，全面推进了新教育的发展。主要表现在以下几个方面：

1.进一步打击封建教育，并提出新的培养目标。随着袁世凯复辟帝制的失败和反对封建教育斗争的开展，1916 年军阀政府在颁布的《国民学校令施行细则》和《高等小学校令施行细则》中，删去了“读经”的规定及有关内容。1917 年宪法审议会将“国民教育以孔子之道为修身大本”的条文撤销。1919 年，教育部组织的由范源濂、蔡元培、陈宝泉、蒋梦麟等参加的教育调查会，提出新的教育宗旨应为：“养成健全人格，发展共和精神。”健全人格即：私德为立身之本；公德为服役社会国家之本；人生所必需之知识、技能；强健活泼之体格；优美和乐之感情。共和精神为：发挥平民主义，俾人人知民治为立国根本；养成公民自治习惯，俾人人能负国家社会之责任。

2.学校采用国语和白话文教学。国语运动从清末就开始了，民初国语研究会成立。1917 年 10 月，全国教育会联合会决议“请教育部速定国语标准，并设法将注音字母推行各省区，以为将来小学改国语之预备”；1918 年，教育部正式公布注音字母。在文学革命和普及教育要求的推动下，教育部迫于形势，于 1920 年 1 月训令全国各国民学校先将一、二年级的国文改为语体文，同年 4 月训令从 1922 年以后凡国民小学教材一律改为语体文。至此，大、中、小学文言文教材逐渐被淘汰，在教学上使语言文字更接近人民生活实际，这有利于教育普及，是教育上的一项重大改革。

3.男女平等教育权的确立。在新文化运动中，对男女教育不平等的状况进行了猛烈的抨击，“大学开女禁”争取男女平等教育权的呼声很高。1917 年，全国教育会联合会第三届会议向教育部提出推广女子教育案。1920 年暑假，北京大学（蔡元培任校长）首次招收女生，以后南京高师招收女生；随之，各大学也陆续招收女生，一些比较进步的中学开始男女合校，甚至同班。这些措施改变了自有学校教育以来3000多年男女教育不平等的状况，是中国教育史上划时代的事件。1922年颁布的“新学制”，取消了男女中学之间的差别。至此，女子享有与男子平等的教育权，从教育制度上被肯定下来。

4.各教育团体的建立和新教育思想的实验。五四新文化运动时期，在“民主”和“科学”的口号下，教育界思想十分活跃，由于教育改革活动的开展，全国建立了不少教育团体。主要有：1914年建立的“中国科学社”，1915年由各省教育联合会及特别行政区教育会派代表组成的“全国教育会联合会”，1917年成立的“中华职业教育社”和1921年冬由实际教育调查社、新教育共进社、新教育编辑社合并成立的“中华教育改进社”，以及1923年成立的“中华平民教育促进会”等。这些教育团体，集中了当时教育界的一些知名人士，各自从不同方面发动教育改革运动。在教育改革的大潮中，不少仁人志士带着自己的理想进行教育思想的引进、实验和创新，如平民主义教育思想、工读主义教育思想、国家主义教育思想、科学主义教育思想、职业教育思想和实用主义教育思想等都很活跃。在教学方法上也进行了大胆的改革和实验，如杜威以儿童为中心的教学方法、蒙台梭利教育法、凯兴斯泰纳的“工作学校”，以及设计教学法、道尔顿制等，在当时的中小学教育中都有一定影响，并导致最后对学制进行一次全面的改革。

（二）1922年的新学制——壬戌学制

虽经民国初年的教育改革，中国近代学制仍存在不少问题，1919年全国教育会联合会第五届年会开始讨论修改学制系统。经过三届年会讨论议决，1922年9月教育部召开全国学制改革会议，对全国教育会联合会提出的新的学制草案稍加修改，于同年11月以大总统名义公布实行，即“壬戌学制”。一般称这个学制为“新学制”，“新学制”系统图（见下页）。

“新学制”提出7项标准作为改革的指导思想。即：适应社会进化之需要，发挥平民教育精神，谋个性之发展，注意国民经济力，注意生活教育，使教育易于普及，给各地方留有伸缩余地。并在总说明中指出，学制系统大致以儿童身心发达时期为根据，分为3段，即初等教育小学校6年，初小4年，高小2年；中等教育6年，初级中学3年，高级中学3年；大学4～6年。可以看出这个学制是以美国的学制为蓝本，它是我国第一次依据学生身心发展特点来划分教育阶段的学制。这一学制的另一特点是中学开始实行选科制和学分制，力求使学生有较大的发展空间，以适应学生不同发展水平和个性的需要。

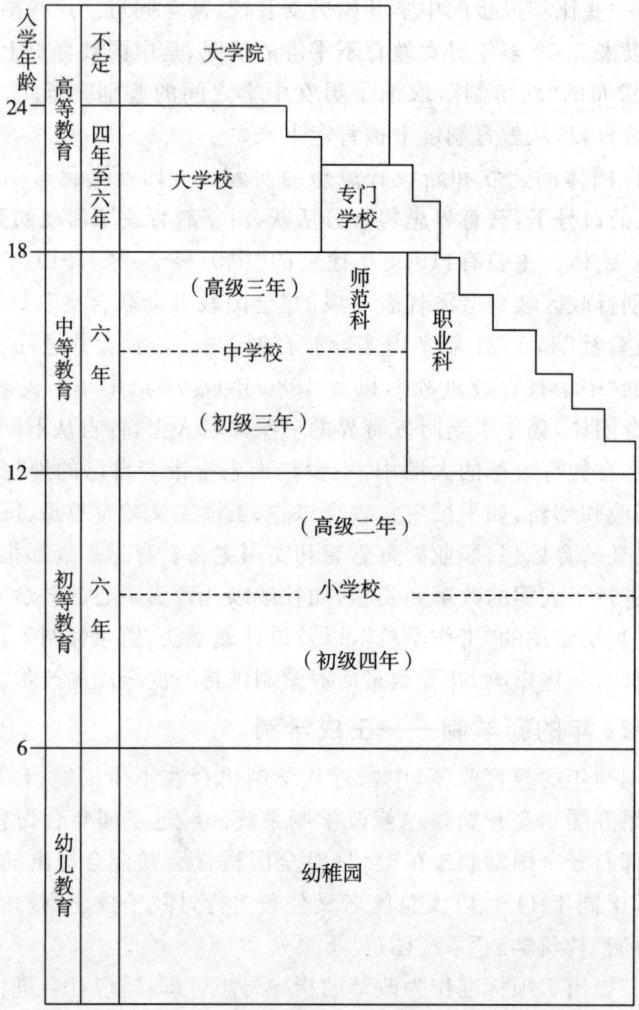

1922年学制系统图

在讨论学制的同时，全国教育会联合会组织了“新学制课程起草委员会”，1923年该委员会公布了《中小学课程纲要》。小学设国语、算术、卫生、公民、历史、地理（后4科初小合设称“社会科”）、自然园艺、工用艺术、形象艺术、体育、音乐等科。中学采用学分制和分科制。初中必修科目有公民、历史、地理、国语、外国语、算学、自然、图画、手工、音乐、生理卫生、体育。高中采用综合中学制度，分设普通科和职业科。普通科分文理两组。公共必修科目有：国语、外国语、人生哲学、社会问题、文化史、科学概论、体育。分科专修第一组（文科）科目为：特设国文、心理学初步、伦理学初步、自然科或数学一种。第二组（理科）科目为：三角、高中几何、高中代数、解析几何大意以及物理、化学、生物选习两种。还设有选修课。上述课程纲要未经政府正式公布，但各地均按此施行。

1922 年学制的公布，结束了辛亥革命后教育上的混乱状况。学制缩短了小学年限和设三年制初中，有利于小学和初中的普及；取消大学预科，设三年制综合高中，提高了中等教育的水平，以满足对中等教育水平人才的需要和减轻了大学的负担，使大学能集中精力进行专业教育和科学研究；小学国文改为国语，修身改为公民，并加强了手工、图画课；中学加强了人文科学和理科的课程。另外，课程无男女校之区别，进一步确立了男女平等的受教育权。这些都反映了五四以来新教育改革的一些基本要求，可以说是前一时期教育改革的一个综合成果。"新学制"除以后在学分制和综合中学制等方面有所改动之外，基本上沿用到全国解放。因综合中学师资、设备无保障，学生来源成问题，学校管理顾此失彼。所以，1932 年以"过去中学、师范、职业学校合并制度，是使设施混淆，目的分歧，结果中学固无从发展，而师范与职业教育，亦多流于空泛"①为理由，废除综合中学，分设中学、师范、职业三种学校。

中国是个农业大国，在整个民主革命时期，农民问题一直是关键问题。有些教育家企图通过改革乡村教育来发展农村社会，从 1925 年开始，纷纷建立起农村教育试验区，到 1935 年，全国这种农村教育试验区有 193 处，形成了一场轰轰烈烈的乡村教育运动。较有影响的有：1925 年 8 月黄炎培提出了"山西划区试办乡村职业教育计划"，并于 1926 年在江苏昆山徐公桥办试验区；1927 年 3 月陶行知创办南京试验乡村师范学校，1932 年他又在上海创办了山海工学团；1929 年晏阳初开始在河北定县搞县政建设试验区；1931 年梁漱溟在山东邹平县创办山东乡村建设研究院，培养乡村服务人员和办理实施乡村建设的试验区。这些试验区都把改革农村教育与建设农村社会结合起来，成人教育与儿童教育并重，尽管它们最后都流产了，但对中国现代教育的影响仍是不容忽视的。

中国在 20 世纪 20 年代末到抗日战争前夕出现乡村教育运动不是偶然的。它是中国农村社会矛盾极端尖锐化的反映，也是对中国共产党领导的农民革命的一种反映。1935 年以后，中华民族危机日益深重，从事乡村教育的人和团体分化也日益明显，"生活教育社""中华职业教育社"接受共产党"团结抗日"的主张，使民众教育工作步入抗日救亡的轨道。

资料卡片 19

日本侵略者的奴化教育政策

九一八事变前，日本当局就开始在南满铁路沿线设立日本学校。九一

① 转引自王炳照等编：《简明中国教育史》，北京：北京师范大学出版社，1994 年，第 331～332 页。

八事变后，停办东北所有高校，代之以各种“养成所”，以培养效忠伪满洲政权的走卒。抗战期间，日寇所到之处，对中国各类学校肆意摧残，同时极力推行奴化教育政策。一方面开办很多短训班培养汉奸官吏及师资；另一方面接替旧的或改头换面成立的“新学校”。除此之外，各地组织青年防共团，进行不定期训练，并在南京设青年团指导人员训练所。北平临时政府还组织新民训练团，学员毕业后被分派到各县开展训练工作。各地青年训练所或青年训练班的学员，都是日伪采用强制手段征来的15～30岁青年。伪政府还在南京设有警察学校与司法养成所，并于各地设立保甲讲习班、警察训练班、自卫团训练班等。另外，在广东设有妇女训练班，天津设有特高训练班，甚至派遣汉奸赴东京接受特务训练。同时，日伪组织了大量的师资短期培训，如1938年4月在北平设有中等教育师资馆，修业时间为1年，第一期毕业生共109人，曾派往日本参观实习，回国后被派到各地充任中、小学教员。另外，还开办教职员训演班，限令中小学教员必须参加，必须立具效忠日本侵略者的“志愿书”。

日本侵略者推行奴化教育的突出标志是推行日语和进行“亲日”思想教育，根本目的是要泯灭中国人民的民族意识和国家观念，培养服从日本侵略者、效忠日本天皇的“奴仆”，使中国永远沦为日本侵略者的殖民地。

第三节　共产党领导的革命根据地的教育

1927年国民党叛变革命后，中国共产党开展了武装斗争，开始创建农村革命根据地，中国出现了两种政权、两个区域。中国共产党领导的革命根据地，不仅坚持武装斗争和土地革命，而且进行了教育革命，逐步建立起真正为人民大众服务、为革命服务的新教育。革命根据地的教育包括10年土地革命时期(1927～1937年)苏维埃地区的教育、8年全面抗战时期(1937～1945年)抗日根据地的教育和3年解放战争时期(1946～1949年)解放区的教育。由于解放战争时期时间相对较短，其主要任务是摧毁国民党的军队，而当时解放区的教育基本上是沿袭前制，所以这里主要选取土地革命时期和全面抗战时期革命根据地的教育情况作简单介绍。

一、土地革命时期苏维埃地区的教育

从1927年10月到1933年，在党的领导下，全国建立了10个大的农村革命根据地。革命根据地都是建立在敌人统治力量比较薄弱、经济和文化比较落后的边远地区。在农村革命根据地创建初期，各根据地都提出了发展教育的方针

和有关规定,并努力付诸实施,也积累了很多经验。总的精神是:实行普及教育,培养革命干部,提高群众觉悟,建立劳动人民的新教育。具体情况如下:

(一)教育方针政策

1931年11月苏区召开了中华苏维埃第一次全苏区工农兵代表大会,成立了工农民主政府,并统一规定了教育的各项方针政策。大会宣言中提出:"工农劳苦群众,不论男子和女子,在社会、经济、政治和教育上,完全享有同等的权利和义务。""一切工农劳苦民众及其子弟,有享受国家免费教育之权,教育事业之权归苏维埃掌管","取消一切麻醉人民的封建的、宗教的和国民党的三民主义的教育"。大会通过的《中华苏维埃共和国宪法大纲》中规定:"中华苏维埃政权以保证工农劳苦民众有受教育的权利为目的。在进行国内革命战争所能做到的范围内,应开始施行完全免费的普及教育,首先应在青年劳动群众中施行,并保障青年劳动群众的一切权利,积极地引导他们参加政治和文化的革命生活,以发展新的社会力量。"①

1933年4月,中华苏维埃共和国临时中央政府教育人民委员部发布了第一号训令,规定:"苏区当前文化教育的任务,是要用教育与学习的方法,启发群众的阶级觉悟,提高群众的文化水平与政治水平,打破旧社会思想习惯的传统,以深入思想斗争,使能更有力的动员起来,加入战争,深入阶级斗争,和参加苏维埃各方面的建设。"②由于当时受到"左"倾路线的影响,在教育上也出现了照搬苏联经验的教条主义。1933年10月召开的全苏教育建设大会通过了四个决议案:《目前教育工作的任务的决议案》《苏维埃学校建设决议案》《消灭文盲决议案》和《关于主席团分配工作调动干部的决定》,明确提出要实施共产主义教育方针、统一劳动学校制度和消灭文盲等"左"倾教育政策。

1934年1月召开了第二次全苏区工农兵苏维埃代表大会,毛泽东在工作报告中更明确指出苏维埃文化教育的总方针是:"在于以共产主义的精神来教育广大的劳苦民众,在于使文化教育为革命战争与阶级斗争服务,在于使教育与劳动联系起来,在于使广大中国民众都成为享受文明幸福的人。"并提出苏维埃文化建设的中心任务"是厉行全部的义务教育,是发展广泛的社会教育,是努力扫除文盲,是创造大批领导斗争的高级干部"③。1934年2~4月间,教育人民委员部颁布了一系列有关各类教育的条例、大纲、章程、制度等。但由于"左"倾路线的影响,导致第五次反"围剿"失败,苏区不断缩小,红军被迫长征,这些教育政策也就很难实施。不过,这些条例、大纲和制度体现了新的教育精神,也是对苏区前一阶段教育实践经验的总结,为以后抗日根据地和解放区教育的发展奠定了基础。

---

① 《苏区教育资料选编》,南昌:江西人民出版社,1981年,第1页。

② 《苏区教育资料选编》,南昌:江西人民出版社,1981年,第6页。

③ 《毛泽东同志论教育工作》,北京:人民教育出版社,1958年,第15页。

(二)教育行政制度与学校系统

1931 年苏区临时中央人民政府成立后，在中央人民政府中设立教育人民委员部，并下设初等教育、高等教育、社会教育和艺术四个局。初等和高等教育两局协同管理普通教育，社会教育局和艺术局协同管理社会教育，此外设编审局和巡视委员会。在地方教育行政机构方面，1933 年规定省、县、区设教育部，省教育部下设普通教育科、社会教育科、编审出版委员会和总务科。

学校系统主要分为干部教育和群众教育两部分：干部教育学习期限从几个月到一年不等，主要是进行专业或政治训练；群众教育包括成人教育和儿童教育，主要内容为政治教育和初步的读写算，此外有短期师范和少数短期职业学校，没有设立普通中学。群众教育与干部教育在学制上没有相互衔接的关系。

总之，当时教育的重心是干部教育（尤其是高级干部）和群众教育（义务教育和扫除文盲），其形式不仅有学校教育（主要是干部教育和儿童初等教育），而且有广泛的社会教育（扫盲教育和革命教育）。

(三)各级各类教育情况

1. 全民识字运动。中国革命在当时主要是农民革命，而旧中国 90%以上的农民是文盲，这就成了革命根据地必须解决和克服的一个严重问题，为此苏区开展了全民识字运动。识字运动首先是从红军开始的，1929 年红四军第九次党代表大会决议特别规定了关于红军的文化教育问题，要求各纵队政治部负责编制青年识字课本，在纵队开展文化教育；1932 年人民委员会发布第六号命令《政府工作人员要加紧学习》，专门对政府人员的识字问题作出规定，要求每一区县省都要设识字班，所有的委员和工作人员都要接受识字教育，并成立读书班，对程度稍高的人员开展教育；1933 年8 月，教育人民委员部发布第十二号命令《颁布夜校办法大纲》，对群众的识字教育作了规定，要求一般的青年和成年男女必须达到“普遍的能作报告，能看各种文件，最低限度也要能看标语和路条”①。1933 年10 月，中央文教建设大会还决定，从乡到中央均组织消灭文盲协会。识字教育内容具有很强的政治性和实用性，如在《红色战士读本》中包括“红军的任务”“共产党的任务”“三大纪律八项注意”等内容，《看护识字课》则结合护理卫生知识，《工农三字经》是根据工农群众的需要而编写的。据第二次全国苏维埃代表大会报告中的统计，当时中央苏区有补习夜校 6462 所，学生 94517 人，江西、粤赣两省有识字组 32388 个。

苏区的全民识字运动，是中国教育史上的首创。就其动员之广泛、组织之严密、形式之多样、成效之显著是任何资产阶级的“平民教育”“普及教育”所不能比拟的。

---

① 《苏区教育资料选编》，南昌：江西人民出版社，1981 年，第 168 页。

2. 干部教育。为了培养根据地急需的各种干部，苏区先后开办了干部学校和干部训练班。干校主要有红军学校、红军大学、苏维埃大学、闽瑞师范、军医学校等，红军学校是 1931 年创办，从 1931 年到 1933 年共办了 6 期，主要培养红军的军事、政治干部，叶剑英任校长兼政委。1933 年 11 月红军学校改编，和苏维埃大学军事、政治部合并成立红军大学。红军大学设指挥、政治、参谋 3 个系，培养营团级以上干部，还有一个高级班，培训军以上干部，并附设教导队、高射队、测绘队。1934 年 10 月，红军大学随红军长征，后发展为著名的抗日军政大学。苏维埃大学是 1932 年由中央人民委员会创办于瑞金洋溪，学生为各县保送来的干部，设有军事、政治、教育、农业、通讯等部。后因人数增多而分成马克思主义大学、中央农业学校、中央教育干部学校（包括师范部）、通讯学校和高尔基戏剧学校等。除以上学校外，苏区还开办了不少短训班，如苏维埃训练班，小学教员训练班，土地税、合作社及会计工作训练班，银行专修训练班等。

总之，在极端缺乏干部的情况下，党和工农民主政府打破常规来培养和训练干部，使工农群众成为自己政权各项事业的保卫者和管理者。从一定意义上说，如果没有这样卓有成效的干部教育和培养，革命根据地就不可能存在和发展。

3. 儿童教育。苏区小学统称"列宁小学"（在 1930 年前后很短一个时期内称"劳动小学"），学制最初 6 年（三、三或四、二分段），1933 年改为 5 年，初小 3 年，高小 2 年，在苏区大部分小学是初小。根据 1933 年 10 月中央教育人民委员部发布的《小学课程与教则草案》规定，小学教育要达到的程度为：政治水平达到能了解马克思列宁主义，以及阶级斗争的一般理论和策略；知识技能、身体要达到能满足目前斗争和一般生活最低限度的需要，同时要为将来学习专门知识技能打好基础。并规定初小课程为国语、算术、游艺；高小课程为国语、社会常识、算术、科学常识、游艺，并将劳作及社会工作列入教学计划。在教则大纲中还提出小学教授方法的三原则：小学教育与政治斗争的联系，小学教育与生产劳动的联系，小学教育与儿童创造性的发展。据 1934 年江西、福建、粤赣苏区统计，在 2932 个乡中共有列宁小学 3052 所，学生 89700 多人，像兴国县这样的山区，学龄儿童入学率已达 60%，而同期国民党政府统治下的贫困山区，儿童入学率还不到 10%。另外，为解放妇女劳动力和使幼儿受到良好的教育、照顾，在苏区也开始组织少数农村托儿所，并公布了《托儿所组织条例》，规定托儿所以邻近居住地区为单位组织，托儿所工作人员可以享受代耕等，这些都体现了教育为人民大众服务的思想。

二、全面抗战时期抗日根据地的教育

（一）抗战的教育方针、政策

全面抗战爆发后，中国共产党根据时局的变化，对教育方针、教育政策进行了调整。1937 年 8 月，毛泽东在洛川会议上通过的《抗日救国十大纲领》中提出："抗日的教育政策：改变教育的旧制度、旧课程，实行以抗日救国为目标的新制度、新课程。实行普及的、义务的、免费的教育方案，提高人民民族觉悟的程度。"1938 年11 月在中国共产党六届六中全会上，毛泽东又在《论新阶段》中进一步提出："在一切为着战争的原则下，一切文化教育事业均应使之适合战争的需要，因此全民族的第十个任务，在于实行如下各项的文化教育政策。第一，改订学制，废除不急需与不必要的课程，改变管理制度，以教授战争所必需之课程及发扬学生的学习积极性为原则。第二，创设并扩大增强各种干部学校，培养大批的抗日干部。第三，广泛发展民众教育，组织各种补习学校、识字运动、戏剧运动、歌咏运动、体育运动，创办敌前敌后各种地方通俗报纸，提高人民的民族文化与民族觉悟。第四，办理义务的小学教育，以民族精神教育新后代。"[①]这次会议还作出《实行国防教育政策，使教育为民族自卫战争服务》的决议。

1940 年 1 月，毛泽东在《新民主主义论》中又进一步论述了新民主主义的文化教育是民族的、科学的、大众的新文化和新教育，是"无产阶级领导的人民大众反帝反封建"的新文化和新教育。1944 年 4 月 7 日，延安《解放日报》发表社论《根据地普通教育的改革问题》，阐述教育改革如何为革命的中心任务服务，认为原先的教育"抄袭"西方资本主义，表现的是和平时期和工业都市的特点，与战争年代的中国实际（尤其是处在农村的革命根据地）严重脱节，主张从现实出发，着重战争知识和生产知识的传授，而不是将来需要的"高等的数学、物理学和化学"，要求"把指导战争和生产实际需要的知识列为课程，来部分地或全部地代替那些为升学考试而存在，为所谓正规化而遗留的课程"。即根据社会需要的轻重缓急来安排教育内容和课程，突出和强化政治知识、军事知识以及生产知识，其目的就是争取抗战的早日胜利。

（二）坚持抗日教育与反对奴化教育的斗争

1941 年和 1942 年，日本帝国主义对我敌后抗日根据地进行连续的"扫荡"，一方面实行残酷的"三光"政策，另一方面建立伪小学，搞各种所谓的"训练班"，强迫进行奴化教育。如在华中和华南地区，日本帝国主义和汪精卫伪政府从 1941 年到 1945 年进行了延续 4 年的"清乡"。在"清乡"中，敌伪重点搞所谓的"清乡特种教育"来对付抗日军民，强令教师"受训"，建立"建国中心学校""民众学校"，威逼青少年参加"青少年队"等，灌输反共奴化思想。在"扫荡"中，敌伪还极力摧残根据地的抗战教育，焚毁校舍，捕杀师生等。对此，抗日根据地开展了大规模的"军民誓约"运动和"儿童五不"运动，进行民族气节教育。

---

① 《毛泽东同志论教育工作》，北京：人民教育出版社，1958 年，第 33 页。

“军民誓约”的誓词是：我们是中华民国的国民，我们是中华民国的军人，在日本帝国主义打进我们国土的时候，为着中国人民的利益，为着中华民族的生存，我愿遵守军民公约，作如下宣誓：一、不做汉奸顺民；二、不当敌伪官兵；三、不参加伪组织维持会；四、不替敌人汉奸做事；五、不给敌人粮食；六、不卖给敌人汉奸货物；七、不用汉奸钞票；八、爱护抗日军队；九、保守军事资财秘密；十、服从抗日民主政府。“军民誓约”运动得到广泛开展，冬学、民校识字教育首先教誓词，同时把抗日英雄人物事迹如“狼牙山五壮士”等编绘成故事、诗歌、图画等，向群众进行宣传教育。

儿童的“五不誓约”是：一、不告诉敌人一句实话；二、不报告干部和八路军；三、不报告地洞和粮食；四、不要敌人东西，不上敌人当；五、不上敌人学，不参加敌人少年团。边区政府通过学校、儿童团对儿童进行教育，使每个儿童团员都会背诵“五不誓约”，并能够切实遵守。

在游击区和近敌区，抗日军民采取的方针是：尽量建立抗日小学，在情况不许可时伪装起来成立抗日两面小学、“地下学校”；努力将中间小学发展成抗日小学，对敌伪小学进行破坏，并争取教师以改变伪小的性质；对死心塌地的汉奸文化特务，予以严厉打击。在游击区和近敌区还特别注意加强对儿童的应敌教育，使儿童学会如何应对敌人的盘查，如何掩护干部和不暴露学校等。为了坚持抗日教育，广大师生还克服各种物质上的极大困难。校舍被焚烧，可只要敌人一离开，师生们就自己动手修复；教材供应不上，教师就自编自印，甚至一本本地为学生抄写；平时集中上课，战时分散参加不同形式的战斗。在敌后抗日根据地执教的教师和教育工作者，都是用鲜血和生命“忠诚党的教育事业”，坚守战斗岗位；在抗日根据地还流传着许多可歌可泣的抗敌小英雄的事迹。党的抗日思想和进步的教育方针、政策，培养了一代新人。

(三)各级各类教育情况

1. 干部教育。在各抗日民主根据地教育中占据重要地位的是大量的干部学校，其中著名的有抗日军政大学、陕北公学、华北联合大学、鲁迅艺术学院、延安大学、泽东青干校、中央党校、民族学院等。

中国人民抗日军政大学，1936 年成立于延安，原名“抗日红军大学”，1937 年更名为“中国人民抗日军政大学”，林彪任校长，后来徐向前任校长。抗大第一期学员 300 人，都是经过长期革命锻炼的红军干部；从第二期起，为适应抗日统一战线的需要，抗大除培养八路军和新四军的骨干力量外，还担负起培养外来知识分子和青年学生的新任务。抗大的教育方针是：“坚定不移的政治方向，艰苦奋斗的工作作风，灵活机动的战略战术。”抗大的校训是：“团结、紧张、严肃、活泼。”抗大教学的主要原则是：“少而精”“理论与实际并重”“军事与政治并重”。学习方法主要有“讲演”“集体研究”“自动学习”“互相帮助”等。为了发展敌后游击战争，1938 年底抗大开始在其他抗日根据地办分校；八年全面抗战中，抗大总校共开办 8 期培训，并在晋东南、晋察冀、华中、苏北、鄂豫皖、太行等根据地办了 12 所分校，先后培养 20 多万名军政干部。

陕北公学 1937 年成立于延安，主要是培养行政干部、民运干部和文化工作干部，学习期限一般是 2～3 个月。当时校长是成仿吾。其课程是三分军事七分政治，科目有社会科学概论、抗日民族统一战线与民众工作、游击战与军事常识、时事讲演等。1941 年与中国女子大学（建于 1939 年）等校合并成延安大学，校长是吴玉章。1944 年，鲁艺等校也并入。延大下设行政学院、艺术文学院和自然科学院等，它是根据地第一所综合性大学。

1938 年延安成立了鲁迅艺术学院，1940 年成立了泽东青干校；1939 年，在陕北公学、泽东青干校、工人学校和鲁艺等校的基础上成立了华北联合大学，该校在 1941 年以前分设教育、法政、文艺三个学院及群众工作、高中二部，1944 年精兵简政，学校规模缩小，主要办的是教育学院。

此外，在延安还有中共中央党校（1935 年建立）、朝鲜革命军事政治学校等干部学校。其他抗日民主根据地还有白求恩卫生学校、抗战建国学院、华中医学院、江淮大学等。

2. 中等教育。中等教育在各抗日民主根据地发展不平衡。在华中、山东战前文化教育比较发达的地区，有一定数量的中学，如苏中在 1944 年有 54 所中学，山东胶东地区有 13 所中学。在文化教育比较落后的地区，如陕甘宁边区，中学较少，中等教育主要是师范学校。抗日根据地中学教育的特点是：无论是中学或是师范学校都属于干部教育范围。中学兼办短期训练班或干部科，也有以训练班为主兼办普通中学科的，学制一般规定为 2～3 年，但学生常常不到毕业即需调出工作。在中等教育中还有少数职业学校，如 1941 年陕甘宁边区开办的医药专门学校，分医生、护士、司药三科，收高小毕业生，修业期限两年半，此外还有边区职业学校、妇女职业学校等。

3. 小学教育和社会教育。各抗日根据地都大力普及小学教育和社会教育。小学基本延续苏区的制度，学制 5 年，初小 3 年，高小 2 年。全面抗战初期，各根据地初小较多，高小较少。1939 年教育厅公布了《陕甘宁边区小学规程》，规定小学课程：初小为国语、算术、政治、自然、历史、地理、美术、劳作、音乐、体育，其中劳作以生产劳动为主，体育以军事为主，社会活动也被列入正式课程。

抗日根据地的社会教育重心在成人教育，其组织形式主要有冬学、民众学校、夜校、半日校、识字班、读报组，以及剧团、俱乐部、救亡室等，其中冬学和民众学校最为普遍。早在 1937 年，陕甘宁边区就发出《关于冬学的通知》。1941 年秋还发出“开展冬学运动”的号召。社会教育的内容除识字外，主要是政治教育、军事训练、生产知识和卫生知识的教育等。

第四节 新中国的教育改革与发展

1949 年 10 月 1 日中华人民共和国宣告成立，从此，中国进入社会主义社会，开始了社会主义建设时期。

一、新中国的文教政策与新学制的颁行

(一)新中国的文教政策

1949 年 9 月 21 日，中国人民政治协商会议第一届全体会议在北京举行，会议一致通过《中国人民政治协商会议共同纲领》(以下简称《共同纲领》)。其中第五章“文化教育政策”明确规定了新中国教育的性质、任务：“中华人民共和国的文化教育为新民主主义的，即民族的、科学的、大众的文化教育。人民政府的文化教育工作，应以提高人民文化水平，培养国家建设人才，肃清封建的、买办的、法西斯主义的思想，发展为人民服务的思想为主要任务。”并进一步提出：“有计划有步骤地实行普及教育，加强中等教育和高等教育，注重技术教育，加强劳动者的业余教育和在职干部教育，给青年知识分子和旧知识分子以革命的政治教育，以应革命工作和国家建设工作的广泛需要。”《共同纲领》还规定了国民道德的标准是“提倡爱祖国、爱人民、爱劳动、爱科学、爱护公共财物为中华人民共和国全体国民的公德”。这些对培养社会主义新人具有重要的指导意义。

中央人民政府教育部成立不久，就及时在北京召开了新中国第一次全国教育工作会议(1949 年 12 月 23～31 日召开)，会议初步了解了全国教育工作的基本情况，明确今后教育工作的方针，主要思想是“以老解放区的教育经验为基础”“吸取旧教育某些有用的经验”“借助苏联教育建设的先进经验”。所以新中国成立初期，人民政府一方面接管旧学校(1952 年底私立高校改为公立，1956 年私立中小学全部改为公立)，团结、改造旧知识分子；另一方面“以俄为师”，并吸收老解放区的教育经验，确定教育为工农服务的方向。实践证明，这一教育改革和发展的指导思想是正确的。

(二)颁行中华人民共和国的新学制

1951 年 10 月 1 日，中央人民政府政务院颁布了《关于改革学制的决定》，深刻阐述了学制改革的深远意义，明确规定了中华人民共和国的学制系统(学制系统图如下)。新学制的颁行，标志着我国的学校教育已经发展到一个崭新的历史阶段，标志着社会主义的学校教育制度在我国胜利诞生。

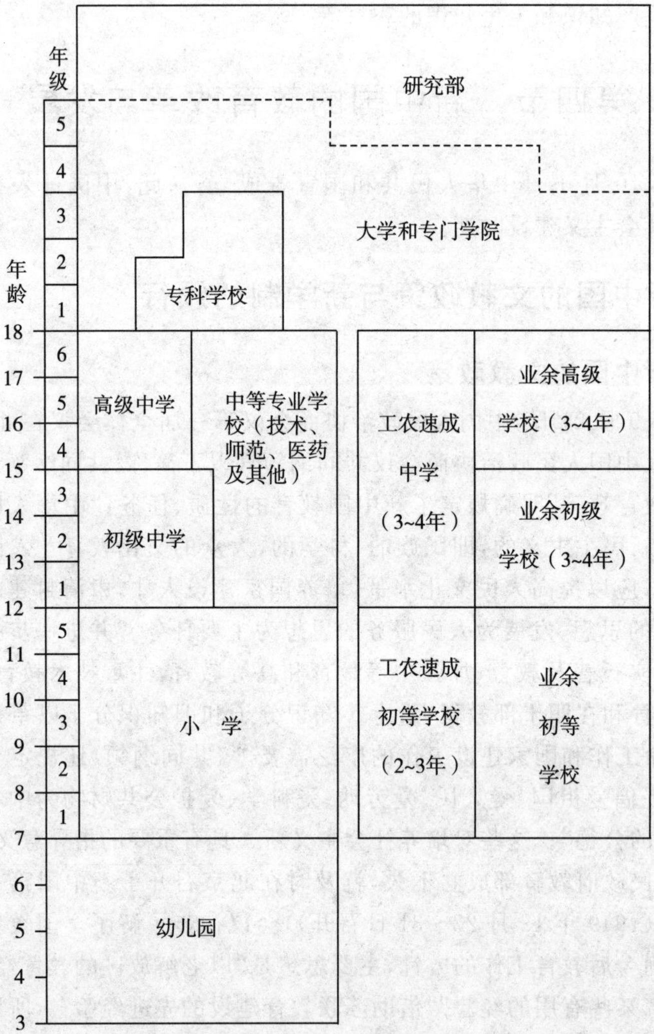

新学制是在继承我国教育遗产，总结苏区、抗日根据地和解放区的教育经验，借鉴苏联教育改革的理论与实践以及考虑当时国家的具体情况、实际需要的基础上制定的，因此，它具有以往学制不可比拟的鲜明特点。这些特点是：它保障了劳动人民普遍接受教育的权利，体现了教育为工农服务的方针；它确立了各类技术院校在学制中的地位，保证了专门人才的培养，体现了教育为生产建设服务的方针；它还将业余文化补习和速成学校纳入学校系统，给广大干部和群众创造了众多的学习机会，为提高他们的政治思想觉悟和科学文化水平打下基础。

新学制颁行后，随着社会主义教育事业的发展，人民政府根据实际需要又对其作了局部调整，使之更加完善。如工农速成中学当初是为培养工农及工农干部，使他们迅速掌握科学文化知识而设立的学校，招收年龄在18～35岁，对具有相当于高小毕业文化水平的工农及工农干部，施以中等教育程度的科学文化基本知识教育。后因贯彻工农干部和工农群众的学习以业余为主的方针，1955 年 7 月，教育部、高等教育部联合发出《关于工农速成中学停止招生的通知》，决定“自 1955 年秋季起停止招生”，而工农速成初等学校即工农干部文化补习学校，是招收 18 岁以上具有初步阅读能力的工农干部，施以相当于完全小学程度的教育。到 1954 年，全国各地又相继停办了工农速成初等学校。1953 年 11 月政务院发布了《关于整顿和改进小学教育的指示》，决定“小学学制仍沿用四二制，分初高两级，初级四年、高级二年”。这样，我国的基础教育又回到“六三三”制。

二、1958 年的学制改革与 60 年代初的教育整顿

(一)1958 年的学制改革

1958 年 9 月，中共中央、国务院根据社会主义建设事业蓬勃发展的实际需要，发布了《关于教育工作的指示》，提出改革学制的任务。指示中明确谈道：“现行学制是需要积极地妥当地加以改革的。各省市、自治区的党委和政府有权对新学制积极地进行典型试验，并报告中央教育部。经过典型试验取得充分经验之后，应当规定全国通行的新学制。”并提出“三个结合”的办学原则和“六个并举”的办学指导思想。“三个结合”的办学原则：统一性和多样性相结合，普及与提高相结合，全面规划与地方分权相结合。“六个并举”的办学指导思想：国家办学与厂矿、企业、农业合作社办学并举；普通教育与职业教育并举；成人教育与儿童教育并举；全日制学校与半工半读、业余学校并举；学校教育与自学(包括函授、广播学校)并举；免费与不免费教育并举。1958 年以后，我国开展了将入学年龄提前，缩短修业年限，提高教育质量的学制改革试验，部分小学入学年龄提前到 6 岁；有的地方实行了中小学 10 年一贯制，即“五三二”制。“五三二”制后来成为定制，一直沿用到“文革”结束。

1958 年，我国在进行学制改革的同时，整个社会刮起了“大跃进”之风，反映在教育领域里，则是“教育大跃进”或称“教育大革命”。主要表现如下：一是以生产劳动代替文化知识学习，冲击正常的教学秩序。由于教条地理解马克思主义关于“教育与生产劳动相结合”的思想，过于强调学校的劳动课，要求学校也办工厂、农场，甚至提出：“生产在哪里，学习到哪里”，有的学校劳动课超过三分之二课时。二是发动群众办学，下放教育管理权，各级各类学校盲目发展。中华人民共和国刚成立，经济比较落后，办教育不可能全由国家包下来。随着社会主义建设事业的发展，人民群众对文化教育的需求日益增长，各级各类教育虽然有了很大发展，但仍不能满足人民群众的需要；所以下放教育管理权，调动人民群众的办学积极性，无疑是正确的。但在实际的办学过程中，不尊重教育规律，不顾办

学条件，光凭热情，盲目发展。据1958年10月《光明日报》报道，从1月至8月，全国学龄儿童入学率已达93.9%，新建中学2.6万余所，新办高等学校800余所，全国已有高等学校1000所以上，短短几个月时间竟有如此大的发展，真乃世界少见。1959年下半年到1960年上半年，在“反右倾，鼓干劲”的口号下，全国再次掀起大办教育的高潮，仅高等学校就增加到1289所，实际上，许多学校只是徒具虚名。三是在学校中开展群众运动。如有的搞“跃进班”活动，有的搞“红孩子”运动，事事搞竞赛，甚至对犯错误的儿童采取相互揭发、重点辩论、鉴定过关的批判、斗争方式，不仅影响正常的教学，也造成人际关系紧张。

从1958年到1960年，在全国教育“大跃进”的同时，也掀起了全国范围的教学改革热潮。如在高等教育方面，实行教学、生产、科研三结合，努力建设新兴学科、组建新专业，加强现场教学和注重调查研究等，这些对提高高等学校教育质量和改变高等学校脱离社会实际的缺点起到积极作用，在中小学教学改革方面，主要是针对教学内容陈腐落后、循环过多，课程门类繁多，教学方法陈旧等问题，采取适当合并学科、精简内容、减少循环、增加或加深现代科学技术和生产方面的知识、改进教学方法等措施。另外，还积极发展农村教育，改革农村教育结构，使农村教育更好地为农村经济建设服务。如江西共产主义劳动大学总校和分校的创办，以及农业中学在全国的迅速发展，从某种意义上说，也为我国农村教育的发展开辟了一条新路。总之，1958年的教学改革，尽管受到“教育大革命”的影响，但基本上还是符合当时的教学实际需要，在今天仍具有借鉴价值。

（二）60年代初的教育整顿

1961年1月，党中央在北京召开了八届九中全会。会上和会后，党中央和毛泽东反复强调大兴调查研究之风，认真总结新中国成立以来正反两方面的经验教训。从1960年下半年起，党中央逐步认识到工作中的问题，并开始纠正“左”的错误。1961年7月，教育部在北京召开了全国高等学校及中等学校调整工作会议，认为普通教育要着重全面提高教育质量，相对减少数量。决定到1963年，高等学校学生减少22%，中专学生减少48%，高级中学学生减少16%，全日制初中学生减少18%。高等学校经过调整、精简，已由原来的1289所调整裁并为407所，在校学生由96万人压缩为75万人；中等专业学校由1960年的6225所裁并为1355所，在校学生由221.6万人压缩为45.2万人；中小学也进行了必要的调整，精简了一批教职工，部分农村小学由公办转为民办等①。通过调整，教育事业重新走上有计划稳步发展的轨道。但在调整过程中，也出现了一

① 毛礼锐、沈灌群主编：《中国教育通史》（第6卷），济南：山东教育出版社，1989年，第160～161页。

些问题。如有些省份农村小学公办转为民办过多，造成学龄儿童入学率显著降低；有些地方处理裁并和精简人员的方式简单，缺乏细致的思想工作和统筹安排，伤害了一些人的感情，也造成一些人实际生活的困难。这些教训应当吸取，不能忘记教育改革的宗旨是不断提升教育的普及程度和教育质量，最终是为了提高广大人民的生活水平。

为了整顿学校内部的教学秩序，保证学校以教学为主，普遍提高教学质量，中共中央经过调查研究，于1961年和1963年分别颁发了《教育部直属高等学校暂行工作条例(草案)》(简称《高教六十条》)、《全日制中学暂行工作条例(草案)》(简称《中教五十条》)和《全日制小学暂行工作条例(草案)》(简称《小教四十条》)。

《高教六十条》共十章：一、总则；二、教学工作；三、生产劳动；四、研究生培养工作；五、科学研究工作；六、教师和学生；七、物资设备和生产管理；八、思想政治工作；九、领导制度和行政组织；十、党的组织和党的工作。主要强调：高校实行党委领导下的以校长为首的校务委员会负责制，加强思想政治工作；正确执行党的知识分子政策，正确执行“百花齐放，百家争鸣”方针，努力提高学术水平；尽量安排好生产劳动、科学研究和社会活动时间，保证以教学为主，不断提高教学质量。《高教六十条》先是在教育部直属的26所高校试行，到1963年初已有220多所高校试行这一条例，其余高校也大多参照这个条例的精神改进了工作。

中、小学工作条例是1963年3月同时颁发的。其主要精神：首先十分重视德育，强调要以马克思列宁主义、毛泽东思想为指导，对学生进行爱国主义和国际主义教育；同时提出德育要针对学生特点，通过各种生动活泼的方式进行，避免一般化和简单化。在智育方面，强调小学阶段必须注意语文和算术的教学，中学阶段必须注意语文、数学和外语的教学；在师资条件具备的情况下，全日制小学高年级也可以有计划、有步骤地开设外国语；为了扩大学生的知识面和发展学生的志趣、才能，中学工作条例还规定高中阶段在保证学好必修课的基础上，可根据条件酌设农业科技知识、制图、历史文选等选修课程，高三学生可根据志趣和爱好任选一门至两门，选修课程不进行考试；条例还要求加强对中小学师生的为农业服务教育，使他们懂得农业是国民经济的基础，要让绝大部分农村中小学生具备参加农业生产或农村工作的能力。条例还要求各级党委和教育行政部门认真执行党的知识分子政策，团结和教育广大教师，关心教师进步，提高教师待遇等。

大、中、小学工作条例的颁行，进一步纠正了教育领域的“左”倾问题，使我国各级学校的各项工作逐步走向正轨，对稳定教学秩序、改进教学工作、提高教学质量、调动知识分子积极性、巩固和发展我国的教育事业，起到了非常重要的作用。

三、"文革"后的教育改革

1977 年 7 月，中国共产党十届三中全会决定恢复邓小平的职务，1977 年 8 月，中国共产党第十一次全国代表大会宣告"文化大革命"结束，重申建设社会主义现代化强国的任务。要搞现代化建设，必须有人才，而人才又需要科学的教育来培养。1977 年 8 月 4 日，邓小平亲自主持召开了科学和教育工作座谈会，邀请 30 多位著名科学家和教育工作者参加。8 月 8 日，邓小平作了《关于科学和教育工作的几点意见》的讲话，后来被称为"八·八讲话"。这次讲话作出对教育领域拨乱反正的重大决策。其中谈到人才培养的重要性，并强调要尊重教师等。同年底恢复高等学校统一招生进行文化考试的制度，这一年全国有 570 万名青年报名参加考试，考试时间是 11 月和 12 月，共录取新生 27.3 万人。高考制度的恢复，在社会上引起了强烈反响，广大青少年为"四化"勤奋学习的风气兴起，广大教师教学的积极性大为高涨，不仅提高了高等学校的教育质量，也促进了中小学教育质量的提高，并使各级各类学校恢复了正常的教学秩序。

1978 年 12 月，中国共产党十一届三中全会召开。会议充分肯定了必须完整、准确地掌握毛泽东思想的科学体系，高度评价了关于真理标准问题的讨论，明确提出解放思想、开动脑筋、实事求是、团结一致向前看的指导方针；果断地停止使用"以阶级斗争为纲"的口号，作出从 1979 年起把党和国家的工作重点转移到社会主义现代化建设上来的战略决策，并明确提出"改革开放"的施政纲领。在这样一个大好形势下，广大教育工作者认真总结中华人民共和国成立以来的经验教训，全面贯彻"调整、改革、整顿、提高"的方针，通过加强对教育工作的领导，全面落实党的知识分子政策，改革陈旧落后的教育思想、教育内容和教育方法等，使教育工作重新走上健康而快速发展的轨道，我国的教育迎来了新的春天。

1985 年 5 月，中共中央根据新时期社会发展的需要及时颁布了《中共中央关于教育体制改革的决定》(以下简称《决定》)。《决定》明确提出教育体制改革的根本目的是提高民族素质，多出人才，出好人才。《决定》要求在今后一定时期内，中央和地方政府教育拨款的增长要高于财政经常性收入的增长，并使在校学生人均教育费用逐步增长；要把发展基础教育的责任交给地方，有步骤地实行九年制义务教育；鼓励和指导国营企业、社会团体和个人办学，并在志愿的基础上鼓励单位、集体和个人捐资助学；要积极调整中等教育结构，充分调动企事业单位和业务部门的积极性，大力发展职业技术教育；要改革高等学校的招生计划和毕业生分配制度，扩大高等学校办学自主权。紧接着，1986 年 4 月，全国人民代表大会颁布了《中华人民共和国义务教育法》，明确了实施九年制义务教育的发展目标。1993 年 2 月，中共中央、国务院又联合印发了《中国教育改革和发展纲要》(以下简称《纲要》)。《纲要》指出:"教育是社会主义现代化建设的基础,必须坚持把教育摆在优先发展的战略地位。"1995 年 3 月,全国人民代表大会又颁布了《中华人民共和国教育法》,从而使我国逐步迈入依法治教的轨道。

第五节 中国近现代教育的国际交流

一、中国近代的教会学校

兴办学校,传播西学,是西方传教士在中国扩大影响,进而达到传教目的的重要手段。早期的教会学校仅限于开放的通商口岸,规模很小(学生几人至几十人),多附设于教堂中,且多是小学程度,招生对象多为穷苦教徒子弟或无家可归的乞丐。如较早的有马礼逊学堂、徐汇公学等。第二次鸦片战争后,传教士获得在内地传教的权利,教会学校迅速扩大。到 19 世纪 70 年代,已有少量教会中学出现。招生对象也由主要收容贫穷子弟转向注重吸收富家子弟特别是新兴买办阶级子弟入学。19 世纪末 20 世纪初,随着列强对华侵略的加深,教会学校发展更快。到 1926 年,全国已有基督教(新教)小学 5000 余所,中学约 200 所,大学 16 所,学生约 30 万人;天主教小学和神学约 9000 所,中学 200 余所,大学 3 所,学生约 50 万人①。到 1937 年,教会学校在校生达到 100 万人,其中大学生 8000 人,中学生 9 万人,其余为小学生②。就中小学而言,其课程可分为三类:第一类是宗教课,通常都是教会学校的主课;第二类是外语课,绝大部分学校都开设外语课,而且课时较多,到高年级已可用外语进行教学了;第三类是传统的中国经学课,尤其是儒家经典;第四类是近代西方的科学文化课,如数学、物理、化学、生物、生理卫生、地理、历史、音乐、美术、体育等。

另外,特殊教育是西方文明的产物,传教士除率先在中国创办女子学校外还率先在中国创办了特殊教育机构。如 1874 年长老会在北京创办了瞽叟同文馆,招收流落社会的盲童学习文化和劳动技能,并在国外盲文体系的基础上创立了"康熙盲字",也叫"瞽手通文"。这是中国最早的盲童学校。此后,有关教会组织陆续创办了一批聋盲哑儿童教育机构,这在我国教育体系中占有重要位置,并对民国时期的特殊教育产生了积极影响③。

尽管教会学校着眼于培养为传教和列强侵略效劳的人,但它毕竟在中国最

① 顾长声:《传教士与近代中国》,上海:上海人民出版社,1981 年,第 336 页。
② 黄新宪:《基督教教育与中国社会变迁》,福州:福建教育出版社,1996 年,第 154 页。
③ 黄新宪:《基督教教育与中国社会变迁》,福州:福建教育出版社,1996 年,第 163 页。

早传授近代科学文化知识，其校园文体活动很活跃，所培养的人在知识和智能上远胜过封建学塾培养的旧式文人；它还为中国新式学校的创办提供了借鉴模式；此外，培养了大批外语人才。就此而言，教会学校的教育在客观上也促进了近代中国的教育改革。

二、中国近代的留学教育

中国近代的留学教育除前面介绍的在洋务运动时期开启的选派少年儿童出国留学外，到20世纪初在清末新政的激励下逐渐兴盛，并形成留日、留美高潮。

1901年清政府议行新政，倡导留学，并于1903年公布了《约束奖励游学毕业生章程》，明确给予留学毕业生以相应的科名奖励的办法。由于日本早期派遣大量留学生到西方学习对国家富强起了重要作用，加之日本是近邻，交往相对便利，留日学生逐年增多。尤其是1905年废除科举后，士人为了寻求新的出路，纷纷留学日本，形成留日高潮。据有关学者估计，1904年留日学生约3000人，1906年则超过8000人[①]。如此多的学生在如此短的时间内涌向一个国家留学，在中国近代教育史上是绝无仅有的。清末留日学生以青年为主，但年龄跨度大，有十来岁的儿童，也有七八十岁的老翁，并有相当比例的女性，其中自费生超过官费生。如著名的革命家秋瑾女士就是1904年自费东渡日本留学的。这些学生文化程度差异大，通过对日语和基础课程的学习，多选择法政、武备和农工商等专业继续深造。

1901年《辛丑条约》签订后，中国需支付各国战争赔款4.5亿两白银，1940年前付清，本息共计白银9亿多两，史称“庚子赔款”。美国是受益者之一。为了自身的利益，美国国会1908年通过议案，决定从1909年起将所得“庚子赔款”的一部分以“先赔后退”的方式“退还”给中国，并约定将此款用于发展留美教育。为此，中国政府专门拟定了《派遣留美学生办法大纲》，规定在华盛顿设立“游美学生监督处”，在北京设立“游美学务处”，负责留美学生的选派与管理。1909年选派了47名学生，1910年选派了70名学生留美。1911年还建立了清华学堂（2012年改为清华学校）——留美预备学校。从此，留美学生越来越多，而且通过预备学校学习后再去美国留学，大大提高了留美学生的质量和层次。截至1929年，利用“庚款”到美国留学人数已逾1800人[②]。美国的这一举措后被部分相关国家效仿，史称“退款兴学”。从此，中国留学生的流向国结构发生了重大变化，即趋向多元化。

---

① 孙培青主编：《中国教育史（修订版）》，上海：华东师范大学出版社，2000年，第350页。

② 王炳照等编：《简明中国教育史（第四版）》，北京：北京师范大学出版社，2008年，第305页。

20 世纪上叶，受伊斯兰文化影响，中国学子还兴起了到伊斯兰国家留学之风。早期的中国穆斯林留学多为个人行为，如 1921 年王静斋偕弟子马宏道分别到埃及爱资哈尔大学和土耳其君士坦丁堡大学留学。由于当时伊斯兰教文化中心在埃及的爱资哈尔大学，故经有关人士与埃及当局洽商，从 1931 年起穆斯林学校正式选派学生赴爱资哈尔大学留学。尽管受到战乱的影响，但到 1945 年派到爱资哈尔大学的留学生累计近百人。中国穆斯林的留学活动，不仅促进了中国同伊斯兰国家的教育交流，也扩大了中国穆斯林的眼界，提高了穆斯林知识分子的素质，为中国伊斯兰教的学术研究、穆斯林教育的发展和国家建设培养了一批高级人才。

三、收回教会学校的教育权

1922 年 3 月，蔡元培在《新教育杂志》上发表了《教育独立议》一文，主张教育必须脱离政党与宗教而独立，首先举起了反基督教教育的大旗，并逐步在全国掀起一场对教会教育的大声讨。1923 年 9 月，余家菊在《少年中国》月刊上发表《教会教育问题》一文。指出“于中华民族之前途有至大的危险的，当首推教会教育，教会在中国取得了传教权与教育权，实为中国历史上之千古痛心事”，并率先提出“收回教育权”的口号①。此语一出，立刻引起社会各界的共鸣。1924 年 6 月，广州学生收回教育权运动委员会宣告成立。同年 7 月，中华教育改进社在南京开会，讨论外国人在华设学和收回教育权问题；10 月，全国教育会联合会在开封召开年会，通过了《教育实行与宗教分离》和《取缔外人在国内办理教育事业》两个议案。1925 年五卅运动中，收回教育权运动达到高潮，全国各地的学生举行了声势浩大的游行示威，教会学校的学生纷纷退学，一些知名学者也声援学生的反教会教育运动；同年 11 月，北洋政府教育部迫于压力，颁布了《外人捐资设立学校请求认可办法》，规定：凡外人捐资设立各等学校，得依照教育部所颁关于请求认可之各项规则向教育部行政官厅请求认可，校长须为中国人，学校不得以宣传宗教为宗旨等。

随着北伐战争的胜利进军，收回教育权运动进入实操阶段。1927 年 1 月由美国纽约万国传道总会主办的广州岭南大学率先由中国人收回办理；3 月，上海教会大学（沪江、圣约翰、震旦等）相继由中国人收回自办；4 月，东吴大学改组董事会，选任中国人为校长。囿于当时的社会环境，教会学校的教育权并没有彻底收回，但这一运动却使中国人对教会学校有了更清晰的认识，并大大削弱了教会教育对中国的影响。1949 年中华人民共和国成立后，反对帝国主义的奴化教育和收回教育权的斗争才取得最终胜利。

---

① 孙培青主编：《中国教育史（修订版）》，上海：华东师范大学出版社，2000 年，第 399 页。

四、新中国教育的国际交流

新中国成立后至20世纪末，中国教育国际交流历经在艰辛探索中奠定新基础、在改革开放中开创新局面的发展阶段，取得了举世瞩目的辉煌成就。

（一）在艰辛探索中奠定新基础

在从新中国成立到1978年改革开放前探索建立社会主义教育制度的历史征程中，教育国际交流与合作开始起步和前行。通过近30年探索和实践，新中国教育的国际交流与合作事业在开基创业和艰难曲折中奠定了辉煌发展的新基础。

首先是收回教育权和吸引留学人员回国工作。1949年12月，新中国第一次全国教育工作会议召开，以老解放区的新教育经验为基础、吸收旧教育的某些有用经验、借助苏联经验，成为发展新民主主义教育的重要政策基点。一方面，新中国对过去接受外国津贴的20所高等学校、544所中学、1133所小学，逐步实施教育管理权的转移，实现了实质性的改造。另一方面，提出"争取一切爱国的知识分子为人民服务"的主张。1949年，政务院在文化教育委员会下成立了办理留学生回国事务委员会，教育部制定一系列具体政策，在6年时间里吸引和争取了以钱学森为代表的2000多名中华人民共和国成立前出国的留学人员回国工作。从此，争取出国留学人员回国工作成为国家出国留学工作的重要组成部分以及教育国际交流与合作事业的重要内容。

二是启动和拓展教育国际交流与合作。新中国正式的教育国际交流始于与捷克斯洛伐克、波兰、罗马尼亚等东欧国家交换留学生。以此为标志，新中国出国与来华留学事业正式起步，派遣留学生学习其他国家的先进科学技术也提上了国家议事日程。尤其是大量派遣留学生前往苏联学习科学技术，最多时每年向苏联派遣留学生六七千人。与此同时，我国与苏联的教育交流也得到全方位发展，包括建立两国政府教育部门的直接联系，聘请苏联专家来华任教，大量引进苏联高等学校教材，引进苏联的教育学和教学法，介绍推广苏联发展教育的经验等。除苏联外，我国与其他国家的教育交流也取得初步进展，包括留学生交流、教师交流、教育代表团和学者交流、向少数国家提供小额教育援助等。1961～1965年，国家通过加强国内英语教育、建立研究外国问题和外国教育的基地、派遣学生赴西方国家学习外语等举措拓展与其他国家的交流。

三是建立出国和来华留学管理制度。第一个五年计划期间，我国出国留学的重点是大规模派遣留苏学生，这与新中国的经济建设密切相关。为了加强管理，政府部门多次召开出国留学工作会议，并逐步将出国留学人员的工作方针从"根据国内的建设需要学习苏联的先进技术"调整为"专业上保证重点、兼顾一般；保证质量、以研究生为主；满足短期需要也要兼顾长远"，也制定了相应的出国留学工作管理制度。随着来华留学生规模的扩大，留学生源国也日益多样化，与之相关的留学生管理制度也逐步建立起来。国家先后出台了《各人民民主国家来华留学生暂行管理办法》《外国来华留学生经费开支标准》等一系列管理文件。

四是在曲折中拓展教育国际交流与合作。“文革”初期，我国教育对外交流陷入停滞。20 世纪 70 年代初，我国教育对外交流逐步恢复。应外交需要，开始派遣留学生赴国外学习外语，且第一次派遣教育代表团出访美国、英国、澳大利亚等发达国家；来华留学和来华进行教育访问的国家明显增多，其中发达国家占比尤重。以法国一所高等学校安排学习中文的学生自费到北京语言学院交流几周为标志，自费来华留学也正式登上了历史舞台。

(二)在改革开放中开创新局面

从 1978 年开始，伴随中国特色社会主义事业的开创和完善，我国的教育国际交流与合作事业经历了全面恢复和快速发展阶段。1978～1986 年，出国留学人员已达 5 万人(其中公派的 4.1 万人)，来华留学生 9 千多人[①]。

一是扩大派遣留学生人数和借鉴国外教材。1978 年 6 月 23 日，邓小平作出关于扩大派遣留学生的重要指示。教育部随后向国务院提交了《关于加大选派留学生数量的报告》，确定了选派计划。为落实扩大派遣留学生的出国渠道，中国政府首先与美国达成互派留学生协议，其后又与英国、埃及、加拿大、荷兰、意大利、日本、联邦德国、法国、比利时、澳大利亚等国政府商谈，成功达成交换留学生协议。同时，根据邓小平同志的指示，中央拨专款从美国、英国、联邦德国、法国、日本等国家引进大、中、小学教材，供我国编写教材参考。截至 1978 年 2 月，进口的外国教材达 2200 册。教育部从各地选调了 200 多人到北京集中参加中小学各科全国通用教材的编写工作，成立了教材编审领导小组。1978 年 9 月，全国中小学开始使用新编教材。

二是完善相关政策法规和加强出国留学管理。1981～1984 年，国务院先后多次批转和印发了关于自费出国留学方面的多个规定。1986 年，中共中央、国务院印发了《关于改进和加强出国留学人员工作若干问题的通知》，提出“按需派遣、保证质量、学用一致”的出国留学人员工作方针。同年 12 月，国务院批转国家教委《关于出国留学人员工作的若干暂行规定》。1987 年 1 月，国家教委印发五个关于公派留学的管理细则。其间，国家教委还成立了留学服务中心，驻外使领馆陆续设立了教育处组，为进一步发展教育对外开放事业打下了扎实基础。1993 年，《中国教育改革和发展纲要》强调要进一步扩大教育对外开放；1995 年，

---

① 毛礼锐、沈灌群主编：《中国教育通史》(第 6 卷)，济南：山东教育出版社，1989 年，第 413～414 页。

《中华人民共和国教育法》专设“教育对外交流与合作”一章。加入 WTO 后，我国陆续制定和修订了与教育对外开放相关的政策法规，大力推进教育交流与合作机制建设，不断改善教育对外开放的制度环境。

三是鼓励留学人员回国服务，加强引智工作。做好留学人员工作和引进国外智力是新时期教育国际交流与合作的重要内容。为吸引留学人员回国，让国外回来的学者安心工作，邓小平强调要做好安置他们回国的准备工作，并指出“要利用外国智力，请一些外国人来参加我们的重点建设以及各方面的建设”。1996 年，教育部启动“春晖计划”，拨出专项经费资助在外留学人员短期回国工作。加入 WTO 后，国务院颁布了《中华人民共和国中外合作办学条例》，教育部随后陆续出台《中华人民共和国中外合作办学条例实施办法》《关于当前中外合作办学若干问题的意见》《关于进一步规范中外合作办学秩序的通知》等文件，完善了涉外办学的政策设计，有力地强化了合作办学的规范管理，为提高合作办学的质量水平和可持续发展能力提供了政策保障。

四是拓展全方位教育国际交流与合作。改革开放初期，中国与西方国家在双边教育交流领域取得了前所未有的突破：与美国恢复“中美富布赖特项目”；与英、德、法、日等多个国家开展教育合作；先后对亚非拉国家开放留学，资助其学生来华学习。这一时期的出国留学人员，一方面学习国外的先进知识和技术，另一方面作为文化交流使者，向海外推广中国语言，传播中国文化。同时，来华留学生也为我国外交工作注入了活力，为教育改革起到积极的推动作用。值得一提的是，1981 年中国教育国际交流协会成立，从此中国民间的、半官方的教育国际交流有了专门组织，开辟了国际教育交流的新渠道，在教育对外交流合作中具有里程碑意义；1979 年我国又成立了联合国教科文组织全国委员会，从此与联合国教科文组织的教育交流与合作成为我国国际教育交流最引人瞩目的内容。进入 21 世纪，我国教育国际交流规模不断扩大，内容日益丰富，国内外影响力不断提升。自 2004 年起，孔子学院和孔子课堂开始在世界各地陆续设立，积极推广汉语，传播中国文化。教育对外开放工作逐渐形成宏观、微观相协调的对外教育交流矩阵。

思考题

1. 试分析中国近代维新派、保守派和洋务派在教育问题上争论的焦点以及各自的教育主张对后世的影响。

2. 试分析中国近代留学教育与古代留学教育的异同及其对当下的启示。

3. 试论 1973 年张铁生事件、马振扶公社中学事件和小学生黄帅事件产生的历史背景及其对当下我国教育改革的启示。

下编

外国教育简史

第七章

西方古代教育

资料卡片 20

古埃及的教育

公元前 3000 年前后，古代埃及建立了奴隶制国家。埃及人很早就发明了象形文字和表音文字，并影响了古希腊字母的形成。在自然科学方面，埃及人在天文、历法、建筑、医学等方面获得了相当大发展。古代埃及的学校教育较为发达，大致有以下几种类型：第一，宫廷学校。设立在宫廷内，是专供王子或高级官吏子弟学习的地方，培养为奴隶制国家服务的高级文武官吏，也被称为“高级官吏养成所”。第二，僧侣学校（或寺庙学校）。附设于寺庙，除宗教教育外，也传授天文、数学、建筑、水利、医学等科技知识，是探讨和传播高深学问的地方。第三，职官学校。创办于中王国时期，训练能从事某种专项工作的官员，修业年限为 12 年，学习内容包括普通文化课程及专门职业知识与技能，往往是以吏为师。第四，文士学校。培养能够熟练运用文字从事书写及计算工作的人。此类学校相对较低级，招收人数较多，对出身限制较少，修业年限有长有短。

古埃及的学校教育主要为统治阶级所独占，一般平民难以问津。惯用的教学方法是灌输和体罚。值得一提的是，古埃及的教育对西方的教育产生了重要影响，在西方教育家的著作中，有许多关于古埃及教育内容的记载。

邓小平曾指出：“任何一个民族、一个国家，都需要学习别的民族、别的国家的长处，学习人家的先进科学技术。”[①]教育也是如此，我们不仅要吸取本国的教

① 中共中央文献编辑委员会编：《邓小平文选》，北京：人民出版社，1983 年，第 88 页。

育遗产，而且应该借鉴外国教育的历史经验。教育作为人类的一种社会实践活动，可以说，自从有了人类社会便有了教育，但原始社会的教育还处于原始的低级水平阶段，是一种生活中的非形式化教育，本书对此不再赘述。我们仅从人类文明的开端——奴隶社会的教育谈起。

古希腊、古罗马作为人类文明的发祥地之一，较早地进入奴隶制社会，而奴隶制又为古希腊和古罗马创造了灿烂的文明。正如恩格斯所说："没有奴隶制，就没有希腊国家，就没有希腊的艺术和科学；没有奴隶制，就没有罗马帝国。"[①]正是奴隶制使两国的学校教育发展得较为完备，为后世欧洲教育的发展奠定了基础，并孕育出苏格拉底、柏拉图、亚里士多德和昆体良等思想家、教育家。

古罗马帝国灭亡，西欧进入黑暗漫长的封建社会，其教育被蒙上宗教神学的色彩。直到文艺复兴时代，人文主义教育思想和教育实践活动才开始打破沉闷的封建教育习气，为后来的宗教改革运动奠定了思想基础。

资料卡片 21

智者派的教育活动及其贡献

所谓"智者"（Sophistes，又称诡辩家），主要是指在公元前 5 世纪后期以收费授徒为职业的巡回教师。这些职业教师适应社会民主政治活动的需要，在各种公共集会上发表演说，回答人们提出的各种问题；向青年人传授辩论的艺术，即雄辩术。辩论在雅典的民主政治生活中是很重要的工具。智者们广招门徒，收取高额学费，向年轻人传授雄辩教育的核心课程文法、修辞、辩证法，即"前三艺"。除此之外，还教授数学、自然科学以及音乐等。

智者派的代表人物有普罗塔哥拉、普罗迪克斯、希皮阿斯、安提丰和克里蒂亚等，他们在希腊教育史上占有重要地位。首先，智者推动了文化的传播和扩大了教育对象，因而促进了社会的发展。其次，智者既拓展了学术研究领域，又扩大了教育内容的范围，并把系统的知识作为主要的教育内容。再次，智者最为关心的是道德问题和政治问题，使教育与社会生活密切联系。可以说，希腊教育思想所探讨的基本问题，大多是由智者提出的，并且他们在不同程度上对之作了理论探讨。也就是说，在智者的教育思想中，已经包含希腊教育思想发展的基本线索和方向。

① 恩格斯著，中共中央马列著作编译局译：《反杜林论》，北京：人民出版社，1970 年，第 178 页。

第一节 古希腊、古罗马的教育

一、古希腊的教育

古希腊位于爱琴海域，包括希腊半岛、爱琴海诸岛、小亚细亚西部海岸。希腊文化源远流长，影响深远，早在公元前 11～前 8 世纪，希腊便处在“文明时代门槛”的荷马时代。公元前 8 世纪起，希腊进入奴隶制社会，奴隶制为希腊创造了繁荣。现代西方的学校、课程和教学方法，包括体育运动等都源于希腊。大家熟悉的奥林匹克运动就起源于希腊。公元前 8～前 6 世纪，希腊产生了许多奴隶制城邦，它们的发展极为不平衡，其中，最为强大、最为重要的城邦是斯巴达和雅典。斯巴达和雅典的教育各具特点，成为希腊前期教育的两种典型代表。

(一)斯巴达的教育

斯巴达人是多利亚人的一支，公元前 12 世纪从北方侵入希腊南部的伯罗奔尼撒。公元前 8 世纪，斯巴达人统一了拉哥尼亚，成为这一块土地上的主人，把原来在此居住的希洛人变为奴隶。拉哥尼亚平原由于周围群山环绕，虽濒临大海，但无法进行海外贸易，那里的土地很肥沃，非常适合农业发展，加上铁器的普遍使用，使得斯巴达成为古希腊最大的农业城邦国家。

作为外来征服者的斯巴达人，总共不到 3 万人，要统治近 30 万的希洛人(奴隶)和边境地区的皮里阿西人(自由民)，这便促使斯巴达发展成一个由少数奴隶主贵族专政、疯狂镇压奴隶的军事农业国，以尚武为国魂，全民皆兵，把全国变成一个大兵营。这也决定了斯巴达的教育是以尚武为核心的军事化教育。教育的唯一目的就是要通过严酷的军事体育锻炼，把贵族成员训练成体格强壮的武士。

斯巴达人从小就要接受军事体育训练，成年后服兵役，直到 60 岁为止。斯巴达人认为儿童应属国家所有，母亲充当的只是国家护士的角色。因此，婴儿一出生，便要经过挑选，决定是否抚养他。而有此决定权的不是其父母，而是部落的长老。经长老检查，只有体质健壮的婴儿才准许留下来，交由父母抚养至 7 岁。病弱残疾者则弃之荒野，任其死去或被奴隶抚养。儿童 7 岁后便要送往国家的教育场所，编入当地的小队或团体中过兵营生活，接受长期严格甚至是残酷的军事化管理和训练。训练的内容主要是五项竞技——赛跑、跳跃、角力、掷铁饼和投标枪。

兵营生活单调乏味，条件极端艰苦，在衣食住行各方面，他们都要经受常人无法忍受的历练。衣：孩子们长年赤脚，衣着单薄，一年只能领到一件外衣，冬天也得光头赤脚。食：斯巴达人认为吃得太饱有碍身体发育。另外，为了培养孩子忍受饥饿的习惯，规定儿童不能吃饱，而且食物粗劣。住：睡觉终年无被褥，集体睡在采集来的野草、芦苇上，有时还特意让他们在泥土或沙滩上睡觉。行：相互格斗、与野兽肉搏是日常训练课题；欣然接受鞭挞也是训练方法之一，鞭挞时应毫无惧色，否则被认为是软弱、胆小，是耻辱。其目的是使儿童顽强坚忍，绝对服从。此外，他们还常鼓励儿童去偷公共食堂的饭菜和果园里的果实，如果被抓获，便会遭到毒打和挨饿的惩罚。斯巴达人认为这种偷窃行为不是耻辱，而是为了训练儿童的机警、勇敢和聪明。

11～20 岁的青年便要进入青年军事训练团接受正式军训。在正式学习以前，他们要多次遭到鞭打，不能忍受者则被取缔学习的机会。其间，至少要接受一次惨无人道的“秘密服役”训练，即夜间突袭奴隶居住区，可以任意杀戮奴隶，培养青年仇恨奴隶的心理，并以此来恫吓奴隶，维护奴隶主贵族统治。

20 岁开始服兵役，开赴前线，进行实战训练，30 岁才能成为正式公民，有权参加民众大会，并可担任官职，60 岁才免除兵役。

女子教育是斯巴达教育中较有价值的部分，这与斯巴达妇女在社会上的地位有关。斯巴达还保留着原始部落尊重妇女的传统，女孩并不与世隔绝，从小在家接受与男孩相似的教育，训练同样很严格，目的是为了将来生育和在男子出征时保卫本土。

总之，重视军事体育训练，培养青年勇敢、坚忍、爱国和绝对服从的品质，灌输强制性的政治道德教育是斯巴达教育的全部内容。但斯巴达人轻视智育，拒绝一切文化科学知识的学习，导致他们连基本的读、写、算的能力都不具有，这便是斯巴达教育的缺失之处。

(二)雅典的教育

雅典人是爱奥尼亚人的一支，公元前 1600 年进入阿提卡半岛。半岛全境多山，缺乏平原、河流，不宜耕作，但雅典原来仍是一个农业国，大量种植橄榄、葡萄，手工业相当发达。雅典城又靠近海岸，有优良的港湾、丰富的矿藏，海外贸易频繁，这些因素共同促进了雅典工商业的发展与繁荣。

雅典的社会阶级关系复杂，上层社会中的农业贵族与新兴的工商业奴隶主之间争权夺利，斗争尤为激烈，给雅典的政治生活增添了民主气氛，这也是雅典奴隶主民主政治得以产生的社会阶级根源，加上雅典又实行一系列的政治改革——公元前 594 年的梭伦改革、公元前 508～前 507 年的克利斯提尼改革、公元前 443～前 429 年的伯利克里改革，不断把雅典的民主政治推向高峰。另外，雅典在希波战争中的胜利，海上霸权地位的确立，奴隶制经济的发展，都为雅典文化教育的繁荣昌盛奠定了良好的基础。

在希腊有两个词表示教育，即 Agoge 和 Paideia。Agoge 意为指引、约束、管教，相当于斯巴达人的严格训练；Paideia 多指的是指导儿童的自发活动，其中既包括教师有计划、有目的的指导和培养，又包括儿童在受教育的活动中，身心所得到的自然和谐发展，雅典人的教育偏于向后者。因此，雅典的教育目的是不仅要将奴隶主子弟培养成身体强健的武士，而且要使他们成为合格的公民，有知识、有教养的商人，能言善辩的政治家和社会活动家。雅典人心目中的理想公民应该是集体健、智睿、德高、爱美、爱和谐诸多优良品质于一身的人，表达了古雅典人对教育理想的热爱和对教育最高宗旨的追求。

因此，雅典人的教育突破了斯巴达人对军事体育训练和道德教育的执着，注意到智育和美育在人的和谐发展中所起作用，形成了世界上最早的德、智、体、美和谐发展的教育体系。教育内容显然比斯巴达的教育丰富得多，教学组织形式、教学方法也灵活得多。

在教育制度上，雅典和斯巴达一样也实行分阶段教育，但具体情况却有很大不同。在雅典，儿童出生后也要接受严格的挑选，以确定生存权。所不同的是，雅典儿童的生存权取决于他的父亲，父亲如将置于脚前的婴儿抱起，即承认养育，否则就将婴儿扔掉。

7 岁前的儿童接受家庭教育，具体内容包括唱歌、讲故事、玩玩具、做游戏及礼貌行为习惯的养成等。富裕家庭还给儿童请保姆或家庭教师，或者两者兼备，父母和他们共同承担教育儿童的责任。

7 岁后的女孩继续在家中接受父母的教导，学习一些家务，如做衣、纺织、编织和烹调等都要有所了解。男孩则进入文法学校（The Grammatist School）和音乐学校（The Music School）。既可以同时进入这两种学校，也可以先入文法学校，再入音乐学校。这些学校都是私立收费的，教师的社会地位低下，有不少教师来自于赎身的奴隶。儿童每日上学要由教仆（Pedagoue）陪送。教仆是指那些有知识的奴隶，他们的主要职责是训练儿童的举止和德行，负责每日送儿童上学，接他们回家，督促其学习。儿童在文法学校学习读、写、算的初步知识，在音乐学校学习音乐、唱歌、朗诵诗文等，目的在于陶冶学生的性情，而不是为了培养演唱者。

十二三岁的少年则进入体操学校（The Palaestra）学习。体操学校又名“角力学校”，即在靠近音乐学校的一块空旷场地，由角力教师指导学生集中进行体操训练。训练的内容为斯巴达体操训练中的五项竞技和游泳等，另外包括舞蹈等。雅典人认为体操运动不仅可以锻炼身体，培养技能技巧，还能加强精神意志的锤炼，塑造勇敢坚韧的品质。

经过体操学校训练的青年，16 岁便可转入体育馆，接受更为严格的训练，为的是将来担任国家要职。体育馆由国家主办，实际上是实施全面教育的场所。在体育馆除进行体操训练外，还要学习“三艺”（文法、修辞、辩证法）、音乐、舞蹈、文艺等，并参加一定的社会活动，如宗教仪式或国家的各种庆祝活动等。

18 岁的青年被正式列入城市公民册，并可进入青年军事训练团（Ephebia）接受军事训练，直到 20 岁。这两年属兵役性质，由青年自主选择，不像斯巴达教育带有强制性，正式公民的后裔都可当兵。青年在这里被授予武器，并宣誓效忠国家、服从政府、勇于作战、保家卫国，然后在城市和边防各守卫一年，在此期间，还要学习军事、政治、法律知识。青年 20 岁以后，通过一定的仪式成为正式公民，获得完全的政治权利。

雅典教育的突出特点是培养体、智、德、美多方面和谐发展的人，这是斯巴达教育望尘莫及的。雅典和谐发展的教育模式对亚里士多德和后来西方资产阶级进步教育思想都产生了深远的影响。

二、古罗马的教育

古罗马是继古希腊之后，在西方出现的又一典型的奴隶制国家。古罗马濒临地中海，气候温和、土地肥沃，最初仅为意大利中部台伯河畔的一个小城邦，后来扩张成为地跨欧、亚、非三洲的大帝国。古罗马在对外扩张的过程中，其文化教育吸取了诸多民族文化的精华并创造出独特的拉丁文化。古罗马的历史大致可分为三个时期：王政时期（公元前 7 世纪～前 510 年）、共和时期（公元前 6 世纪末～前 30 年）、帝国时期（公元前 30～476 年）。不同的历史时期，其教育也有所不同。

（一）王政时期的教育

王政时期是古罗马原始社会向奴隶制社会过渡的时期。这一时期，学校尚未出现，家庭教育是主要的教育形式。当时的古罗马还沿袭了氏族社会承袭下来的家长制，父亲在家庭中有着绝对权威，甚至有权决定子女的生存。在儿童的早期教育中，母亲扮演着重要角色。7 岁以后，女孩继续跟随母亲学习家务，男孩则跟随父亲学习耕作技术、骑马、角力、游泳及使用武器等。家庭教育的中心是道德教育，培养儿童讲求德性、服从双亲、爱国、守法及勇敢、谦逊、节俭等美德，当然也教授简单的读、写、算方面的知识，目的是把儿童培养成一个合格的罗马公民，忠于国家，为以后的实际生活作准备。

（二）共和时期的教育

公元前 6 世纪末，古罗马建立共和政体，也真正进入奴隶制社会。在对外扩张的过程中，手工业、商业和海外贸易进一步兴盛起来。古罗马在版图上虽占领了希腊，但文化上却被先进的希腊文化所同化。罗马贵族以学习希腊文化为荣，并效仿希腊设立文法学校、修辞学校，逐渐形成了一套完善的学校教育制度。

初级学校从共和初期的家庭教育中逐渐蜕变出来并得以普遍发展，但这种学校都是私立的，学费高昂，学校设备却极其简陋，且无固定场所。7～12 岁的男女儿童在初级学校里接受简单的读、写、算知识和“十二铜表法”（古罗马制定的法典，刻在十二个铜表上）。教学方法以机械记诵为主，体罚盛行。

中等教育，十二三岁的贵族富有子弟进入私立的文法学校学习。文法学校主要传授希腊文、拉丁文和修辞学等，意在培养贵族子弟的雄辩技艺，以便将来入选官吏。文法学校的教师起初主要由希腊人担任，后来则逐渐为罗马人所替代。

高等教育，16～18 岁或 20 岁的青年还要进修辞学校学习。修辞学校是仿效希腊而设的比文法学校更高一级的学校，以培养演说家、雄辩家为目的，因为当时罗马流行一种风尚——以有无演说雄辩才能来评判一个人有无教养。修辞学校的教学科目主要有修辞学、辩证法、法律、数学、天文学、几何学、伦理学和音乐等。

(三)帝国时期的教育

帝国时期统治者为加强中央集权和军事独裁，巩固对被征服国家和地区的统治，在教育上也实行了一些变革：在教育目的上，改过去培养能言善辩的演说家为培养效忠帝国的顺民和官吏；在教育制度上，改私人办学为国立，加强了对学校的监督和控制；在教师地位上，改教师私人选聘制为国家委任制，提高了教师的待遇。帝国还派遣罗马教师到各地办学，培养忠于帝国皇帝的顺民。这样，帝国便把学校置于国家的管理监督之下，使教育成为为统治阶级服务的专门工具。

此外，在帝国时期，由于统治阶级对人民的百般蹂躏和残酷镇压，劳苦人民无力反抗，便皈依宗教神灵，寻求精神的解脱。1 世纪，基督教在古罗马帝国的属地巴勒斯坦产生并迅速传播。基督教的活动范围日益扩展，势力也日渐增强。统治阶级利用宗教麻痹人民，缓和阶级矛盾，313 年颁布敕令，把基督教定为国教。为宣传教义，基督教也广设教会学校，从此，教会教育在西欧迅速发展起来，并逐渐取代世俗学校，成为学校教育的主要组织形式。

三、苏格拉底的教育思想

(一)生平

苏格拉底

苏格拉底（Sokrates，公元前 469～前 399 年），雅典著名的哲学家、教育家，其思想比较保守，坚决拥护氏族贵族的专制统治，反对雅典奴隶主民主共和制。这有其深刻的政治根源，伯罗奔尼撒战争（公元前 431 年）爆发后，雅典的民主制走向极端，从而削弱了国家的政治权力。氏族贵族试图待机复辟，恢复专制政体。苏格拉底对雅典的这种极端民主制产生了怀疑，于是集聚一个哲学家小团体，攻击民主制度，并与斯巴达贵族奴隶主相互勾结，企图重建贵族专制，结果遭到失败，公元前400年被判处死刑。苏格拉底一生除参与政治活动外，还积极从事宗教活动，他的哲学思想和教育思想对当时的雅典和后世都有深远的影响。

（二）哲学及其伦理道德观

苏格拉底在哲学上公开宣扬并坚持神学唯心主义，反对德谟克利特的唯物主义观点，认为世界万物都是由神主宰和支配的，自然界无任何可以遵循的规律，神支配一切、安排一切，神把世界安排得井然有序所遵循的原则便是"善"，善是说明事物原因的，也是一切事物所追求的目的。苏格拉底认为，神对人是特别恩惠的，给人以眼、耳、口、鼻，使人可以视、听、食、嗅；并造人以直立，使人可以做许多事；最为重要的是，在人的身体中安排能思考的灵魂；"有思考力的人是万物的尺度"，因为真理就存在于人的心灵里、内心中，需要人们自己去认识，要像神的教导那样去"认识你自己"。人只有从自己的灵魂开始，不断思考，自我认识，才能逐渐趋向最高的善——智慧。

苏格拉底在道德伦理学上提出了一个重要命题：美德即知识。苏格拉底认为，"美德是一种善，美德就是知识，美德是灵魂的一种属性，美德由教育而来"[①]。可见，他把知识等同于道德，把知等同于行，提出"美德由教育而来"的观点，从而确定了教育目的在于使人通过知识的获得而成为有美德的人。

苏格拉底认为美德是一种善。人都有求善的本能，天下没有人刻意地求恶，然而有人追求善，便能得到善，而有人求善，却得到恶。究其原因，就在于知识智慧之不足，自以为是善，其实是恶。知识智慧能包括所有的善，所以说美德便是知识。他还认为，美德的主要内容包括智慧、正义、勇敢和节制，即传统上所说的"四德"。"四德"是同一的，知识便是它们的本质属性，因此可以说知识便是智慧，知识便是美德。但苏格拉底所说的"知识"不是我们现代意义上的知识，而是有其特定含义的，因为他轻视感性，贬低感觉在认识中的地位，他所说的"知识"仅是指认识普遍事物一般性的、一种理性的必然的普遍的真理。这种知识只能依靠心灵、依靠理性，从自己的内心来获得，是一种善的知识。故而苏格拉底也竭力主张哲学应从对宇宙自然的探索转向研究人本身，把哲学从天上拉到地上，从而确立他的道德观的基础和出发点。

（三）教育思想和方法

苏格拉底一生都是义务从教，从不向人收取学费，教学无固定场所，也无一定对象，在任何场所，任何人都可向他求教、问难。苏格拉底知识渊博、思想深邃

---

① 转引自王天一等编著：《外国教育史》（上册），北京：北京师范大学出版社，1993年，第40页。

睿智，教学方法独具特色，他并不直接告诉学生结论或答案，而是通过和学生的谈话、讨论、辩论，引导学生自己得出答案，形成正确的思想，这就是著名的“苏格拉底法”。苏格拉底的母亲是位产婆，于是他又称这种教学方法为“产婆术”，用之于知识思想的催生，目的在于通过谈话，引导人们内省，认清业已存在于心中的知识。哲学家和教师的任务就是帮助人们去发现存在于人们内心的真理、知识和善端。

苏格拉底法可以分成两个步骤：第一步是讥讽，他经常与各种人谈话，讨论人们感兴趣的人生问题。他在与别人谈话中，假装自己什么也不懂，向别人请教，让人家发表意见。他这样做是为了引导人们发现自己认识中的矛盾，意识到自己思想的混乱，怀疑自己原有的知识，迫使自己积极思索，寻求问题的答案。第二步是“产婆术”。这一步的作用是，在对方发现自己认识的混乱并否定原有认识的基础上，引导他走上正确认识的道路，从而逐步得到真理性认识，形成概念。

苏格拉底的教学方法是为了向人们说明一个道理：有一个总的道德和智慧原则在指导人们的正当行为，人们之所以不能发现和追随正当事理的原因仅仅在于没有审慎思考。色诺芬(苏格拉底的学生)在《大事记》一书中记载了苏格拉底与一位渴望成为政治家的青年尤斯底莫有关“正义”的谈话，可以说是一个较为典型的例子。

苏格拉底在取得尤斯底莫的信任后，他们之间进行了交谈。苏格拉底提出有关“正义”的问题，并问尤斯底莫能否举出什么是正义的作为、什么是非正义的作为。尤斯底莫回答说“能够”。苏格拉底建议他把正义的作为归为一边，非正义的作为归入另一边，并问道：

“人间是否存在谎言？”

“肯定存在。”

“那么我们把它记在哪边呢？”

“当然记在不正义一边。”

“欺诈存在吗？”

“没有疑问。”

“把它记在哪边呢？”

“显然记在不正义下。”

“有恶作剧吗？”

“无疑的。”

“对人的奴役呢？”

“也很普遍。”

“这些事都不能记在正义名下吗，尤斯底莫？”

“记在正义名下是不可思议的。”

“不过，如果一个受命率领一支部队的将领奴役非正义并抱有敌意的人，我们能说他的行为不正义吗？”

“不，当然不能这么说。”

“同敌人作战时，欺骗敌人也算正义吗？”

“那也应当是正义的。”

“如果他偷去了他们的财物，他所做的不也是正义的事吗？”

“当然是。不过，一开始我还以为你所问的都是关于我们的朋友的。”

“那么，所有列于非正义名下的事我们也必须列于正义名下？”

“仿佛是这样。”

“那么，你同意一经这样记下来，我们就应该制定新的标准，即对敌人这样做是对的，对朋友就不对，而且，我们的将军对于朋友应尽可能地正直一些。”

“完全同意。”

“这样说来，如果一个将军看到他的军队气馁时，便编造假话，说增援部队就要到了，以此来阻止他的部队泄气，我们应把这种欺骗行为列于哪个名下呢？”

“在我看来，”尤斯底莫说：“我们必须把它列于正义名下。”

“那么，如果一个孩子得了病，又拒绝吃药，父亲欺骗他，说这是一般的食物，以这样的谎言方能恢复他的健康，我们应把这样的欺骗行为列于哪个名下呢？”

“我看和上面一样列于正义名下。”

“如果一个人在他的朋友极为沮丧时，怕他自杀，就把他的剑或其他武器偷了或带走，我们又怎样列它呢？”

“肯定列于正义名下。”

“那么，你认为即便是对我们的朋友，也不能在任何场合都不说假话。”

“是的。如果你允许，我就收回我刚才说过的话。”

……

苏格拉底就是用这种问答的方法和他的学生们讨论各种问题的。这种方法可以激发学生积极思考，具有很大的启发性。从这个意义上说，苏格拉底最早提出发现法，但这种方法也有很大的局限性，它不是建立在学生具有一定知识基础上，其结果对问题的探讨很难深化，而且很浪费时间。

总之，尽管苏格拉底的政治、哲学思想中有许多保守、唯心的东西，他的“知德统一”理论也存在很大程度的偏颇，但他在教育上的贡献，尤其是他的“产婆术”仍具有现实意义。

四、柏拉图的教育思想

（一）生平

柏拉图（Plato，公元前 427～前 347 年），古希腊著名的哲学家。出身名门贵族，母亲是梭伦的后裔，从小就受到良好的教育。但他出生之年正值伯罗奔尼撒战争开始，雅典逐步走向衰落，社会动荡，道德衰败，使柏拉图对民主政治产生了怀疑。20 岁时他师从苏格拉底，潜心于哲学研究。苏格拉底被处死后，柏拉图为避免受牵连便开始了 12 年的流亡生涯，先后到达麦加拉、埃及、小亚细亚、意大利等地。在此期间结识了许多学者、政治家，促进其思想上的成熟，但也曾遭不幸，被人卖为奴隶，幸被朋友赎出，回到雅典。公元前 387 年，柏拉图在雅典创办阿加德米学园（Academy），并在此讲学 40 多年，该学园有着悠久的历史，历时长达九百余年，对后世的影响很大。柏拉图终身未婚，在一次宴会中与世长辞，享年 80 岁。

柏拉图

（二）哲学与政治思想

柏拉图在哲学观上属客观唯心主义，他否认客观世界的真实性，而把精神理念看作世界的本质。他把世界分为可知世界和可见世界。可知世界即理念世界、精神世界，是认识的对象，是真理，是真实的、永恒的；可见世界即现象世界，是可知世界的摹本，是自然界和一切人造的可感知的事物，是虚幻的、不可靠的。

柏拉图所说的“理念”，指的是从具体的个别事物中概括出来的观念、概念，它是某类事物共性的东西，比如说桌子，无论存在多少式样的桌子，一切称作“桌子”的物品都有桌子的共性。虽然理念是从一类个别事物中抽象出来，但柏拉图把理念看作是第一性的东西，是万物的本原。因为他认为各种具体的个别事物都是不真实的、不稳定的，像现在的新桌子，将来会成为旧桌子一样。可知世界里的众多理念排列也不是杂乱无章的，而是分成等级的，呈宝塔形状分布。最低级的理念是具体事物的理念，如桌子、床等；高一层的理念是关系的理念，如大小、轻重；再高一层则是性质的理念，如颜色、冷热；再往上依次是数的理念、道德的理念、政治的理念，位于顶端的是善的理念（神）。由此，柏拉图提出一种“理念论”和“回忆论”的认识论。

柏拉图认为人是由神创造的，人由肉体和精神所构成。人的灵魂是不死的，他还同意灵魂轮回说：“既然心灵是不死的，并且已经投生了好多次，既然它已经看到了阳间和阴间的一切东西，因此它获得了所有一切事物的知识。因此人的灵魂能够把它以前所得到的关于美德及其他事物的知识回忆起来，是不足为奇的。”[①]但是，肉体是灵魂的监狱，由于肉体的欲念、情感的阻挠，当灵魂降落人世，和肉体结合时，便会失去对最高理念的认识和记忆。为了追求真理，追求理念，接近最高的善，人们只有通过心灵的活动，通过理性，才能恢复固有的知识，“学习只不过是回忆”。这样，柏拉图便将其客观唯心主义同教育联系起来，在肯定人的心灵活动能动性的同时，否定客观事物的真实性，宣扬理性与理念，主张“灵魂不死说”。他的思想为当时贵族奴隶主的世袭专制政权所欢迎，也成为后来各种宗教、唯心主义的理论源头。

柏拉图的《理想国》一书反映了他的社会政治观，这是一部讨论政治和教育的著作，也是欧洲历史上第一部空想社会主义的著作。柏拉图在书中描述了一种建立在奴隶制基础上的乌托邦式的共产主义国家。从当时古希腊各城邦政治制度的现实出发，柏拉图倾向于斯巴达式的贵族寡头政体，鄙视当时雅典的民主政体，他认为自由在民主国里恣生横长、肆意妄为，连驴子在大街上都昂首阔步，横冲直撞，人都要躲着它们，完全扰乱了长幼尊卑的秩序和社会的安定统一。

柏拉图将灵魂分为理性、意志、情欲三部分，从而认为理想国的人应由三个阶级的人，即哲学家、军人和劳动者（农民、手艺者）组成。三个阶级的人各司其职，执行原本属于他的、最适合他的天性的职务。因为哲学家是神用金子做的，具有最高的美德——“智慧”，其天性特点是理性，适宜做国家的最高统治者，总揽国家大事；军人辅助统治者，是奴隶制国家社会秩序的维护者，神用银子造成他们，他们具有“勇敢”的美德，意志在他们的灵魂中占主要成分；劳动者要服从统治者的管理，是神用铜铁造成的，具有“节制”的美德，情感在他们的灵魂中占主要成分。这种天性的遗传决定论的阶级划分是建立在人的自然本性基础上的，是用来支持和维护柏拉图心目中理想的贵族寡头政体。

柏拉图还认为，一个理想的国家除具有智慧、勇敢、节制的美德外，整个国家还必须建立在正义的原则上，这就是理想国的四项伦理原则。而要实现这些美德，就要在制度上予以保证，这样，柏拉图便把他的教育思想建立在客观唯心主义、神秘的认识论和他的社会政治观的基础之上。

（三）教育思想

柏拉图认为，只有良好的教育才能造就合格的哲学家和军人，才能实现理想国的目的，因此，教育的最终目的就是要培养、造就哲学家和军人，培养奴隶主国家的统治者和保卫者，使社会达到他的理念世界的境界。

---

① 北京大学哲学系外国哲学史教研室编译：《古希腊罗马哲学》，北京：三联书店，1975年，第191页。

柏拉图非常重视教育的作用，他认为人之优劣，除由遗传，即他是否有优秀的父母决定外，还由良好的教育和环境所决定。他说："我认为一种适当的教育，只要保持下去，便会使一国中的人性得到改造，而且有健全性格的人受到这种教育又变成更好的人，胜过他们的祖宗，也使他们的后裔更好……"[①]《理想国》一书就很好地体现了他重视教育的思想。柏拉图还提倡早期教育，认为教育应从幼年开始，甚至提出胎教问题。他主张幼儿教育的一个重要方法就是讲故事，目的在于形成良好的品质，使他们长大成人后知道孝敬父母，并且能相互友爱。对儿童教育的内容也应有所选择，要选取那些符合统治阶级利益的内容去教育他们。

柏拉图还主张强迫教育，3～6 岁的儿童要被送到儿童游戏场，接受讲故事、做游戏、音乐、歌唱等活动。6～17 岁的儿童必须接受普通教育。6 岁以后，儿童要与父母分开居住、生活和接受教育，儿童要进入国家创办的初等学校，如文法学校、弦琴学校和体操学校等。儿童除要接受初步的读写算的知识、唱歌、音乐外，还要进行体操、骑马、射箭等体育训练。柏拉图尤其重视音乐教育。他所理解的音乐，除现代意义上的音乐外，还包括诗歌、文学等，诗歌在音乐教育中位置最显豁。从公元前 8 世纪一直到柏拉图时代，神话、史诗以及较后兴起的悲剧、喜剧、音乐成为教育的主要内容。它们对希腊文化产生深刻的影响，但柏拉图从他的理念论出发，对这些传统教育内容加以严格筛选。他贬低感性知识、贬低文学和诗歌的价值，认为荷马史诗等不能给人以真理，反而毁坏了人的心灵，因为这些艺术仅是对现实世界的模仿，是理念世界的摹本，迎合了人心灵中的最低劣部分，即感情和欲念部分，离真理太遥远。柏拉图主张音乐教育应该陶冶人的心灵，他还要求尽可能把音乐和体育结合起来，做到载歌载舞。理想的乐调应能表现勇敢精神，使人在战争时顽强，在和平时团结向上。体育不仅包括体操，而且包括舞蹈、角力与军事训练。可见，柏拉图的普通教育更多地吸取了雅典和谐教育的内容和经验，不同的是，他主张女孩也应该接受同男孩大抵相同的教育，这一点又和斯巴达的女子教育相似。

17～20 岁的奴隶主子弟要进入青年军事训练团接受教育与学习，主要是军事方面的训练，同时应学习初步的科学知识，这些知识是一个军人所需要的"四艺"科目——算术、几何、天文和音乐。算术对于调兵列阵、布置军队阵势、计算船只的数目等都是必要的，各种学问也都离不开算术；几何学对于军队的安营扎寨、测量作战阵地、编队布阵等都不可或缺；天文学应属于普通知识范畴，不仅航海、农业需要天文学，行军作战也需要它。学习这些科目为的是激发青年了解理

① 郑晓沧译：《柏拉图论教育》，北京：人民教育出版社，1958 年，第 17 页。

念世界，追求真理。这一阶段结束，少数有抽象思维天赋的人则进入第三阶段的教育。第三阶段属发展智慧的阶段，青年除继续学习“四艺”内容外，还要着重研究辩证法，而且“四艺”的学习也增加了实际应用的内容，使青年思维敏锐，心灵更加纯洁，进一步接近真理。

30岁以后，极少数“天赋将厚”“敏而好学”且在哲学研究上有特殊才能的人，再用5年的时间研究辩证法，就可以成为哲学家，并可担任国家最高统治者。个别人再继续深造15年，便可成为哲学王（哲学方面有高深造诣，能以理智来判断事物），他是理念世界最高理念（神）的化身。至此，柏拉图教育的构想才算完成。

我们可以看出，柏拉图的教育思想体系尽管总体上是保守的，是建立在他的客观唯心主义、神秘认识论基础上的，是为其社会政治观服务的，但他重视教育的作用，强调早期教育，强调多方面发展，最早提出慎选教材问题，重视女子教育等，这些对于教育理论的发展是功不可没的。

五、亚里士多德的教育思想

（一）生平

亚里士多德（Aristoteles，公元前384～前322年），古希腊著名的哲学家，也是一位知识渊博、具有多方面成就的思想家。除在哲学领域有卓越贡献外，在政治学、经济学、心理学、伦理学、逻辑学、生物学、美学、物理学等许多领域都具有独到的创见。他的教育思想主要体现在代表作《政治学》《伦理学》中。马克思称他为“古代最伟大的思想家”，恩格斯说他是古希腊哲学家中“最博学的人”。

亚里士多德

亚里士多德幼年失去双亲，由亲戚抚养成人。17岁时师从柏拉图，在柏拉图学园生活学习20年之久，后来担任马其顿国王太子亚历山大的老师。公元前335年亚历山大出征波斯前夕，他离开马其顿回到雅典，在郊区的名叫吕克昂（Lyceum）的体育馆创办一所学园，在这所学园里度过了大半生，专门从事学术研究和教育。他所取得的杰出成就，使得该学园成为古希腊科学文化发展的中心之一。吕克昂后来逐渐演变成某类学校的名称，欧洲的许多学校就以“吕克昂”来命名。由于亚里士多德经常与学生在学园的林荫道上边散步边讨论问题，因此，他的学派又被称为“逍遥学派”。

亚历山大大帝对吕克昂学园的建设给予了大力支持，但公元前323年，亚历山大病逝，雅典掀起反马其顿运动，亚里士多德因此受到牵连，逃离雅典。第二年，这位博学的思想家便与世长辞。

（二）哲学与政治思想

亚里士多德在哲学上动摇于唯物主义和唯心主义之间，最终倒向唯心主义。他虽师从柏拉图，继承了柏拉图的许多思想理论，但是他对柏拉图的哲学观并非全部吸收，他反对柏拉图的理念世界和现实世界的划分，他主张外部世界的真实性和事物的统一性，认为万物是理念的本源，正像有父母之道，那是因为有许多父母；有甜美性，那是因为有许多甜美的事物；有红，那是因为有许多红的东西。这些客观存在的、构成个体的基本材料，亚里士多德称之为"质料"。但同时他又认为有超越物质之上、而又赋予物质以运动和定型的"形式"，纯粹的形式便是"神"，"神"是世界的第一推动力。他还认为"质料"是消极的，"形式"是积极的，"形式"作用于"质料"才产生现实的物体，才出现运动，运动是"质料"与"形式"的统一。在认识论上，他夸大理性的作用，贬低感性认识，把感觉只看作是引起思维活动的刺激，理性能凭空产生一般概念、原理和对真理的认识，从而使其倒向唯心主义。

政治观上，受当时历史条件的制约，亚里士多德和其老师柏拉图一样，拥护奴隶制度，但他反对贵族专制政体，也反对奴隶主民主政治，他仅代表奴隶主阶级中中等阶层的利益。他强调"中庸"，认为贫富过分悬殊会使社会动荡不宁，只有中产奴隶主治理国家，国家才能稳定。因为中产奴隶主最能体现正义和智慧，太富的人不愿意服从政府的法令，太穷的人又"太下贱了"。中产阶级的人数最多，也是国家最好的立法者。

（三）教育思想

1.灵魂教育论。亚里士多德的"质料""形式"统一论反映在人身上，则体现为肉体和灵魂二者是和谐统一的。他又把灵魂分成三部分：植物灵魂、动物灵魂和理智灵魂。前两者合称为"非理智灵魂"，表现为人的营养、生长、发育及本能、情感、欲望等方面，是灵魂中的最低级和中级部分。灵魂的高级部分是"理智灵魂"，表现在思维、理解、判断等方面。三者间之所以有差别是因为各自包含的"质料"和"形式"的分量、比例不一样，以及出现的次序不同。

根据灵魂的三分法，他确立了教育训练的顺序依次为身体的发育、情感的培养和理智的锻炼，即体育、德育、智育及美育。发展人的理智便是教育的最终目的。

2.教育的阶段论。亚里士多德和柏拉图一样非常重视教育的作用，提倡教育要由国家来办，把教育同国家的政治联系起来，作为实现政治的最重要手段。

亚里士多德根据对生物学、心理学的研究，以及对儿童身心自然发展特点的观察，首次提出按年龄分阶段的教育理论。他把人受教育时期划分成三个阶段：

初生到7岁为幼儿教育阶段、7～14岁为青春发动期的教育、14～21岁为成人教育阶段。每一阶段都有其固定的任务。

幼儿教育阶段主要是顺应自然，以儿童的身体发育为主。他重视对婴儿的抚养，指出婴儿应以母乳喂养，要使婴儿养成耐寒的习性，至于儿童的啼哭，则不必禁止，啼哭时扩张肺部，有助于身体发育。5岁前不宜教儿童任何功课，以免妨碍其身体发育，主要是让他们做游戏和听故事。5岁以后才可教他们适量的功课，但要使他们保持充分的活动，以促进身体发育。

第二阶段为初级学校教育阶段，要发展其非理智灵魂，以情感道德教育为主。7岁后应将儿童送入学校学习，对他们实施和谐的教育，主要进行智育、体育、德育和音乐教育。智育方面，要学习一些读、写、算及绘画的知识，为将来的学习作准备。体育方面，他反对斯巴达式的严酷操练，主张体育的任务是帮助增进健康和提升战斗力量。14岁以前儿童的体育教学只能是一些轻便的体操，以形成儿童健美的体格、勇敢的品德和良好的习惯。音乐教育是核心部分，他继承雅典教育的传统，认为音乐教育包括诗歌、文学，有时还包括绘画。儿童通过对音乐的美的鉴别，培养兴趣，进而感受、欣赏高雅的曲调旋律，陶冶情操。他认为音乐教育属于文雅教育，专供闲暇和享受的，是高尚而文雅的，而不是那种职业教育训练的课程。德育则贯穿于其他教育中，培养儿童中庸适度、公正、节制、勇敢等美德和良好的习惯。

第三阶段主要发展学生的理智灵魂，以智育为主。由于他这一时期的教育著述均已失传，我们在此也无法详述。

亚里士多德是古希腊思想的集大成者，他的哲学观对后世影响极大。在教育领域，他也是诸多理论的创始人，首次提出教育要与人的自然发展相适应，开创了教育按不同年龄阶段实施的先例，最早从理论上论证了和谐教育的可能性和必要性，首次将心理学的理论应用于教育。他重视美育（音乐教育），关心幼儿教育，强调德育，尤其是“文雅教育”的提出，统治欧美教育2000年之久。但是，在女子教育方面他则表现得过于消极，这是他教育理论的美中不足之处。

资料卡片22

西塞罗的教育思想

西塞罗（M. T. Cicero，公元前106～前43年）是古罗马的演说家、哲学家、文学家和教育家，其有关教育的代表作是公元前55年发表的《论雄辩家》。

他认为，教育的根本目的是培养政论家。在罗马的社会生活中，无论是担任政治角色，还是在法庭上辩论，都需要公民掌握一定的演讲技能。在他看来,只有优秀的演说家才能成为出色的政治家。因此,西塞罗十分强调罗马青年对雄辩术的学习。他认为一个名副其实的雄辩家必须具备下列条件:第一,要有广博的知识。他要求雄辩家必须掌握各种重要的知识和全部自由的艺术。所谓各种重要的知识包括政治、法律、军事和哲学等,全部自由的艺术包括文法、修辞、算术、几何、天文、音乐等。第二,要在修辞学方面有特殊的修养。包括遣词造句、整个演说词的结构等。一个成功的演说家在语言修养方面要达到:表达准确、通俗易懂、优美生动,且与主题相称。第三,要有优美的举止和文雅的风度。就雄辩家的培养方法而言,他认为要多诵读文学精品,要经常进行模拟演说,特别是要开展长期的写作练习。写作可以训练人的思维能力和表达能力,这些能力对于提高雄辩家的雄辩能力很有帮助。

六、昆体良的教育思想

(一)生平

昆体良(约 35～95 年),古罗马著名的演说家、教育家,出生于西班牙的卡拉古里斯(当时是罗马的属地),幼年时在罗马接受雄辩教育。59 年,他返回西班牙,开始从事教育工作。10 年后,重返罗马并创办一所公立的修辞学校,受罗马皇帝委任,成为第一个修辞学教授,并任教 10 多年。由于他在教学上的重大成就,多米提安皇帝授予他执政的职务。

昆体良

昆体良根据自己多年的教学经验,总结当时罗马的教育情况,于 95 年发表了他的教育专著《雄辩术原理》(又译作《论演说家的教育》《雄辩家的教育》)。但这部不朽的著作后来散失了。直到文艺复兴时期的 1415 年,由于一个偶然的机会,当时著名的古籍收集家波齐奥在圣·高尔女修道院的藏书楼中发现了这部名著的手稿。从此,这部被湮没一千多年的珍贵文献才得以重见天日。

(二)教育思想

昆体良认为教育的最终目的就是培养演说家、雄辩家,基于这一目的,他对学前教育、初等教育、中等教育、高等教育的内容、方法、组织形式、课程及教师等都作了深入探讨。

1. 积极的儿童观。他认为绝大多数儿童是有培养前途的,除极为少数的天生畸形和生来有缺陷的人以外,人都是可以经由教育培养成人的。这种自然所赋予的可以接受教育的能力只有通过教育才能获得发展，这就强调教育在人的发展中的重大作用。

2.学前教育思想。他非常重视儿童的早期教育，强调父母、保姆及家庭环境对儿童的影响。认为人的教育应当从婴儿时期开始，“凡是每个儿童都要学习的东西，就应该早点开始学”。婴儿期就要注意语言的发展，儿童能说话前后应是智育开始的时间，虽学得不多，但能终生享用。他赞同儿童7岁前接受道德教育。另外，他还重视保姆、家长和家庭教师对儿童的影响，主张要为儿童选择品行优良、有知识、谈吐清晰的保姆，父母应该有学问，家庭教师应知识渊博，因为儿童记忆力好，模仿力强，思想和行为极易受他们影响。只有早期教育开展得好，才能为培养将来的演说家打下基础。

3.学校教育思想。针对当时罗马社会盛行聘请家庭教师教育儿童的状况，昆体良提出公共的学校教育要比家庭教育有更多的优越性。它可增进儿童之间的友谊，互相激励、促进学习，还能培养儿童合群的性格、良好的道德品质及互助合作的精神。

昆体良还是分班教学的初步设想者。他认为给予一个人的教育，是可以给予许多人的。一人讲解全体听，不仅可能，而且必要。修辞学家的演说，无论听众多少，每一个人都能听清受教。他说，教师的声音不像食物而像太阳，食物只能满足一定数量的人，而太阳却能以同样份额的光和热传播给所有的人。他进一步提出在学校可进行分班教学的主张，为夸美纽斯班级授课制的提出奠定了基础。

昆体良论述了学校教育要经过三个阶段：初级学校、文法学校和修辞学校。其目的是要培养雄辩家。初级学校应从感观的练习开始，学习读和写，并根据儿童的年龄特征安排游戏和娱乐活动。文法学校要求学生阅读名家作品，以及学习文法、音乐、几何、天文和希腊语法、拉丁语法，为成为雄辩家打下基础，这也是培养雄辩家的关键阶段。修辞学校要学习辩证法（逻辑）、伦理学（道德）、物理学（自然哲学）。这三门学科的内容都是雄辩家的必备知识。他还特别重视实际锻炼，认为学生应该经常选择最精于雄辩的雄辩家去学习模仿，最好是当场演说，然后听取内行的评价，以提高雄辩技能。

4.论教师。昆体良重视教师在教学中的作用。他认为，首先，教师应是德才兼备的人，是公认的有学问的人，因为最有学问的人的教学往往比别人的教学更易让人明白。愈是无能的教师，愈是教得晦涩难懂，学生无法接受。此外，教师的道德品质要好，因为教师的崇高品德和威信能防止学生的行为流于放荡。教师应是才德俱优、即言即行的人。

其次，教师要有职业道德感。教师要以父母的感情来对待学生，因为父母把孩子信任地交付教师，教师就应该代替父母的位置。教师对待学生应该是严峻而不冷酷，和蔼而不放纵。对待工作要有耐心，不能发脾气，也不能纵容学生。

再次，教师要有一定的教育能力。要了解学生能力的差异以及他们天性的特殊倾向，在教学中做到因材施教。教师还应善于回答学生提出的问题，并向那些不发问的学生提问，对学生的表扬既不可吝啬，也不可浪费。

5.论课程。为培养雄辩家，昆体良主张学校教育的内容要丰富，但各科学习应齐头并进，反对单科独进式教学。因为长时间学习一门学科效果不佳，而变换课业，则可以减轻疲劳，振奋精神，使精力得到恢复。另外，学习和休息也应当交替进行，一张一弛，文武之道。因为儿童的精力有限，不可能经受持久的劳累，适当松弛可使他们更愉快、更有精力投入学习。

6.论体罚。昆体良坚决反对体罚儿童，认为学习不是靠强迫而来，教育者应掌握一些教育方法，多一些奖励、赞扬，少一些惩罚、责备，但他并非完全否定像申斥、责备等惩罚在教育中的作用。

昆体良是第一个专门论述教育问题的西方思想家，《雄辩术原理》是古代西方第一部系统论述教育的专著。他轻哲学、独尊修辞，围绕培养雄辩家问题，提出了许多极有价值的教育理论。他的分班教学、学科并进、早期教育、重视教师的作用、强调对学生天性禀赋的了解等教学思想，丰富了教育理论的内涵，影响极为深远，在教育史上有着突出贡献。但我们也应看到，由于他站在奴隶主阶级的立场，其教育主张不可避免地带有阶级和时代的局限性，对此我们应批判继承。

第二节 西方封建社会的教育

大约在5世纪，西欧在西罗马帝国的废墟上开始进入封建社会，直至17世纪中叶英国资产阶级革命爆发。其中，5世纪到14世纪上半叶为中世纪，14世纪下半叶到16世纪为文艺复兴运动时期。

封建土地所有制的经济基础和基督教会在西欧社会占统治地位，使封建社会的文化教育蒙上一层浓厚的神学色彩，劳动人民被剥夺受教育的权利，教会垄断了教育权，又由于在封建社会内部出现了新的经济因素，城市兴起，新兴市民阶层出现，新的教育形式(世俗教育)在封建时代得以发展。可见，等级性和宗教性是西欧封建社会教育的基本特征。

文艺复兴时代，人文主义教育思想和活动开始打破沉闷的封建教育，这也是资本主义经济萌芽、发展的必然产物。其结果是涌现出一大批人文主义教育家、改革家，他们各自提出自己的教育理论，冲破了教会教育的垄断地位，翻开了教育发展的新篇章。

16世纪，西欧社会掀起反对罗马天主教会的社会改革运动。各国宗教改革的领袖及新兴宗教派别都非常重视教育，着力进行教育改革。在诸多因素的促使下，西欧教育的教学组织形式、教学内容和方法等都发生了明显变化，另外，教育调查、学校视导、教师鉴定、师资培养等教育制度开始萌芽。

一、宗教教育与世俗教育

(一)宗教教育

基督教在西罗马帝国末期已成为统治阶级对人民实施精神奴役的工具。进入封建社会后，教会又成为西欧封建主阶级内部的统治力量。教会经济基础雄厚，享有政治特权，内部由大主教、主教、修道院院长、神甫、修士、修女构成等级森严的教阶结构，在文化教育上取得垄断地位，建立教会学校，宣扬宗教神学，开创经院哲学等。

1.教会学校。中世纪西欧教会组织建立的教会学校主要有僧院学校、大教堂学校和教区学校三种。

僧院学校是基于修道院修行制度而产生的一种教会学校。自幼入院的修行者要接受识字、读经和书写方面的简单训练，为他们终生修道、抄写经书和祈祷文作准备，由此逐渐形成培养僧侣子弟的僧院学校，主要培养学生“服从、贞洁、贫穷”的品质。9世纪时，几乎所有的僧院都附设学校。僧院学校分内学和外学两种，内学是为未来担任神职的贵族或僧侣子弟而设，实行住宿制；外学招收的是走读生，是那些不准备担任僧侣，将来仍过世俗生活的人。

大教堂学校又称“主教学校”，设在主教驻地，其组织情况与僧院学校相似。教区学校则出现较晚，一般是牧师在村落的教堂门口或自己家中对居民的子弟进行初步教育的形式，属于普及性的初等学校。教区学校设备简陋，学生人数很少，学校规模也较小，且收取一定的费用，主要传授拉丁文、习字、初步的宗教知识，并教唱宗教赞美歌等。

三种教会学校互不衔接，且都没有固定的学习期限，学生入学时间先后不一，教学内容的进度也不一致，教学组织形式都是个别教学。教学内容没有统一规定，神学占主导地位，虽教授“七艺”内容，但它们都渗透着宗教教育的目的和神学说教的性质，例如，算术中的数字学习，把“1”解释为唯一的神；“2”指耶稣具有神性和人性的两重性格；“3”意味着圣父、圣子、圣灵三位一体；“4”指的是4个福音传道者等。按照基督神学观点，肉体是“灵魂的监狱”，必须折磨肉体才能拯救灵魂。因此，教会学校不关心体育锻炼，不设美育课程，纪律严酷，体罚盛行。学生机械记诵经文，不许发问，不容怀疑，遵守各种清规戒律，以泯灭人的个性意志、物质欲望，从而迷信宗教，培养对上帝的虔诚。

2.经院哲学。中世纪后期(11～14世纪)，随着社会经济的发展，政治斗争范围的扩大，人们思想的觉醒，神学在西欧社会的统治地位开始动摇。正如恩格斯曾指出的那样，为了捍卫宗教，一种像肥皂泡那样吹起来的唯理论体系，作为基督教哲学的经院主义哲学应运而生了。

经院主义哲学是一种唯心主义的神学体系。它把哲学和神学糅合在一起，借助理性和逻辑的方法来论证教义的"合理性"，挽救神学的思想统治地位。经院哲学是在古代教父学的基础上发展起来的。教父学是基督教神学家们创立的"创世说""三位一体说""原罪说"等荒谬的教义。与教父学相比，经院哲学具有更大的欺骗性和毒害性。由于它的论证极为复杂、烦琐、诡辩，故又被称为"烦琐哲学"[①]。

在经院哲学内部存在唯名论和唯实论的分歧。唯名论认为，个别的具体的事物是客观存在的、真实的，事物的一般概念只不过是表述事物的名称或符号；唯实论与之相反，认为一般是独立于并先于具体事物（个别）而存在的实体。显然，唯名论观点具有唯物论的倾向，一定程度上反映了新兴市民阶层的愿望，具有一定的反封建的历史进步作用，而唯实论则暴露出其唯心主义的一面，反映教会内部正统势力的要求，是维护神学思想统治"合理性"的。例如，唯实论认为，既然一般先于个别而存在，并决定个别的存在，那么，人类的代表——亚当犯了罪，个别的人——他的子子孙孙就都有罪，从而为"原罪说"找到了依据。

唯名论与唯实论所争论的不是一般的问题，而是哲学的问题，即思维与存在的关系，同时也包含唯物论与唯心论的斗争。所以说，经院哲学中唯名论与唯实论之间的斗争对中世纪的教育特别是大学教育影响巨大，可以说，它是当时大学的灵魂。

（二）世俗教育

西欧的教育领域，除当时占正统地位的宗教教育外，世俗封建主阶级及新兴市民阶层也建立了有别于教会学校的教育形式，我们称之为"世俗教育"，主要包括宫廷学校、骑士教育及后来兴起的大学和城市学校等。

1. 宫廷学校。早在 8 世纪上半叶，法兰克王国的皇宫便设有宫廷学校，邀请著名的僧侣对王室子弟进行教育。宫廷学校的教育目的在于提高贵族的文化素养，培养国家官吏，教育的内容主要有"七艺"、拉丁语和希腊语等。宫廷学校曾一度风行西欧大陆宫廷，9 世纪时又波及英吉利等地。

2. 骑士教育。在西欧封建主阶级内部，骑士是最低阶层，附属在国王、贵族、大臣门下，为领主作战，镇压农民的反抗。骑士制度盛行于 11～14 世纪，特别是十字军东征后，骑士的地位大为提高，与之相适应的专门以培养身强体健、虔信

① 引自北京教育行政学院等院校合编：《外国教育史简明教程》，北京：新时代出版社，1987 年，第 49 页。

上帝、忠君爱国的武士为宗旨的骑士教育在西欧封建社会获得发展，成为世俗封建主的主要教育形式。

骑士教育是在骑士生活和社交活动中进行的，其训练与养成大致分三个阶段：7～8岁前为第一阶段，主要在家中接受宗教和道德方面的教育，养护身体成长，培养尊长、信神和顺从的品质。7～8岁后进入第二阶段，儿童会被送入比父亲高一级的领主家做家庭侍童，主要是听从领主夫人的吩咐，完成各种服役，学习上流社会的各种礼节、应酬和处世之道，另外，还要学习“骑士七技”——吟诗、音乐、下棋、骑马、游泳、枪剑、角力等。通过日常生活环境的习染，养成骑士的封建意识、道德言行和对领主的服从与敬仰。第三阶段是从十四五岁至21岁，长大的男童要跟随领主做侍从，也叫“从士”，主要是平日侍奉领主，战时随主人出征，保护主人。21岁时，通过授称仪式被授予“骑士”称号，骑士教育即告结束。

可以看出，骑士教育以尚武、尚礼、忠君、仰神为主，轻视科学文化知识的学习，培养“头脑简单、四肢发达”的武夫，以维护封建主阶级的统治。然而我们不可否认骑士教育注意礼仪、举止文雅、侠义精神等对后世的绅士教育产生了深刻影响。

3.中世纪大学。随着西欧封建经济的发展、城市的兴起、新兴市民阶层的崛起以及国际商贸文化交流的加强，神学的正统地位受到威胁，西欧中世纪大学便应运而生。

最早的大学出现于12世纪的意大利、法国和英国。中世纪大学中具有代表性的是萨拉尔诺大学、波伦亚大学和巴黎大学，有人称这三所大学为“母大学”。继此之后，西欧各国纷纷建立一些新的大学，其中著名的有英国的牛津大学、剑桥大学，法国的蒙彼利埃大学和图卢丝大学，意大利的那不勒斯大学，西班牙的帕伦西大学，葡萄牙的里斯本大学以及捷克境内的布拉格大学等40多所。

按领导体制划分，中世纪大学有学生大学和先生大学两种类型。学生大学是由学生组成行会，自己主管校务，学生有权决定聘请教授、确定学费、规定学时等校内重大问题，以意大利的波伦亚大学为代表。先生大学由教师掌管全校校务，负责校长的选举、教师工作职责的确定、学位的授予及学生管理等，以法国的巴黎大学为代表。

除上述自治权以外，中世纪大学还享有许多特权，如免纳捐税、免服兵役、不受普通司法机关管辖等。此外，大学还有着自由的氛围：入学时无国籍限制，游学风盛行；在入学时间和学习期限上也没有严格的规定，学生一般十三四岁便可入学，先学文科5～7年，学习“七艺”、逻辑学及拉丁语，考试合格后继续选学医、神、法、艺等专科一门；教学方法主要有演讲、背诵、辩论及考试等。

学位制度在中世纪大学已经确立，学生学习3～7年，修完规定课程，考试及格后便可获得“硕士”“博士”学位。当时，硕士与博士两种学位并无程度上的差别，后来才出现一些变化，博士专指教师。博士考试公开举行，有隆重的仪式，获得博士学位后即可担任大学教授，还可以自行讲学或开设学校。至于"学士"，它起初不是学位称号，后来才作为一种独立的、低于硕士水平的学位。

虽然中世纪大学并未摆脱宗教观念的束缚，有的大学甚至直接为教会控制，但是从某种程度上说，大学的出现已突破教会对教育的垄断，有利于科学文化的传播，大大推动了世俗文化的发展，为后来文艺复兴时期的人文主义运动和宗教改革运动奠定了基础。

另外，城市学校也随着城市的发展，以及市民阶层对文化知识、实际技能的需要而产生，这进一步打破了教会对教育的垄断，反映了社会发展的客观要求。在反对教会垄断教育的斗争中，手工业者和商人纷纷设立学校。在手工业者行会设立的行会学校和商人联合设立的基尔特学校等初级学校里，用本国语进行教学，教学内容主要是读写知识和计算技能，同时进行一些宗教教育。城市扩大以后，它们逐渐为市政机关接管，统称"城市学校"。这类学校的建立虽遭到教会的激烈反对，但作为顺应时代潮流的产物，不论教会如何破坏，也无法阻止它们的继续发展。到 15 世纪，这类学校在西欧的许多国家已相当普遍①。

资料卡片 23

拜占庭的教育

395 年，罗马帝国分裂为东西两部分，东部以君士坦丁堡为都城，为东罗马帝国，史称"拜占庭帝国"。西罗马灭亡之后，拜占庭帝国又存在了近 1000 年，直到 1453 年为奥斯曼帝国所灭。拜占庭教育的一个突出特征是世俗文化教育体系与教会文化教育体系长期并存，并互相渗透和相互斗争。

拜占庭的世俗教育比较发达，希腊语为通用教学语言，古希腊的哲学、文学和古罗马的法学在教育中具有重要地位。拜占庭的世俗教育主要有初等教育和中等教育、高等教育和宫廷教育。初等学校一般招收 6～12 岁的儿童，讲授正字法、文法初步知识和算术，以及《荷马史诗》《圣诗集》等初级读物。中等教育机构主要是文法学校，主要学习文法知识和古典作品。高等教育比较发达。7 世纪之前，拜占庭的首都君士坦丁堡和各省的大城市都设有高等学校。其中最著名的是君士坦丁堡大学，该校成立于 425 年，其任务是为帝国培养具有较高文化水平的官吏。学生修业年限为 5 年，以"七艺"为教学的基础科目，还要学习哲学、医药、法律等科目。拜占庭的宫廷教育占有重要地位，其目的是培养高级官吏，主要开设基督教教义、希腊哲学、

① 吴式颖主编：《外国教育史简编》，北京：教育科学出版社，1988 年，第 66～67 页。

罗马法理学、军事训练、文法、修辞、历史等课程。教学一般由特聘的家庭教师负责，有些皇帝还亲自参与制定教学计划或参与教学活动。

与西欧不同的是，拜占庭的教会是受皇帝控制的。东正教是中世纪拜占庭帝国的国教，其他各级教会教育皆由东正教教会主持。拜占庭的教会学校主要有两种，即隐修院（修道院）和主教学校。隐修院附设在修道院中，学习内容完全是宗教方面的。修道院学校不仅训练修士，还开展收集书籍和经卷、组织抄书等工作。主教学校的教育目的是培养神职人员，教学内容主要是神学，但并不排斥一些世俗学科，尤其注重传授一些古典文学知识和古代哲学知识。

二、托马斯·阿奎那的教育思想

（一）生平

托马斯·阿奎那（Thomas Aquinas，1225～1274年），意大利神学家、经院哲学家，一生博学多识，有“天使博士”之美称。出生于意大利那不勒斯附近的洛卡塞卡城堡，5岁时被送入蒙特·卡西诺大本尼狄克修道院，接受了9年的初等教育，后进入那不勒斯大学学习传统的“七艺”。后因触怒家庭被家禁1年，据说其兄欲施美人计软化他，阿奎那怒火中烧，赶走美人，从此他就形成一种习惯，总是像躲避蛇一样避开看见和接触女人，除非是出于某种必要或公务。1年后师从著名学者、大主教阿尔伯特。1252年，在巴黎大学攻读神学硕士学位，1256年获神学博士学位，主持巴黎大学的神学讲座。1259年，他离开巴黎大学，先后在意大利的奥尔维耶托、罗马、维泰博、佛罗伦萨等地讲学。其主要著作有《反异教大全》《神学大全》等，他的著作在几个世纪都被作为中世纪大学的神学教材。他在1274年逝世，享年不足50岁，被罗马教皇授予“圣徒”称号。

托马斯·阿奎那

（二）政治与哲学思想

阿奎那受亚里士多德思想的影响较深。和亚里士多德相似，阿奎那把人的活动分为三类：维持生命和繁衍后代的活动；感觉及对外界的感情反应活动；意志和理解的活动。据此，他认为人是有生命的存在物，但人又不同于一般动物，人是有社会性的理性的动物。人与一般动物的不同之处在于人有理智。他认为理智来自上帝，与信仰并无矛盾，并肯定信仰高于理性，神学高于哲学。他既肯定人性的精神性，又强调人性的物质性，企图以此来调和神学与世俗科学、理性与信仰、人性同神性的矛盾。阿奎那的最终目的是引导人性趋向人类独有的理性生活，追求真理，克服无知，运用人的智慧，皈依神性，从而维护基督教教义，巩固神权、主权。

阿奎那在《神学大全》中提出五种有关上帝存在的论证：第一，第一推动论，即不受动的始动者论。他说，世间有些事物只是受动，另外有些事物既能受动又能始动。凡是被推动了的某物都是被某物推动的，并且因为不可能漫无止境地往上追溯，所以我们终必会在某一点上遇到一个始动而非受动的某物。这个非受动的始动者便是上帝。第二，第一原因的论证，同样基于无限追溯的不可能性，必然有一个最初的动力因。第三，一切事物都具有自己的必然性，必有其最初根源，这和第二个论证大同小异。第四，世界上存在种种完美的事物，而这些必定渊源于某些至善至美的事物，这就是上帝。第五，从世界秩序来看，任何生物都为完成一个目标而活动，这个目标必定存在于这些生物的外部，这就是上帝。

阿奎那还改造了亚里士多德的质料形式说，摒弃其中的唯物论因素，说明"一般"高于"个别"，并在个别之外独立存在。在他看来，人类本性中的自然倾向，其根源在于上帝，是上帝赋予人类内心一种行善避恶的道德自然规律。人类生活价值的最高目标在于符合上帝的旨意，因此，教育的功能便在于引导个人的人性从人世间的尘世生活过渡到来世的天国生活，引导社会消除纷乱的秩序，遵循上帝的旨意，按照严格的教阶和封建等级制度，服从教会和封建国家的利益。

（三）教育思想

阿奎那的教育思想主要贯穿在他的神学教学工作中，体现中世纪独特的经院主义的教学程式——通过理性的辩论阐明神秘的教义，用哲学解释神学。在教育的目的和作用上，阿奎那主张理性与神性的统一，认为教育要使人性超脱世俗，皈依上帝，消除现实社会的混乱，遵照神的旨意，服从教会和国家的领导。

在教育的内容上，阿奎那坚持传统的基督教教义，认为神学是一切科学的王冠，"神学高于哲学，哲学是神学的奴仆"，因为神学原理是"凭启示直接从上帝来的"。但阿奎那并非完全拒斥科学，而是吸取了许多世俗科学知识，把科学与神学糅合到一起，用科学来解释、论证神学，最终落脚点仍是神学。

阿奎那把信仰和理性视为关于真理两个相互补充的方面，但神的启示不属于理性范围，必须靠信仰才能领悟。他的教学理论的根基是唯心主义，特别强调"神启"在教学过程中的作用，注重发挥学生内在的潜能。他认为，教学活动并非是教师单方面传递知识，而应发挥学生的学习积极性和自觉性。因此，在教学方法上，他反对当时经院主义简单重复、机械背诵的传统做法，而注重运用语言、文字、图形和实物等"符号"媒介去启发学生的智慧，避免了盲目信仰和单向灌输，带有一定现代意义上的启发性，这在当时的确难能可贵。另外，阿奎那还把学习分为两种：一是发现，即凭借理性，去认识未知领域；二是在教学中进行学习，即在别人的帮助下对获取到的间接经验知识的学习。

总之，面对天主神学世界观受到的挑战，阿奎那放弃了以往的盲目信仰、强迫灌输的做法，顺应当时的思想潮流，对经院哲学进行系统整理，构建了一套庞杂的神学唯心主义体系，维护了宗教神学和封建统治。此外，他还把感觉经验、理性引进教育思想，形成了独特的经院主义教育观，对尊重人性的文艺复兴运动的兴起起到了铺垫作用。同时，他在《论教师》中要求教师精通所教的科目和成为教学方法的专家，并认为非正规教育（指家庭、朋友和环境的影响）和正规教育（指学校教育）要紧密联系等，也是具有积极意义的。

三、文艺复兴与教育

（一）文艺复兴运动的兴起及人文主义教育特征

14世纪下半叶到16世纪末，西欧开始从封建社会向资本主义社会过渡，封建社会内部出现了资本主义的萌芽。新航线与新大陆的发现，开阔了欧洲人的视野，大大加速了欧洲资本主义生产关系的发展。新兴资产者从市民阶层中分离出来后，为发展资本主义生产，不得不首先在意识形态领域开展反对封建制度及宗教教会的斗争，建立符合资本主义发展要求的新的思想体系。西欧的文艺复兴运动就是在这样的历史条件下产生和发展起来的。

文艺复兴表面上看是欧洲思想文化界人士复兴希腊、罗马古典文化的运动。古代希腊、罗马时期是欧洲历史上的黄金时代，因此，欧洲思想文化界人士怀着一种复古的心情去挖掘古代遗产，力图恢复古典文化艺术，使之“再生”，这是“文艺复兴”一词的由来。而实际上，文艺复兴运动绝不是古典文学和艺术的单纯复兴，而是新兴资产阶级借复兴古代希腊、罗马文化之名，为摆脱中世纪的神学束缚、建立资产阶级新文化创造条件。即“借用它们的名字、战斗口号和衣服，以便穿着这种久受崇敬的服装，用这种借来的语言，演出世界历史的新场面”[①]。他们倡导人文主义文化，弘扬人性的解放，宣传积极乐观的现实主义精神，在科学、文学、哲学、艺术、史学、政治学各领域都获得了新生，出现了一大批时代的巨人。正如恩格斯所说：“这是一次人类从来没有经历过的最伟大的、进步的变革，是一个需要巨人而且产生了巨人——在思维能力、热情和性格方面，在多才多艺和学识渊博方面的巨人的时代。”[②]

---

① 《马克思恩格斯选集》（第1卷），北京：人民出版社，1972年，第603页。

② 《马克思恩格斯选集》（第3卷），北京：人民出版社，1972年，第445页。

文艺复兴的风暴必然涉及教育领域。一些人文主义教育家为了摆脱教会和经院哲学对教育的垄断，提出新的教育理论与主张，并投身于教育实践。他们提倡以人为中心，反对以神为中心，强调人的价值、尊严和自由意志，主张个性的自由解放，反对禁欲主义，提倡世俗教育和科学知识，尊崇理性，反对蒙昧与无知。第一次冲破了封建宗教的藩篱，打破了禁锢人们思想的精神枷锁，掀开了欧洲教育史崭新的一页。

在教育的培养目标上，人文主义教育家根据新兴资产阶级的现实需要，继承和发扬了古希腊关于人的身心和谐发展的思想，提出培养全人的教育目标。他们认为全人应学识广博、智力发达、身体强健、勇于进取、朝气蓬勃，具有勇敢、克制、坚定、爱国的道德品质，并敢于开拓，积极参与现实生活。因此，人文主义教育家较为重视教育的作用，认为只有通过一定的教育和训练，才能增长人的才干，强健人的体魄，锻炼人的活动能力，培养人的探索精神。而不是宗教教育中那种出世脱俗，盲目崇仰神灵，死记硬背教义，甚至通过戕害自己的身躯以追求来世的灵魂转世等。

在教学形式和教育对象上，文艺复兴时期的教育顺应时代潮流，突破传统的僧侣封建主子弟才有入学机会的规定，扩大了教育对象的范围，吸收新兴资产阶级的子弟，甚至包括少量中下层城市平民子弟，促进了文化知识的普及和传播。另外，在办学形式上也有所突破、创新。一些新式学校纷纷建立，形成这一时期中、高等教育蓬勃发展的局面。如意大利著名教育家维多里诺创办的孟都亚宫廷学校、法国的法兰西学院、德国的一些城市中学、美国 14 世纪出现的公学，等等。

在教育内容和学科设置上，打破了中世纪教育禁锢思想、内容枯燥、形式单调的局面，重视人文学科，注重人的身心和谐发展，把德、智、体、美各育重新提上日程并赋予新的意义。在学科设置上，传统的“七艺”开始走向分化，自然科学、历史、地理、物理等被纳入教育内容，扩充了人们的认识、活动领域，促进了文化科学知识的传播和人的身心和谐发展。

在教育原则和教学方法上，人文主义教育家已注意根据儿童的生理、心理特点进行教育，强调尊重儿童的天性，考虑儿童的个别差异，反对中世纪经院主义的机械背诵，压抑儿童个性、泯灭儿童天性的做法。提出理论联系实际，利用实物和直观教具进行教学等教学理论，注重激发儿童的学习兴趣，强调教师的言传身教和以身作则，重视环境对教育的作用，反对体罚。有的空想社会主义者还提出教育同生产劳动相结合的思想，这些无疑给教育领域注入了清新的空气。

(二)各国的人文主义教育思想

1. 意大利。文艺复兴滥觞于意大利，并非偶然，因为资本主义萌芽最早出现在意大利，而且意大利的经济繁荣、政治活跃、商业手工业发达、航海贸易兴盛，这些为文艺复兴运动的兴起提供了一个有利的环境。意大利又是古代罗马文化的故乡，有着良好的文化根基。新兴的资产阶级学者对古罗马文化很感兴趣，他们广泛吸取古典文化的精华，同时进行新的创作，开创与资本主义经济、社会生活相适应的新世俗文化，在文学、诗歌、戏剧、绘画、建筑、自然科学等诸多领域创造了新的辉煌，从而使意大利成为人文主义思想的策源地。

早期的人文主义者们搜集、挖掘、翻译、整理了大批古代著作，使大量古代典籍得以重见天日。这对于古代文献的保存、文化的继承繁衍具有巨大的推动作用，同时也为图书事业的发展奠定了基础。许多颇具规模的图书馆相继建成，比如，美弟奇王朝的高西穆在佛罗伦萨创建了规模宏大的达克图书馆，教皇尼古拉五世 1450 年在罗马创建了著名的梵蒂冈图书馆，等等。

人文主义者在教育领域同样进行了卓有成效的探索与尝试，使西欧教育开始进入新的阶段。学校成为人文主义者传播新思潮和培养新人的重要阵地。一些新式学校开始出现，打破教会学校一统天下的局面，拉丁学校有了较大发展，私人创办的学园也逐渐兴盛起来，原有的大学在人文主义思潮影响下又活跃起来，从课程设置、教育内容到教学组织形式等都进行了革新。维多利诺创办的孟都亚宫廷学校就是一范例。

维多利诺（Vittorino，1378～1446 年）是意大利早期较负盛名的人文主义者之一，同时又是一个伟大的教育实践家，一生奉献于人文主义教育，被誉为“第一个新式学校的教师”。他创办的宫廷学校享有极高的声誉，影响整个意大利，乃至国外，几乎整个意大利各小国都仿效创设了宫廷学校。维多利诺博学多识，早年师从早期人文主义者巴齐扎，18 岁入巴士亚大学，毕业时获博士学位，毕业后即从事教学，历时 20 余年。1424 年应孟都亚公爵的聘请，主持孟都亚学校，负责教育公爵和其他贵族富商子弟。维多利诺把其人文主义教育理想付诸教育实践，在此一直工作到逝世。

维多利诺把孟都亚宫廷学校设置在环境优美的公园里，宫殿式校舍清爽宽敞，四周草地如茵，风景优美，校园环境质朴清新，与中世纪教会学校的森严闭锁形成鲜明的对照。维多利诺把这个学校称为“快乐之家”。维多利诺本人也很平易近人，和学生们关系十分融洽。他提倡自由教育，赞赏柏拉图的教育名言：“自由人不能用强迫或苛刻的方法施教。”他也提倡博雅教育，认为教育的最终目的是培养精神、身体、道德全面和谐发展的人。他不仅在学生中具有极高的威望，而且得到社会人士的普遍敬重，被人们誉为“仁爱之父”。有时，人们只为一睹他的风采，特地到孟都亚去旅游。

维多利诺极力推崇人文主义，重视儿童的天性和个别差异，不强求儿童表现相同的嗜好，认为教育应跟随儿童的自然本性发展，主张学生自治，减少惩戒，禁止体罚。课程设置上，重视对古希腊、古罗马著作的学习，同时也学习“七艺”。“七艺”的内容有所扩充，涵盖文学、历史、哲学、地理、图画、测量及力学等方面的知识，体现了其德、智、体、美诸育并重的思想。体育一科包括骑马、剑术、角力、跳舞、赛跑、跳高、踢球、游戏等项目。道德教育中重视宗教课程，认为没有宗教教育就不能算是真正的教育。在进行知识教育的同时，加强对学生的道德教育，注意让学生阅读宗教修养方面的书籍、文章。他以身示范，每日到教堂祈祷，每月做一次忏悔，严格遵守斋期，并要求学生也这样做。教学方法上，注重对儿童兴趣、天性的培养，主张直观练习的原则、方法。他还用活动字母教授读写，采用游戏方法教授算术初步知识，用书信往来的游戏教学生学习拉丁语，把繁难的拉丁文教学变得简便易行。显然，他的人文主义教育思想同中世纪教会教育相比前进了一大步。

2. 尼德兰。16 世纪以后，意大利的人文主义教育形式主义泛滥，逐渐走向衰落，然而，北欧一些国家的人文主义教育却方兴未艾，其中心是尼德兰。尼德兰，相当于今天的荷兰、比利时、卢森堡和法国北部的一部分地区，其资本主义经济在 16 世纪时已获得较大发展，新兴资产阶级为占领思想文化阵地，特别青睐人文主义思想。其中最著名的是新教团体“共同生活兄弟会”(Brethren of the Common Life)。该团体是由格鲁特(Groot，1340～1384 年)1381 年在荷兰的代文特创立，他们在传教布道的同时较为重视教育工作，尤其是宗教和道德教育。他们建立学校，注重对贫困青年的教育。随着文艺复兴运动的兴起，他们在原来的宗教和本族语教学的基础上，增加了一些人文学科，拉丁文、希腊文、希伯来文及古典文学等被引入学校课程。值得一提的是，兄弟会学校在学校管理和组织形式上进行了创新，如他们实行男生寄宿管理制度。尤其是教育家亚历山大·赫吉亚斯为了便于对他的 2000 多名学生进行教育教学管理，实行了分班制度，把全校学生分成 8 个班级。兄弟会其他学校纷纷效仿，这为捷克教育家夸美纽斯提出班级授课制理论奠定了实践基础。

16 世纪早期，尼德兰还出现了一位著名的人文主义思想家、教育家伊拉斯谟(Desideries Ernsmus)。此人勤奋博学，著作颇丰，其中不少是极有价值的教育理论著述。主要著作有长篇讽刺作品《愚人颂》《名物篇》《关于正确教学的方法》《基督教王子的教育》《对话集》《西塞罗主义》《论童蒙的自由教育》，等等。他被德国教育史家弗·鲍尔生赞誉为“具有世界眼光的驰名的教育代表人物”。

伊拉斯谟虽不反对宗教和教会制度，但他憎恶天主教会和僧侣，嘲讽天主教会对教育的垄断，抨击经院哲学的迷妄，幻想通过他所推崇的古典文化来实现改良教会的理想。要进行宗教改革，就要重视教育。因此，他特别强调教育的巨大功能和作用，认为一个国家的希望在于对青年进行适当的教育。教育要从早期抓起，从儿童的思想、性格尚未形成之时抓起，这样才能为将来的教育打下坚实的基础。而且在进行教育时也要讲究一定的原则和方法，他主张中庸之道，认为要把严厉与慈爱、鼓励与纪律结合起来，反对体罚。他说："他们（教师）蹙额瞪着发抖的孩子，打耳光、严厉地批评，用戒尺责打，以及在训练中运用各种严酷的方法，从中感到莫大的自得和欣喜。当他们如此欺压一群年轻、幼弱的孩子的时候，就好比一只土耳其的驴子，认为自己和欺压一切下等野兽的狮子一样雄壮。"[①]在教学中，他主张因材施教，鼓励教师多采用直观教具，因为"事物先于文字"，这符合儿童的心理特点。在学习古典文献时，他主张慎选教材，把古典文学的学习同学科学习相结合，强调阅读原著，反对形式主义地掌握文法，希望调和基督教教义和古典著作，使二者并存，这也是他与意大利人文主义教育家的不同之处。

3. 法、英、德。受意大利、尼德兰文艺复兴运动的影响，法、英、德等国也先后出现人文主义思潮。

15 世纪末，法国两次军事入侵意大利，客观上促进了新旧思想文化的交流，加速了人文主义在法国的传播。人文主义新文化强劲的历史狂潮最终冲破经院主义的顽固堡垒，在高等学府中立住了脚。不仅在原有的巴黎大学中兴起人文之学，而且建立了两所重要的人文主义学府——法兰西学院（College de Franle）和居耶纳学院（College de Gugenne）。人文主义教育家在此开设人文学科，宣扬人文主义精神，正是在此背景下，法国产生了两位杰出的人文主义学者拉伯雷和蒙田。

拉伯雷花了近 20 年时间完成他的代表作《巨人传》，这是一部讽刺小说。拉伯雷以荒诞的手法塑造了一个巨人形象——高康大，高康大先前在经院主义学者的教育下成为一个痴疯、愚蠢、老实的糊涂虫，后来经人文主义教师的教导变成一个生动活泼、健壮勇敢、品高智聪的多才多艺之人。通过前后对照，作者以辛辣幽默的笔调抨击、鞭挞了中世纪教会和经院教育的腐朽黑暗，热情讴歌了人文主义新教育的解放个性，强调对具有现实意义的自然科学知识的学习，注重理论与实际的结合，以培养博学多识、能言善写、活泼健康的德智体全面发展的新人。

蒙田的主要著作是《散文集》，其中的"论儿童教育"一章系统阐述了他的教育观。他反对封建教会教育，批判经院主义学风，提出以培养智慧、体健、勇敢、品高多识、有礼貌的资产阶级绅士为教育目的。在教育过程中应遵循儿童自然发展的原则，反对死读书本的教育，要求培养儿童的思考力、判断力和理解力，提倡学习实际事物，向大自然学习。此外，他还较重视德育和体育等，虽然这些思想还未上升到理论高度，但他的教育思想却属真知灼见，有关教育的名言警句在

① 华东师范大学教育系、杭州大学教育系合编：《西方古代教育论著选》，北京：人民教育出版社，1985 年，第 227 页。

其作品中随处可见，这不仅给当时的文艺复兴以很大鼓舞，而且为后世教育理论的发展作了重要铺垫。

英、德两国的文艺复兴运动开展得较晚，一些人文主义学者的游学促进了人文主义精神的传播与发展。从 15 世纪中叶起，两国原有的大学兴起人文学术之风，如英国的牛津大学、剑桥大学和德国的莱比锡大学、爱尔福特大学等都有一些著名人文主义学者讲授人文学科，宣传新教育和人文主义思想，也有一些新成立的大学公开宣传人文主义精神。此外，在中等教育方面像英国的公学和文法学校等，人文主义教育也开展得如火如荼，其中著名的有曼彻斯特公学、圣保罗公学、伊顿公学等。

在英国的文艺复兴运动中还诞生了一位杰出的人文主义思想家、西方早期的空想社会主义者——托马斯·莫尔。他的代表作《乌托邦》一书是西方第一部空想社会主义的著作。莫尔在书中揭露了资本主义原始积累的罪恶，幻想在“乌托邦”岛上的公有制社会生活，那里人人平等，没有私有财产，产品按需分配，实行公共教育制度，男女享有平等的受教育权利，普及义务教育。学校重视儿童智、德、体、美各方面的教育，同时还保留宗教教育，它是青少年道德教育的重要组成部分。可贵的是，莫尔重视劳动教育并首倡成人教育，这对后世产生了深远影响。乌托邦式的幻想虽然未能从科学理论上解决当时存在的社会问题，但正如恩格斯所评价的那样，它已表明一种“共产主义思想的微光”，其对一些问题的看法超出人文主义的水平，在教育史上留下了光辉的一页。

总之，文艺复兴运动是欧洲在从中世纪封建社会向近代资本主义社会转变时期，围绕反封建、反教会神权而展开的一场伟大的思想解放运动。人文主义教育思潮的风起云涌打破了沉闷、闭锁、保守、陈旧的经院主义习气，改变了人们的思维方式和价值观念，造就了一大批文学、艺术、思想、教育等领域的大师，推动了新兴资产阶级意识形态的形成和发展，加速了新旧教育的转变，为近代教育的发展准备了思想和组织条件，是西方文明史上一个重要转折点，被恩格斯誉为“人类从来没有经历过的最伟大的、进步的变革”。文艺复兴运动虽未能彻底摆脱封建教育和宗教教育的桎梏，但却为欧洲打开了进入近代世界的大门。

四、宗教改革与教育

当文艺复兴思潮风起云涌之时，一场规模宏大、意义深刻、具有民族性和群众性的宗教改革运动在 16 世纪的德国爆发了。这是一场披着宗教外衣而进行的社会改革运动，是欧洲资产阶级反对封建制度的第一次大决战。

宗教改革运动在德国掀起，有着深刻的社会经济、政治根源。资本主义生产关系在封建社会内部有了显著发展，但当时的德国经济分散，无统一的国内市场，政权分裂割据，尤其是天主教会的腐败随着其权势的增加、财富的积聚而与日俱增，形成庞大臃肿腐朽的官僚机构。教会上层人士不学无术，贪婪愚昧，过着骄奢淫逸的糜烂生活。教会中的各级神职人员贪污受贿、敲诈勒索、卖官鬻爵、裙带之风日盛，种种腐败现象罄竹难书。罗马教皇还利用德国的政治分裂，巧立名目压榨德国。罗马教廷每年从德国搜刮30万金币的财富，使德国成为教皇的"奶牛"，各种负担最终又落到广大劳动群众身上，人民群众对教会敲骨吸髓的盘剥已经忍无可忍。民族压迫、阶级压迫、宗教压迫交织在一起，使得教会出卖"赎罪券"事件成为宗教改革的导火索。

在德国宗教改革中，首先发难的是马丁·路德(Martin Luther，1483～1546年)。1517年，教皇出售"赎罪券"聚敛民财，引起路德的愤怒。他在卡斯尔教堂大门上张贴《九十五条论纲》一文以示抗议。此消息不胫而走，立即引起全民大讨论。1520年，他当众烧毁教皇制裁他的敕令，被教皇开除教籍。之后，他撰写文章宣传宗教改革，得到广大群众的热烈拥护，正如当时一位教皇代理人所言："每一块石头和每一棵树都喊出'路德'的名字。"从此，他同罗马教皇彻底决裂，天主教也分为新教和旧教两派。

新教把上帝和《圣经》奉为信仰的最高准则，否定教会的权威地位，主张"因信得义"，人人都可通过阅读《圣经》和上帝直接"对话"，不必假之于教会这个中介。他们对教会的腐败奢淫深恶痛绝，希望教会返璞归真，重塑"廉价教会"。而旧教则继续维护教会的权威，鼓吹教会是上帝的人间代表，只有教会才有解释《圣经》的权力，教徒只有靠教会神甫施行的"圣礼"才能得救。同时视新教为异端，设立宗教裁判所，对异教徒实行恐怖政策。新、旧教派之间的斗争表面上看是宗教内部纷争，实质上却是新兴资产阶级与封建统治阶级的阶级斗争。新、旧教派为争得教徒在思想上的支持都重视教育，客观上促进了教育的发展。

（一）新教教派及其教育

新教代言人主要是马丁·路德。路德出身于一个矿工家庭，18岁入爱尔福特大学攻读法律，深受人文主义思想影响。1505年，他断然放弃学习，进入奥古斯丁修道院，笃心钻研神学，后转入维登贝格大学，并于1512年获神学博士学位，被任命为维登贝格修道院副院长、维登贝格大学神学教授。此时，他已认识到教廷的腐败，否认罗马天主教会和教皇的权威，认为一切教徒都可以通过拜读《圣经》而无须通过教会的繁文缛节便可获得上帝的恩典。他坚决反对罗马教会的剥削，主张建立"廉价教会"。

马丁·路德

路德不仅是一位宗教改革家，也是一位教育家，他的教育观点大多见于他的《致全德市长及地方议会参议员的信》《遣送子女求学的责任》以及致各诸侯的信中。

路德严厉地批判了当时教育存在的问题，指出当时的天主教会学校已堕落成罪恶的场所，是“杀害儿童的凶手”，是“地狱和涤罪所”。大学和修道院中的教师、修道士们不学无术，路德称他们是“粗劣的肥胖的驴子”“戴着珍珠的猪猡”。这样的教师又怎能培养出好学生呢？正如乌鸦不能孵化出鸽子一样，青少年在这样的学校里受 20 多年“令人痛心的摧残”，还不如让他们无知和愚笨。为此，他主张改组旧教留下来的大学和中学，兴办新的学校。

路德在教育史上的重大功绩是他提出了普及初等教育的主张。路德认为，教育应不分出身贵贱，教育机会均等，全国儿童不分男女、不论贫富都应该入学接受教育。这不仅是教会、政府的责任，同时父母也应负一定的责任。他还认为，抚养、教育好自己的子女，其价值远远超出去耶路撒冷或罗马朝拜的价值。天下所有的父母都应送子女上学，并且每天都要抽出一些时间教育他们。路德鄙视那些不愿让子女接受教育的父母，认为即便是无理性的动物，除鸵鸟外，也都知道教育其子女。

当然，重视教育更是教会和国家政权机关的责任。国家政权应通过教会推进教育事业，国家的责任不仅是兴办学校，而且要保证儿童能够入学。因此，国家实行强迫教育，应如同强迫人民服兵役一样，不仅是为了国家的利益，也是为了儿童一生的发展。因此，只有与家庭教育相结合，才能培养健全的人。为了使强迫教育在现实生活中得以实施，路德提出“缩短学习”的口号，儿童每天在校学习一两个小时，其余时间则参加劳动，这样既可以解决儿童上学的经济困难，又可以实现学习与劳动相结合。

路德设想国民学校教育制度主要有小学、中学和大学三级。小学教育的内容主要是读、写、算、宗教四科，同时兼顾历史、体育、音乐的学习。他主张用国语教学，并把《圣经》由希伯来文和希腊文译成德文，大大方便了学校的教学。在中等和高等教育方面，路德则投入了主要精力，以培养教会的神甫、国家官员和学校教师等。另外，路德还十分重视教师和图书馆的作用。

将路德的主张付诸实施的是著名教育活动家梅兰克吞和斯图谟等人，他们新建和改组了一些新的中学和大学，对德国的教育发展作出了重要贡献。梅兰克吞被誉为“德意志师表”。斯图谟建立的古典文科中学（文法中学）采取分级教学制度，按固定课程与教科书教学，成为后来德国中学的原型，对欧洲其他国家也有影响。

（二）天主教及其教育

随着新教势力的越来越大，他们逐渐席卷中西欧，控制了西北欧的大部分地方。天主教会岌岌可危，但他们不甘心失败，为保持和发展自己的势力，发动了反宗教改革运动。1545～1565年，天主教会多次召开会议，着手革除内部弊端，采取一系列强化措施，整顿教会内部的制度和纪律，如停止兜售“赎罪券”，不再增加教会神职薪俸，规定教士必须独身，加强对神职人员的监督等，史称“反宗教改革”。在反宗教改革运动中，天主教会加强了对文化教育阵地的争夺，对兴办教育事业投入了极大的热情，其教育活动主要是通过各种教团来组织的，其中影响最大的是耶稣会。

耶稣会的创始人是西班牙贵族军官伊格纳修·罗耀拉（1491～1556年）。他是一个狂热的天主教徒，青年时期在军队服役，一次养伤期间接触了天主教，从此决心抛弃世俗，皈依上帝。1529年，罗耀拉进入巴黎大学学习神学，1534年创办了“耶稣会”。其宗旨是重振罗马教会，重树宗教权威，以扩大天主教会的影响力。耶稣会仿照军队形式组成，强调绝对服从，其会员积极从事宣教活动。他们修建教堂、创建学校，不着僧衣，和俗人交往，深入社会各阶层，用潜移默化的手段施加思想影响，有时为了达到目的，甚至采取暗杀手段。

为了夺回因宗教改革而失去的教育独占权，耶稣会不惜花费人力、物力逐步设立耶稣会学校，其活动范围甚至达到亚洲、美洲等地，他们的目的就是用教育控制青年的思想，把青年学生培养成效忠教皇，绝对服从天主教会的信徒。耶稣会虽标榜教育上的平等，但他们把主要精力还是放在为上层阶级服务的中等和高等教育上。他们设立的学校称为“学院”，分初级和高级两部，初级部相当于中学，修业6年，主要学习拉丁文法和修辞学；高级部修业3年，相当于大学文科，有些学院还在哲学部之上设有神学部，学制为5～6年。

耶稣会学校为了和新教所办的学校相抗衡，非常重视教育质量和教学管理工作，颁布发行《课程计划》，对学校工作作出明确规定。这些规章制度使学校的工作有章可循、有法可依。他们还较注重学校环境的幽雅和教学设备条件的优越，对教师的选择、教学内容的选择和教学方法的运用都努力做到精益求精。在课程设置上，改革传统天主教学校的教学内容，增设了一些人文学科课程，自然科学和体育受到重视。在教学方法上，主要采用讲授法，推崇记忆，轻视推理，强调知识的检查与复习，他们信奉“重复为学问之母”的格言。同时，为了增加学习兴趣，多采用竞争的手段，把学生分成对立的两派，进行公开辩论，鼓励学生对问题发难，以此来激励学生学习。但长期采用此种做法，也易造成学生间的不信任，助长猜疑和嫉妒。在学生管理上，实行寄宿制，采取表面温和、实则严格的纪律管理制度。另外，耶稣会学校还重视师资培训，由学校负责对教师进行系统的训练。总之，耶稣会学校尽管总的方向上违背历史潮流，但在教育管理工作上的摸索与实践也给后人以启发。

纵观西欧宗教改革运动，正如罗素所言：“宗教改革和反宗教改革在知识界中的后果，起初是不良的，但是终局都是有益的。”①无论是新教或是旧教，都重视教育，兴办了许多学校，增添了一些新课程，对于人类文化知识的传播，无疑是大有裨益的。但它们的办学目的仍是宣传本教的教义，宗教神学仍居核心地位，这不利于自然科学的发展。

思考题

1. 查阅相关资料，并从历史、地理、政治、文化等不同视角，探析古代雅典与斯巴达教育制度差异的形成原因。

2. 试比较苏格拉底的“产婆术”与孔子启发式教育思想的异同，并思考他们的启发式教学对当代教学方法研究与实践探索的启示。

3. 中世纪大学“学术自由”的核心内容包括结社、罢课、迁徙、教会司法、通行执教资格等。查阅相关文献资料，分析中世纪大学“学术自由”思想的利弊及其对当代大学教育改革的启示。

① ［英］罗素著，马元德译：《西方哲学史》（下卷），北京：商务印书馆，1976 年，第 511 页。

第八章

西方近代教育

1640年，英国爆发了资产阶级革命，标志着世界近代史的开始。接着，法、德、美等国也相继爆发了革命，各国资产阶级展开了与本国封建势力夺取政权的斗争，最终取得决定性胜利。社会政治经济和意识形态领域深刻的变化，以及科学技术的突飞猛进，对西方教育产生了极大的冲击。各国在发展本国经济的同时，也积极开展教育改革，使各级各类教育获得不同程度的发展，从而奠定了近代教育理论体系的坚实基础。这一时期也是西方教育思想异彩纷呈的阶段，尤其是以赫尔巴特为代表的传统教育派与后来以杜威为代表的现代教育派竞相争艳，在教育理论的发展长河中竖起既对峙而又相互影响的两大旗帜。另外，捷克的夸美纽斯、英国的洛克和法国的卢梭等人都是西方近代涌现出的杰出思想家、教育家，他们的学说对后世影响深远。

随着资本主义的发展，无产阶级登上历史舞台。马克思主义的诞生给无产阶级革命指明了光辉前景。马克思主义创始人在革命斗争的过程中也辩证地分析、论证了教育问题，努力建立无产阶级自己的科学的教育理论体系，给无产阶级的教育实践指明了方向。而巴黎公社的一系列教育改革又成为无产阶级教育改革实践的首次尝试。

第一节　西方近代教育的发展

一、17世纪至18世纪中期主要资本主义国家的教育

17世纪至18世纪中叶，欧洲大多数国家仍挣扎在封建专制制度的压迫中，但封建专制制度阻碍不了历史前进的步伐。那段时期正是西欧资产阶级处于上升阶段，各国资产阶级为了摆脱封建专制的束缚，发展本国资本主义经济，都较为重视对教育这块思想文化阵地的争夺，积极改革旧教育，发展新教育。

(一)英国

英国资产阶级在1640年发动革命后,未能将革命进行彻底,而是在1688年与贵族妥协,建立了君主立宪制。资产阶级在政治上的妥协必然使其教育改革也带有封建色彩。尽管如此,17～18世纪的英国教育还是获得了相当程度的发展。

资产阶级革命后,英国初等教育的领导权仍由国教会掌握,一些宗教团体为宣传教义,兴办"慈善学校",吸收贫家子弟,向他们灌输宗教教义及进行宗教道德教育,也教授一些初步的读写算知识,并教女童一些缝纫知识等。1763年,一些宗教界人士又兴办"星期日学校"(Sunday School),亦称"主日学校",利用星期日对儿童和少数成人进行宗教、道德教育,教他们一些粗浅的读写算知识。这种学校虽以宗教宣传来麻痹儿童的精神,但也起到聚拢贫穷儿童和社会闲置人员的作用,既有利于稳定社会秩序,也有利于扩大教育对象的范围。

在中等教育方面,英国在封建社会时期就保留着中等教育的传统,流传下来的文法学校和公学直至产业革命以前,仍占据中等教育的主体地位。文法学校强调古典语言和文法的教学,目的是把贵族、大资产阶级子弟培养成国家的各级官员或上层社会职业者。而公学则是一种私立的寄宿学校,学校师资力量雄厚,设备条件优越,学费昂贵,以贵族和大资产所有者的子弟为主要教育对象,传授希腊文、拉丁文和人文学科知识等,着重培养学生的"绅士风度"。公学享有较高的社会地位,英国早期就出现了伊顿公学、曼彻斯特公学、圣保罗公学等9所著名的公学。17世纪,英国还出现了一种重视科学、接近生活实际、具有实科倾向的中等学校——阿加德米(Academy),改变了文法学校和公学只重视古典学科和宗教课程的传统,以培养人的多方面能力为目的,因此受到中层社会人士的拥护。这种学校一直流行,到18世纪后期才逐渐消失。

在高等教育方面,这一时期英国仍以牛津和剑桥两所大学为中心,大学的教学内容也是以古典文科和宗教神学为主。17世纪末18世纪初,由于培根的唯物主义哲学和牛顿的物理学理论对大学教学内容的改变所起的推动作用,一些自然科学知识开始进入大学课堂。

(二)法国

17世纪的法国是一个以农业经济为主的典型的封建专制国家。教会和封建主操纵国家政权,束缚了新兴资本主义经济的发展,这种阶级矛盾是以宗教斗争的形式表现出来的。天主教会(旧教)是封建制度的精神支柱,他们把资产阶级信奉的胡格诺教和詹森教(新教)等视为"异端",进行残酷的迫害。新兴资产阶级也展开了针锋相对的斗争,新旧教派在思想文化领域的争夺对法国近代教育的发展产生了较大影响。

1.天主教会的教育。天主教会为同新教教派抗争,成立了一些教会团体,加强了教育方面的活动。1682 年成立的“基督教学校兄弟会”曾开办免费的初等学校，实行班级教学；识字教学先从学习法语开始，再学拉丁文；教学方法也有了较大的改变。1684 年开办了欧洲最早的师范学校——教师讲习所，培养初等学校的教师。此后，教师讲习所还附设“练习学校”。兄弟会学校虽是为了灌输宗教思想，但对普及平民初等教育起了重要的促进作用。

在中等教育方面，天主教会较多地保留了耶稣会的传统，不太注重与新教教派的争夺。但在高等教育领域，天主教会则态度强硬，1638 年大学停止向新教徒颁发学位，后来还禁止学习笛卡儿的著作。巴黎大学神学院还把卢梭的《爱弥儿》列为禁书。

2. 新教教派的教育。各新教教派为了传播本教教义，积极兴办初等学校，并采用一些进步的教育思想与方法。他们反对天主教耶稣会的学校教育，反对对儿童横加压制和滥用惩罚，要求教师以温和的态度对待学生。他们还反对单纯地用拉丁语教学，主张学习本民族语言和近代语，注重发展学生智力和判断力，反对死记硬背，注意采用实物教学和进行练习等。

一些新教教派还对当时中等教育的学校进行了改革，因为当时的耶稣会中学和文科中学经院主义气息太浓，教学内容局限于拉丁语和一些“七艺”科目，跟不上时代的脚步。1611 年成立的“耶稣基督圣乐会”就是一个以从事教育活动为主的教派团体，该会成员接受了笛卡儿的思想，尊重人的理性，重视自然科学知识，注重本族语和现代语的学习，反对体罚，主张表扬与威胁并用的教育方法。“圣乐会”所办的中学对法国中等教育的发展有着较大影响。

新教还对天主教会管辖下的高等教育展开了猛烈的攻击，当时的大学虽是天主教会一个守旧闭塞的堡垒，但时代的潮流是不可抗拒的，数学、自然科学、民法、自然法等讲座的开设反映了科学和文化教育的进步。

（三）德国

17～18 世纪的德国还处于封建割据状态，国内小邦林立，战争连绵；经济上，农业衰落，工商业凋零，资本主义生产发展相对缓慢。资产阶级相当软弱，不能像英法等国资产阶级那样公开地与封建势力抗争，只能在政治上屈从于封建势力。然而，这一时期德国的教育却获得了长足发展，毫不逊色于其他邻国，这是一个值得研究的历史现象。

为了加强中央集权、笼络人心及扩充军队，德意志各邦的王公们都非常重视国民教育。16 世纪末 17 世纪初，各封建公国把初等学校由原来的教会管理收回为国家管理，并颁布一些学校法令，规定实行初等强迫教育，如德国最大的邦国——普鲁士，于 1717 年和 1763 年先后两次颁布此类法令，规定 5～12 岁儿童必须到学校接受教育，否则要课家长以罚金，甚至儿童缺课，也要对家长加以罚款。从而在西欧率先实现学校管理权的国家化。

德国的初等学校主要是由路德派倡导和兴办的，学校设施一般非常简陋，师资水平也不高，教师大多由裁缝、鞋匠和退伍士兵担任或兼任。宗教教育是其主要内容，同时也教一些简易的读写算方面的知识，教学方法主要是死记硬背和进行体罚。后来，在虔信派的努力下，这类学校获得较大发展，手工科被列入学校课程，直观性原则和学生自主性原则受到重视。另外，班级教学和本族语教学等也得以实施。这些都具有一定的进步意义。

德国的中等学校主要有三种类型：古典文科中学、武士学校和实科中学。文科中学在德国中等学校中占有重要地位，由宗教改革时期梅兰克吞创立的拉丁中学和斯图谟创建的文法中学演变而来，主要是为了把贵族子弟培养成政府官吏。武士学校则沿袭中世纪骑士教育而来，其任务是把贵族子弟培养成担任文武官职及从事外交事务的人员。学习内容较宽泛，但很肤浅。18 世纪出现的实科中学则适应了工商业资产阶级发展的需要，是一种既具有普通教育性质，又具有职业教育性质的新型中学。实科中学主要讲授一些关于社会实际生活的实用知识和国民经济各部门的相关知识，促进了德国工农业生产的发展，实科中学曾盛极一时。

此时，受国家的影响，德国大学的实力日渐增强，人文主义精神冲击着欧洲大学传统的中世纪学风。学校增加了新人文主义学科和实用学科。国语授课、教学方法的改进，打破了旧大学沉闷的氛围，给大学增添了活力。这一时期的德国还创办了许多新大学，如圣・尼古拉大学、哈利大学、赫丁根大学等，为德国高等教育的发展开创了新的局面。

（四）美国

在西方发达资本主义国家中，美国的历史最短，1492 年航海家哥伦布第一次发现美洲大陆，1620 年第一批英国移民来到新大陆，于是美洲便成为欧洲人的殖民地。大批移民入境给美国人移植了西方先进的思想文化和母国的教育体制，致使美国的教育起步虽晚，但起点却很高。

美国独立以前的教育不仅具有鲜明的殖民主义色彩，而且有着浓郁的宗教色彩，各种学校隶属于各种教派，教育和宗教信仰紧密联系在一起。北部的几个殖民地是清教徒的集聚地，他们移植了英国的妇女学校，开设了读写学校。中部与南方则办起慈善学校，教学内容主要有初步的读写算知识及宗教问答等常识，被称为“4R 学科”(Reading，Writing，Arithmetic and Religion)。

中、高等教育主要是为有产阶级子弟而设立，拉丁文法学校是中等学校的主要类型，以学习拉丁语言、希腊文及其他古典学科为主，学习内容枯燥，教学方法呆板，体罚盛行。到 18 世纪中叶还出现了偏重实科的新式中等学校。此外，还仿照英国的牛津大学、剑桥大学开设了许多高等学府，其中著名的有哈佛学院、布朗学院等。

二、18世纪后期至19世纪中期主要资本主义国家的教育

18世纪后期至19世纪中期是资本主义制度走向巩固、发展和繁荣的时期，资产阶级革命在欧美各国取得胜利。继美国独立战争后，法国的资产阶级革命成为一次更彻底、更深刻的社会革命。到了19世纪，德国也进行了资产阶级革命，俄、日两国也进行了资本主义性质的自上而下的社会政治变革。资本主义制度取代封建制度，极大地促进了社会生产力的发展。18世纪下半叶的工业革命引起了社会的剧烈震动，教育领域也掀起轩然大波，近代意义上的教育理论的提出深刻影响着欧美教育的发展。

（一）英国

1.教育体制的演进。教会控制教育是英国传统教育的一个重要特征。伴随工业革命的发展，社会要求工人须具备一定的文化知识，迫使英国政府在1802年颁发了一项学校法案，要求工厂主负责对工厂学徒进行读写算方面的教育，但在国家并不参与的情形下，此项法令成了一纸空文。1806年，国会开始讨论国民教育国家化的问题，1833年国会又决定每年从国库中拨款2万英镑作为对初等学校的建筑补助金，但仍交由宗教团体“贫民教育促进会”和“英国及海外学校协会”全权负责。直到1839年，英国政府才设置“枢密院教育委员会”直接掌管经费的分配。1856年又改组为“教育局”，最终于1899年废教育局，设“教育署”，把初等、中等教育的领导权集中起来，至此，教育领导体制的国家化进程初步完成。

2.初等教育的发展。工业革命以后，英国资本家的工厂里广泛使用童工，引起社会各界的强烈不满。资产阶级为了缓和工人阶级的反抗情绪，同时更是为了更好、更直接地剥削工人阶级，不得不作出让步，在工厂法中规定童工必须接受一定程度的义务教育，必须交上学证明才能进工厂参加工作。1870年的《初等教育法》（也称《福斯特法案》）更为明确地规定国家继续拨款扶助教育，全国划分学区，学区内实施5～12岁儿童的强迫教育，国民教育与宗教分离，承认教会学校为国家教育机关等，从而使教育国家化的制度最终形成。

英国的初等教育逐步发展起来，私人办学获得很大发展，例如，贫儿学校、“导生制”[①]学校以及欧文的幼儿学校等应运而生，尤其是“导生制”学校在师资缺乏的情况下极大地促进了初等教育的推广，在欧美广为流传。

3.中等教育的发展。英国的公学和文法学校两种传统的中等学校已远远不能适应产业革命后资本主义发展对教育的需求。文法学校为顺应时代潮流也进

① “导生制”是英国一些学校为了解决教师不足问题实行的先由教师对学生班长（导生）施教，再由他们转教其他同学的一种教学形式。

行了一些改革，如削减古典科目，增加实科课程，扩大学校规模，给中层资产者子弟提供入学机会，改善寄宿制度，允许最高年级实行学生自治等。但是，这些举措远不能满足社会发展对中等教育的要求，于是出现了关于教育的两次社会调查。国会分别在 1861 年和 1864 年组织调查委员会对公学和其他中等学校展开全面调查，撰写调查报告，提出改革建议等。这一时期，英国的技术教育也获得一定程度的发展。

4. 高等教育的改革。英国原有的几所古老大学已不能适应产业革命给经济和社会发展提出的新要求，于是，英国在 19 世纪终于掀起一场“新大学运动”，以改革旧大学，创建新大学。1826 年，第一所具有民主主义、自由主义精神的伦敦大学学院成立，在社会上引起了强烈反响，许多发达城市相继成立地方性大学。贵族和国教会不甘失败，在伦敦成立了“国王学院”，然而，此举也改变不了历史发展的趋势，1836 年国王学院与伦敦大学学院合并为伦敦大学，成为一个拥有 50 多个院、所的大学。在此形势下，牛津、剑桥两所大学也进行改革，建立了新的领导机构——校务会，取消了宗教宣誓，增设近代科学专业，重视自然科学的教学，建立了荣誉学位制和导师制等。

（二）法国

1789 年，法国资产阶级大革命推翻了法国的封建制度，是一次较为彻底的社会大革命，为资本主义制度的发展开辟了道路。随后，法国政权频繁更替，几经反复，资产阶级专政才最终确立，并开始向帝国主义过渡。

政治、经济状况的变迁对法国的教育有着巨大影响。资产阶级早已将对教育的要求公开写进大革命时期各执政党的教育法案中，其中著名的有康多塞方案和雷佩尔提方案等。康多塞方案要求国家对全体男女公民实行免费的普及教育，设计一种包括初级小学、高级小学、中等学校和专门学校（大学）在内的统一的相互衔接的学校教育体系，实施统一的学校管理体制等。针对康多塞方案中没有涉及实际操作问题，雷佩尔提在他的方案中主张建立“国民教育之家”（寄宿学校），向富人征税，给儿童免费提供衣食，保障教育的实施。该方案很重视儿童的体育、德育、智育和劳动教育，目的是把儿童培养成健壮、爱劳动、守纪律、富有知识的公民，成为真诚的爱国主义者。这些方案最终虽未付诸实施，却反映了资产阶级对国民教育的迫切要求。

在教育体制方面，法国这一时期的新旧教育体制随其政权的更替而变更，但总的趋势是完成教会教育向国家教育的转变，中央集权的教育领导体制初步形成。这一具有划时代意义的转变基本上是在拿破仑时代完成的。1806 年，拿破仑创设帝国大学（相当于教育部），其首脑称总监，附设评议会，作为审议机构。全国划分为 27 个“大学区”，区设总长和学区评议会，还按省分设大学区督学。

总长、督学以至大学和中学的教师都属国家官员,由帝国大学总监任命,总监由拿破仑直接任命,体现了高度的中央集权。学校各种教学活动都是全国划一的,这样,宗教教育在行政上便附属于中央集权的领导体制。

19世纪的法国初等教育发展相当缓慢。30年代起,工业革命的进展对初等教育的发展提出要求,初等教育开始受到人们的重视。1833年,教育部长基佐颁布一项国民教育法令,提出大力发展初等教育和师范教育,并规定全国每一分区设初等小学1所,修业6年,学习法语、神学、道德及读写算知识。每一城市设高等小学1所,修业3年,增设几何、测量、绘画、自然、音乐、史地等科目,并且规定小学教师必须通过国家证书考试方能任教,以保证教育质量,"基佐法案"大大推动了法国初等教育的发展。在随后的第二共和国时期,"卡诺法案"虽然也提出对14岁以下男女儿童实施普及、强迫和免费的初等义务教育,但是此法案在六月工人起义失败后即成为泡影。蓬勃一时的初等教育大发展到第二帝国时期走向倒退,宗教神学又充斥初等教育领域。

中、高等教育在这一时期却有了较大发展。拿破仑统治时期,中央政府设立国立中学,地方设立市立中学,目的是培养官吏和军官。开设的课程有古典语文和各种实用学科,这两类学校一直是法国中等学校的主要类型。从1852年起,中学的课程设置出现一种文、实分科的做法,文科注重拉丁文和希腊文,实科注重数学和自然学科。1864年又废除分科制,创办一种类似于德国实科中学的中等教育学校,以培养资本主义工商业所需要的一般专业人才。

法国的高等教育在19世纪发生了很大变化,旧大学一改经院主义习气,以顺应社会发展,文科改变其预科性质,成为一个独立的专业,神学科地位大大下降,法学专业受到社会的青睐。大学走向综合化,巴黎大学已发展成包括许多独立学校、具有近代大学规模的一所综合性大学,法国科学文化教育的中心。另外,一些具有高等教育性质的专门学校在培养高等人才方面作出了较大贡献。巴黎理工学校培养出大批军事、科技人才,巴黎师范学校也因培养出大量高水平的国立中学教师而闻名于世。

(三)德国

18世纪下半叶,德国的社会发展远远落后于英、法等国,资产阶级软弱,政权不统一,国家四分五裂。法国革命及其进步的教育观对德国影响很大,泛爱主义和新人文主义运动给德国文化教育注入强大的动力,但后来由于"神圣同盟"的干预,德国教育又出现了某些反复和倒退。

18世纪末,德国出现泛爱主义教育运动。泛爱主义者接受卢梭的思想,认为儿童的天性是善良的,强调尊重儿童的个性,要热爱儿童,让儿童得到自由发展。他们重视体育,注重发展人的理性,重视现代语和自然科学知识。泛爱主义教育的代表人物巴泽西在德国东部的德骚开办了一所泛爱学校，对学生进行免费教育。各地纷纷效仿，极大地促进了资产阶级进步教育思想的传播。

这一时期，德国还出现了一场学习、发扬古希腊文化的运动，其代表人物是著名的历史学家、政治家、教育家威廉·冯·洪堡德。他在担任公共教育部部长期间，按照新人文主义精神进行了一系列教育改革。他强调实施初等义务教育，颁布《初等义务教育法案》，改进和加强小学师资的培训工作；在中等教育方面，他对文科中学进行了多方面改革，如制定新的中学教学计划，减少古典语文的教时数，这些措施使文科中学更接近实际生活；在高等教育方面，他建议创办柏林大学，首次提出“教学同科研相统一”的原则，对后来德国乃至世界的高等教育、科研的发展产生了深远影响。

然而，欧洲“神圣同盟”成立后，普鲁士反动政府对国民教育事业进行了野蛮的摧残，使德国教育走向倒退。政府命令学校监视教师和学生的思想、行动，接着又削减自然学科，增加古典学科，加重神学课，这些倒行逆施严重阻碍了德国教育的发展进程，使德国的学校教育倒退了许多年。

(四)美国

美国的独立战争和南北战争是美国资产阶级革命的两个重要里程碑，为美国资本主义的发展开辟了道路。殖民地时期，美国教育基本上是西欧教育的美国版，但独立战争后美国便开始探索本国特色的教育制度。南北战争以后，美国教育进入一个新阶段，一套具有美国本土特色的完整的教育体制得以形成。

独立战争后，美国教育处于觉醒与振兴时期，地方分权的学校管理制度初步建立，充分调动了地方办学的积极性，也极大地促进了学校教育的发展。普通教育走向公立化、国有化。国家进行教育立法，提出受教育是每个公民的权利与义务，并实施普及义务教育的制度。初等教育方面，主要采用的是英国的导生制和主日学校。中等教育方面，文实中学(Academy)和公学逐渐代替贵族化的拉丁文法学校。文实中学最初由政治家富兰克林1751年在费城创办，设文科和实科两种课程，后广为流传，成为中等教育的重要类型。高等教育方面，则呈现州立化趋势，各州兴办大学，坚持自由发展原则。实用的学科开始受到人们的青睐，物理、化学、天文、地理、植物学等学科成为大学的主要课程。

南北战争是美国的第二次资产阶级革命，极大地促进了美国资本主义经济的发展，经济的发展对教育又提出了新要求。地方分权型的教育领导体制致使联邦政府无权干涉各州教育，其弊端也日渐显露。1866年，众议院议员加菲尔德(James A. Garfidld)提出设立中央教育部的议案，两年后美国增设教育总署，1870年又改称教育局，但教育局没有决策权，无权领导各州教育委员会，只负责材料、情报与经费的管理。这一时期美国的各级教育都有了长足发展，自1855年德国教育家舒尔兹夫人在美国创立第一所幼儿园开始，美国的学前教育得到发展。小学阶段实施义务教育，普及初等教育成为当时美国社会经济发展的客观需求，只是各州义务教育的年限不等，学习内容也有很大的区别。中等教育阶段，文实中学日益衰落，而较符合社会实际需要的公立中学日渐兴盛。高等教育加强了学术性，此外，师范教育、职业教育、中等专业技术教育也有了较快发展。

三、19世纪后期至20世纪初主要资本主义国家的教育

19世纪后期至20世纪初，世界资本主义已进入帝国主义阶段，为了适应工业化的要求以及社会变革、经济发展的需要，一些主要资本主义国家更为关注教育，不断改革本国教育，促进了教育理论与实践的更大发展，这些国家的近代教育制度正是在这一时期确立下来的。

（一）美国

美国治愈南北战争的创伤后，经济迅速恢复，成为一个高速发展的工业化国家。19世纪末20世纪初，已较早进入垄断资本主义时期，工业产值跃居世界第一位，成为西方资本主义世界的头号强国。

经济的腾飞、政局的稳定极大地推动了美国教育事业的发展。这一时期美国教育发展的总趋势是加速普及初等义务教育，迅速发展普通中等教育和职业技术教育，大力发展高等教育。

1. 初等教育的普及。颁布义务教育法令、普及初等义务教育，成为美国经济和社会发展的迫切需要。联邦政府对此高度重视，提供教育拨款资助那些亟待进一步普及初等教育的州和地区。在社会经济发展的大背景下，随着卢梭、裴斯泰洛齐、福禄倍尔等人的教育理论在美国的传播，美国初等教育思想焕然一新。詹姆士和杜威的实用主义哲学观、儿童观风靡一时，连小学课程都着眼于当前的使用价值，除原有的阅读、拼写、文法、算术、地理、历史、音乐、图画外，园艺、农业、手工等也成为教育新科目。教学方法上，人们更加欣赏直观教学法，越来越多的公立初等学校的教师受到直观教学的训练。这一时期，谢尔顿领导的奥斯维哥运动①、帕克领导的昆西运动②，以及杜威的进步教育运动等对美国初等教

① 19世纪中后期，美国教育家谢尔顿在纽约州的奥斯维哥师范学校大力推行裴斯泰洛齐的教学法，尤为重视实物教学和心理活动在教学中的作用，一时轰动全美，形成了“奥斯维哥运动”。

② 1875年就任马萨诸塞州昆西市教育局局长的美国教育家帕克深受裴斯泰洛齐和赫尔巴特等人的影响，在实践中注重直观教学和实物教学，注意新旧知识相联系的教学原则。他的“昆西教学法”影响很大，形成了著名的“昆西运动”。

育的发展产生了很大影响。

2. 中等教育走向大众化。19 世纪后半期，美国的中等教育走向大众化阶段，原有的学制渐露弊端，客观形势的发展要求改革学制，缩短年限，扩大受教育范围。在各级政府和教育界人士的共同努力下，最终于 1918 年实现了“八·四”学制向“六·三·三”学制的转轨，即小学修业 6 年、初中 3 年、高中 3 年，该学制奠定了美国中等教育的基础，对其他一些国家的学制也曾产生很大影响。这一时期，美国的公立中学得以迅猛发展，主要类型有综合中学、初级中学、职业中学、手工训练中学以及工业、商业、农业中学等。中学课程出现科目增多、学科重组、重视实用性和职业性的倾向。另外，在教材的组织上，由原来注重知识的逻辑体系逐渐转变为注重青少年的心理发展水平，着眼于青年学生的年龄特征和现实需要。

3. 初级学院运动。美国的高等教育继续沿着前一时期的发展方向稳固发展，初级学院运动便是其中最有意义的一个方面。初级学院是为让未能进入大学深造的中学毕业生继续完成他们的正规教育而设立的。1892 年，芝加哥大学校长哈帕(Wiuiam. R. Harper)组织创建全美第一所初级学院，他把大学的一、二年级称为“阿加德米学院”，后两年称“大学学院”(高级学院)。1902 年，伊利诺斯州的乔利埃特又建立了一个作为独立教育机构的公立初级学院。由于初级学院较能适应美国社会实际生活多方面的需要，因而深受人们的欢迎，发展较快。1876 年成立的约翰·霍布金斯大学第一任校长古尔曼倡导的人才主义，不重建筑，而重人才素质，标榜培养天才，该大学因而被誉为美国“第一所现代化大学”，标志着美国高等教育新纪元的到来。

此外，美国的师范教育、职业教育在这一时期发展得较为迅速，有力地推动了美国经济的发展。然而，受历史等诸因素的影响，各州教育发展不平衡、种族间的教育不平等，又成为美国教育发展前进中的新问题。

资料卡片 24

《莫雷尔法案》

美国国会于 1862 年颁布的《莫雷尔法案》，是美国高等教育史上最早也是最重要的法案之一，它对美国甚至世界高等教育的发展产生了深远影响。该法案规定，联邦政府按各州在国会中的议员人数，以每位议员拨 3 万英亩土地的标准，向各州赠拨国有土地，各州应用所赠土地的出售或投资所得收入，在 5 年内至少建 1 所“讲授与农业和机械工艺有关的知识”的学院，以培养社会需要的实用人才。后来这类学院被称为“农工学院”或“赠地学院”。当时将联邦政府拨地收入用于独立设置农工学院的就有 28 个州，宾夕法尼亚等州是把赠地转给原有的农业学校，有的州是在州立大学增设农工学院。1890年，美国国会又通过了第二个《莫雷尔法案》，规定联邦政府对已建立起来的赠地学院提供年度拨款，以保证其拥有充足的运行经费。《莫雷尔法案》被视为联邦政府对高等教育进行的第一次大规模干预，它不仅改变了美国的高等教育结构，也改变了美国高等教育重理论、轻实际的传统，大批农工学院的建立为美国农业、工业、职业技术的发展培养了大量人才，促进了美国经济的发展和国民素质的提高。

（二）英国

产业革命极大地促进了英国政治、经济、科教文化事业的发展，到19世纪末20世纪初，英国已成为号称“日不落帝国”的殖民主义国家。为适应政治、经济的变化，英国在教育领域进行了一系列改革。

1870年，英国政府颁布《初等教育法》，使国家保留了对教育的补助权和监督权。1898年，受布赖斯委员会关于中等教育调查报告的影响，英国成立了新的中央教育行政管理机构——教育委员会，取代了原来的教育局、科学与艺术局。该委员会的主要职权是管理检查学校，分配教育经费，在英国教育史上第一次将初等教育和中等教育的管理统一起来。1902年，《巴尔福法案》的制定则进一步奠定了英国现代的教育领导体制。该法案规定在各郡及郡级市设立地方教育局，代替原来的地方教育委员会和学校入学委员会，负责兴办学校、支付教师工资、对学校给予资助等。这样，以地方教育局为主体的国家和地方相结合的教育领导体制初步形成，这种教育领导体制一直沿用至今。

《初等教育法》颁布以后，英国国会又陆续颁布了一系列教育法案，增加国家对初等教育的补助金额，实施普及的义务教育，并逐步延长义务教育的年限，到1918年真正实现免费的初等教育。这一时期，接受初等教育的学生数激增，1900年达到600万，是1870年的5倍。

中等教育方面，原有的公学虽未改变为贵族等上层阶级服务的性质，但在培养方向、课程设置、招生对象等方面有了很大改进。公学设立免费生名额，收纳少量穷人家子弟，废止古典语文的教学，增设了一些实用性学科。文法学校也增加了自然科学的课程，办学方向倾向于实用理论和实际操作技能的培养。另外，英国还出现了一种被称为“认可学校”的中学，它是符合一定要求的私立学校，一般有6个年级，招收12～18岁的学生。女子中等教育在这一时期也有所发展，1850年布斯(Bus)建立了英国历史上第一所没有阶级限制的女子中学——北伦敦女子学校。1868年的《捐款学校法》还明确提出女子享有与男子同等的受教育权利，到19世纪末，英国已建立33所为女子提供中等教育的学校，招收女生7100多人。

高等教育方面，“新大学运动”继续发展，又涌现出一大批新型大学，如曼逊科学学院、利物浦大学、谢菲尔德大学、雷丁大学、帝国科学技术学院等，这些大学成为英国新兴工业的科技人才培养中心。牛津、剑桥等传统大学在这一时期也进行了重要改革：扩大招收中下层阶级子弟入学，注重实用学科、职业性学科的教育。两所大学还开始招收女性，开创了英国女子高等教育的先河。

（三）法国

巴黎公社被镇压后，法国进入现代资本主义阶段。到 19 世纪末 20 世纪初，法兰西第三共和国进入帝国主义阶段，垄断资本主义经济高速发展，其生产力水平和经济实力仅次于英国，居世界第二位。然而，教育上的滞后性难以适应政治、经济的发展，因此，法国资产阶级也进行了一些教育改革。

这一时期，法国基本上沿袭了拿破仑时期的中央集权的教育领导体制——大学区制，在教育上实行整齐划一制。为遏制教会势力在学校教育中的影响，20 世纪初，法国政府采取了一系列措施，如解散教会组织，封闭教会学校，重申教会同国家分离等，对中央集权制下大学区制的继续实施产生了一定影响。

另外，此阶段形成的法国学校教育制度是欧洲大陆双轨制的典型代表。其中，一轨是为劳动人民子女而设立的学校：母育学校（2～6 岁）—初等学校（6～11 岁）—高等小学—艺徒学校或职业学校；另一轨是为资产阶级子女而设立的学校：家庭教育或中学预备班—国立中学或市立中学—大学或专门学院。双轨制有着明显的阶级性、不公平性，引起社会下层阶级的强烈反对。为了缓和人民的不满情绪，政府颁布了《费里法案》（1881 年），重申国民教育制度的义务、免费和世俗化三大原则，取消幼儿园和初等学校的学费，规定 6～13 岁为义务教育期，实施强迫义务教育；承认家庭教育是义务教育的一种形式。该法案的颁布确立了法国初等教育的现代形式。初等教育的发展使法国的文盲数量逐年减少，显示了普及义务教育工作的突出成效。

为适应经济发展的需要，法国的中等教育也进行了改革，中学实现文理分组，开始重视现代语和自然科学的课程。教学方法上广泛采用实物教学法，强调实验教学。最具特色的是，法国中等学校实行学士学位制度，对中学毕业生进行两次考核，合格者即可获得学士学位，意味着他取得升大学或就业的资格。与初等教育、中等教育的发展相比，法国的高等教育则发展缓慢，虽然也取得大学恢复部分权力（如内部纪律和财政等）的自治、学院联合为大学等方面的进步，但大学的闭锁性、政府对大学的控制过死等弊端却严重束缚了法国高等教育的发展，导致大学不能很好地适应经济和科学技术的发展，一战后这种弊端便明显暴露出来。

（四）德国

在 1870～1871 年的普法战争中，普鲁士战胜法国，建立了以普鲁士邦为首的德意志帝国。这一时期德国经济突飞猛进，19 世纪末完成工业革命，主要工业部门已超过英国。到 20 世纪初，其经济实力跃居世界第二，把英、法等老牌资本主义国家远远抛在后面。

德国经济的腾飞为其教育的发展创造了良好的条件，反过来，帝国政府也十分注重利用教育来为其经济、政治服务。德国学校教育始终贯穿民族沙文主义、军国主义、僧侣主义和反共反社会主义的精神，强调学校为国家服务，目的是为了把青年培养成德意志民族主义者。军国主义的教育政策明显影响着德国的各级教育。

培养大批效忠的具有初步文化知识和技能的劳动者、士兵是帝国初等教育的初衷。根据 1872 年颁布的教育法，德国对 6 岁儿童实施为期 8 年的强迫义务教育，并把初等学校分成初、高 2 级，每级 4 年。初级称基础学校，高级称高等国民学校。法令还规定设立为期 6 年的中间学校，对学生进行一般的普通教育和一些职业教育。

中等教育方面，这一时期德国的中等学校主要有文科中学、文实中学和高级实科学校三种类型。三种学校都注重宗教、德语、德国历史和地理等科目的学习，以培养"德意志精神"。不同之处在于文科中学较为注重古典学科，把拉丁文和希腊文作为课程中心，现代学科则相形见绌；高级实科学校与之相反，强调现代学科，注重发挥其研究数学和自然科学的优势，完全删除了古典学科；文实中学介于两者之间，算是一种折中的产物。

德国的大学包括神学、医学、法学和哲学四个学部，学习年限一般为 4～5 年。这一时期，大学内部也进行了一些改革：课程设置上强调科学、技术、商业、现代外国语和管理学等，增设科学实验室；教学方法主要为讲座和报告、讨论和练习、调查和实验等。

第二节　西方近代教育思想

一、夸美纽斯的教育思想

（一）生平

杨·阿姆斯·夸美纽斯（Johann Amos Comenius，1592～1670 年），捷克著名的资产阶级民主教育家、教育改革家。一生从事教育，有着丰硕的教育成果，他的教育思想和教育理论具有划时代意义，因此，他被尊崇为"教育史上的哥白尼""捷克文化巨子之一"。

夸美纽斯一生流离失所，遭遇坎坷。他出生在一个"捷克兄弟会"成员的家

夸美纽斯

庭,12岁时失去双亲,是在兄弟会的资助下完成中等和高等教育的。毕业后他担任兄弟会一所文法学校的校长,1618年,三十年战争爆发,捷克战败,新教育派遭到迫害。战争使夸美纽斯丧失了全部的书稿和藏书,瘟疫又使他痛失妻儿,从此他开始了流亡生活,赴波兰的黎撒避难。此后,他全身心地投入教育事业,撰写了大量的教育著作,如《语言入门》(1631年)、《母育学校》(1632年)、《大教学论》(1632年)、《论天赋才能的培养》(1650年)、《泛智学校》(1651年)、《世界图解》(1654年)等。其中《大教学论》一书是世界上第一部系统的教育学理论巨著,标志着独立形态的教育学的开端。夸美纽斯流亡国外后,就再也没能回到自己的祖国,1670年在阿姆斯特丹逝世。

(二)政治、哲学思想

夸美纽斯的世界观充满矛盾。社会政治观上,他痛恨天主教会和世俗封建主的罪恶,对于广大灾难深重的人民深表同情,具有强烈的民主主义、民族主义与人道主义意识,幻想通过教育来振兴社会。自然观上,他重视人的创造性,认为人本身就是一个"小宇宙",也承认大自然的客观存在,但他又有着浓厚的宗教神学意识,笃信上帝是世界的创造者和主宰。哲学观上,他一方面接受培根的唯物主义感觉论,认为感觉是认识的第一步,是一切知识的源泉,另一方面又是先验论者,认为知识是与生俱来的"种子",要借助于"神启"去认识。可以说他的思想是经院哲学和机械唯物主义相结合的产物。

(三)教育思想

1.论教育目的与作用。从宗教世界观出发,夸美纽斯认为教育的目的是使人为来世生活作准备,教育就是要培养在身体、智慧、德行和信仰等方面和谐发展的人。因此,他高度评价了教育的作用,肯定教育对社会发展的作用,认为人才的培养与教育对国家的经济建设、社会道德建设、国防建设都起着举足轻重的作用。他还高度评价了教育对人的发展的作用,认为只有受过一种合适的教育之后,人才能成为一个人。他还坚信儿童发展的可能性,告诫老师不要轻易对儿童丧失信心,他曾说:"我们差不多找不出一块模糊的镜子模糊到了完全反映不出任何形象的地步,我们也差不多找不出一块粗糙的板子粗糙到了完全不能刻上什么东西的地步……镜子首先就应打扫干净……木板就应磨光。"[①]

2.论教育适应自然的原则。大学期间,夸美纽斯就对封建的经院主义教学十分厌恶,认为呆读死记硬背的旧教育使学校变成儿童恐怖的场所,变成才智的

---

① [捷克]夸美纽斯著,傅任敢译:《大教学论》,北京:人民教育出版社,1984年,第68~69页。

屠宰场。他主张教育应在各方面遵循自然的原则。

首先，自然界中存在一种起支配作用的普通的生长法则、“秩序”或“事物的灵魂”，如日月运行、昆虫的活动、大炮的发射等都遵循一定的规律。教育工作的组织同样如此，他认为把教学时间、教学科目和教学方法等按一定的“秩序”和谐组合，便可使教育进展得迅捷、省力而高效。

其次，教育要依据人的自然本性，即儿童的天性、年龄特征和能力特点。他认为知识如果不合乎某个学生的心灵，就是不合适的。教师是自然的仆人，不是自然的主人，教师的使命是培植，而不是改变。因此，他反对注入式的强迫性教育，主张学校、教师、家长都应根据儿童的天性、兴趣、倾向来选择教育内容，使其智力得到顺利发展。

3.论普及教育。夸美纽斯从他的民主主义的“泛智”思想出发，提出普及教育的主张。所谓“泛智”是指使所有的人通过接受教育而获得广泛、全面的知识，并使智慧得到普遍发展。针对当时社会的教育只为少数富人子弟服务的现象，夸美纽斯提出“把一切知识交给一切人”的口号，并要求所有城镇、乡村的男孩和女孩，不论富贵或贫贱，都应该进学校。必须将初等教育普及到手工业者、庄稼汉、脚夫和妇女。反映了新兴资产阶级反对教会和封建主对教育的垄断，争取教育权利的民主要求，顺应了时代的潮流。但是，他的普及教育思想也是有缺陷的，他认为一切男女青年受教育的目的和程度是不尽相同的。权贵和富有者子女受教育是为了发展智慧，他们理应成为统治者；而地位低下的人受教育，才能自愿地、谨慎地服从长上；至于妇女受教育，则是让她们料理家庭，增进家庭幸福。

4.论教学原则。夸美纽斯继承了古希腊、古罗马的教育遗产和文艺复兴运动的人文主义教育思想，在自己多年的教学实践基础上，针对当时经院主义学校教育的弊端，提出了一系列教学理论与教学原则，他的教育理论对我们今天的教学工作仍具有现实指导意义。他提出的具体原则如下：

(1)直观性原则。直观性原则建立在他的感觉论基础上，夸美纽斯提出了一系列进行直观教学的方法。他认为教学应从观察实际事物开始，而不应从记叙事物的文字开始，在不能进行直接观察时，可使用图片或模型。在组织学生观察实物、图片或标本时，距离要适中，先整体后细节，教师还要辅以必要的讲解。自然学科的教学要尽可能带学生进行实地观察。他还建议学校的教室“布满图画”“要让教室的每一面墙壁说话”，教学用书也要配上生动的插图。

夸美纽斯倡导的直观教学主张，把学校“从文字教学的绝路中引导到认识生活、认识周围世界的广阔道路上”，对于提高教学工作质量和效果起着直接作用。但是，他过分夸大了直观在教学中的作用，无限拓展了直观在教学中的使用范围，甚至把直观知识和间接知识割裂、对立起来，片面强调感性认识，忽视理性认识，并宣扬“神启”在直观中的作用，使直观教学拖上唯心主义的尾巴。

(2)循序渐进原则。夸美纽斯批判旧式经院主义教学是把零碎的知识杂乱无章地教给学生，没有形成一定的系统，知识之间缺乏相互联系。他认为自然万物都是井然有序的，按照一定的顺序依次发展的，教学就要循序渐进，“务使先学的能为后学的扫清道路”。正如造房建屋一样，要打好基础，才能一步步地修墙、盖顶。

在教学内容的安排上，他认为应由易到难、由近到远、从简单到复杂、从具体到抽象。在教学时间的安排上，要使每年、每月、每日、每时都有它规定的工作。教学时还要充分考虑儿童的年龄特征，关注他们的接受能力。主张在理解的基础上记忆，然后进行实际练习。

(3)学习的主动性和自觉性原则。夸美纽斯引用昆体良的话说：“知识的获得在于求知的志愿，这是不能够强迫的。”强迫灌输不但不能达到预期效果，而且会使儿童厌倦学习。因此，教育者应采取一切可能的方法去激发儿童的求知欲望，如以温和的态度对待之，授予实际有用的知识，讲究教学的艺术，充分利用直观教具，创设优雅的学习环境，适当的批评与赞扬等。总之，要激发学生的学习兴趣，发展学生的思维，这对提高教育教学效果是大有裨益的。

(4)巩固性原则。夸美纽斯强调让学生获得巩固的知识。他把所学知识是否巩固作为检查教学效果的标准，并把学了知识而没有巩固下来，比喻为连续不断地向筛子上泼水，是不可能使人增长智慧的。

他认为教学的巩固有两层意思：一是知识被理解，被“彻底地弄懂”，因为只有理解的知识才能掌握。他把理解性教学比作钉子、钩子、夹子，能把知识牢牢地“钉”在、“夹”在脑子里。二是能够恰当地应用，把所学知识用于解决实际问题，主张经常练习和复习，这样可以提高记忆力，巩固所学知识。

(5)量力性原则。夸美纽斯曾说过：“一切学科都应加以排列，使其适合学生的年龄，凡是超出了他们的理解的东西就不要给他们去学习。”①他指责当时经院主义教学忽视学生的接受能力，以抽象的说教、抽象的教材、陌生的拉丁语言、死记硬背的方法、长时间的教学，甚至残酷的鞭笞去强迫学生学习，无异于摧残人的身心。他主张教学应适合学生的能力，而且这种能力还是随学习、年龄的增长而提高的，无论是教材的编排，还是教学的进度、教学方法的选择等都要适合学生的接受能力和水平。

5. 班级授课制。夸美纽斯在教育史上的突出贡献就是他在其代表作《大教学论》中第一次从理论高度详细论述了班级授课制。

---

① [捷克]夸美纽斯著，傅任敢译：《大教学论》，北京：人民教育出版社，1984年，第93页。

针对传统教学的低效多耗，在总结前人教学工作经验的基础上，伴随班级授课制的萌芽，夸美纽斯系统阐述了这一新的教学组织形式。他把学生编成固定的班级，由一位教师在教室里对班级所有学生讲授同一内容。他认为一位教师可以同时教几百名学生，这不仅可能，而且有必要，能大大提高教学效果。他还建议每班学生分成许多小组，每组十人，选一名优秀生为“十人长”，协助教师管理小组，考查学业。这样，教师教得省力，学生之间可以互相激励、互相学习。这也符合儿童的心理发展特点。因为“在学生方面，大群的伴侣不仅可以产生效用，而且也可以产生愉快”，特别在班级里进行练习或复习时，“一个人的心灵可以激励另一个人的心灵，一个人的记忆可以激励另一个人的记忆”①。可见，夸美纽斯已经认识到群体学习效果要高于个别学习效果。他曾以印刷术来比喻这个问题，他说：“现在我们已经指出我们的教授术或普遍方法的发现，便利了学者人数的增加，和印刷术的发现便利了学问之媒的书数的增加是一样的。”②

可以说，夸美纽斯的班级授课制是人类教育发展史上重大的进步，它符合当时新兴资产阶级要求扩大教育对象的需求，对于科学文化的传播、教育的普及都有着重要作用，奠定了现代教学组织形式的基础。

夸美纽斯的教育理论产生于欧洲从中古向近代过渡的17世纪。夸美纽斯站在时代的高度，总结人文主义教育成果，在丰富的教育实践的基础上，顺应时代要求，提出了一整套有利于振兴资产阶级的教育理论，猛烈抨击了经院主义教育。他从“泛智”思想出发，提出了一系列教育民主的要求，对教育目的与作用、普及教育、学校教育的制度、组织形式、教学内容、教学原则与方法、课程体系及教科书等进行了努力探索。他的教育理论为欧洲近代资产阶级教育理论奠定了基础，他的《大教学论》的问世，标志着独立形态的教育学的开始。当然他世界观上的两重性、哲学观上的唯心论，使得其教育思想难免带有浓厚的宗教色彩。

二、洛克和斯宾塞的教育思想

(一)洛克的教育思想

洛克

1.生平。约翰·洛克(John Locke，1632～1704年)，英国资产阶级唯物主义哲学家、政治思想家和教育家，17世纪英国唯物主义经验论的代表人物。出生在一个律师家庭，从小受到良好的家庭教育，后就读于威斯敏斯特公学和牛津大学，研究哲学、物理、化学和医学，这

① [捷克]夸美纽斯著，傅任敢译：《大教学论》，北京：人民教育出版社，1984年，第139页。
② [捷克]夸美纽斯著，傅任敢译：《大教学论》，北京：人民教育出版社，1984年，第253页。

些对于洛克唯物主义哲学思想体系的形成有着极大影响。1666 年,他结识沙夫兹贝利伯爵,并担任其秘书兼家庭教师和医师。后来,由于洛克和沙氏一起反对詹姆士继承王位,活动败露后被迫流亡荷兰,直到 1689 年“光荣革命”后才回国,1704 年病逝。

2. 政治、哲学观。洛克是新兴资产阶级的代表人物,其政治理论代表着统治阶级的利益。他反对君主专制,也反对民主主义者所拥护的共和政体,提出“社会契约论”,极力为当时英国资产阶级与贵族联合执政的君主立宪制辩护,马克思称他为“一切形式的新兴资产阶级的代表”,恩格斯称他为“在政治上是 1688 年阶级妥协的产儿”。

洛克继承、发展了培根的唯物主义经验论,详细论证了经验、感觉等感性认识是知识、观念及认识的源泉,并在《人类理解论》一书中提出了著名的“白板说”。他认为人心中没有天赋的原则,人之初生,心灵如一块白板,上面没有任何记号,没有任何观念,所有的理性和知识都是从经验中来的。洛克把人的观念归之于感觉、经验,反映了他的唯物主义倾向,但他又认为,认识的来源除外部经验(感觉)之外,还来自人的内部经验(反省),两者同时并存,共同构成认识的源泉。这样就给唯心主义开了后门,陷入“二重经验论”。

3. 教育理论。洛克在《教育漫话》一书中提出他关于绅士教育的思想体系。绅士教育的教育对象主要是英国上层社会子弟,因此带有浓厚的贵族色彩。尽管如此,绅士教育理论还是具有相当程度的科学性与合理性因素,相较于中世纪封建的旧教育前进了一大步。

(1)论教育的目的与作用。洛克明确提出教育的目的就是要培养绅士。所谓“绅士”,是指具备四项特质——德行、智慧、礼仪和学问的资产阶级化的新贵族。他们要有上层社会所理解的道德、礼仪和风度,有多方面的才识,有开拓资本主义事业的能力、机智与自信,勤奋勇敢、通晓世故、仪态高雅、举止适度等。可见,绅士教育就是要培养资产阶级的未来统治者和上层人物。洛克认为要完成培养绅士的任务,不能将他们送进公共教育机关,只能让他们接受家庭教育,以防止被社会不良习气熏染。

洛克还从他的“白板说”出发,肯定了教育在人的个性形成中所起的决定性作用。他认为人之所以或好或坏,或有用或无用,十之八九是由他们的教育所决定的,人类之所以千差万别,便是由于教育之故。教育不仅关系个人发展,而且事关国家的繁荣与发展。因此,要充分重视教育,教育上的错误如配错了药一样,第一次弄错了,绝不能依赖第二次、第三次去补救,它们的影响是终身洗刷不掉的。这样,便为新兴资产阶级夺取政权和教育权利提供了理论依据。

(2)论教育的内容与方法。为了把绅士培养成具有德行、智慧、礼仪和学问四种品质的人,洛克从经验论出发,着眼于重视实际教育的锻炼法,首次对教育的三大组成部分(德育、智育、体育)作了明确区分,并提出了他的教育主张和要求。

德育,在洛克看来,完美的德行是绅士教育最重要的内容。德行是第一位的、最重要的品质。德行愈高的人,其他成就的获得也愈容易。

洛克强调的德行是与当时英国贵族化资产阶级的事业、生活需要相联系的,他站在唯物主义经验论的立场,否定天赋道德原则,把培养服从理智指导、克制欲望的能力作为道德教育的基础,认为要锻炼人的意志,培养人的性格、名誉观念、羞耻心和克制能力以及养成绅士的礼仪、风度。

在德育方法上,洛克提出了许多宝贵的意见。他重视道德教育的"及早实践",在儿童很小的时候就要注意通过实际道德行为的锻炼来培养他们的德行。他还主张对儿童要"及早管教",幼时即培养他们服从的性格,长大后他们便能服从自己理智的约束。奖励与惩罚也是教育儿童的好方法,要做到善有奖、恶有罚,赏罚分明。但不可滥用惩罚,尤其是体罚,要谨慎用之,而当儿童顽抗时,要尽可能进行鞭挞,不达教育目的绝不罢休,这样既能保持父母的威信,又能让儿童产生发自内心的羞耻和不愿见恶于人的畏惧。人又是理性的动物,因此,说理也是教育儿童的真正办法,说理要晓之以理、动之以情,反对长篇大论式的说教,那样达不到教育目的。在各种教育方法中,向榜样学习是最简明、最容易而又最有效的办法,儿童喜欢模仿,把树立的榜样放到他们眼前,让他们知道哪些事情是应该做的。洛克曾说过没有什么事情能像榜样那样温和而又深刻地打动人们。因此,作为儿童最接近的榜样,父母、教师就要以身作则,做儿童行动的楷模。

智育,绅士应该具有多方面知识和学问,因此,智育也是培养绅士的重要方面,洛克把它放在德行之后。他还把掌握知识与发展智慧联系起来,在他看来,知识教育的目的不只在于传播科学知识,更重要的是发展理解能力和思维能力,为进一步学习打好基础。

在教学内容上,洛克较为重视数学科目,认为它可以锻炼人的思维和推理能力。他还精心设计了一个以实用科目为基础的课程体系。为了满足将来社会交往、经商、选择职业的需要,他提出一个范围广泛的学科体系,如学习阅读、写字、国语、文法、算术、几何、天文、地理、自然、哲学、伦理学、历史、法律等知识,以及骑马、击剑、跳舞、木工、农艺、园艺、油饰、雕刻等技艺。

在教学方法上,他强调快乐学习法,重视培养学生的求知欲,反对强迫灌输,他还重视锻炼法、实地观察等。

体育,洛克在《教育漫话》一书的开头便开宗明义地说:"健康之精神寓于健康之身体。"对于一个绅士而言,"要能工作,要有幸福,必须先有健康;要能忍耐劳苦,要能出人头地,也必须先有强健的身体"。于是,他把体育摆在极其重要的位置。

洛克曾研究过医学，因此，他能从医学的角度去考虑制定儿童健康教育的计划。他建议儿童从小就要进行实际锻炼，坚决反对父母溺爱孩子。指出应在日常生活和体育锻炼等方面培养未来绅士忍耐劳苦的品质，例如饮食要清淡，少吃油腻和肉类食物，衣服宜宽松、不可过暖，不要戴帽子，赤足行走，冷水洗浴，经常游泳及进行户外活动等。总之，洛克关于体育锻炼与保健的一些见解在今天仍具有现实意义。

我们说，洛克的教育思想仅是从资产阶级的立场出发来探讨教育问题，带有浓郁的贵族气息，具有明显的阶级局限性，但他的绅士教育理论顺应了资本主义发展的时代需求，其中不乏合理进步的因素，对英国教育实践产生了深远影响。

(二)斯宾塞的教育思想

1. 生平。赫伯特·斯宾塞(Herbert Spencer，1820～1903 年)是 19 世纪英国著名的资产阶级社会学家、唯心主义哲学家和教育理论家。斯宾塞出身于书香门第，幼年体弱多病，13 岁便结束学校教育，后自学成才。他曾做过 3 个月的小学教师，对教育产生了兴趣。17 岁开始在铁路上担任土木工程技术人员。1848 年辞职专门从事学术研究。1848～1853 年，担任英国著名杂志《经济学家》的副编辑。他的哲学与社会学思想自此逐步形成，他还开始著述。分别于 1850 年和 1852 年出版了《社会静力学》和《进化的假说》。1861 年出版了《教育论》，此书原名是《智育、德育和体育》，包括 1854～1859 年在杂志上发表的《智育》《德育》《体育》和《什么是最有价值的知识》等4 篇教育论文。1853 年，斯宾塞辞去编辑职务而专事著述。之后，他积 30 余年之功完成了他自己构想的《综合哲学体系》。这使得他成为英国实证主义哲学的集大成者，也为他赢得极大的荣誉，被誉为“维多利亚时代英国的亚里士多德”。斯宾塞也因之先后获得剑桥大学、爱丁堡大学、布达佩斯大学、波伦亚大学和圣安德鲁大学的博士学位，并被罗马科学院、巴黎科学院等近 10 个科学院聘为国外院士或通讯院士。1902 年，他被提名竞逐诺贝尔文学奖。1903 年 12 月 8 日卒于苏塞克斯郡，享年 83 岁。

斯宾塞

2. 政治、哲学思想。斯宾塞所处的时代是英国资本主义迅速发展的时代，他把资本主义看成人类社会的“黄金时代”，深信资本主义制度是最完美的社会制度，并试图从哲学、社会学和其他各个方面论证资本主义制度的合理性与永恒性。他也被人称为“资本主义制度的歌手”。因此，在社会政治思想上，斯宾塞将生物学家达尔文的生物进化论引入社会领域，用以解释社会现象，论证资本主义制度的合理性，从而形成了其庸俗进化论的社会政治思想。他以“生存竞争，适者生存”的原则为资产阶级的殖民主义和民族沙文主义作辩护，同时又以“社会有机论”来论证资本主义社会阶级剥削和压迫的“合理性”。

在哲学观上，斯宾塞秉承并发展了法国资产阶级哲学家、社会学家孔德的实证主义哲学思想。他认为，人类的认识永远是相对的，哲学的任务不在于揭示世界的本质，而在于搜集和综合整理各门科学的原理，借助于科学的实证来认识现象范围之内的东西。而事物的本质是不可认识的，只能“让渡给神学家去想象”，实证的科学活动与宗教信仰活动是可以调和、共存的。他曾援引英国生物学家赫胥黎的话说：“真正的科学和真正的宗教是双生姊妹，把一个从另一个分开，一定会使双方死亡。”[①]可见，实证主义哲学最终必然陷入唯心主义的泥潭。

3.教育思想。

(1)论教育的目的与任务。斯宾塞认为真正的教育目的和任务应当是满足实际生活的需要，使教育为人的完满生活作准备。针对当时英国教育中装饰先于实用的弊端，他以学习拉丁文和希腊文为例，深刻剖析道：“费了那么多年学来的知识对他帮助很少，少到其中大部分一般地都忘记了；而如果他偶尔冒出一句拉丁文，或提到某些希腊神话，也并不是为了说明当前的问题而是为了表现自己。”[②]很少考虑所学知识是否真正对一个人的生活和社会进步有益处。而评判一门教学科目的唯一合理办法就是看它在承担为完满生活作准备的教育职责方面达到什么程度。根据资产阶级社会学观点，斯宾塞将“完满生活”分成以下五大类活动：直接保全自己的活动；为获得生活必需品而间接保全自己的活动；抚养教育子女的活动；维持正常社会政治关系的相关活动；闲暇时间为满足爱好和感情而开展的各种活动。相应地，为满足上述各种生活需要而作出相应准备的教育，就包括直接与间接保全自己的教育、当好父母的教育、做一个好公民的教育和开展各种文娱活动的教育。可见，“完满生活”涉及生活的方方面面，与人们的实际生活、生产紧密相连。

(2)论智育、德育和体育。斯宾塞是西方教育史上明确提出智育、德育和体育理论概念的第一人，并把它们作为一个完整的教育体系。在智育方面，他尖锐地提出“什么知识最有价值”的问题，还从科学知识对人类各项主要活动的指导价值和对儿童发展智力的训练价值两个方面详尽论证了科学知识的价值与作用，并在他的《教育论》中建构了其科学教育的课程体系。对于第一类活动，应设置生理学和解剖学两科。因为它们是个体维持生命和健康、精力充沛地从事各项活动以及养儿育女所必备的，故作为“合理教育的最重要部分”而被列在学校

① 转引自王天一等编著：《外国教育史》(上册)，北京：北京师范大学出版社，1993年，第388页。

② [英]斯宾塞著，胡毅、王成绪译：《斯宾塞教育论著选》，北京：人民教育出版社，1997年，第54页。

教育的课程之首。对于第二类活动,应设置读写算、逻辑学、数学、力学、物理学、化学、天文学、地质学、生物学和社会学等,意在帮助生产和经营,保持国家强盛。对于第三类活动,应设置心理学(包括一部分生理学原理)和教育学,意在使人能够更好地履行当父母的职责,教养好自己的子女,使之成为身体、道德和智慧诸方面全面发展的人。对于第四类活动,应设置历史,意在使学生通过学习历史找出社会现象所遵循的根本规律,更好地履行职责,做一个好公民。对于第五类活动,应设置绘画、雕塑、音乐、诗歌等,这些知识能帮助人完满地度过闲暇时间。此外,他还论述了从简单到复杂、从不准确到准确、从具体到抽象等儿童心智演化规律,以及培养学生的学习主动性,注重儿童的兴趣爱好,把观察、实验等科研方法引入教学等原则与方法,这些教学原则与方法给我们以很多启示。

斯宾塞关于德育的思想暴露了他的资产阶级世界观和道德要求,他说:"一切道德的理论都公认:一种行为,如果它当时的和日后的整个结果是有益的,就是良好行为;而一种当时的和日后的整个结果是有害的行为就是坏行为。归根究底,人们是从结果的愉快或痛苦来判断行为的好坏。"[①]这种抹杀道德阶级属性,只问结果,不问动机和目的的道德观实则是为资产阶级剥削行为辩护的实用主义道德观。在德育方法上,斯宾塞主张将利用儿童行为引起的必然结果来教育儿童的"自然后果法"作为德育的根本原则。

斯宾塞十分重视体育。他认为一个民族的繁荣与否、战场上的胜负,以及商业竞争的盈亏都与人的体力强弱有关,因此,必须重视年青一代的健康和体育。根据生长的自然法则,斯宾塞要求注意正常的饮食规律,不让儿童吃得过多过少,儿童食品要讲求质量和多样化;儿童的衣料要好,但不宜穿得太多,应以御寒为度;儿童应多运动、多游戏,游戏作为儿童自发的、自然的运动较之体操有着本质上的优越性;儿童不宜过多学习,以免用脑过度,尤其是女孩子,过度学习会造成形体不美等。可见,斯宾塞的体育理论直接述及人体的养护和锻炼,包含许多符合人体自然发展规律的见解,这些都是有益的。但当时英国劳动人民生活困苦、衣食堪忧,这种从资本主义社会的需要出发,以资产阶级的生活内容为基础来讨论体育问题显然是脱离人民实际状况的。

三、卢梭和裴斯泰洛齐的教育思想

(一)卢梭的自然主义教育思想

1. 生平。让·雅克·卢梭(Jean-Jacques Roussean, 1712~1778年),法国著名的启蒙思想家、文学家和教育家。出生于瑞士日内瓦的一个钟表匠家庭,很

---

① [英]斯宾塞著,胡毅译:《教育论》,北京:人民教育出版社,1962年,第91页。

小就成了孤儿，12 岁时被迫辍学谋生，当过学徒、仆役、小贩、家庭教师和私人秘书，甚至沦落为街头艺人。苦难的生活使他获得广泛的知识，并深入接触下层社会，形成了他的资产阶级民主主义思想。

卢　梭

1749 年，法国狄昂学院举办以“科学与艺术的进步能使道德改善还是使道德堕落”为题的有奖征文大赛，卢梭的应征论文获得第一名，他因而名扬天下。卢梭一生著述颇丰，其中最具代表性的有：《论人类不平等的根源和基础》（1754 年）、《社会契约论》（1762 年）、《新爱罗伊丝》（1761 年）、《爱弥儿》（1762 年）、《忏悔录》（1776 年）等。其中教育哲理小说《爱弥儿》阐述了他的社会政治思想，提出他的资产阶级自然教育的主张，对后来的资产阶级进步教育思潮产生了不小的影响。一生坎坷的卢梭于 1778 年在贫困、孤独中病逝。

2. 政治、哲学思想。卢梭在哲学上是个二元论者，他一方面认为感觉是认识的源泉、知识的来源、观念形成的基础，承认客观世界的物质性；另一方面又认为宇宙万物的运动以及事物的发生、发展都受必然的法则所约束，这个必然的法则即来自“最高的意志”——上帝。卢梭又是个自然神论者，在宗教信仰上主张自由而平等。不过，总体上说，他的认识论仍是一种感觉论。在社会政治观上，卢梭接受了洛克等人的思想，提出了“天赋人权”说，认为人人都是自由、平等的，人生来具有不可剥夺的人权，只是后来私有制产生才有了不平等现象。因此，他主张通过社会契约的方式，建立人人平等的“理性王国”，用人权平等取代等级特权，用民主取代专制，要求人们摆脱封建教会的控制，从而为资产阶级夺取政权、自由发展资本主义找到了理论依据。

3. 教育思想。卢梭在教育上的主要贡献是他的“自然教育理论”，这是他针对封建经院主义教育违背自然、戕害人性而提出的。卢梭强调对儿童进行教育必须遵循自然的原则，顺应人的自然本性，以培养“自然人”“自由人”为目的。

卢梭否认先天观念和先天道德论，认为教育的作用是巨大的，他说：“我们在出生的时候所没有的东西，我们在长大的时候所需要的东西，全都要由教育赐与我们。”[①]教育的来源有三个方面——受之于自然、受之于人、受之于事物。他说：“我们的才能和器官的内在的发展，是自然的教育；别人教我们如何利用这种发展，是人的教育；我们对影响我们的事物获得良好的经验，是事物的教育。”[②]只有当这三方面的教育协调一致时，儿童才能受到良好的教育，否则，便会摧残

① ［法］卢梭著，李平沤译：《爱弥儿》，北京：商务印书馆，1985 年，第 3 页。

② ［法］卢梭著，李平沤译：《爱弥儿》，北京：商务印书馆，1985 年，第 3 页。

儿童的天性，使他们成为没有味、没有香气的早熟的果子，势必导致堕落。教育三个来源的观点表明卢梭已经意识到遗传、环境和教育是影响人的身心发展的制约因素。

卢梭还主张让儿童远离腐化的社会生活圈子，远离充满罪恶的城市，到乡村纯朴的大自然中去接受教育。在他看来，虽然人的天性是善的，在人的心灵中根本没有什么生来就有的邪恶，但是，社会的腐败对儿童造成极坏的影响。他说："出自造物主之手的东西，都是好的，而一到了人的手里，就全变坏了。"[①]可见，卢梭赞同环境对人的身心发展能产生巨大影响的观点，但他对此并不悲观，他认为人类对此并不是无能为力的，教育在改变恶劣环境对人的不良影响方面，在塑造人的品性方面起着决定性作用，要避免恶劣环境对人的腐蚀，就要运用教育这一杠杆，把人变成一个"人"，但这种教育必须是遵循自然规律的教育，是一种自由的教育，才能培养出真正自由的人，才能把人从封建权威和传统偏见下解救出来。

从遵循自然的原则出发，卢梭根据他对儿童发展自然进程的理解，把儿童的教育分成四个时期，每个时期都有各自不同的教育任务。第一阶段(0～2 岁)着重进行体育；第二阶段(2～12 岁)着重进行感觉教育；第三阶段(12～15 岁)着重进行智育和劳动教育；第四阶段(15 岁至成年)着重进行德育和宗教教育。

0～2 岁的教育。卢梭认为教育是随生命的开始而开始的，婴儿期教育的重点是使儿童身体健康地发育，这是儿童接受自然教育的物质前提。这一时期要运用各种方法加强对儿童的体育训练，增强体质，促使其身体自然发展。他认为人是生而自由的，但却无处不在枷锁中，因此，他反对用襁褓束缚婴儿的四肢，主张婴儿的衣服要宽松肥大，使婴儿获得更多的自由。

2～12 岁的教育。卢梭称这一时期为"理智睡眠"期，其时，儿童的理智能力未形成，还不能接受和形成抽象概念，因此应着重锻炼和发展儿童的外部感觉，让他们积累丰富的感觉经验，以便为以后理智的形成和文化知识的学习打下基础。

卢梭反对在 12 岁之前让儿童学习课本知识，他认为周围的事物对儿童来说就是一本书，应组织儿童参加各种活动，积累对周围事物的感觉经验，从而在娱乐中接受教育。他还为这个时期的儿童安排了游戏、绘画、制图、唱歌等活动，在教育史上首次详细论述了如何训练儿童感官的问题，提出了许多有益的主张。

在道德纪律方面，卢梭反对洛克的说理教育，认为儿童在这个时期还没有道德观念，单纯地口头说教徒劳无益。他更反对当时盛行的体罚方式，主张采用

---

① [法]卢梭著，李平沤译：《爱弥儿》，北京：商务印书馆，1983 年，第 1 页。

“自然后果法”。例如，儿童打破了窗玻璃，成人不要急于换上新玻璃，也不马上训斥儿童，而是让他在风寒侵袭中体会到自己错误的后果，从而认识到自己的过错。

12～15岁的教育。这一时期可称为少年期，儿童已具备接受智育的能力，应对儿童进行智育和劳动教育，对他们所学的知识应作出科学选择，要选择学习那些有用处，且真正有益于儿童幸福的知识。智育的任务是让儿童通过实际观察，主动进行学习，不仅要教其真理，而且要教其怎样去发现真理。卢梭反对死啃书本知识的做法，他认为，如果要读书的话，唯一可读的只有《鲁滨逊漂流记》一书。

除智育之外，这一时期的另一项任务是劳动教育。在他看来，劳动是社会人不可避免的责任，他痛斥不劳而获的人是流氓。劳动使人生活充实，只有靠劳动而生活的人，才是真正自由的人。他推崇手工劳动，尤其是木工，此外，他主张让儿童认识其他的工艺和农业劳动，以培养热爱劳动的感情与对劳动人民的同情心。

15岁至成年的教育。这一时期为青年期，卢梭称之为“激动和热情”时期。卢梭认为前几个时期儿童在乡村接受了充分的“自然的教育”，因此能抵御腐蚀，为了进一步了解社会，这一时期应回到城市中接受道德教育。道德教育内容包括培养善良的感情、正确的判断和良好的意志。善良是一种美德，人有了同情之心、博爱的精神，便能正确判断善恶。青年要学习历史和伟人传记、阅读寓言等，并从中领会如何区分善恶。此外，还要通过善行的练习，形成良好的意志，甚至要求青年接受自然神教的宗教教育。

我们可以看出，卢梭的自然教育理论顺应了资产阶级教育的要求，从人的本性出发，适应自然发展原则，打破了陈腐守旧的经院主义教育传统，具有历史进步意义，但他明显夸大了自然在人的发展中的作用，把儿童的天性过分理想化，忽视了教育的价值和教师的正面指导作用。他试图根据儿童的生理心理发展特点给教育分期，无疑是一种可贵的尝试，只是带有一定的主观臆测性，缺乏严格的科学依据。

(二)裴斯泰洛齐的教育思想

裴斯泰洛齐

1.生平。约翰·海恩利希·裴斯泰洛齐（Jonhann Heinrich Pestalozzi，1746～1827年），瑞士著名的民主主义教育家，一生从事平民教育及教育改革实验。裴斯泰洛齐5岁丧父，由母亲和女仆抚养成人。青年时代的裴斯泰洛齐深受法国启蒙运动和资产阶级革命的影响，1768年，利用自己的一点积蓄并借钱，在皮耳(Birr)购置了大片荒地，取名“新庄”，开办示范农场，进行农业试验，幻想通过农业新技术和新方法帮助农民摆脱困境，但最终归于失败。1774年，他又在新庄开办了一所孤儿院，收容 50 多名孤儿和流浪儿，开始了他的首次教育实验。但由于缺少援助，孤儿院 1799 年被迫停办。以后 20 年的时间里裴斯泰洛齐专心于著述，总结自己的社会和教育活动经验。他的第一篇教育论文《一个隐士的黄昏》(1780 年)蕴含了其教育思想的雏形。次年，他又出版了教育小说《林哈得与葛笃德》(又译为《贤伉俪》)，这部小说使裴斯泰洛齐名噪一时。

1798 年，瑞士爆发了资产阶级革命，受新政府委派，裴斯泰洛齐以高度的热忱在斯坦兹再办孤儿院，收容 80 名战乱孤儿。他按照家庭形式组织孤儿院，把自己的全部情感都倾注到这些孤儿身上。这种尝试延续了 6 个月，就因战争原因被迫停止。1799 年，裴斯泰洛齐在柏格多夫城主办的一所幼儿学校里继续他的教育理想与实践，次年开办了柏格多夫中学并设有培养教师的学院。1805 年该校又迁到伊佛东，学校规模扩大，改称伊佛东学院。伊佛东学院持续了 20 年时间，特别是前 10 年，声誉响彻欧洲大陆。在此期间，裴斯泰洛齐陆续出版了《葛笃德是怎样教育她的子女》《母亲读物》《观察初阶》《数的直观学习》等著作。然而，学院因故被迫于 1825 年关闭，裴斯泰洛齐回到新庄，完成其最后一本著作《天鹅之歌》。1827 年与世长辞，享年 81 岁。

2. 政治、哲学思想。裴斯泰洛齐是一位资产阶级民主主义者，因其自幼生活于瑞士的贫苦乡村，从小就对穷人有着深切的同情。在他看来，民众苦难的根源不在于政治经济条件，而在于缺乏文化教育。消除这种苦难的根源，关键要靠教育，用教育唤醒沉沦的民众，用教育提高他们的素质和技能，进而提高生产效率，改善其生活状况，这便形成裴斯泰洛齐力图解救人民于痛苦生活的民主社会观。这种不变革和消灭社会等级、阶级结构，试图进行教育改良的方式在当时的时代背景下显然是行不通的。

在哲学观上，裴斯泰洛齐深受莱布尼兹和康德哲学思想的影响。裴斯泰洛齐接受了莱布尼兹的“单子论”思想，并发展为人的内在力量的观念。他强调教育要适应自然，每个人都具有一些本身能发展的力量，人的每一种能力原来就有一种从不活动状态变成一种充分发展的力量的倾向。人的智慧、道德情感和体力等先天的种子内在地融合为一体，潜藏于体内并渴望得到显露和发展。教育的目的便是促进人的一切天赋能力和力量的全面、和谐发展，使人能尽其才，在社会上达到他应有的地位。裴斯泰洛齐也接受了康德先验经验论的影响，认为知识的基础是对事物的感觉印象，但这种感觉印象是混乱的、复杂的，必须与内在的理解力结合起来，才能形成明白的确定的表象，然后再上升为清晰的观念；教学就是要通过各种方法使儿童的感觉印象正确无误地发展为清晰的概念的过程[①]。

---

① [瑞士]裴斯泰洛齐著，夏之莲等译：《裴斯泰洛齐教育论著选》，北京：人民教育出版社，2001 年，第 18 页。

3. 教育思想。

(1)和谐发展的教育理论。在西方教育思想发展史上，从亚里士多德起就进行了有关人的和谐发展的论述，裴斯泰洛齐继承前人的思想而又有所发展。他认为："初等教育的职责，就在于……使这些不同的能力得到完全的发展。"[①]人的各种能力主要是通过体育、劳动教育、德育和智育来达到和谐发展的。

体育的任务是发展儿童身体的力量和技巧。体育的基础是儿童喜欢活动的自然愿望，这种愿望使人身体内蕴藏的生理力量全部发挥出来。"眼睛要看，耳朵要听，脚要走路，手要抓物"，这些活动在儿童很小的时候就出现了，手抓、脚蹬、走动、搬运、投掷、拖拉、旋转和摆动等都可以使体力得到发展。他认为，体育是劳动教育的基础，要由家庭和学校来共同进行。劳动教育是儿童获得独立生活能力、改善贫困生活状况不可或缺的手段。教育和生产劳动是密不可分的，"功课劳作合一，提倡职业训练，是提高人的工作能力、增加实际生产量的最好的途径"[②]。无论在新庄和斯坦兹孤儿院的教育实验中，还是在《林哈得与葛笃德》的小说中，裴斯泰洛齐都给儿童安排了大量的手工业或农业劳动，让儿童在劳动的同时加以学习。

裴斯泰洛齐视道德教育为整个教育体系的关键，而"爱"的教育是其道德教育的核心。道德教育的任务在于促进儿童"爱"的种子的发芽和生长，培养儿童积极地去爱人。最初是对母亲的爱，进而扩大到爱家庭成员和亲友，然后扩展到爱上帝、爱全人类。尽管这种"爱"是超阶级的、唯心主义的，几乎无实现的可能，但在当时的社会环境下，能够提出注重自身修养的"爱"的教育，无疑是有一定进步意义的。

智育在和谐发展中占有重要地位。裴斯泰洛齐认为，智育的任务在于发展儿童天赋的才能和能力，"在孩子们的粗笨、怕羞以及显然的无能的背后，蕴藏着最优秀的才能，最珍贵的能力"[③]。而塑造、发展儿童的心智则是智育的最高目的，包括思考的能力、判断的能力、表达的能力以及接受能力等。发展儿童的心智需要从感性直观入手，遵循从简单到复杂的循序渐进等心理学原则，这便是他的教育心理学化思想的集中体现。他认为必须遵照儿童心理发展的顺序进行心理学化教学，由此，裴斯泰洛齐开了世界上明确提出教育心理学化思想并付诸实践的先例。

(2)要素教育理论。裴斯泰洛齐后期致力于简化教学，其最终成果集中体现为他的"要素教育论"的提出。在裴斯泰洛齐看来，"要素教育"的基本含义：教育

① 张焕庭主编：《西方资产阶级教育论著选》，北京：人民教育出版社，1979年，第207页。
② 张焕庭主编：《西方资产阶级教育论著选》，北京：人民教育出版社，1979年，第173页。
③ 张焕庭主编：《西方资产阶级教育论著选》，北京：人民教育出版社，1979年，第196页。

过程要从一些最简单的、为儿童所理解的、易于儿童接受的要素开始，再逐步过渡到更加复杂的要素，以促进儿童各种天赋能力的全面和谐发展。一切知识中都存在一些最简单的要素，如果儿童掌握了这些最简单的要素，就能够认识他们的周围世界。因此，对儿童的教育与教学工作必须从最简单的要素开始。体育最简单的要素是各种关节运动。它表现为最简单的搬、推、捡、摇等基本动作。这些基本动作结合起来，可以构成各种复杂的动作。数目、形状和语言是智育教学的基本要素，教育的任务就是由数目、形状和语言的教学，发展到计算、测量和说话能力，即经由实物直观的教学逐步发展到抽象的概念和文字教学。他还根据这一原理，改进了初等学校各科教学法。

作为一位资产阶级民主主义教育家，裴斯泰洛齐一生从事大量的教育实践活动，并对许多经典的教育理论作出探索。他 50 年从事艰苦卓绝的教育实验的事迹使得他永垂史册，他也成为后世教育工作者的楷模；他的教育思想对英、法、德、美等国的影响很大，构成了 19 世纪"欧洲的裴斯泰洛齐运动"。尽管其教育实践存在社会改良主义倾向，教育理论也包含唯心主义成分，但它仍不失为人类文化的宝贵遗产，值得我们今天借鉴、学习与研究。

四、赫尔巴特的教育思想

(一)生平

约翰·菲力德力赫·赫尔巴特(Jonan Friederidh Herbard，1776～1841 年)，19 世纪欧洲资本主义上升时期德国著名的教育家、哲学家和心理学家，出身于奥登堡的一个律师家庭，他的初等教育是在母亲和家庭教师的协同教导下完成的。他 12 岁进入奥登堡拉丁古典文法中学学习，18 岁升入耶拿大学。他喜爱哲学，研读了不少康德、费希特和莱布尼兹的哲学著作。1797 年大学毕业后，前往瑞士担任家庭教师，从此开始了他的教育生涯。1802 年在哥丁根大学获得博士学位，并在该校任教，讲授教育学、心理学、哲学和逻辑学，在此期间，他撰写了《裴斯泰洛齐直观教学之门》《对于裴斯泰洛齐教授方法的批判》等文，并于1806 年完成其教育代表作《普通教育学》一书。1809 年应哥尼斯堡大学的聘请，任康德哲学讲座的主持人，并创办了教育研究所和实验学校，1832 年他又回到哥丁根大学任教。在两所大学任教期间，他写下了大量的著作，主要有：《哲学概论》(1813 年)、《心理学教科书》(1816 年)、《科学的心理学》(1824～1825 年)、

赫尔巴特

《一般形而上学》(1828～1829 年)、《关于心理学应用于教育学的几封信》(1831 年)、《教育学讲义纲要》(1835 年)、《心理学研究》(1840 年)。1841 年,他撰写完《哲学辞典》后不幸病逝,享年 65 岁。

(二)政治、哲学思想

赫尔巴特生活在德国工业革命时期。此时德国政局混乱,国家处于封建割据状态。赫尔巴特的社会政治观及其教育理论体系不同程度地反映了新兴资产阶级的两面性。他的社会政治观基本上以拥护封建贵族的利益,维护现存的社会秩序为宗旨,带有很大的保守性。

赫尔巴特的哲学观深受康德等人唯心主义哲学的影响,尤其是吸收了莱布尼兹的"单子论"观点,并把它改称为"实在"。他认为宇宙是由无数绝对的"实在"(精神实体)构成,它们是永恒不变的、独立存在的、不可知的。人们不可能认识其性质,只能认识它们的现象,它们之间相互作用便形成宇宙的万事万物。

人的灵魂也是一种不变的"实在",灵魂和肉体是独立存在的,只有两者结合才能成为人。观念是以灵魂为主体的,是人的心理活动最简单、最基本的要素。观念来源于经验和社交,而大量的观念聚集便形成"意识阈",由于力量和强度的不同,观念分"上意识阈"和"下意识阈"。赫尔巴特是第一个提出"下意识"概念的人。他还认为人的情感、意志、记忆、回忆、遗忘、兴趣等心理活动都是观念活动的结果。儿童在原有经验的基础上形成新观念的过程称统觉,教学中的注意、兴趣都与统觉有着紧密的联系。

赫尔巴特伦理学的基本原理是他的五种道德观念说,即每个人都应具有"内心自由""完善""仁慈""正义"和"公平与报偿"五种永恒的美德,这是巩固世界秩序、维持现存社会的永恒真理和道德标准。所谓"内心自由",要求社会成员的意志能受制于内心的理性判断。如果矛盾协调不了,就要用"完善"的观念去解决,即用多方面的意志力和坚强的毅力,给予"内部的协调"。假若还想去扰乱安定的社会秩序,就要用"仁慈"了,它要求每个人都能忘我地为别人谋利益,不与别人发生冲突。但实际上,冲突还是难免的,这就得用"正义"的守法观念去调节、维持社会秩序,否则,只能用"公平与报偿"的观念,给予恶行以严厉打击,给予善行以褒奖。赫尔巴特这套伦理学观点实际上成为维持统治和巩固政权的精神武器。

(三)教育思想

赫尔巴特试图将他的教育理论建立在哲学、心理学和伦理学等基础上,他曾说过,教育作为一种科学,是以实践哲学和心理学为基础的,前者指明目的,后者指明途径、手段以及对教育成就的阻碍。这样便使教育理论体系的科学化向前迈进了一大步。

赫尔巴特的教育学理论主要包括学校儿童管理论、教学论和德育论三个方面。

1. 论管理。赫尔巴特认为，在教学之前，如果不把儿童粗野倔强的性格压下去，那么教学便无法进行。儿童生来便有“盲目冲动的种子”，以至经常扰乱成人的计划，儿童的这种特性只有通过管理才能加以约束。因此，他较重视对儿童的管理工作，认为这是为顺利进行教学和教育创造前提条件。他说，如果不坚强而温和地抓住管理的缰绳，那么任何功课的教学都是不可能的。管理要先行，管理要放在整个教育过程的最前面。另外，赫尔巴特还提出一套较具体的管理方式：

惩罚性威胁，赫尔巴特认为，在儿童的道德观念未树立之前，任何道德说教都不会奏效，要采取强制性手段，甚至暴力手段来维持学校的纪律。但是，这种方法不可滥用，否则会使一些儿童蔑视一切威胁，敢于反抗，而另一些儿童因性格软弱承受不了。然而，惩罚性威胁仍不失为管理儿童的首要手段。

监督，即严密监视、督促儿童，监视是监督的重要方面，应隐蔽地进行，不能公开。

命令和禁止，命令和禁止一经发布就不能轻易收回，要求儿童必须绝对地服从，就像军人服从军令一样，但这种命令和禁止要具体、确实，否则，儿童会无所适从。

惩罚，当上述几种方法不能奏效时，就要实施惩罚的手段，包括批评、警告、“站墙角”、“剥夺自由”、“禁止吃食物”、“关禁闭”、使用惩罚簿、体罚(用戒尺打手)等。

权威和爱，赫尔巴特认为，威信能影响儿童的心性，使他们处于萌芽状态中的意志趋善而避恶。此外，情感交流与和谐的“爱”的作用也不可低估。

赫尔巴特在儿童管理问题上持的是性恶论的观点，主张用监督、威胁、命令乃至体罚的极端方法来管理儿童，把管理与道德教育机械分割，反映了他思想中守旧的一面。但不可否认其管理理论中不乏可取之处，尤其是他重视管理在教育中的作用，这是有一定积极意义的。

2. 论教学。教学问题是赫尔巴特教育理论的中心问题。他分析论证了德育与智育的内在联系，明确提出“教育性教学”的思想，指出教学是实现德育的重要手段，任何教学过程都必须具有教育作用。他说：“我想不到有任何‘无教学的教育’，正如在相反方面，我不承认有任何‘无教育的教学’。”[①]“教学如果没有进行道德教育，只是一种没有目的的手段，道德教育如果没有教学，就是一种失去了

① 张焕庭主编:《西方资产阶级教育论著选》，北京:人民教育出版社，1979年，第267页。

手段的目的”[1]。并认为“教学的最高的、最后的目的”和教育的最高目的一样，都是培养德性，培养儿童的德行，培养有道德的人。他认为“知”即“德”，一个人知识越多，他的品德就越好，知识的增长与品德的提高是无条件的同步运动。这种观点无疑存在很大的片面性。

赫尔巴特还认为，教学必须能激发学生牢固掌握知识和企图扩充知识的兴趣。根据他的观念心理学来看，兴趣是观念大规模、广泛的活动和游戏。他把兴趣的多方面性看成教学的基础，从心理学上将兴趣分为二大类六种，第一大类称自然的或“知识”的兴趣，包括经验的、思辨的、审美的兴趣三种；第二大类称历史的或“同情”的兴趣，包括同情的、社会的、宗教的兴趣三种。中学教学计划中的学科正是根据多方面兴趣设置的。

经验的兴趣表现为观察自然的愿望，应开设自然（博物）、物理、化学、地理等学科；思辨的兴趣反映喜欢思考问题，应开设数学、逻辑、文法等学科；审美的兴趣体现为愿对各种现象进行艺术评价，应开设文学、唱歌、图画等学科；同情的兴趣则指愿同一定范围的人接触，应开设外国语（古典语和现代语）、本国语等学科；社会的兴趣指愿与社会上较广泛的人接触以尽公民的职责，应开设历史、政治、法律等学科；宗教的兴趣就是对所信奉教派的重视和亲近，因此应设有神学科。

兴趣又分直接兴趣和间接兴趣两种，其中人能直接感受和体验到的兴趣是人生活的源泉，学习古典文学能激发这种兴趣。任何兴趣都要经过注意、期待、探求、行动四个阶段，教师在任何一个阶段都要注意激发学生的兴趣，关注学生的表象是否自然发生，如果自然发生被称为是注意的，教学本身是有兴趣的。

根据对兴趣和注意规律的分析，赫尔巴特提出了著名的四段教学法。

明了，这一阶段学生的观念活动属静态钻研，要求教师清晰地讲解新教材，主要采用讲述、示范、演示等叙述教学法，使学生注意力集中、兴趣盎然，具有钻研新教材的意向。

联想，学生的观念活动转变为动态钻研，要求学生将上一阶段学习中获得的观念与旧有观念联系起来，组合成高水平的未知的新观念。这时，教师应采用分析教学法，师生间也应无拘无束、从容不迫的谈话。

系统，这一阶段已进入对教材理解的阶段，学生的观念活动又进入静态，希望探求定义、原则和结论，这需要教师的指导，学生自己要完全消化理解。应重点采取综合法，使第二阶段思考的未知观念在此得以明确。

方法，学生在此阶段表现为一种动态的审思活动，要求学生自己去做作业，把系统知识应用于实际的要求中。教师可采用练习法，指导学生通过练习、作业

① 转引自曹孚：《外国教育史》，北京：人民教育出版社，1979 年，第 177 页。

等方式将所领会的教材内容应用于实际。

赫尔巴特试图在心理学基础上，用新知识同化、整合旧知识，考虑学生的心理状态，强调教师的教授方法，揭示教学过程中的某些客观规律，无疑是具有进步意义的。但其四阶段教学过于机械、死板、模式化，缺乏主动性、创建性。

后来，赫尔巴特的四阶段教学被他的弟子席勒、莱因加以发展，变成五阶段：预备(提出问题，说明目的)—提示(揭示新课程，讲解新教材)—联结(比较)—总结—应用。这就形成了教育史上著名的"五段教学法"，这一教学法曾风靡全球，20世纪初在我国也曾流行。

3.论训育。赫尔巴特所提出的"训育"属于道德教育的范畴，虽然他把道德教育放在全部教育过程的最后一部分，但它却是全部教育的核心，也是和他所提出的教育目的相联系的。赫尔巴特认为，教育目的就是要培养"真正善良"的人，这种人受过正确的教育，能将世界导之于正轨。教育目的又可分为两部分，即可能的目的和必要的目的。培养一个人将来从事何种职业，学校应帮助他发展与这一职业有关的能力和兴趣，这是其可能的目的，而无论从事什么职业的人，学校都必须培养他具备完善的品德，这是必要的目的。从这种教育目的论出发，德育成为教育最根本、最首要的任务也就成为必然。

道德教育的中心内容即对儿童进行五种道德观念的教育，其方法主要是通过"约束""限定""抑制""制裁""谴责""训诫""劝告""惩罚"等手段，摧毁儿童的顽性，使儿童就范，促使他们遵守社会秩序。但他在德育中重视宗教教育，则反映了他保守的一面。

总之，赫尔巴特的教育教学理论博广精深，他的许多真知灼见已上升为规律性认识。赫尔巴特试图把教育学建立在心理学的基础上，开了时代的先河，教育性教学、教学阶段论、管理论等都极具借鉴价值。他的教育理论在教育史上占有极其重要的地位，影响深远，对世界教育理论的发展作出了杰出的贡献，他因而被誉为"近世科学教育学的始祖"，然而，他思想中保守性的一面也大大降低了其理论的科学性。

资料卡片 25

福禄倍尔的教育思想

福禄倍尔(F. Frobel，1782～1852年)是德国19世纪著名的幼儿教育家，代表作有《人的教育》《幼儿园教育学》等。他提出顺应自然的教育原则。所谓"自然"是指大自然的法则和儿童的天性。他认为儿童有四种本能，即活动的、认识的、艺术的和宗教的本能。其中活动的本能是最重要的本能，因此，幼儿园要注重开展活动，让幼儿身心都得到发展。他于1840年创建了世界上第一个幼儿园。为了更好地引导幼儿认识自然、扩大知识面和发展能力，他在幼儿园教育实践中创制了一套供幼儿使用的活动玩具，即"恩物"。这套"恩物"的基本形状是圆球、立方体和圆柱体。他也是世界上第一个阐明游戏的教育价值的人。他把游戏分成三类：身体的游戏、感官的游戏和精神的游戏。他还强调幼儿作业的重要性。作业活动可以对幼儿进行初步的教育，使幼儿的体力、智力和道德和谐发展。他制定了一套详细的幼儿园作业大纲，如捏泥、剪纸、绘画等，要求幼儿的作业活动严格遵循从简单到复杂的原则，使儿童通过游戏、娱乐等活动，做好升入小学的准备。

作为"幼儿教育之父"的福禄倍尔，是近代幼儿教育理论的奠基人，其幼儿教育理论和实践对世界各国的幼儿教育产生了广泛影响。

五、第斯多惠和乌申斯基的教育思想

（一）第斯多惠的教育思想

1. 生平。第斯多惠（Friedrich Adolf Wilhelm Diesterweg，1790～1866年），是19世纪德国著名的民主主义教育家。他出生于一个法官家庭，1808～1811年在赫博恩大学、海德堡大学和蒂宾根大学攻读数学、自然科学、哲学和历史。大学毕业后获哲学博士学位。第斯多惠深受卢梭和裴斯泰洛齐教育思想的影响，1812年开始从事教学工作，1820年在莫尔思一所国立师范学校任校长，1832年担任柏林师范学校校长并承担附属实验学校的教学工作，推广裴斯泰洛齐的教学思想。其间，他还积极从事教育教学的研究工作，创办了《莱茵教育杂志》，先后发表了几百篇教育论文，出版了《德国教师教育指南》，编著20多种教科书和教学指导书，深受国内外教师的欢迎。1832～1841年，第斯多惠在柏林创办了4个教育团体，研究并传播先进、民主的教育思想，呼吁政府改善教师地位，维护教师的切身利益。第斯多惠的激进民主教育活动，受到普鲁士政府和教育部的批评与禁止。1847年他被普鲁士当局免职，并于1850年被迫退休。此后，他致力于教育理论的研究与宣传活动。除继续主编《莱茵教育杂志》外，还主编《教育年鉴》。1857年，他撰写了《教育的理想与可能性》一书，总结自己多年来为捍卫进步教育原则而进行的斗争。其不屈不挠的斗争精神使得他深受进步人士的爱戴和尊敬，他因而被誉为"德国普通教育之父"和"德国教师的教师"。1866年7月7日，第斯多惠因患流行性霍乱不幸逝世。

第斯多惠

2. 教育思想。

(1)论教育目的和原则。第斯多惠秉承资产阶级民主教育观，反对德国教育带有浓厚的民族利己主义、大国沙文主义、宗教迷信色彩以及过早职业化训练倾向。他说："德国的教育学首先要求人的教育，然后才是公民的和民族成员的教育：首先是人，然后才是德国公民和职业上的同行，而不是反之。"[①]他接受裴斯泰洛齐的"天赋能力"思想，认为教育目的就在于发展自然赋予人的具有发展倾向的各种能力，把青年一代培养成身心和谐发展的"全人"。"全人"应包括以下内涵：首先是能够自由思考，以追求真、善、美为崇高使命的人；其次是充满人道和博爱，为人类而忘我牺牲的人；最后还应是全面的、和谐发展的人，即人的体力和精神力量和谐发展。

怎样才能培养"全人"？第斯多惠提出三项教育原则。

第一，自动性原则。第斯多惠认为，人生来具有观察、感觉、思维、自制力、语言等各种能力。人的天性中潜藏着渴求发展的特性，即自动性，它是个人发展和教育活动的主观条件。但是，自动性没有明确的方向，内容空洞，人可以自动地趋向于善，也可以自动地趋向于恶。教育的目的是使自动性朝着真善美的方向发展，使人的自动性得到充分体现。真善美的生活便是人发展的客观条件。要培养身心和谐发展的"全人"，必须将自动性和真善美结合起来。

第二，自然适应性原则。教育应适应人的本性发展规律，即适应自然，也就是要遵循儿童身心发展的自然规律，要合乎儿童的年龄特征和个别差异。他曾指出："遵循自然的这一原则恰恰是一切教育的最高原则。在教育中我们是同人打交道；是教育人的问题。因此我肯定地说，在人的教育中，一般而言，一切都取决于不违反人的本性，较细一点说，不违反个性……"[②]因此，适应自然也应包括适应儿童的个性特点，促使其独特发展。

第三，文化适应性原则。教育要反映时代和社会的要求，体现民族文化的特性。第斯多惠指出，对自然和文化的适应必须协调一致，当两者发生冲突时，文化适应性原则应服从自然适应性原则。二者越一致，生活就越美好。

(2)论教学。第斯多惠的教学理论是他对教育史发展最重要的贡献，"发展性教学"是贯穿其教学论的一条主线。在他看来，要求发展、要求自然的自由发展是全部教育学的简单结论。由此，他提出教学的主要目的在于激发学生的求知欲，使他们在领会和寻求真理中得到发展。

第斯多惠认为，原来的教学目的存在两种倾向：一种是教学的任务是传授知识和形成技巧，即追求"实质的目的"；另一种是通过教学希望发展学生的心智和

---

① 张焕庭主编：《西方资产阶级教育论著选》，北京：人民教育出版社，1979 年，第 375 页。

② 李其龙：《德国教育》，长春：吉林教育出版社，2000 年，第 84 页。

能力，即追求“形式的目的”。他认为这两种倾向都具有片面性，因为在教学实践中这两种目的不是相互排斥而是相互依存的关系，教学往往同时达成两个目的。值得一提的是，第斯多惠并不认为两个目的是不分主次、同等重要的。他特别强调“形式的目的”的重要地位，认为在初等教育环节它更应当占优势和统治地位。

教学原则的论述是第斯多惠教学论的重要内容，他从自动性、自然适应性的教育原则出发，提出了一系列教学原则。

循序渐进原则。第斯多惠认为，儿童智力的发展是渐进有序、持续不断的，教学不应只考虑教材的连续性，而要从儿童已有的经验和知识水平出发，要符合儿童的年龄特征和个体差异。教师千万不要把自己刚刚学会的一切东西都教给学生，也不要教学生学习还不能领会的东西；教师应当教给学生最本质、最主要的东西，不教或少教一些目前不适用、以后也不需要的知识。

直观性原则。第斯多惠认为，人的心智的发展是从对外部世界的感性知觉开始的，他对当时“奉行旧式学校死板的抽象的方法，局限于干巴巴地讲述概念”[①]的教育状况极为不满，指出：“概念必须以表象为基础，而表象则基于感觉。否则概念就失却内容，成为空洞的东西。”[②]因此，他曾大声疾呼“任何教学必须是直观的，直观的”，并把直观性原则看成“革新课堂教学的主要的原则”[③]。

巩固性原则。该原则就是要保证学生牢固地掌握所学知识。第斯多惠反对学习不求甚解，粗枝大叶；也反对向学生进行全面灌输，那样只能导致学生“临到毕业时差不多一切都忘掉了”[④]。他要求教师的教学必须具有连贯性，尽量精简内容，将新旧知识联系起来；不时引导学生复习、练习和实际运用所学知识，切切实实掌握所学内容。

依据上述教学原则，教师在教学中必须选择正确的方法。第斯多惠指出，教师在选择教学方法时必须考虑两个因素，即儿童的年龄特征和学科性质。也就是说，教学要适应学生的身心发展规律，根据学科特点，选择适当的方法进行。第斯多惠把教学方法分为两种：学术的教学方法和基本的教学方法。学术的教学方法是教师一言堂，从最基本的原理开始，循序渐进地讲授学科内容。基本的教学方法则从学生的认识水平出发，让学生成为教学的中心，引导学生主动去发现知识，因此，这种方法也被称为发展性教学方法或启发式教学方法。第斯多惠反对学术式的方法，认为它不符合儿童的天性，教学过程机械呆板，学生的学习

---

① 张焕庭主编：《西方资产阶级教育论著选》，北京：人民教育出版社，1979 年，第 364 页。

② 张焕庭主编：《西方资产阶级教育论著选》，北京：人民教育出版社，1979 年，第 362 页。

③ [德]第斯多惠著，袁一安译：《德国教师培养指南》，北京：人民教育出版社，2001 年，第 118 页。

④ 张焕庭主编：《西方资产阶级教育论著选》，北京：人民教育出版社，1979 年，第 374 页。

缺乏活力，不利于儿童智力的发展。在他看来，启发式教学方法才是教师应当选择的唯一正确方法。

此外，第斯多惠在《莱茵教育杂志》和《德国教师教育指南》中反复论述了教师问题。他指出，一个教师必须有崇高的理想，具备良好的素质，努力提升自我修养。教师任何时候都不能满足于现有的知识水平，必须让自己的教学引人入胜，富有情趣，才能激发学生内在的精神力量。总之，要想教育出坚定的、精力充沛的和性格坚强的学生，教师自己首先要成为一个真正意义上的教育者。

(二)乌申斯基的教育思想

乌申斯基

1. 生平。康斯坦丁·德米特利耶维奇·乌申斯基(1823～1870年)，19世纪中叶俄国著名教育家。出身于图拉城的一个贵族家庭，1844年毕业于莫斯科大学法律系。1846年任雅罗斯拉夫的捷米多夫高等法律学校代理教授，后因其教学充满民主主义精神，宣传进步的社会观点，他被解除教授职务。接着做了5年政府小职员，1854年开始担任加特钦斯克孤儿院教师，随后又担任该院的学监。在此期间，他在《教育杂志》上发表了《论教育著作的益处》《论公共教育的民族性》《学校的三个要素》等一系列教育论文，他因而成为知名的教育理论家。1860年改任斯莫尔尼女子学校学监，他力排众议，改革学校半修道院性质的生活制度，延聘一些进步的教师，实行新的教学计划，设立两年制的师范班，为俄国女子师范学校奠定了基础。与此同时，他还受命编辑《教育部公报》，发表了一些重要文章，如《劳动在心理和教育上的作用》和《儿童世界》等。由于他反对农奴制度并积极从事女子教育的改革活动，1862年被解除学监职务，政府还以考察外国女子教育状况和编写教育学教科书的名义，把他遣送到国外。在1862～1867年侨居国外期间，他研究了一些欧洲国家的教育制度和办学经验，编写了《祖国语言》等教科书，撰写了教育心理学著作《人是教育的对象》2卷集，并收集了第三卷的资料。1867年，他回到俄国，因反动势力的日益猖獗和病魔缠身，他不可能继续在学校从事教育工作，于是便致力于编写供教师和学生使用的书籍。因操劳过度和患肺结核病于1870年病逝，年仅47岁。

2. 哲学、政治思想。乌申斯基在自然哲学观上具有唯物主义倾向，是一个“自发的唯物主义者”，即达尔文主义者，承认科学与宗教的对立，赞同达尔文的生物进化论，并主张把心理学建立在生理学基础上。他秉持唯物主义感觉论观点，认为世界是物质的，并且处在按照它所固有的规律永恒不停地运动之中；世界是客观的，是在人的意识之外并且不依人的意识转移而存在的客观现实；意识是这个现实世界的反映。他说：“事物的唯一标准就是事物本身，而不是我们关于事物的概念。”[①]在认识论上，又存在不可知论的观点，“我们并不了解事物的本质”[②]。在社会学问题上，他又完全是一个唯心主义者，认为理性是社会发展的动力，声称物质是惰性的，精神才是积极的，并且相信宗教。

在社会政治方面，乌申斯基是俄国一位资产阶级民主主义思想家。他反对沙皇专制制度，对农民深表同情，强烈要求废除农奴制度，但不主张采用革命手段，而希望通过和平手段来实现，认为必须保存作为俄国民族繁荣基础的正教和宗法制关系，才能发展经济和文化，反映了其贵族自由派的政治思想。

3. 教育思想。

(1)论教育的民族性原则。乌申斯基一直把民族性原则作为其整个教育体系的基础和全部教育活动的主导原则。他之所以重视此问题，一方面是基于对沙皇政府捏造的官方民族性谬误的反动，另一方面是对当时盲目崇拜西方文化的教育现象的抗议。他把民族性理解为每一个民族所具有的特殊性，是民族存在的标志。民族性和教育是相辅相成的，民族性是一个民族教育的灵魂，民族性教育又可促进民族的发展繁荣。因此，乌申斯基反对沙皇政府盲目抄袭德国等欧洲国家的教育措施，鄙视俄国贵族崇尚法语、不讲俄语的丑恶现象，主张借鉴别国经验是必要的，但不应盲目机械地照搬照抄。他认为，建立在民族性基础上的教育要培养学生的民族自豪感、民族自尊心，并学会尊重其他民族；更要把本族语言（俄语）置于教育和学习的中心；教育应当吸收本民族人民创造的优秀文化成果；人民有强大的创造力，教育是属于人民的，国民教育应该将教育还给人民。这些观点无疑是有进步意义的，但乌申斯基的民族性原则中也包含民族主义和大俄罗斯主义成分，暴露了其思想局限性的一面。

(2)关于教学的理论。关于教学任务。乌申斯基批判了19世纪以来一直存在的形式教育论和实质教育论各执一端的片面性，他认为发展学生的智力和掌握系统的现代知识具有内在统一性，两者同等重要。这两个目的是相互结合、缺一不可的。“心理学证明了智慧本身不是别的，而是一种组织得很好的知识体系”[③]。因此，在课程设置上，应安排学生学习实科教育课程，在本族语、历史、地理、文学、自然科学及现代外国语等学科之外也不否认古典课程（拉丁文、希腊文）的作用和价值。

关于教学过程的本质及心理学依据。乌申斯基从教和学两个方面来研究教学过程，教学过程包含两个方面，即教师传授知识、技能以及学生掌握知识、技

① 滕大春主编：《外国教育通史》（第3卷），济南：山东教育出版社，1990年，第453页。

② 滕大春主编：《外国教育通史》（第3卷），济南：山东教育出版社，1990年，第453页。

③ [俄]乌申斯基著，李子卓译：《人是教育的对象》（第1卷），北京：科学出版社，1959年，第21页。

能。就教学过程的心理学依据而言,教学过程首先是一个意志作用的过程,要求学生能凭借坚强的意志品质,克服困难,努力学习,不可把学习视为游戏。“从第一次学习起,就要把它与游戏区分开,使它成为儿童认真的职责”①。同时,教师的职责在于帮助、指导学生从事智力劳动,要尽可能考虑学生的学习兴趣,但不要指望一切学科和内容都能让学生感兴趣。与意志相联系的是注意、记忆、思维等方面,这样,乌申斯基把心理学作为教学理论的前提,从而建构了他教学的心理学依据。主张教学过程必须要考虑儿童身心发展的特点,尤其是儿童的心理发展水平,只有当教学能够适应儿童的自然需要、儿童的心理特征时,才能取得预期效果。

关于教学原则。在揭示教学过程本质的基础上,乌申斯基论述了如下的教学原则。

自觉性与积极性原则。即在教学过程中一方面要发挥学生的主动性和创造性,让学生处于积极主动的学习状态;另一方面不要强迫学生学习那些完全不理解的材料,而要从儿童已知的事物入手,将教学变成学生从不知到知、由不会到会的自觉过程。

直观性教学原则。他认为应将直观性教学原则贯穿教学的全过程,因为教学不是建立在抽象的观念和词的基础之上,而是依据儿童直接感知的具体形象。运用直观性教学原则,要考虑儿童的年龄特征、学科的内容等,直观还要和教师的讲解相结合,才能取得好的效果。

连贯性原则。即在教学中要按照学科的体系,结合学生已有的知识经验,将教学内容连接成一个明确清楚的整体。教师应融会贯通地讲授知识,帮助学生形成统一的知识体系。

巩固性原则。知识技能的巩固程度是衡量教学质量高低的重要标志,复习和练习是巩固知识的基本方法。他又把复习分为积极复习和消极复习两种。消极复习是让学生认识已经感知过的东西,深化感觉的痕迹;积极复习是让学生独立地再现以前感知的各种表象的痕迹。他更重视积极复习,因为它更能将注意力集中起来。教师应经常组织复习和练习来巩固学生的知识。

(3)论教师。乌申斯基对教师的工作与作用给予很高评价,他认为学校教育在人的教育中起主导作用,作为学校的主要成员,教师承担对学生教育的主要职责。“无论有什么样的规程和教学大纲,无论学校设有什么样的机构,不管有考虑得多么周密的方法,也不能代替教师在教育工作中的作用”②。可见,乌申斯基高度赞扬教师的作用,同时他对教师也提出了较高的要求。一个未来的教师

① 张焕庭主编:《西方资产阶级教育论著选》,北京:人民教育出版社,1979 年,第 494 页。
② 转引自王天一等编著:《外国教育史》(上册),北京:北京师范大学出版社,1993 年,第 384 页。

应热爱人民，热爱祖国，热爱儿童，热爱教育事业，这是教师完成人民重托的首要条件。教师还应具有教育专业素养，熟悉教育理论、心理学和教学法的知识，掌握教育的技能技巧等。为此，他在1861年拟订的《师范学堂草案》中详细讨论了小学教师培养计划，对师范学校的办学地点、方法、招生对象、学习内容、教育实习等作出具体论述；他还设想在大学建立教育系，培养教育学科教师。

乌申斯基的教育思想和教育实践活动对19世纪后期的俄国教育影响深远，他的教育理论对东欧国家教育理论的发展也具有重要影响，乌申斯基是公认的俄国国民学校和教育科学的奠基人，被尊称为"俄国教师的教师"。

资料卡片 26

贺拉斯·曼的教育思想

贺拉斯·曼（Horace Mallil，1796～1859年）是19世纪30年代美国公立学校运动的主要领袖人物。他在美国公立学校教育实践中发挥了巨大作用，并在师范教育和普及教育方面进行了卓有成效的探索，被称为"美国公共教育之父"。他认为教育应当培养社会需要的各种工作者，他把培养优秀的美国公民作为普及教育的目标，并积极宣传普及免费教育的必要性，提倡建立免费的公共教育制度。他认为教育是维持社会安定的重要工具，教育可以减少罪恶，减小不良行为对社会的损害。他认为完整的教育内容应当包括体育、智育、政治教育、德育、宗教教育等。他还认为教师是帮助人民摆脱贫穷的重要力量。他非常重视师范教育，倡议设立师范学校来专门培养师资。在他的宣传和领导下，马萨诸塞州1839年建立了美国第一批公立师范学校。

六、马克思主义的教育思想和巴黎公社的教育改革

（一）马克思主义的教育思想

当人类历史进入19世纪40年代，一个无产阶级的伟大学说——马克思主义诞生了，它给人类社会生活指出了光明的前途。

无产阶级的革命导师马克思和恩格斯批判地继承了人类历史上的文化遗产，创立了辩证唯物主义和历史唯物主义的科学世界观与方法论，为各门学科提供了科学的方法论，也为无产阶级科学教育理论体系的建立奠定了基础。马克思和恩格斯虽然没有专门系统地阐述教育问题，但他们对教育非常关心，许多精辟的教育理论、教育论述指导着教育学的研究，在人类教育思想史上作出了卓越的贡献。

1.论教育的本质及作用。在人类教育史上，不同阶级的思想家们都从本阶级的立场、观点出发，对教育的本质、作用作出自己的判断，但由于时代的局限、阶级的偏见，他们都没能科学地揭示和解决好这个问题，只有马克思主义者站在时代高度，揭示出教育依存于社会物质生活和社会关系的客观规律，科学阐明了教育的根本作用。

以往剥削阶级的教育理论都是从历史唯心主义观点出发，把教育与社会存在割裂开来，依据表面的、个别的现象来解释教育的本质和作用，只能得出不完全正确的，甚至是违反科学的结论。马克思主义则认为，社会存在决定社会意识，经济基础决定上层建筑。正如恩格斯所指出的那样："历来为繁芜丛杂的意识形态所掩盖着的一个简单事实：人们首先必须吃、喝、住、穿，然后才能从事政治、科学、艺术、宗教等等。"①物质生活的生产方式制约着整个社会生活、政治生活和精神生活的过程。而教育作为社会意识活动，是受社会物质生活条件和一定的社会关系制约的。

教育又是社会历史发展的产物，教育具有历史性，不同的历史时期其经济基础和社会制度不同，教育的方针、制度、具体目标以及内容、方法等也有所不同。教育的历史特征决定了教育在阶级社会又具有阶级性，统治阶级总是力图把握教育的垄断权，通过宣传和教育来实施精神统治与精神奴役。资产阶级宣称的所谓"民主""平等"的教育，实质上是给资本主义教育的阶级本质套上一个美丽的花环。因此，马克思主义创始人严厉地批评了散布在无产阶级中间、对资产阶级教育抱有幻想的机会主义者，坚信只有通过无产阶级革命夺取政权，才有可能实现真正的人民民主的、平等的教育。

这样，马克思主义阐明了教育的社会性、历史性和阶级性，明确了教育是一个永恒的范畴，又是一个历史的范畴，在阶级社会具有一定的阶级属性，第一次科学地揭示了教育的本质，对教育科学的发展产生了深远影响。

马克思主义创始人还论述了教育的作用，指出教育对社会生产和社会生活都起着十分重要的作用，又是社会革命的重要组成部分，配合政治斗争的重要方面。无产阶级要想取得未来革命的胜利，建立自己的政权，就必须进行阶级斗争，而这一斗争中必须包含教育斗争。但是，不能因此主张"教育万能论"，过分夸大教育的社会作用，幻想通过教育取代政治革命来到达新社会，是非常有害的。

教育在人的发展中也具有重要作用。马克思在批评费尔巴哈关于人的本质的抽象理论时说："人的本质并不是单个人所固有的抽象物。在其现实性上，它

① 《马克思恩格斯选集》(第3卷)，北京：人民出版社，1995年，第776页。

是一切社会关系的总和。”人具有一定的社会性，是社会关系与各种实践活动影响的产物，不是单纯的造物体，不是环境和教育的消极产物，人具有能动性，能改造世界、改造环境、改造社会。在论述教育在人的发展过程中的作用时，马克思主义与历史上的遗传决定论、先天力量崭露论、教育万能论、生物学化的生长论、各种人性论等划清界限，科学论断了教育对于人的发展起着决定性、主导性作用。

2.论人的全面发展。马克思主义批判了从人性论来讨论人的发展问题，而主张以社会分工来看待人的发展，这就为人的发展问题奠定了科学基础。

马克思和恩格斯关于人的全面发展理论最本质的内涵是指人的体力和智力都得到充分自由的发展与运用。全面发展的人是一种“全新的人”，他们是“各方面都有能力的人，即能通晓整个生产系统的人”，并根据大工业发展的需要，“轮流从一个生产部门转到另一个生产部门”进行生产活动①。很显然。这已不同于古希腊、文艺复兴时期的启蒙思想家及一些先进的资产阶级教育家所提倡的全面和谐发展论了。

马克思主义创始人指出在资本主义大工业出现前，旧式分工的存在是造成人的片面发展的根源。人类社会的“第一次社会大分工，即城市和乡村的分离。立即使农村人口陷于数千年的愚昧状况，使城市居民受到各自的专门手艺的奴役。它破坏了农村居民的精神发展的基础和城市居民的体力发展的基础”②。这是由社会内部分工造成的人的片面化发展。而资本主义手工工场制度出现后，“分工在工场手工业中达到了最高的发展。工场手工业把一种手艺分成各种局部操作，把每种操作分给个别工人，作为终生的职业，从而使他一生束缚于一定的局部职能和一定的工具之上”③。人的这种畸形发展达到了最严重的程度，这是由生产过程的内部分工造成的。

然而，资本主义大工业的本性则要求生产和技术不断变革，把大量资本和大批工人从一个生产部门投到另一个生产部门，这种劳动的变换、职能的转变和工人的全面流动对人的全面发展提出了要求。用马克思的话说，大工业生产要求“用那种把不同社会职能当作互相交替的活动方式的全面发展的个人，来代替只是承担一种社会局部职能的局部个人”④。这样，人的全面发展问题作为大工业生产中“生死攸关”的问题被提了出来。

马克思主义创始人在论述人的全面发展时，不但讲生产力发展提出的需要，

---

① 《马克思恩格斯选集》（第1卷），北京：人民出版社，1995年，第243页。

② 《马克思恩格斯全集》（第20卷），北京：人民出版社，1971年，第316页。

③ 《马克思恩格斯选集》（第3卷），北京：人民出版社，1995年，第642页。

④ 《马克思恩格斯全集》（第23卷），北京：人民出版社，1972年，第535页。

而且讲生产关系所许可的程度。在资本主义制度下，不可能根本废除旧式分工，工人阶级处于被剥削、受压迫地位，也就不可能根本摆脱片面发展的困境。只有社会主义革命取得胜利后，消灭了剥削制度和剥削阶级，消灭了脑体对立的根源等，人的全面发展才会由必要性转为现实性[①]。我们说，真正完全意义上的人的全面发展只有到了人类最高理想的共产主义社会阶段才能真正实现。

马克思主义创始人还认为，人的全面发展的实现，还必须依靠全面发展的教育，即智育、体育、德育和综合技术教育，教人以一切生产过程的基本原理。教育与生产劳动相结合，是培养、造就全面发展的人的唯一途径。

3. 论教育与生产劳动相结合。要实现人的全面发展，就要使人的体力和智力都得到充分自由的发展。教育与生产劳动相结合便是实现这一理想的唯一方法。

马克思主义创始人曾指出，教育与生产劳动相结合是现代机器大工业生产发展的客观规律和必然趋势，因为现代机器大工业生产要求劳动者必须掌握大量的科学文化知识，同时要求劳动者学习、了解生产过程的基本原理，以及获得运用简单生产工具的技能。然而，在资本主义条件下，资产阶级为榨取更多的剩余价值，甚至不惜使用童工和女工，使工人后代体力和智力的正常发展受到严重干扰，造成大批青少年无知、粗野、体力衰退和精神堕落，甚至成为“罪犯”。马克思主义创始人认为，只有到了社会主义社会，才能真正为实行普通教育和普遍生产劳动相结合奠定社会基础。而到了人类最高理想的共产主义社会的高级阶段，“劳动已经不仅仅是谋生的手段，而且本身成了生活的第一需要”[②]。到那时“生产劳动给每一个人提供全面发展和表现自己全部的即体力的和脑力的能力的机会，这样，生产劳动就不再是奴役人的手段，而成了解放人的手段，因此，生产劳动就从一种负担变成一种快乐”[③]。这样，马克思主义创始人便从社会改造和人的全面发展方面科学地理解、阐述了教育与生产劳动相结合的伟大意义。

马克思主义的诞生是人类社会最伟大的一次革命，同样的，马克思主义创始人的教育学说在教育史上有着划时代意义，代表着时代的潮流，是为人民群众服务的教育理论。

(二)巴黎公社的教育改革

1871 年法国工人阶级起义，推翻了资产阶级反动政府，成立了巴黎公社，这是人类历史上第一次无产阶级专政的试验。公社历时虽短暂，仅存在 72 天，但

---

① 黄济：《教育哲学》，北京：北京师范大学出版社，1985 年，第 97 页。

② 《马克思恩格斯选集》(第 3 卷)，北京：人民出版社，1995 年，第 305 页。

③ 《马克思恩格斯选集》(第 3 卷)，北京：人民出版社，1995 年，第 644 页。

为使广大无产阶级彻底摆脱桎梏，获得真正解放，公社采取了一系列重大的政治措施。教育改革是其中很重要的组成部分。

在教育领导体制上，公社经过选举组成教育委员会，取代原有的国民教育部，后来又选举了以爱德华·瓦物为教育代表的新的教育委员会，着手进行教育改革，以世俗教育代替宗教教育。并颁布了教会与国家分离、学校与教会分离的法令，沉重打击了教会在思想文化和教育上的垄断控制权；教育委员会发出一系列指令，要求清除学校中的一切宗教教育，使公社的学校教育实现西方自古未有的真正的世俗教育。

公社提出了免费的、普及的、全面的教育新原则，在公社的文件中宣称要"让农民的儿子和财主的儿子一样受到同样的教育，而且是免费的教育"①。教育委员会为保证普及义务教育的实施，在各市区进行适龄儿童的调查和统计，动员家长送子女入学，公社免费提供一切学习用品，甚至还为贫困儿童提供膳食和衣物。公社又成立妇女教育委员会，新设女子学校，解决女子教育问题，还开设了托儿所和幼儿园。公社提倡科学的全面的教育，注意教育与生产劳动相结合，还十分重视发展职业教育，开办了一种新型职业学校，即在向学生传授普通文化科学知识的同时，还进行一定的职业训练。

公社还注重提高教师的社会地位和待遇，认真解决师资问题。在巴黎公社成立以前，教师的社会地位极端低下，收入菲薄。巴黎大多数男教师年薪为700～850法郎，男教师助手只有400～550法郎，而女教师一般只有550法郎，女教师助手只有350～400法郎。公社成立后对教师的物质生活待遇十分关心，规定男女教师同工同酬，教师的最低年薪为2000法郎，教师助手的最低年薪为1500法郎，公社驱逐反动教师，用世俗教师代替神职人员，有力地促进了公社教育改革法令的实施。

另外，公社不仅注意加强对劳动者子女的科学知识教育，而且积极对他们进行革命思想的教育。把教育同革命战争紧密结合起来，提高他们的思想觉悟。

巴黎公社最终失败了，它的有些文教政策和教育改革措施甚至未来得及实施和贯彻，但公社提出的普及义务教育原则，实施真正科学的世俗教育，男女平等的教育，尊师重教，注重改善教师的物质生活待遇，提高教师的社会地位等措施，都体现了它的无产阶级革命精神，给世界无产阶级教育积累了宝贵的经验。

资料卡片 27

欧洲新教育运动

新教育是19世纪末20世纪初在欧洲兴起的教育改革运动，它始于

① 《巴黎公社会议记录》(第1卷)，北京：商务印书馆，1961年，第193页。

19世纪80年代的英国，后扩散至欧洲其他国家。它的主要内容是建立在教育目的、内容、方法上与传统学校完全不同的新学校，因此又被称为“新学校运动”。19世纪末，资本主义进入垄断时期，新的政治经济状况需要具有首创精神和资本主义事业开拓能力的人才，那种只重书本知识、骄奢怠惰的贵族式学校教育已不能满足需求，必须进行改革。早期代表人物有英国的雷迪、德国的利茨和法国的德莫林等人，20世纪则以爱伦·凯、德可乐利、罗素、怀特海和沛西·能为代表。

1889年，被称为“新教育之父”的英国教育家雷迪在英格兰的德比郡创办了阿博茨霍姆(Abbotsholme)学校，标志着欧洲新教育运动的兴起。随后，一批教育家先后开办新式学校，开展了一系列新教育实践活动。如1896年德国教育家利茨建立了德国第一所乡村教育学校；1899年法国教育家德莫林建立了罗歇斯学校，并出版了《新教育》一书，提出新学校必须重视实际知识和实际能力的学习与训练，学生应在自由活动中得到发展。1921年，国际新教育联谊会成立，次年制订了“新教育七项原则”：增进儿童的内在精神力量；尊重儿童个性发展；让儿童的天赋自由施展；鼓励儿童自治；培养儿童的为社会服务的合作精神；发展男女儿童间的协作；要求儿童尊重他人与民族，保持个人尊重。1966年，“国际新教育联谊会”改名为“世界教育联谊会”(World Education Fellowship，简称WEF)，标志着新教育运动的结束。

思考题

1. 认真研读英、法、德、美等国家在17～18世纪、18～19世纪、19～20世纪三个不同时期教育制度的演变史，分析其发展特征及对后世的影响。

2. 西方近代教育思想异彩纷呈，涌现出大批卓有建树的教育家，并对世界产生影响。选取你最感兴趣的教育家，分析其教育思想、教育实践的特点，以及对中国或世界的影响。

第九章

西方现代教育

1917年苏俄建立社会主义国家后，世界形成了两大政治集团。西方资本主义国家已进入垄断资本主义阶段，各国政治经济发展极不平衡，国家之间力量悬殊，特别是二战后，世界形势发生根本性变化，形成了美、英、德、法等一批西方发达国家。在科技革命的推动下，国际竞争加剧，各国为振兴本国经济、维护政权都极为关注教育，进行教育改革与试验。这一切都促成了20世纪世界教育的大发展，各种现代西方教育思想和理论流派相互争鸣，可谓百花争艳。

苏联是世界上第一个社会主义国家，苏联政府和人民在马列主义思想的指导下，在政治、经济、军事、文化和教育等方面都取得了巨大成就，不仅建立了第一个社会主义的新教育体制，而且涌现出一批具有世界影响的教育理论家，如马卡连柯、苏霍姆林斯基、凯洛夫、赞可夫等。本章主要论述西方主要资本主义国家和苏联的现代教育理论与实践。

第一节　主要资本主义国家的现代教育

一、主要资本主义国家现代教育发展概况

（一）美国

20世纪初，美国的工业产值跃居世界首位，垄断资产阶级掌握国家政权，在教育上推行进步主义教育运动和实用主义教育理论，致使教育领域严重偏离实际，轻视系统文化知识的传授。二战中美国大发战争财，经济实力遥遥领先，然而，1957年苏联人造地球卫星上天，使美国人意识到自己教育的落伍和在培养人才、发展尖端科技方面的落后。一位美国前参议员曾惊叹："俄国的教室和图

书馆、实验室和教学方法，对我们的威胁可能比他们的氢弹还要厉害！”[①]这种状况引起全美各阶层人士的关注，美国人开始大力进行教育改革，1958 年颁布了《国防教育法》，1965 年颁布了《初等与中等教育法》，60 年代还开始了中小学课程改革，因这些教改措施的实施，1957～1966 年被称为美国战后的“教育十年”；70 年代美国进入教育新发展阶段，80 年代教育再度面临危机，美国又掀起了战后第三次教育改革运动。可以说，美国的现代教育体制与改革是西方现代教育的典型代表。

1. 教育行政体制的发展。美国是联邦制国家，在教育领导体制上，美国实行的是地方分权制，各州均有教育领导权，执行机构是各州的教育委员会，州下设学区，负责各自具体的教育工作事宜。联邦政府无权干涉各州教育，只是通过最高法院的教育判决和教育拨款来加强对各州教育事业的控制。全国性的教育组织有 1857 年成立的“全国教育协会”和 1935 年成立的“教育政策委员会”(简称 EPC)。它们虽不是官方组织，但对美国教育的发展产生了很重要的影响。另外，垄断财团组建的各种教育基金会也对教育发展有着一定影响。

2. 教育立法与教育改革。“八年研究计划”。1929～1933 年世界经济危机爆发，美国经济处于大萧条之中，这场危机也波及教育领域，人们开始重新评价中等学校课程以及中学与大学的关系。大学与中学关系委员会展开了一项为期八年(1933～1941 年)的实验计划，其主要内容：

(1)决定教育目的。确定中学教育的目的除升学外还有为实现个人发展、为个人走向社会作准备，有效地协调个人与社会的关系。

(2)建立行政机构。为帮助各实验学校开展实验研究工作，建立了专门的咨询机构，负责课程设计、教育评估以及实验研究人员的培训等。

(3)设计新的课程和教学方法。各实验中学打破传统中学以分科课程为主的课程体系，寻求核心课程与综合课程等新的课程编制方法。在教学方法上，强调学生的自学、师生之间的合作，并加强学校与周围社区之间的联系。

(4)检查、评估工作。实验指导委员会下设的评估委员会设计了 200 余种标准测验，并提出了一整套测量新量表和评估理论，对实验中学毕业生进入大学后的表现和能力进行检查与评估。

“八年研究”是由进步教育协会组织的，反映了当时美国社会对传统教育的“信任危机”，人们已普遍认识到专门为升学而设计的中学传统课程已不是唯一可靠和成功的选择。

1958 年的《国防教育法》。苏联人造卫星上天震惊了美国朝野，美国于 1958

① 转引自王天一等编著:《外国教育史》下册，北京：北京师范大学出版社，1993 年，第 90 页。

年颁布《国防教育法》，加大对教育的投入，改革教育制度和内容，大兴科研之风，提高教育质量，以“满足国家基本安全的要求”。《国防教育法》的中心内容是通过联邦政府增拨教育经费，加强科技方面的教育。它规定1959～1962年4年内拨款8亿多美元以实施以下教育措施：加强各级学校自然科学、数学和外语（“新三艺”）的教学；增加学生贷款；设立国防研究奖学金；加强“天才教育”；加强职业教育等。1964年，美国国会又通过了《国防教育法修正案》，规定了该法案的延长期限和内容的扩展。

20世纪60年代的课程改革运动。1959年，美国教育科学院召开专家会议，讨论美国学校教育的教学质量及改革问题。专家们认为，美国中小学课程与教材成为美国教育质量提高的障碍，因此，60年代一开始便有许多专家参与编写中小学教材，并邀请了许多教师参加“暑期教学大纲研讨会”，让他们了解新大纲，运用好新教材。课程改革主要以布鲁纳的结构主义课程论为基本精神，重视课程与教材的结构，强调内在的知识体系应反映各门学科的现代发展水平，把基本概念、基本原理作为课程与教材的中心和主线，并注重儿童的知识发展结构与现代化教学手段的使用。然而这种理论本身极易导致教材难度偏大，且这场课程改革运动中的教材都是由专家来编写的，因而教材深奥难懂，学生不愿学，教师不愿教，这场课程改革运动总体上说是以失败而告终的。

“恢复基础”教育运动。20世纪60年代的课程改革实际上造成美国教育质量的下降，于是一场旨在加强学生基础知识、否定当时教育革新的教育运动——“恢复基础”教育运动于20世纪70年代在全国范围内悄然兴起。其基本精神和主要内容包括初等学校重视读写算；中等教育强调国语、自然科学、数学和历史等学科的教学，取消选修科目，停止讲授华而不实的学科；取消学校的“社会性服务”；恢复爱国精神的教育等。

1983年教育质量委员会的报告。美国教育质量委员会经过18个月的调查研究，于1983年4月提交了一份报告。报告指出，为提高教育质量，应进行一次全面的教育改革，重建教育体制，以最大限度地培养全体学生的才能，帮助他们发展终身学习的能力。报告建议，要重视“新基础科目”（英语、数学、自然科学、社会科学和计算机科学）的教学，提高教育标准和教育要求，增加学习时间，提升教师素质。

3.各级教育的发展。美国许多教育家把学前教育称为“前初等教育”，将它看作整个教育体系的有机组成部分。学前教育在美国有了很大发展，教育对象是3～5岁的儿童，学前教育的基本形式是幼儿园和保育班。

美国的初等教育是包括在义务教育范围内、从6岁开始的六年制小学教育。各州实施义务教育的年限有所不同，有9～12年不等；教学内容由地方制订，主要有读写算的基本技能训练以及社会意识、良好习惯的培养等；教学方法灵活多样，还广泛运用了现代化教学手段；教学组织形式则实行能力分组制和开放教室制。

中等教育学校主要有四年制中学（八·四制）、六年制中学（六·三·三制）、中间学校（四·四·四制或五·三·四制中的小学五年级至初中八年级合成的一种学校），另外还有一些私立中学。中等教育学校的教育内容历来是教育改革的热点，其课程主要有英语、社会学科、理科、数学、人文学科、计算机等。美国的中学广泛采用学分制，规定中学为 16 个学分数，其中必修课占一半以上。教学方法和教学组织形式多种多样，注意广泛运用现代化教学设备。

美国的高等教育包括初等学院、大学本科和研究生院三级结构。二战后美国的高等教育飞速发展，尤其是《国防教育法》颁布后，高教事业突飞猛进，初级学院兴盛，还出现了两年制的社区学院。美国高校曾出现一种做法，一、二年级不分系，加强学习文、理基础知识，高年级分系而不设专业，广泛设立专业基础课程，以便为未来深入研究尖端科技奠定基础①。

资料卡片 28

《国家处在危机中：教育改革势在必行》

1983 年春，美国教育质量委员会经过对美国中小学教育质量的调查，发表了令人震惊的报告《国家处在危机中：教育改革势在必行》。该报告指出："美国的教育质量正在被越来越严重的成绩平庸状况所侵蚀。我们正在培养的新一代美国人，既是科盲又是技术盲，这威胁着国家的前途和民族的未来。"甚至指出，13%的17 岁青年在实际能力上还是文盲，大学需要给新生开设越来越多的补习课。报告让美国人意识到他们自认为世界一流的教育体系没有赶上其他国家的前进步伐，它为美国教育敲响了警钟。报告还对美国教育改革提出了一些具体建议。比如建议加强中学五门"新基础课"的教学，中学必须开设数学、英语、自然科学、社会科学、计算机课程；提高教育标准和中学生毕业的要求；延长学习时间；改进教师的培养工作，提高教师的专业训练标准、地位和待遇；要求各级政府加强对教育改革的领导等。力图通过提高学生成绩来改善中小学教育质量。

（二）英国

两次世界大战的发生改变了世界形势，英国的经济实力渐趋衰落，英国政府为振兴经济更为关注教育，颁布了一系列教育法令，采取许多改良措施，促进了

① 转引自王天一等编著：《外国教育史》（下册），北京：北京师范大学出版社，1993 年，第 107 页。

英国现代教育的发展。

1.教育法案与教育改革。一战结束后，英国政府便力图改革国民教育。在初等教育方面，1918年颁布了《费舍教育法》，其主要内容：创办幼儿学校，延长义务教育年限，加强对童工的使用管理与教育。后来又颁布了旨在改革中等教育的《哈多报告书》《斯宾斯报告书》，以及主要从理论上论证了不同的儿童应进入不同学校的《诺伍德报告书》等。这些法令、报告书有的虽未实施，但却反映了英国教育制度的改革状况，对英国的教育制度有较大的影响。

1944年，英国政府又颁布了一个对英国现代教育的发展颇具影响的教育法令——《巴特勒法案》，该法案成为战后半个世纪英国教育制度的法律基础。其主要内容：加强国家对教育的控制与领导，设立全国教育行政领导机构（教育部），统一领导全国教育；延长义务教育的年限；规定初等教育分托幼教育、幼儿学校及初级学校三个阶段；规定以文法中学、技术中学和现代中学为代表的中等教育是初等教育的延续；加强职业教育；保留私立学校和教会学校；通过奖学金形式加强对高等教育的控制等。该法案在英国现代教育史上具有重要地位，结束了原来英国学校制度混乱的状况，加强了国家对学校教育的控制，并使由1870年《初等教育法》颁布而开始的英国教育国有化运动最终得以完成。

1988年英国政府又颁布了一项教育改革法，拉开了新的教育改革的序幕，对英国的教育制度作出重大调整，也表明未来英国教育的发展方向，勾画了21世纪英国教育的基本蓝图。该法案的主要内容：制定实施全国统一的课程计划和成绩评定制度；调整中小学八年政策，规定学校招生的数额和家长选择学校的权利；改革学校管理体制，加强中央对教育的控制；设立城市技术学校和城市艺术技术学校两种新型中等教育机构；加强科学技术教育；改革高等教育的管理体制，增强高等院校的活力等。

2.考试制度。英国的考试制度是以1944年教育法规定的一套复杂、严格的考试制度为基础的。这套表面上体现“教育机会平等”的考试制度，实质上给英国实行的“双轨制”教育披上了合法的外衣。它的主要内容：

11岁考试。1944年教育法规定年满11岁的小学儿童都要参加国家规定的统一考试，又称“11＋考试”，并根据3A（Age年龄，Ability能力，Aptitude性向）分别纳入相应的中等学校；60年代这一考试被取消，学生免试升入综合中学学习。

16岁考试。1947年英国基本实现了义务教育年限延长至15岁、16岁的目标，完成义务教育的学生必须通过16岁考试才能取得相应的资格。考试分两种。一种为普通教育证书考试，简称GCE考试。考试成绩分普通水平和高级水平两种，仅通过普通水平考试者，不能享受进入大学学习的资格，只有通过普通水平和高级水平两种考试的人才可进入大学或技术学院深造。另一种为中等教育证书考试,简称 CSE 考试。

大学奖学金考试和学位考试。英国大学生要想通过奖学金来维持学业,就必须通过奖学金考试。大学学位考试分三级:学士学位考试、硕士学位考试和博士学位考试。

3.初等教育。英国的初等教育一般分为两个阶段,即幼儿学校和初级学校。幼儿学校招收 5～7 岁的儿童入学,教育的目的在于拓展儿童的认知领域、发展智力、锻炼体力、培养良好的生活习惯等。教学主要在开放的教室中进行,采用开放式的非正规教学方法,以便开发儿童的潜能,发展他们的独立学习能力。

初级学校招收 7～11 岁儿童,教育的目的在于发展儿童的基本才能,激发他们求知的兴趣,培养其理想、情操、责任感和文明习惯等。课程有英语、数学、历史、地理、自然、卫生、美术、手工、音乐、体育和宗教等。一般采用分组教学的形式。

英国还有一种上承幼儿园、下接公学的独立学校系统——预备学校,招收 8～13岁的儿童,为其升入公学作准备。

4.中等教育。英国的中等教育实行多轨制,学校的类型除传统的公学、文法学校、现代中学外,又增加了技术中学、综合中学和中间学校等。

英国的公学质量较高,在英国享有较高的声誉,公学修业年限为 5 年(13～18 岁),课程上重视学术性,把古典文科列为重点,20 世纪 70 年代以后有所变化,增加了数学和自然科学的比重。公学仍是牛津、剑桥两所名校的主要生源地。

文法中学是传统的中学,学制 5～7 年,主要为上层社会子弟升学作准备,教学内容也偏向学术性。从第六学年起,课程分两年修完,称“第六学级”,主要是为参加普通教育证书考试作准备,合格者才能升入大学。

技术中学是一种仅次于文法中学的、具有较高社会地位的中等学校,修业年限为 7 年,主要培养各种工程技术人才。

现代中学实际上是专为下层社会子弟接受中等教育而设置的学校,修业年限为 4～5 年,教学内容除普通教育学科知识外,还注重职业教育和工艺训练。

综合中学是把文法中学、技术中学和现代中学的课程合并起来而成立的一种新型学校。学制分 7 年和 5 年两种,取消入学考试,对学生进行分组教学,不同的组开设不同的课程,第四学年后,学生可以广泛选修各科目。

5.高等教育。英国的高等教育在战后有了较大发展,一些新型大学应运而生并显现出良好的发展势头。目前,英国的高等教育机构主要有五大类:大学(包括古典大学和现代大学)、多科技术学院、新大学、师范学院和开放大学等。

英国高等教育体制独具特色,没有直属中央政府的国立大学。大学完全自治,有学位授予权,不受教育和科学部的直接领导,直接享受国会的政府津贴。

学院以下的高等学校无学位授予权，归属于教育和科学部的领导，接受部派督学员的视察与指导。

（三）法国

法国在20世纪初便初步完成了教育的现代化，两次世界大战又极大地阻碍了法国教育的发展。二战后，法国开始恢复经济，重建教育事业，进行了多次教育改革活动，推进了法国现代教育的继续发展。

1.1947年的“教育改革方案”。二战后，法国成立教育改革委员会，儿童心理学家瓦隆继物理学家朗之万担任委员会主席，他在1947年向议会提交了一份“教育改革方案”。该方案严厉批评了法国教育存在的教学内容与现实生活、现代科学脱节，教学方法陈旧的现象，提出了改革的社会公正原则、学科价值平等、人人都有接受完备教育的权利、学生先受一般方向指导后再受职业方向指导、在加强专门教育时注意普通教育、重视学生离开学校后的继续教育等六大原则。并且规定了实行6～18岁的义务教育制（实际未实现），其中，6～11岁为基础阶段，学生学习基础知识和技能；12～15岁为方向指导阶段，学生学习共同的普通文化课程；16～18岁为决定阶段，大多数学生进入职业学校，少数学生进入理论学校。方案还提出在课程设置上应加强自然科学和技术科目的比重，增设经济科目，各级学校的教师一律由师范大学培养等。

2.1959年戴高乐政府的三个教育法令。1959年，法兰西第五共和国成立，戴高乐政府接连颁布三个教育法令，奠定了法国60年代教育制度的基础。

《教育改革法令》，规定将义务教育的年限延长2年，至16岁；中学的前两年设“观察期”，指导学生的升学和就业，发展职业技术教育和继续教育等。这项法令在全国范围内实行，推动了法国教育的发展。

《国家与私立学校关系法案》，是政府为了加强对私立学校的控制而颁布的。法案规定：国家采用补助教师工资和设备经费的方式给私立学校以财政资助；建立新型综合性初级中学，即市立中学；对中学的初中阶段进行改组；并允许这些学校讲授教义和举行宗教仪式。

《高等教育方向指导法案》，该法案的重点是高等学校实行自治、民主参与和多科性结构三原则，调整和重组大学，加强科学研究，增进横向交往、国际合作与交流等。它的宗旨是缓和学生与政府的矛盾，减少政府对大学的控制，使高等教育的专业组合和分布更适合经济、科技高速发展的需要。

3.1975年的《哈比改革法案》。“哈比改革”是为改变法国教育僵化、保守的状况，以加强职业教育，培养劳动力和技术人才。法案规定学生入学、升学与跳级的自由性，重视职业教育，对小学预备班和六、五年级（法国的年级是逆数的，相当于我国的一、二年级）的课程设置、教学计划作出调整，注重学生的个别差异,扩大了中学校长的行政权力。该法案的实施加速了法国中小学教育的现代化、民主化进程。

4. 各级教育的发展。法国实行的是6～16岁的义务教育制,初等教育是义务教育的基础阶段,共5年,分三个阶段:第一学年为预备班,第二、三学年为初级班,第四、五学年为中级班。

法国中等教育的年限为7年(12～18岁),分初中和高中两个阶段。初中4年,前两年为观察期,后两年为方向指导期;高中阶段有长期高中教育与短期高中教育之分,长期高中有国立中学和市立中学两种,是为升大学或高等技术学院作准备;而短期高中实际上是技术职业教育,包括市立普通中学和市立技术中学。

这一时期法国的高等教育机构有大学、高等专科学校和短期技术大学三大类。大学学制为5～7年,分三个阶段:第一阶段是两年的普通教育与选择方向阶段;第二阶段是两年的深入学习与专业化阶段;第三阶段是两年以上的专业化与科学研究阶段。高等专科学校又称"大学校",培养教育和科学技术部门的高级专业人才。这类学校规模不大,条件优越,入学竞争激烈。而短期技术大学则实施为期两年的高等教育以培养高级技术人员。

资料卡片 29

《学会生存:教育世界的今天和明天》

1970年被联合国定为"国际教育年"。在这一年举行的联合国教科文组织第十六届大会上通过了一项决议,授权当时的总干事马厄成立"国际教育发展委员会",其任务是提交一份报告。目的是帮助各国政府制定教育发展的国家政策,为世界各国进行的一系列相关研究、决策提供依据和参考,并用于指导联合国第二个10年发展期间教育国际合作和联合国教科文组织工作。1971年初,该委员会开始工作,法国前总理和教育部部长埃德加·富尔为委员会主席,同时委任6位文化背景和专业背景各不相同的著名人士为委员会成员。该委员会从多学科、多方位视角研究世界教育发展问题,并进行了广泛的实地考察,最后于1972年提交了研究报告——《学会生存:教育世界的今天和明天》(简称《学会生存》)。

《学会生存》共分四个部分:序言、研究的结果、未来、向学习化社会前进。该报告自始至终贯穿一条主线:教育应该扩展到人的整个一生。在当今社会,谁也不能一劳永逸地获取知识,而需要通过终身学习或终身教育去建立一个不断演变的知识体系,即"学会生存"。《学会生存》发表后,产生了极为广泛而深远的影响。它使"终身教育"的概念更为全面、清晰、具体,促使终身教育由一种思想转化为各国主导的教育政策和普遍的教育实践，被誉为联合国教科文组织一份具有里程碑意义的教育文件。

（四）德国

德国是后起的资本主义国家，从一战后至今，德国教育的发展经历了魏玛共和国时期（1919～1933 年）、纳粹统治时期（1933～1945 年）和联邦德国时期①（1945 年以后）三个历史阶段。

1. 魏玛共和国时期的教育。一战后，资产阶级共和政府进行了一系列教育改革，首先表现在普及强迫义务教育上，规定义务教育的年限为 8 年（6～14 岁），包括 4 年的基础学校和 4 年的高等国民学校。完成基础学校教育的儿童须参加考试，只有成绩优异的富有者子弟才能进入学费昂贵的中学，准备升大学，而大多数人则进入补习学校接受继续教育（职业教育），完成其义务教育阶段的教育。

中等教育在原有的古典中学、文实中学和实科学校三类传统中学的基础上，又新增了德意志中学和上层建筑中学。其中，德意志中学是在基础学校之上，以学习德意志学科、德意志文化为主的中学，带有浓厚的日耳曼民族沙文主义色彩；而上层建筑中学是建立在国民学校七年制基础上，培养未来统治人才的中学，带有一定的阶级性。

高等教育在这一时期发展较为迅速，大批高等技术学校纷纷成立，大学也成为讲授科学和研究学术的场所，并实现了自治，这使德国的科技文化水平走在了世界前列。

资料卡片 30

凯兴斯泰纳的教育思想

凯兴斯泰纳（1854～1932 年），是德国教育家，主要的教育著作有《德国青年的公民教育》《公民教育要义》等。他首先强调公民教育思想。认为培养有用的公民是国家公立学校的目的，也是一切教育的目的。公民教育的中心内容是通过个人的完善来实现为国家服务的目的，具体包括三个方面：第一，对学生进行有关公民知识的教育，使之更好地履行公民义务；第二，进行职业教育，培养和训练公民的职业技能；第三，对公民进行道德教育和道德训练，培养学生的爱国心、忠诚与牺牲精神。他认为，有用公民应具有三大品质：一是具有关于国家任务的知识，二是具有为国家服务的能力，三是

① 二战后，德国分为东德和西德。东德，又称"民主德国"，是社会主义国家；西德，又称"联邦德国"，是资本主义国家。1990 年东德和西德最终实现统一。

具有热爱祖国、愿意为国家效力的品质。

凯兴斯泰纳认为，公民教育是办教育的指导思想，劳作学校则是实施公民教育的机构。他主张将国民学校改为“劳作学校”，增设实习工场、校园、烹调室、缝纫室、实验室等，系统培养学生体力劳作的兴趣、习惯和技能。其基本精神是让学生在自主的创造性劳动中陶冶性格，所以劳作学校也被称为“性格陶冶学校”。劳作学校有三项基本任务：职业的陶冶、职业陶冶的伦理化、个人所在团体的伦理化。他所说的“伦理化”，就是由个人内心体验价值的增长而自愿做自己应该做的工作。凯兴斯泰纳倡导的劳作学校和劳作学校精神为德国的职业教育奠定了思想基础。

2. 纳粹统治时期的教育。希特勒上台后实行法西斯专政，教育也日渐法西斯化，宣扬狭隘的民族主义精神，推行军国主义教育，向青年灌输对领袖的极端个人崇拜。1934 年，德国又成立“科学、训练和国民教育部”，从而转向中央集权的教育领导体制。

学制上缩短年限，各类中学的学习年限一律减少一半，增加了乡村生活年和劳动服役。办学类型上，重视德意志中学并使之取代古典文科中学，成为主要的中等学校。1938 年，德意志中学招收的学生占全国中学生总数的 83.3%。此外，德国还设立了三种特殊学校：希特勒学校、全国政治教育学校和骑士团城堡学校，专门训练纳粹法西斯的大小军政头目。

3. 联邦德国时期的教育。二战结束后，在美、英、法占领区内德意志联邦共和国成立，简称“联邦德国”。面对教育事业的废墟，联邦德国采取了一系列改革措施，使教育事业尽快得到恢复和发展。

根据《联邦基本法》，联邦德国采取的是地方分权制的教育领导体制，各州都设教育部，负责本州教育，中央只设立一些咨询机构加以协调。为加强各州教育的统一，德国教育委员会于 1959 年成立，1964 年各州又共同签署了《汉堡协定》，尤其是 1969 年成立了全国教育科学部，标志着全国统一的教育领导机构在德国基本形成。

联邦德国实行九年制义务教育，其中，第一阶段为基础学校教育（四年），期满后进入第五、六两个学年的“观察期”（相当于初中），再经过指导、“选择”或考试进入高一级学校学习。

中等教育的学校类型有主要学校、实科学校和完全中学三种。主要学校是初等小学课程的继续，进行一些科学知识的基础教育和职业知识的预备教育。实科学校，又称“中间学校”，主要学习一些实用学科，以便学生毕业后直接参加工作，也可升入中等专科学校继续学习。完全中学就是传统的古典文科中学，入学时要经过严格选拔，还要交纳高额学费，这里毕业的学生一般可以升入大学。

高等教育方面,联邦德国的大学分两大类:学术性大学(包括综合性大学、工科大学)和非学术性大学(包括高等师范学校、高等艺术学校和高等体育学校等)。大学实行免费入学,但要求学生持有完全中学的毕业证书。大学考试一般分毕业考试、国家考试和博士学位考试三种,学生通过考试依次可获取毕业文凭、完全中学教师、博士学位和教授备选资格。

二、主要资本主义国家现代教育理论

资料卡片 31

梅伊曼、拉伊的实验教育学

实验教育学19世纪末20世纪初产生于德国,随后发展到欧美一些国家。它的主要代表人物有德国的梅伊曼和拉伊、法国的比纳、美国的霍尔和桑代克等人。其中,德国教育学家和心理学家梅伊曼(E. Meumann,1862~1915年)和拉伊(W. A. Lav,1862~1926年)是实验教育学的创始人。1901年,梅伊曼首次提出"实验教育学"的名称,并论述了教育实验的目的和内容。实验教育学的产生和形成受到实验心理学、实验生理学和其他自然科学的影响。其基本特征:重视研究儿童发展与教育的关系,批判旧教育注重逻辑推理和抽象思辨的方法;重视实验,强调从实验的结果中寻找教育的途径和方法;主张用测量和统计等方法进行研究,努力将教育学建立在自然科学的基础上。

实验教育学为新教育提供了重要的理论依据,促进了教育理论的科学化,使教育学从哲学的桎梏中解放出来,对当时和后世的教育都产生了深远影响。其不足之处在于:片面强调儿童的生物性;将实验方法推崇到极致,视其为教育研究的唯一方法。

(一)杜威的教育思想

约翰·杜威

以赫尔巴特为代表的传统教育派在西方教育理论流派中一度占统治地位,但到19世纪末20世纪初,随着经济和科技的飞速发展,传统教育的弊端日渐暴露,教育越来越不能满足人们的需求,人们要求对教育进行改革。新教育运动在此背景下产生,并在欧洲范围内广泛展开,随后传至美国,与实用主义教育思潮相结合,形成了在美国有广泛影响力的进步主义教育运动。其代表人物是著名的实用主义教育家杜威。下面着重介绍他的教育思想。

1. 生平。约翰·杜威(John Dewey,1859～1952 年),美国实用主义哲学家、教育家和心理学家,一生从事教育及著述活动,他的思想在美国乃至世界许多国家都产生了深远影响,被誉为“创立美国教育学的首要人物”。

杜威生于美国北部佛蒙特州柏林顿市附近的一个农庄,他的父亲是零售店的商人。15 岁时杜威进入佛蒙特大学学习,但他对所学的哲学专业丝毫不感兴趣,而是喜欢生理学,接受了赫胥黎的进化论思想,大学毕业后即开始了他的教育生涯。1882 年杜威进入约翰斯·霍普金斯大学攻读哲学,完成《康德的心理学》论文,获博士学位。其间他深受莫里斯教授的影响接受了黑格尔哲学,正如他自己经常所说:“结识黑格尔在自己的思想中留下了不可磨灭的痕迹。”他还选读了皮尔斯的逻辑学,并跟霍尔学习心理学。

1882 年,他在《思辨哲学杂志》上发表了两篇哲学论文,从此一举成名,次年被聘任为芝加哥大学的哲学教授。1884 年起,他先后担任密执安大学和明尼苏达大学的哲学教授。直到 1894 年,他到芝加哥大学担任哲学、心理学、教育学系主任,兼任芝加哥大学教育学院院长。从此开始专门从事教育活动,并于 1896 年创办了“芝加哥实验学校”,作为其哲学和教育学理论的“实验室”。在此期间,他写了大量的哲学和教育著作,其中著名的教育著作有《我的教育信条》《学校与社会》《儿童与课程》《明日之学校》以及他的代表作《民主主义与教育》等。1904～1923年,他转到纽约的哥伦比亚大学任教,直到退休。其间他曾到日本、中国、土耳其、墨西哥和苏联等国进行教育考察。五四运动前夕,他在胡适等人的陪同下,在我国的 11 个省作讲演,宣传他的教育主张。

退休后,他坚持创作,直到 1952 年逝世。他一生写了 30 多部著作,近千篇论文,其实用主义教育理论体系庞大复杂,对 20 世纪的教育和教育学产生了深远影响。

2. 哲学、政治思想。杜威实用主义教育思想的理论基础包括三个方面:主观唯心主义的经验论、庸俗进化论的民主主义和生物本能论的心理学。

在哲学上,杜威继承和发展了皮尔斯、詹姆士等人创立的实用主义哲学,并把它应用于教育领域。他深刻揭示了教育和哲学之间的关系,指出“哲学就是教育的最一般方面的理论”,“教育乃是使哲学上的分歧具体化并受到检验的实验室”[①]。他反对把哲学看成纯学术的东西,主张应把哲学同人生的事务、社会目的和政治联系起来。他把自己的哲学叫作“工具主义”或“实验主义”。他认为,一切思想、理论、学说和真理归根结底是人用以应付环境、改变环境的工具,人的认识只不过是一种“实验”或“尝试”,于是他把科学理论归结为经验,把真理看作

① 转引自王天一等编著:《外国教育史》(下册),北京:北京师范大学出版社,1993 年,第 196 页。

认识的工具。

“经验”一词在杜威的哲学中是一个中心概念，经验是人的有机体与环境相互作用的结果。经验无所不包，既包括“人”这个经验的主体，又包括“环境”这个经验的客体，两者是同一过程的两个侧面，相互联系以至合而为一。在他看来，人的主观经验是客观世界存在的基本前提。没有主体的存在，也就没有客体的存在；没有人的兴趣和愿望构成的主观经验，也就谈不上客观世界中一切事物的存在。例如，你要认识火是烫手的，就必须亲自去触碰一下，尝试一下。“存在即被经验”，精神和物质两者属于同一个东西，这就是那些构成自然的事件的复合。杜威便掩盖了物质与精神谁是第一性的问题，只把经验看作现实世界的基础。显然，杜威鼓吹的实用哲学就是主观唯心主义哲学。在此基础上，他给“教育”下了一个专门的定义：“教育就是经验的改造或改组。这种改造或改组，既能增加经验的意义，又能提高指导后来经验进程的能力。”① 到了晚年，他又把自己的教育哲学概括成一句话：“教育是以经验为内容，通过经验，为了经验的目的。”②

杜威教育思想的又一重要理论依据是他的生物化本能论心理学。本能论心理学又称“机能主义心理学”，认为心理的研究对象在于研究意识的机能或功用，心理活动的实质就在于有机体采用一定的行动来适应环境并满足自己的需要，否认社会实践对人的心理的作用，把人的心理生物化、本能化。杜威把这种生物化本能论的心理作为其教育理论的心理学依据，从而提出教育的任务就在于按照儿童生长（原始的本能发展）的不同阶段，提供适当的材料，组织各种活动，以有利于儿童本能的表现和发展。他的“儿童中心论”就是以这种本能论的心理为根据的。

社会政治观上，杜威十分强调民主主义的重要性。面对资本主义社会矛盾和危机的加剧，他幻想通过加强民主主义来解决社会的动荡不安。但在他看来，社会是逐步进化的，只能一点一滴地去改良，以合作和智慧的方法逐步代替暴力冲突。教育又是社会改良的重要工具，民主主义与教育之间存在内在的、重要的、有机的联系。他说：“不但民主主义本身是一个教育的原则，而且如果没有我们通常的狭义教育，没有我们所想的家庭教育和学校教育，民主主义便不能维持下去，更谈不到发展。”③

3. 教育理论。

（1）教育本质论。杜威关于教育本质的基本观点是“教育即生活”，“学校即社会”。

---

① 吴式颖主编：《外国教育史简编》，北京：教育科学出版社，1988年，第382页。

② 吴式颖主编：《外国教育史简编》，北京：教育科学出版社，1988年，第382～383页。

③ 吴式颖主编：《外国教育史简编》，北京：教育科学出版社，1988年，第383页。

从实用主义经验论和机能心理学出发，杜威提出了“教育即生活”的口号，他认为生活就是发展，而不断发展、不断生长，就是生活。并认为没有教育就不可能有生活，所以说“教育即生活”。在他看来，最好的教育就是“从生活中学习”“从经验中学习”。因此，教育就是给儿童提供保证生长或充分生活的条件，而不问他们年龄的大小。他要求学校把教育与儿童眼前的生活融为一体，教会儿童适应眼前的生活环境。他甚至反对斯宾塞所说的“教育是为美好生活作准备”的观点，认为教育就是生活的过程，不是为将来生活作怎样的准备。因此，他认为学校要教授给儿童的一切课程内容都应是儿童现在生活的经验，他主张让儿童在生活中通过自己主动的活动，从直接经验中获得一切知识。这样，杜威就夸大了儿童的直接经验在教育中的作用。

为了让儿童更好地在生活中学习，杜威又提出了“学校即社会”的口号。他希望将学校办成一个小型的社会，一个雏形的社会，而且社会有什么，学校也应俱全，工业、农业、商业，甚至法庭、监狱等，使得每个学校都成为一个雏形的社会，以反映大社会生活各种类型的活动，把现实的社会生活显现在儿童面前，引导和训练每个儿童成为社会的成员。显然这是针对传统教育的学校教育与社会生活相脱离的弊端而提出来的，杜威希望把学校办成小社会，让儿童获得直接经验，较之于让学生死读书本的传统教育进步了许多，但这种提法实际上取消了学校和社会之间的界限，忽视了学校这一特定情境下教育的规律，易导致“学校消亡论”。

(2)教育目的论。杜威在《我的教育信条》中指出，教育即生活，即经验不断改组、改造，教育的过程和目的则是完全相同的。教育只是一种过程，除这一过程自身发展外，教育是没有目的的，或者说，教育的目的是在教育过程之内，不是在教育过程之外。他把由儿童的本能、冲动、兴趣所决定的具体教育过程看作“教育过程以内”的目的，而把由社会、政治需要所决定的教育总目的看作“教育过程以外”的目的，并认为这是一种外在的、虚构的目的。因此，他坚决反对从外面强加给活动过程以某种目的，认为从外面强加给活动过程的目的，是静止的、呆板的，这种目的和当前的活动没有任何直接关系，不过是从外面发生的做某事情的命令。这种目的既不能激发智慧，也不能促进活动的顺利进行。

杜威在《民主主义与教育》一书中还指出，教育本身并无目的，只是人，即家长和教师等才有目的。他反对制订“一般的和终极的教育目的”，因为那种目的是狭隘的、说教的，使得教学过程成了为达到某种预定目的的手段，其结果只能带给人们一些消极的东西。尽管杜威在口头上否定教育的政治目的性，但实际上教育为资本主义社会政治服务的目的还是显而易见的。

(3)教学理论。杜威是在批判传统的学校教育弊病的基础上建立他的教学理论体系的，他尖锐地指出传统教育“三中心”(以书本为中心、以课堂为中心、以教师为中心)的弊端，并从他的主观唯心主义经验论和本能心理学出发，提出“做中学”的基本原则，论证了课程与教材的关系、思维与教学的关系。

“从做中学”。“做中学”是杜威全部教学理论的基本原则，杜威将之贯穿于教学领域的各个环节，认为儿童应该从自身的活动中学习。教学要从儿童的经验和生活出发，学校在教学中应采取与校外所从事活动类似的形式。因此，杜威所说的“从做中学”实际上就是“从活动中学习”“从经验中学习”。另外，他否定以赫尔巴特为代表的传统教育只给儿童“静听方式”的教育，只对儿童进行灌输，使儿童生吞活剥书本知识和成人的经验，忽视了教育中最主要的东西——儿童本身的活动。他指出，使儿童认识社会的唯一方法就是让他去实践。但杜威强调的“做”仅是获得和改组个人的经验，他忽视了系统科学文化知识的学习，从而走上了否定传统教育的另一个极端。

课程与教材。杜威强调“从做中学”，因此，他反对把以知识为中心的“早已准备好了的教材”强加给儿童，反对把“违反儿童天性”的学科知识灌输给儿童，因为这些内容割裂、肢解了社会生活经验，会阻碍儿童的“生长”。知识不是凝固不变的东西，课程教材也应随之变化，课程计划应考虑适应社会生活的需要，选材时要从儿童当前的直接经验中寻找，不能游离于儿童经验之外。

就学校课程的主要内容来说，应该是各种不同形式的主动作业，例如园艺、纺织、木工、金工、烹饪等手工训练活动，其基本精神是把人类的基本事务引进来。学校的课程不应该整齐划一，各科目也不一定要先后连贯，教材不能与儿童所从事的作业活动相远离。他说：“学校科目相互联系的真正中心，不是科学，不是文学，不是历史，不是地理，而是儿童本身的社会活动。”①显然这仅是理论的设想，就连杜威自己在芝加哥大学实验学校设计与发展新的课程教材时，也不得不说：“要解决这个问题是非常困难的，我们并没有解决好；这个问题到现在还没有解决，而且永远不可能彻底解决。”②

思维与教学。杜威在《我们怎样思维》一书中论述了思维的重要作用，就是“将经验到的模糊、疑难、矛盾和某种纷乱的情境，转化为清晰、连贯、确定和和谐的情境”③。杜威主张在教学中应唤起儿童的“思维”，培养他们好的思维习惯，发展他们的思维能力。他认为人类的思维可分成五个步骤：第一，疑难的情境；第二，确定疑难究竟在什么地方；第三，提出解决问题的种种假设；第四，推断每种假设所含的结果，推断哪一种假设能够解决问题；第五，通过试验、验证或修正假设。这一思维过程被后人称为“思维五步法”。杜威指出这五个步骤的顺序不是固定的，在实际操作中，两个步骤可以结合起来。

---

① 《杜威教育论著选》，上海：华东师范大学出版社，1981年，第6页。

② 《杜威教育论著选》，上海：华东师范大学出版社，1981年，第323页。

③ 《杜威教育论著选》，上海：华东师范大学出版社，1981年，第297页。

从“思维五步法”出发，杜威提出教学也相应地分为五个步骤：第一，教师要给儿童准备一个真实的经验情境，并给予一些暗示，使儿童有兴趣了解某个问题，以便获得某种为现在生活所需要的经验；第二，给儿童足够的资料和更多的实际材料，以便应对在情境中产生的问题，作为思维的刺激物；第三，儿童从资料的应用和必要的观察中，产生对解决问题的思考和假设，反对给儿童提供一些现成的答案；第四，儿童自己对设想出来的解决问题的办法进行整理和排列，使其秩序井然；第五，儿童通过应用来检验他的假设，使这些假设的意义明确，并发现它们是否有效。儿童要亲自动手去做，并在做的过程中作出判断。这种教学过程就是教育史上著名的“五步教学法”。但这些步骤在学校的教学活动中仅是有可能采用的一种方法，杜威却把它作为教学过程的一般规律，显然带有很大的片面性。

杜威的实用主义教育理论批判了传统教育的弊端，提倡以儿童为中心，重视实践，强调与社会现实生活相联系，他的许多真知灼见对我们今天的教育仍有一定的指导意义。杜威对世界教育理论的发展作出了杰出贡献。但是，我们也应看出，杜威的教育思想是为资产阶级的政治需要服务的，许多观点存在很大的偏激性，尤其是忽视、否定科学文化知识的系统传授，导致 20 世纪二三十年代美国教育质量的下降。

该理论在美国盛行一时，直至 20 世纪 30 年代才逐渐由盛转衰，特别是 50 年代苏联人造卫星上天后，遭到新传统教育派的猛烈攻击而失去优势地位。

资料卡片 32

道尔顿制

道尔顿制，又称“契约式教育”，是由美国教育家帕克赫斯特 1920 年在马萨诸塞州道尔顿中学创立的，是一种适应个别教学的制度。内容包括：第一，学校废除课堂教学、课程表和年级制，代之以“公约”或“合同式”的学习；第二，教室改为作业室或实验室，按学科性质陈列参考书和实验仪器，作业室中配有该科教师，负责指导学生；第三，用表格法来了解学生的学习进度。每个学生的学习进度是不一样的。该理论在弥补班级教学制度的不足，发展学生个性、培养学生独立工作能力等方面有一定的积极作用，并对程序教学、个别指导教育等曾发生过影响。但它存在明显不足，如偏重于学习学科知识，过分强调个别差异，忽视班集体作用等。

该教学制度 1922 年被介绍到中国，一些教育家纷纷著书立说大力宣传，许多学校也纷纷效仿。1925 年，帕克赫斯特访问中国，将道尔顿制的宣传和试行推向高潮。之后，由于理论本身的缺陷和师资、设备等方面的困难，有关道尔顿制的实验逐渐减少。

资料卡片 33

设计教学法

设计教学法是由著名教育家杜威的学生克伯屈提出的。"设计教学法"，也叫"单元教学法"，主要是将学生有目的的活动设计为学习单元，取消课程和分科教学。它首先要设立一个实际的问题，然后由学生去拟定学习计划与内容，再运用有关的具体材料，从实际活动中去解决问题。因此，整个设计教学是让学生自己去计划、去执行、去解决问题，一边思考，一边行动，既用脑，又用手。设计教学法强调学生的兴趣与学习自主性，注重教学与学生生活的紧密联系，受到学生的欢迎。

1919 年，我国南京高师附小首先试行设计教学法，反响极大。1921 年，全国教育联合会议决定《推行小学设计教学法》，1922～1923 年，设计教学法试验在全国达到高潮。但由于设计教学法破坏了系统的学科体系、过于强调学生的主动性而使学生放任自流等，试验在 1924 年后渐趋沉寂。

（二）西方现代主要教育思想流派

在 20 世纪 30 年代的美国，经济危机后的社会大萧条使人们开始反思现代派教育理论，认为现代派教育理论忽视系统文化知识教学，导致教育质量的下降，破坏了传统的社会文化的稳定性，不利于缓解社会危机和稳定社会秩序，因此需要进行改革。于是产生了新传统教育派，主要有要素主义教育、永恒主义教育和新托马斯主义教育等。

然而，新传统教育派不但没有解决资本主义社会内部的社会危机和文化危机，而且由于教材内容脱离实际，超出学生的接受程度，造成学生负担过重，教育质量也未能提高。于是，实用主义教育又有所回升，尤其是现代教育派的一个分支——改造主义教育迅速发展起来。

20 世纪 50 年代以后，西方教育领域还出现了一些新的教育理论流派，以存在主义和分析哲学为代表，两者分别代表了现代西方哲学中人本主义和科学主义两大思潮。另外，随着心理学知识在教育领域的发展和推广，建立在心理学基础上的教育理论也获得了充分发展，如结构主义教育与新行为主义教育等。

以上便是西方现代教育理论流派的发展历程，在此我们介绍几个影响较大的流派。

1. 要素主义教育。要素主义教育是当代在美国影响较大的一个资产阶级教育流派。该流派出现于 20 世纪 30～40 年代，是在反对进步教育运动和实用主义思想中形成的，以 1938 年成立的"要素主义者促进美国教育委员会"为标志。

受苏联卫星上天的刺激，要素主义教育在美国更为兴盛，其代表人物主要有巴格莱、科南特、里科弗等。

要素主义者对实用主义教育和进步教育运动进行了尖锐的批判，认为这些教育只注重儿童的自由和兴趣，破坏了学习的系统性和顺序性，否定了教材的逻辑体系和学科教学的价值，抛弃了纪律，取消成绩评定标准，导致学生基本训练的缺乏、知识学习成绩的低劣。他们认为，在人类的文化遗产中存在永恒不变的共同要素，学校的任务就是要把这些共同的文化要素传授给年青一代，因此，他们强调学科的系统性、教材的逻辑性，主张以学科为中心，并恢复各门学科在教学中的地位。

要素主义者特别重视"天才教育"，重视天才人物的培养，因此，他们主张提高"智力标准"，强调一切教育目标都应该是发展人的"智慧力量"。学校应保持传统的心智训练的方法，通过系统的教学和一些特殊科目的学习来训练学生的心智。这种训练必然是艰苦的；需要学生通过意志力来维持，甚至需要教师增强纪律要求与管理。要素主义者认为，学习就需要学习者刻苦与专心，而不是实用主义教育那样仅强调人的个性、兴趣，以至于让"不成熟的学生选择他要学习的东西"，并"拒绝完成他不感兴趣的任务"。

在要素主义者看来，教师是"教育宇宙的中心"，是整个教育过程中的权威人物，居于核心地位，他们反对现代教育派的"儿童中心论"，而主张教学过程的主动权在于教师。教师能对学生的学习加以指导和纠正，促使学生健康成长，它突出了教师的权威作用。要素主义教育的上述特点，映射了传统教育的思想，故有人称其为"新赫尔巴特派"。

2. 永恒主义教育。永恒主义教育是一种复古的新传统教育理论流派，产生于 20 世纪 30 年代，代表人物有美国的赫钦斯、艾德勒，英国的利文斯通和法国的阿兰等。

永恒主义教育的哲学基础为古典实在论，认为世界是由先验的"实在"所组成，人也有一种固有的"实在"，即不变的人性，它包括人的理性、意志和感情。"人又是理性的动物"，理性是人类共同的最主要的永恒不变的特性，因此，教育的主要目的就是发展人的理性。

在课程设置上，永恒主义者不仅重视由多种学科组成的完备的课程体系，而且强调要教给儿童一定的基础科目，尤其是永恒的古典主义学科，因为这些学科抽绎出人性的共同因素，是发展永恒理性的最好途径。他们所说的"永恒学科"，指的是历代伟大思想家的伟大著作，尤其是古代著作。永恒主义者提出"回到古人""回到柏拉图"的口号，建议学生阅读古代名家的原著，列出读"百部名著"的计划，所选名著包括古希腊、古罗马时代和资本主义初期关于哲学、文学、历史科学的古典作品。为学习名著打基础，学生要学习古典语文、逻辑学、修辞学和数学等基础学科。小学课程中，除必修的读写算的基本能力训练外，还要求儿童熟记古典杰作中的某些段落。

永恒主义者对实用主义教育让学校提供“真实生活”的情境或社会的仿造持否定态度，他们认为学校是一个有价值的教育场所，发展学生的智力是学校头等重要的事，教育本身并不是生活，而是为生活作准备的。通过教育，让学生了解人类文化遗产的精华、认知价值，从而更好地适应未来的生活。

永恒主义教育这种复古的思想，把教育局限于古典名著上，这种开历史倒车的主张不久就遭到反对，但它重视多学科系统的知识体系，重视传统文化的学习，也有其合理性的一面。

3.新托马斯主义教育。新托马斯主义教育是二战后美国兴起的一种以宗教学说为基础的教育理论，是以中世纪经院哲学的鼻祖阿奎那·托马斯的名字命名的。这一理论流派公开宣传中世纪以来的宗教教育传统，把宗教信仰凌驾于世俗性世界观之上，竭力调和宗教与科学的关系，甚至把神性凌驾于科学之上。其代表人物是法国的马里坦和美国的西蒙。

在哲学观上，新托马斯主义教育以经院哲学的“唯实论”为其理论依据，宣扬宗教教义，把宗教教育作为教育的核心和最高目标，把神性视为教育的最高原则。他们认为，现代社会生活的混乱正是由人对宗教的无知所致，因此，教育应该属于教会，学校作为“国家的一个机关”，应当开展宗教教育，以培养“真正的基督教徒”和“有用的公民”，使人性的发展更趋向于神性，达到“公共的利益”。

为实现这一教育目的，新托马斯主义者在课程设置上重视神学课程，并以宗教原则为灵魂来教授人文学科、数学、自然科学和科学史等，其目的不是为了让学生获取学术性知识，而是从中领悟基督精神和“上帝是一切知识的主宰”的启示等。

新托马斯主义是一种新的宗教哲学，它虽不排斥科学知识的传授，但主张调和科学与宗教，企图用宗教统治科学，向上帝寻求教育的出路，暴露了资产阶级思想上保守、退缩、反科学的一面。

4.改造主义教育。改造主义教育出现于20世纪30年代的美国，是一种以标榜改造社会为其教育的根本目的、对以往教育理论的缺陷进行“改造”的现代教育理论流派。改造主义者自称是进步主义的真正继承者，实际上是实用主义教育的一个分支，它的思想基础是实用主义。改造主义教育的代表人物主要有康茨、拉格以及被誉为“改造主义之父”的布拉梅尔德等。

改造主义者自称其哲学是“危机时代”的哲学，他们宣称社会正处于“世界危机”“文化危机”之中，只有通过教育变革，才能改造这个危机四伏的社会，建立社会新秩序。改造主义者较为重视行为科学的新成就，把它作为学习过程的基础，要求根据行为科学来重新考察教育的整个传统结构，并考虑“(1)编排教材的新方法，(2)组织教学过程与学习过程的新途径和(3)确定学校和社会的目的的新方法"①。他们反对实用主义教育"教育即生长"的个人教育目的论或教育无目的论，强调教育应该是为了社会自我实现，即大众的、群体利益的自我实现，培养"社会同意"的精神，要求人与人之间不分阶级界限，相互协商、相互合作，共同遵循正确的价值观。

从教育的社会目的出发，改造主义者主张教学应以社会问题为中心，课程的选择要有助于社会文化的改造和发展，以一定的中心问题来组织各方面知识的学习。教学方法上主要采用问题研究法，重视个人研究，轻视教师的系统讲授，因为改造主义者认为教师的职责不是向学生灌输知识，而是在于说服、劝说，让学生相信改造主义哲学，并用它去改造他们所生活的社会。

改造主义教育强调社会中心，强调教育是改造社会的主要工具，鼓吹阶级调和，幻想通过教育革新来修正、完善资本主义制度，以消除资本主义制度固有的经济危机和文化危机等。

5. 存在主义教育。资本主义社会进入帝国主义阶段后对人的异化程度加深，造成人们情绪走向消极，精神出现危机，科技发展的负面影响日渐显著，加之战争灾难、经济危机、失业、破产等社会问题比比皆是，人们转而导向对人自身的研究。以研究人的存在为核心的主观唯心主义——存在主义应时而生，它最早产生于一战后的德国、法国，二战后流行至美国等地，得以广泛传播。存在主义宣扬哲学的根本问题是人的存在，主张"存在先于本质"，强调自我发现、自由发展、自我完善；重视对人的研究，否定社会对人的制约，迎合了资本主义个人主义的思想。因此，存在主义在50年代以后辉煌一时，其代表人物有德国的海德格尔、法国的萨特、美国的奈勒等。

存在主义者虽没有提出系统的教育理论，但其哲学思想对教育也产生了极大的冲击。存在主义对以往的和现存的教育进行了严厉批判，认为这些教育忽视个人的自我发展，把人仅当作物而不是当作人看待，把教育的结果最终落在适应社会、改良社会等问题上，肢解了人的完整自我，造成教育本身的危机。他们认为，教育的根本目的在于使学生实现"自我完成"，教育应使一个人认识自已的存在，维护个人自由，帮助个人进行自我选择，并只对自已的选择负责，而不是对社会、公众负责。

他们认为，知识能帮助个人达到自由，使人从无知的偏见中解脱出来，养成自由选择的能力。因此，学校中的专业设置不应过细，否则会阻碍学生整个内心生活的发展。课程设置应重视人文学科，因为哲学、文学、历史和艺术方面的科

---

① 华东师范大学教育系、杭州大学教育系编译：《现代西方资产阶级教育思想流派论著选》，北京：人民教育出版社，1980年，第76页。

目更容易直接与人的本性接触，帮助学生自我发展。

在道德教育上，他们反对以外在的、客观的道德标准强加学生身上，而主张道德的基础是自由选择，道德教育就是要让学生自我选择其行为标准或价值观来确定自己的行为，并自己承担后果。由此我们可以看出，存在主义者主张教师的作用不是传授知识、灌输思想，也不是把纪律强加给学生，而是帮助学生走向自我实现。在教学中，教授知识的多少并不重要，关键在于学生是否学会学习，如何促使学生自由发展。他们认为学生是教育的主体，所以在教学组织形式上，反对团体教学的方法，认为团体教学会阻碍学生个人的发展，不利于“个别对待”。在教学方法上，他们认为最理想的方法是苏格拉底的问答法，因为这种方法能使学生判断什么是真实的东西，有助于实现学生认识自我、自我选择和自我完成的教育目的。

然而，存在主义哲学是一种主观唯心主义的哲学思想，带有极端个人主义倾向，仅宣扬自我完成的教育，具有极大的迷惑性，在思想上对欧美青年学生影响极大。但作为人本主义思潮的代表，其教育理论中蕴含的许多真知灼见，也给我们留下诸多可资借鉴之处。

6.分析教育哲学。分析哲学是强调用逻辑方法和语言分析来澄清概念的一种重分析方法、轻理论体系的哲学流派，主要有逻辑实证主义和语义分析哲学两大分支。前者注重将科学概念的逻辑分析与科学内容的经验证实相结合，认为哲学的任务是逻辑分析；后者认为哲学的目的在于语义分析，通过阐释概念和名词来解决由语言混乱引起的哲学和社会问题。

20世纪50年代开始，分析哲学被教育理论引用，形成了分析教育哲学，其代表人物有英国的彼得斯、奥康纳和美国的谢甫勒、索尔蒂斯等。他们认为教育领域中的概念、术语等很混乱，易让人误解，所以要对教育的概念作逻辑分析和语言符号表述，从而证实它们的意义和价值。分析教育哲学对教育理论和实践的贡献主要有：第一，教师在传授知识时，必须清楚、明确，必须区别有意义和无意义的话，避免含糊不清；第二，教师必须前后一致地进行推理，遵守形式逻辑的规则；第三，传播的知识必须客观，经得起经验的验证；第四，对“规范性”的教育命题应给予仔细的考查和恰如其分的说明；第五，须弄清楚一切言论或争论中的名词和分析标准；第六，要清理各式各样混乱的定义、口号和隐喻，这些往往使人不能察觉自己正在不加批判地坚持某一具体的教育思想。

在分析教育名词和概念时，分析教育哲学提出两个具体方法：一是举反例子，即举出哪怕只有一个与规定的教育名词的定义不一致的例子，则可证明这个定义的错误；二是解决先决问题，在分析教育名词和概念以前，要解决先决问题，例如要分析“好教师”这个概念，就要先分析“教”这个概念（先决问题）。

分析教育哲学重视对问题逻辑的语义分析，忽视对问题的深入研究，其结果是走向咬文嚼字的烦琐的字句分析，不能真正解决根本的教育问题。但分析教育哲学在西方现代教育理论中也有一席之地，它有助于增加在使用教育概念和术语时的明确性，同时应当指出，它在教育实际工作中的影响是较小的。

7. 人本主义教育。20 世纪 50 年代，以亚伯拉罕·马斯洛为首的一批心理学家率先创立了人本主义心理学，它被誉为人类了解自身过程中的又一里程碑。它既反对弗洛伊德学派仅以病态的人为研究对象，把人看作本能的牺牲品，也反对行为主义学派把人看作物理的、化学的客体。它阐述了人的需要、潜力和自我实现的思想，强调人的尊严。在人本主义心理学的影响下产生了人本主义教育思想。

人本主义教育思想摈弃了弗洛伊德把幼儿说成是自私的、破坏性的、侵略性的、不合作的观点，而认为正常的孩子也会有仇恨与破坏行为，也自私，但他们同样又能做到慷慨、合作、无私。他们更多的是显示第一种倾向还是第二种倾向，要看他们成长的环境。假如他们感到不安、恐惧、基本需要得不到满足，那么他们的消极面就会占支配地位。如果他们得到爱和尊敬，那么他们的行为中破坏性、侵略性的成分就会减少。培养儿童时，既要给他们更多的自由，同时又要教他们遵守纪律、尊敬他人——这是一个价值体系。马斯洛很推崇那种给孩子以有限度的自由的教育方法。完全放任或溺爱与独裁专制都是有害的，成功的父母需要知道什么时候应该对孩子说“行”，什么时候应该说“不”。

人本主义者认为，正式教育和非正式教育对一个人的发展都起着重要作用。学校应该为学生提供较多的成功机会，不使其失去学习的信心和动力，课堂教学应与生活相结合。他们批评很多大学过多强调理论，过少顾及实践，造成有些博士是“领有执照的傻瓜”。认为要获得聪明才智，变得成熟、情趣高雅和有性格特点，就需要经过实际体验，尝试错误、成功、失败、沮丧、痛苦、生儿育女等，所有这一切都是整个学习过程中很重要的部分。并认为课堂教学中最有效的方法就是课堂小组讨论，它能使学生有较多的表现自己的机会。

马斯洛还旗帜鲜明地指出人类具有共同的价值观和道德标准。它们可以通过对人类优秀代表的研究来找到。真、善、美、正义和欢乐等都是人类的内在本性。他提出人类具有基本的、潜在的而且是跨文化的价值标准，它包含这样一种思想：人类有一个终极价值，一个全人类可以努力争取的远大目标。这种思想是有益于培养世界公民和维护世界和平的。

8. 结构主义教育。结构主义哲学是二战后发展起来的资产阶级唯心哲学，60 年代后被引入教育领域，形成结构主义教育理论流派，也称“过程—结构”教育理论，是以瑞士心理学家皮亚杰的心理学理论为基础，美国心理学家布鲁纳创立并应用于 20 世纪 60 年代美国课程改革的实践中。

结构主义教育家认为，知识都是有结构的，而任何一门学科知识的结构，都表现为它的基本概念、原理和原则。学生学习一门学科、一门课程，就是要理解和掌握知识的基本结构。时代的发展、变化使知识更新速度加快，教育不能只教具体的知识，而应让学生掌握学科知识的基本结构，而且结构越基础，它对新问题的适用性就越宽广，对知识的迁移能力也就越强。因此，教学就要使儿童形成学科知识结构，适应儿童智力发展的认知结构，使教学过程成为促进儿童智力发展的过程。

教学方法上，结构主义教育家提倡使用发现法，即在教学过程中要求儿童根据教师或教材提供的材料，自己去摸索，去发现，得出答案。这能激发学生的内在学习动机，发展学生智力，培养独立探索精神，充分发挥学生的主体性。因此，教师在教学中仅是个辅助者，帮助学生理解和掌握学科知识的基本结构，促进学生智力发展。当然，教师也应该采用一些教学辅助工具来支持自己的结构教学。

另外，结构主义教育家还较为重视儿童的早期教育，让儿童尽可能早地学习一些学科的基本结构，以促进其智力发展。布鲁纳还提出一个著名的假设：任何学科都能够以智育上是诚实的方式，有效地教给任何发展阶段的任何儿童，即要把知识结构改造成与儿童认知发展相适应的形式，再早期的教育都能取得期望的效果。

可见，结构主义教育以心理学知识为基础，把认知发展与教育统一起来，重视发展儿童的智力，培养儿童主动、独立的探索精神，对课程论和教学论的发展有一定实践意义。然而，结构主义教育过于重视知识结构，忽视具体内容的学习和应用，削弱了儿童学习的积极性。发现法又影响了教师主导作用的发挥，致使学生学不到系统的、实际的知识，从而难以全面发展学生的智力。美国 20 世纪 60 年代的课程改革运动并未取得预期效果，最后以失败而告终。

现代资产阶级教育理论流派是西方资本主义社会发展历程中特定历史时期的必然产物。无论哪种流派无非是站在自己派别的立场，维护自己的政治哲学观。尽管它们在某种程度上能部分解决教育中存在的问题，但任何一种思想流派都不是十全十美的，有的还带有很大的片面性。然而，各种理论流派相互争鸣，客观上对新的教育理论体系的形成和发展产生了重要影响。

资料卡片 34

终身教育思想

“终身教育”这一概念是 1965 年由联合国教科文组织成人教育局局长法国的保罗·朗格朗（Parl Lengrand）正式提出的。保罗·朗格朗是终身教育的积极倡导者和奠基者，也是终身教育思想的重要代表人物。代表作有《终身教育引论》等。

终身教育是指人从出生到死亡整个一生的教育。保罗认为，教育并不限于青少年阶段,而应贯穿于人的一生,并且人一生的教育是相互联系、相互作用的,即在某个年龄阶段的教育是由先前的教育所决定或影响的,又将对未来的教育起决定或影响作用;教育并不限于在学校中进行,应该使学校以外的社会机构也承担起教育的功能,把教育扩展到社会整体中,并寻求各种教育形式的综合统一;终身教育具有终身性、全民性、广泛性、灵活性和实用性等特征,其目标有两个方面:培养新人和实现教育民主化。

终身教育思想在教育领域引起了一场广泛而深刻的革命,终身教育已经成为建立学习型社会的象征和当代教育的重要标志之一。

资料卡片 35

蒙台梭利的教育思想

蒙台梭利(1870～1952 年),是意大利第一位女医学博士,世界著名的幼儿教育家。代表作有《蒙台梭利方法》《童年的秘密》等。

1907 年,蒙台梭利在贫民区开办了一所招收 3～6 岁贫民儿童的幼儿学校,命名为"儿童之家"。她认为,儿童的心理发展有四个存在内在联系的显著特征:儿童的心理发展具有独特的生理和心理胚胎期;儿童的心理具有吸收力;儿童的心理发展具有敏感期;儿童的心理发展具有阶段性。其中,第一阶段(0～6 岁)是儿童个性形成的最重要时期;第二阶段(6～12 岁)是儿童开展有意识地学习,增长学识和艺术才能的重要时期;第三阶段(12～18 岁)是儿童进入青春期。为了让儿童自由发展,蒙台梭利主张应对儿童进行三方面教育:感官的教育、初步的知识教育和实际生活的训练。她认为,幼儿教育应遵循"自由"和"工作"两个原则。幼儿的内在冲动是通过自由活动表现出来的,他能根据自己的心理需要和倾向以及自己的特殊爱好选择物体进行活动。使幼儿身心协调发展的活动就是"工作","工作"不仅是人类的天职和生活的需要,也是儿童的内在需求。如果儿童能全神贯注地"工作",就说明这种"工作"能满足他内在的需求。"工作"可以解决自由和纪律这一对矛盾。蒙台梭利还认为,教师应该接受专门的训练,从精神上作好准备,熟悉心理学的原理和方法,熟悉教具的性质和使用,掌握教育的方法,成为适宜的环境的保护人。教育者的首要任务是激发生命,让生命自由发展。

蒙台梭利的教育学说与"儿童之家"的实践,使她成为福禄倍尔以后在幼儿教育方面影响最大的一个人,她因而被称为"幼儿园的改革家"。

第二节　苏联的教育

一、苏联的教育发展概况

十月革命胜利后，俄国建立了社会主义制度，在俄共（布）中央和政府的领导下，苏联开展了一系列教育改革，历经几个特定意义、特殊背景的教育改革与发展阶段，逐步发展和完善了社会主义教育体制。大体上说，苏联的教育发展史可分为以下几个阶段：初创时期（1917～1930 年）、调整与巩固时期（1931～1941 年）、卫国战争和战后恢复发展时期（1941～1958 年）、教育大改革时期（1958～1984 年），各阶段的教育发展又有其特殊的矛盾和特殊的任务。

（一）1917～1930 年初创时期的教育

苏联是世界上第一个无产阶级专政的社会主义国家，建国后即在政治、经济、文化、军事等领域展开了艰苦卓绝的革命性改造工作。改造旧的资本主义教育制度，建立无产阶级的教育制度与理论体系，并与旧的剥削阶级的教育理论、旧的习惯势力作斗争便成为这一时期的主要任务。

1. 改革教育管理体制，确立俄共（布）对教育事业的领导。十月革命前，沙俄的教育相当落后，是封建农奴制度的统治工具，等级性、宗教性、民族歧视极为严重，统治阶级推行的是极端反动的愚民政策，广大劳动人民被剥夺受教育权利。为改造旧教育，建立无产阶级教育的管理体制，十月革命胜利后的第三天，全俄中央委员会即批准成立国家教育委员会，任命安·瓦·卢察尔斯基担任委员会主席，负责全国的教育工作。

1917 年 12 月，教育委员会颁布法令，撤销教会学校，一律转交教育委员会管辖，并改为普通学校。不久又宣布“教会与国家分离，学校与教会分离”，禁止在学校教授宗教课和举行宗教仪式，进一步清除教会对学校的影响。与此同时，下令废除一切旧的教育管理制度，撤销学区制这一官僚主义的学校管理体制，清除教育部门中的反革命分子。

1918 年 6 月，教育委员会决定把原先各部门所属的一切大、中、小学校和专业教育学校及其所有财产设施一律转交教育人民委员部管理，并规定国家教育委员会负责全国教育总的领导，各地教育由各地各级国民教育部门负责，并在国民教育各部门中建立由各种劳动者团体的代表、教师和学生代表组成的咨询机关——国民教育委员会。这样便彻底清除了旧教育管理体制的混乱现象，保证了党对教育事业的绝对领导。

2.“统一劳动学校”制度的建立及演变。为了改变旧的学校教育中的不平等、双轨制、理论脱离实际、教育脱离劳动的状况，教育界进行了广泛而热烈的讨论，提出了《莫斯科方案》和《列宁格勒方案》。在此基础上，国家教育委员会于1918年10月6日公布了《俄罗斯联邦统一劳动学校规程》和《统一劳动学校基本原则》两个历史性文件。文件明确提出学校的目的是“培养未来的社会主义共和国的公民”，并提出了统一劳动学校制度，规定统一劳动学校分两级，8～13岁的学生入第一级学校，14～17岁的学生入第二级学校，学制共9年，两级学校之间是相互衔接的。统一劳动学校的一切工作要建立在生产劳动与教学相结合的基础之上，实施综合技术劳动教育，并且实行的是免费义务教育，男女合校，本族语教学，禁止在校内教授宗教课和举行宗教仪式。统一劳动学校还重视学生的体育和美育，强调教育与生活的联系，注重调动学生的积极性、主动性和创造性，要求尊重学生的人格，反对监视和惩罚学生等。这些举措均具有重大的进步意义。

然而，由于过分重视生产劳动，轻视文化科学知识的系统教学，甚至取消家庭作业、考试、教科书及纪律约束等传统教学中的合理成分，而且受当时历史条件的限制，统一劳动学校制根本无法落实，后经讨论修改才形成一种比较灵活的学校结构：小学（4年），招收8～12岁的儿童；七年制学校（四、三分段），招收8～15岁儿童；九年制学校（四、三、二分段），招收8～17岁的儿童；中等技术学校（三、四年）。新学制有利于解决学生的就业和教育问题，有利于为国家培养人才，满足经济建设的需要。

3.普通学校教学内容和方法的改革。苏联政府在大力改革教育制度的同时，在课程设置、教学方法等方面也进行了全面改革和实验，因为学制的变更，需要重新编订新的教学计划和教学大纲。1923年，由克鲁普斯卡娅领导的教育科学组颁布了一个新的“单元教学大纲”，也称“综合课教学大纲”。此大纲要求打破学科界限，以生产劳动为中心，结合自然科学与社会科学知识，对学生进行“生活单元”教学。该大纲的出发点是好的，增加知识间的横向联系，加强知识教学与社会生活、生产劳动的结合，但实际上却破坏了学科知识的内在逻辑体系，且教材内容重复较多，这些缺陷在实践中逐渐暴露出来，导致后来不得不对其重新修订、补充。

美国的道尔顿制和设计教学法也传至苏联，并得以推广，从而引发了教学组织形式和教学方法的改革，班级教学遭到冲击，转而特别强调个性化教学，要求充分发挥学生的主动创造精神，根据学生的个性和爱好进行教学。20年代末，分组实验教学盛行，班级被改成实验小组，固定课表制被自由化课程所替代，甚至出现取消教科书等过激做法，从而导致教学质量的下降。

这一时期，苏联政府的教育改革还涉及扫除文盲，建立新型师资队伍，高等学校向工农开门，充分发挥共青团、少先队在学校教育中的作用等，并取得了一定成效，奠定了苏联社会主义教育体系的初步基础。

（二）1931～1941 年教育的发展

30 年代，苏联加大了社会主义建设的步伐，工业化进程加速，实现了农业集体化，胜利完成了两个五年计划，为教育事业的发展提供了强大的物质保障，同时对教育也提出了新的更高要求。联共（布）中央从 1931 年起作出了一系列具有历史意义的教育决定，以期解决 20 年代改革造成的教育质量不高的问题，进一步整顿各级各类教育。

1.普通教育的整顿。1931 年 9 月 5 日，联共（布）中央颁布了《关于小学和中学的决定》（简称“九·五决定”），开始整顿中小学教育工作。针对 20 年代教育改革中基础学校缺乏普通教育的知识的弊端，要求学校以后必须严格依据规定的教学计划、教学大纲和课程表开展各科教学，教授学生各种科学基础知识，明确学校的中心任务是教学，反对设计教学法，规定课堂教学应作为基本的教学形式，恢复考试制度等，这一决定奠定了苏联 30 年代教育改革的基础。次年，联共（布）中央又通过《关于中小学教学大纲和教学制度的决定》，再次修订中小学教学大纲，以保证儿童系统获得各门学科的基本知识，规定中小学教学的基本组织形式应当是班级教学，并且要求逐步把七年制学校改为十年制，以提高中等学校的普通教育水平。1933 年 2 月 12 日，联共（布）中央又制定了《关于中小学教科书的决定》，要求在全国采用统一的必修的教科书。1934 年 5 月 15 日，又通过了《关于中小学结构的决定》，确定了普通学校的一般类型为四年制的小学、七年制的不完全中学和十年制的中等学校，从而为统一的苏联学制奠定了基础。

普通教育改革大大提高了教学质量，建立了统一的学制，普及了初等教育。然而，这些改革在批判美国进步主义教育在苏联泛滥的同时又出现矫枉过正的情况，逐步转向传统教育理论，导致新的偏差。

2.高等教育的整顿。30 年代，苏联教育改革的着眼点在于高等教育，使之为社会主义经济建设培养高级专门人才，因此，苏联政府极为重视高等教育，进行了一系列改革。20 年代末，苏联曾把各级各类高等学校划归有关的经济人民委员部和主管部门管理，为各类企事业的发展培养了大批人才，但专业化带来的却是“专业分得过细过多”问题。为此，政府对高等学校（即综合性大学、多科性工学院和各种专门学院）在发展过程中出现的忽视综合大学的倾向，及时加以纠正，要求没有大学的各加盟共和国发展大学，极大地促进了高等教育的发展。

在改革高等教育结构和高等学校管理体制的同时，苏联政府对高校的教育教学工作也十分关注，要求高等学校须有稳定的教学计划和反映最新科技成就的教学大纲，力求加强理论课程的教学，使教学大纲完全适应专业需要，特别重视学生的生产实习，强调教学与生产的联系。在教学方法上，反对“分组实验室教授法”(道尔顿制),要求尽量加强教师指导下的实验作业,采用教师易与学生接近的讲课方法。

此外,改革高等学校的招生制度,采取自由报考、择优录取和推荐制相结合的办法。同时,加强科研,开始实施学位学衔制度,使高等学校向规范化、标准化迈进。

这一时期,苏联普及义务教育工作卓有成效,不仅普及了四年制的初等教育,而且在很大程度上普及了不完全中学教育,这也带动了师范教育的发展,提高了教师的知识化、专业化水平,改善了教师的社会地位和待遇,稳定了教师队伍,这些都是苏联30年代教育改革的成就。

(三)卫国战争时期和战后恢复时期的教育

1.卫国战争时期的教育。1941年6月,德国法西斯突袭苏联,苏德战争爆发,苏联进入伟大的卫国战争时期,和其他各条战线一样,教育战线也进入战时体制,对学校教育工作作出较大调整。

首先,在普及义务教育方面,由于战争的破坏,学校的经费缺乏,校舍锐减,大量教师和青年支援前线,大批儿童无家可归,苏联人民委员会作出决议,要求各级政府妥善安置孤儿,或将他们收入“儿童之家”加以照顾,或送入专门组织的学校(包括一些寄宿学校)继续接受教育。另外,适时调整义务教育年限,在农村实施四年制小学义务教育,在城市和乡镇实施七年制义务教育。为解决校舍紧张问题,许多学校改为二部制、三部制、多部制,以最大限度地保证学生入学。

其次,调整各级学校的教育内容,加强军事体育训练。战争年代,各级学校加强劳动教育,专门增设了农业理论课和农业实践课,吸引学生参加实际的劳动活动,以保证农业生产的顺利发展,保障全国军民的衣食供应。1942年又对中小学各科教学大纲作了修订,增加了国防和劳动必需的内容,同时加强学生政治思想教育和纪律教育,培养学生的爱国主义和集体主义精神,发挥共青团的作用,加强学生的自觉纪律性,稳定了学校的秩序,保证了教育教学的质量。

再次,战争给高等教育的发展造成极大的破坏,高校招生人数和高等学校的数目都大大减少。但苏联政府很快制定了相应措施,免除了部分高校学生和所有毕业班学生服兵役的义务,修订了教学大纲和教学计划,开设了新专业和新课程,并且随着战争的胜利进展,更加重视综合性大学和社会科学专业教育。

2.战后苏联的教育。卫国战争胜利后,在苏联大力恢复发展经济,实施第四、第五个五年计划的同时,其教育事业也得到迅速恢复与发展。

第四个五年计划明确规定修复和新建校舍、充实必要的教学设备、大力扩大中小学与高等学校网,在城市和乡村实施儿童7岁入学的普及七年制义务教育。国家对教育投入的经费也大为增加,为实施普及义务教育创造了条件。第五个五年计划又规定在大城市和大工业中心实施普及中等教育（十年制义务教育）。这些措施的出台极大地促进了普通教育的发展，学生人数急剧增加，也给师范教育提出新的要求。

由于师资缺乏，战后10年苏联加大了对教师的培养，一方面，加强各级师范教育工作，增拨师范教育经费，增加师范生的招收名额，改进师范学校的教育教学，提升师范生的素质；另一方面，积极组织教师进修，鼓励教师在职学习和研究。此外，还加强函授师范教育。这些对解决师资匮乏、改进教育教学、提升教师素质、提高教育教学质量等都起到了促进作用。

这一时期高等教育的发展注重学校布局的改善，在原来没有高等学府的地方，创建了新的高等教育中心，并着重发展燃料动力、冶金、农业、铁路公路等对国民经济发展起决定作用的专业。夜校教育、函授教育在这一时期也得到比较大的发展。

（四）1958年以后的教育改革

50年代后期开始，苏联进入教育大改革时期。其原因：一方面是因为世界科技的飞跃发展促使世界各国更为关注教育，进行教育改革；另一方面由于苏联大批中学毕业生面临升学与就业的矛盾，不得不进行改革以缓和此矛盾。大体上讲，这一时期苏联教育改革的历程可分为三个阶段：1958～1964年为第一阶段，1964～1974年为第二阶段，1977～1986年为第三阶段，同时出现了诸多问题。

1.1958年的教育改革。为解决中学生升学与就业的矛盾，改变学校教学与生活相脱离的问题，培养青年一代“走向生活”“走向公益劳动”，1958年12月24日，苏联政府颁布了《关于加强学校同生活的联系和进一步发展苏联国民教育制度的法律》（以下简称《法律》），开始全面改革。它涉及学校体系、类型、培养目标、学习年限、教育教学内容与方法等诸多方面，是一项较为全面的教育改革。

《法律》规定将原来十年制的普通学校改为十一年制的学校，并将之转变成三种类型：不脱产的工人青年学校和农村青年学校、全日制的兼施生产教学的劳动综合技术普通中学、职业教育与普通教育并重的中等职业技术学校和其他中等专业学校；与之相应，普及义务教育由7年延长到8年。改革后的学制：初等教育为4年；中等教育分两个阶段：第一阶段为4年义务教育阶段，第二阶段为九年级至十年级的中等教育阶段，称为“完全的中等教育阶段”。

《法律》要求改组原有的职业技术教育体制，“设立城市和农村职业技术学校，使在八年制学校毕业后参加生产的青年受到职业教育”，学制为1～3年不等。与此同时，进一步改进中等专业教育制度，以培养具有较高理论水平和良好实际知识的中等专门人才。此外，高等教育方面，在招生制度、培养方式、教育教学工作等方面也作出相应调整。

这一阶段的改革较为重视学生的生产劳动和职业训练，从而导致文化课教学质量的下降，引发了1964年的教育改革。

2.1964～1974年的教育改革。1964年8月起，苏共中央和苏联部长会议颁布决议，把八年制学校（义务教育）基础上的3年学习期限改为2年，并大量减少劳动时间。随后全面审定和修改普通学校的教学计划、教学大纲，重新编写教材，重在使学生掌握现代科学知识与科学技术，并于1966年11月通过了《关于进一步改进普通中学工作的措施》，指出教学内容应符合现代科技和文化发展的要求，让学生获得牢固的科学基础知识，1973年7月19日在苏联最高苏维埃第六次会议上通过了《苏联和各加盟共和国国民教育制度》，包括学前教育、普通教育、校外教育、职业技术教育、中等专业教育和高等教育等方面，强调用科学的基础知识武装学生的头脑，不再过多强调参加生产劳动，并恢复了对普通中学优秀毕业生的奖励制度。由此可知，第二阶段的教育改革力图克服第一阶段的弊端，即由只重职业和技术教育，转为强调系统科学知识的讲授，但不久又面临第一阶段的“老大难”问题，这便导致第三阶段教育改革的到来。

3.1977～1984年的教育改革。1977年12月22日，苏共中央和苏联部长会议通过《关于进一步改进普通学校学生的教学、教育和劳动训练的决议》，指出普通中学的主要任务是使学生掌握系统的、深刻的科学基础知识和一定的职业劳动技能，以适应升学、就业的需要，并要求增加劳动教学时间，加强职业训练与指导。

1984年4月，在广泛讨论的基础上，出台了《普通学校和职业学校改革的基本方针》（以下简称《基本方针》）及其几个贯彻决议，为苏联20世纪末的教育改革明确了指导思想。《基本方针》要求“学校既要保证授予青年学生进高校深造所必备的高水平的知识，也要引导青年面向国民经济中的公益劳动，并为之做好准备”。

《基本方针》规定新的中小学学制系统为四·五·二制，儿童入学年龄由7岁提前到6岁；强调普通学校职业教育化，职业学校普通教育化；强调要大力提高教育教学质量，使年青一代掌握扎实而牢固的科学知识。《基本方针》力图总结以往教育改革的经验和教训，尽可能做到各方面兼顾，但实际上却把改革的中心又转移到劳动训练上。不过，此次改革强调教学内容的科学化、教学手段的现代化、教学方法的多样化等，充满了浓厚的现代教育气息。

总之，苏联的教育发展与其社会发展进程是相辅相成的，足见教育与社会政治、经济之间的关系。苏联教育的兴衰、教育改革的成败也给我国教育事业的发展提供了许多借鉴，尤其是20世纪50年代我国的教育就深受其影响。

二、苏联的主要教育理论

十月革命以后，苏联的教育体制改革开展得如火如荼，给教育理论的探讨提供了良好的社会环境。这一时期，理论工作者们在批判各种资产阶级教育思潮的过程中，运用马克思主义的基本观点，开始对社会主义教育理论体系进行卓有成效的探索和研究，形成了具有特色的完整的社会主义教育理论体系，在世界教育史上占有极其重要的地位。

在此阶段，苏联诞生了众多杰出的教育理论家，如马卡连柯、苏霍姆林斯基、凯洛夫、赞可夫、巴班斯基等。他们的教育思想至今仍闪烁着耀眼的光芒，对苏联教育的发展，乃至对人类教育的发展都作出了突出贡献。

（一）马卡连柯的教育理论与实践

1.生平和教育活动。安东·谢苗诺维奇·马卡连柯（1888～1939 年），苏联早期著名的教育理论家和教育实践家，出身于乌克兰一个铁路工人家庭。12 岁入市立四年制学校读书，随后升入一年制师资培训班学习，毕业后便开始了他的教师生涯，时年仅 17 岁。他在从事教育活动的同时，还积极参加革命工作，曾被反动当局变相流放至偏远的一个铁路小学工作了 3 年。1914 年进入波尔塔瓦省师范专科学校深造。1920～1935 年担任高尔基工学团和捷尔任斯基公社的组织领导工作，前后进行了长达 16 年的教育实验和理论探索，尤其是在流浪儿、少年违法者的教育改造和再教育工作方面作出了巨大成绩。为此他拼命工作，从来不休假，有时甚至隔一夜才睡一次，被高尔基赞扬为“一位天才的教育家”。正是马卡连柯忘我的献身精神，才使这个一穷二白的工学团发展成生活富足、团结向上的集体，全国乃至全世界闻名的教育集体。

马卡连柯

1936 年，马卡连柯由于身体原因离开捷尔任斯基公社，次年迁居莫斯科，专门从事著述工作，系统总结他的教育经验和活动，发表了百余篇作品，累计数百万字之多，其中著名的有《教育诗》《塔上旗》《父母必读》等。由于在文学方面的卓越贡献，1939 年 1 月马卡连柯荣获国家奖励“劳动红旗勋章”，不幸的是，同年 4 月 1 日，他因突发心脏病病逝，年仅 51 岁。马卡连柯的逝世，不仅是苏联教育界，也是全世界的重大损失。苏联政府在 50 年代编辑出版了《马卡连柯全集》，系统学习、研究、宣传他的教育理论和教育思想。

2.教育思想。主要包括以下几方面。

(1)论教育目的。教育目的指引着教育工作的方向。马卡连柯十分强调教育理论与教育工作要有一定的目的性，他说："在我们的工作中极其重大的要素，就是工作应当彻底地有目的性。"[①]"教育学，特别是教育理论，首先是在实践上适应一定目的的科学"[②]。他反对从生物学、心理学引申出抽象化、绝对化的教育目的论，他认为教育目的应当从社会的要求、时代的需求出发，以培养人的个性和性格为宗旨。为此，他从当时苏联社会主义建设的实际出发，提出了比较具体的教育目的，即培养有文化、健康、善于工作和有斗争能力的一代新人。并要求在进行普通中等教育和高级熟练技能训练的同时，还要培养青年一代有高度的政治素养，有组织性和纪律性，有阶级的责任感和自豪感，善于待人，热爱集体，有善良、勇敢、诚实、健康、快乐和热爱生活等品质。

可见，马卡连柯所提出的教育目的是无产阶级性质的，其具体而全面的培养社会主义新人的要求，也体现了马克思主义关于人的全面发展的需要。

(2)论集体教育。集体教育理论是马卡连柯教育理论体系的基础和核心。马卡连柯认为，在社会主义国家，个人、集体与国家的利益是相一致的，社会主义社会是建立在集体主义原则之上的，个人是社会主义集体的成员，不可能超越或置身于集体之外或集体之上。个人的才能、力量只有在集体中才能得到充分发挥，社会主义教育的目的就是要培养集体主义者。因此，他主张在任何情况下，学校教育工作都应从建立集体开始，把建立统一的学校集体作为第一件任务[③]。

对于什么是集体，马卡连柯说，集体是由于目的一致、行动一致而结合起来的，由管理、纪律和负责任的机关所组织起来的劳动者的自由集团[④]。因此，集体绝不是简单聚集的一群人，好像临时乘一辆电车的一群人那样是个人目的的偶然巧合，集体是活生生的社会有机体，乌合之众是算不上集体的。他把集体的特征归结为以下几点：第一，集体要有共同的奋斗目标；第二，组织性和纪律性是建立和巩固集体的根本条件之一；第三，具有一定的组织制度和管理机构，它有权代表集体，并行使各种职责；第四，有正确的集体舆论。由此，马卡连柯认为，"集体"是社会主义社会所特有的概念。并指出教育工作的基本对象是集体，而集体工作的主要方式是集体教育，为了对年青一代进行集体主义教育，就必须遵

---

① [苏联]马卡连柯著，刘长松、杨慕之译：《论共产主义教育》，北京：人民教育出版社，1955 年，第 108 页。

② [苏联]马卡连柯著，刘长松、杨慕之译：《论共产主义教育》，北京：人民教育出版社，1955 年，第 234 页。

③ [苏联]马卡连柯著，刘长松、杨慕之译：《论共产主义教育》，北京：人民教育出版社，1955 年，第 372 页。

④ [苏联]马卡连柯著，刘长松、杨慕之译：《论共产主义教育》，北京：人民教育出版社，1955 年，第 8 页。

循“在集体中，通过集体和为了集体而进行教育”的原则。在实践中，马卡连柯还创立了一套具体的实施原则和方法。

平行影响的教育原则。即教师一方面可直接对个人施加影响和作用，另一方面也可把个人置于集体中进行教育，间接通过集体或在集体中教育、影响个人。例如，有一次，彼得连柯迟到了，马卡连柯不是把彼得连柯叫来训斥一顿，而是把他所在分队长叫来，对他说：“你分队里有人迟到了，以后不要有这样的情形。”分队长回答“以后不会有了”。但后来彼得连柯又迟到了，马卡连柯则集合全分队，指责了全分队，全分队保证以后不会再有这样的事了。于是全分队的人就把彼得连柯作为集体的一分子，向他提出更高的要求，教育和帮助彼得连柯，以后全分队再也没有出现迟到的现象。

前景教育的原则。马卡连柯认为，人的生活的真正刺激是明天的快乐，培养人就是培养他对前途的希望。为了使集体向前发展，就必须为集体规划好“前景”，明确新的更有价值的前途。这样，便要经过一条由近景（简单的满足）—中景（集体事件或节假日活动）—远景（国家未来的前途）构成的不断发展的路线。教师不断给集体提出新的目标和任务，鼓励、激发学生不断追求新的理想和更高的目标，磨炼其意志力和毅力，防止其养成享乐主义的不良习性。这样，既把个人生活上的满足与祖国的前途命运紧密联系起来，实现一种自然的、实际的过渡；又使集体的发展充满活力，集体教育也就从“近景”“中景”的满足迈向“远景”的满足。

尊重和要求相统一的原则。马卡连柯曾说过：“如果有人问我：我怎样能够以简单的公式概括我的教育经验的本质时，我就回答说：要尽量多地要求一个人，也要尽可能地尊重一个人。”他说：“这个公式，是苏维埃纪律的一般公式，也是我们社会的一般公式。”[①]要求与尊重两者本是一体的，严格要求本身包含对学生的尊重，严中有爱；热爱、尊重学生也必须对他们提出严格要求，爱中又有严。在集体教育中，要求是达到集体纪律化的必要条件，同时又要将学生当作“大写的人”来看待，尊重每一个学生的人格和自尊心，以平等的态度对待学生。马卡连柯在主持工学团工作时，从来没有把教育对象当作违法者或流浪儿看待，而是把他们当作具有积极力量和发展可能的真正的人来看待。

(3)论纪律教育。纪律教育是马卡连柯教育理论体系的重要组成部分，他认为，纪律和纪律教育是组建集体、发展集体、完善集体、顺利进行集体教育的必要条件，而集体的发展又会更好地推动纪律的形成。马卡连柯说：“纪律是达到集

① 《马卡连柯全集》（第5卷），北京：人民教育出版社，1956年，第136页。

体的目的的最好方式……没有纪律，集体便不能达到自己所期待的目的。”[①]“学校的集体如果没有好的纪律是很难想像的。”[②]按照他自己的看法，“纪律是集体的面貌、集体的声音、集体的美妙、集体的活动、集体的姿态和集体的信念。集体中的一切，归总起来，都摆脱不了纪律的形式”[③]。可见，马卡连柯把纪律教育与他的集体主义教育紧密联系在一起。

对纪律的理解，马卡连柯有其独到之处。他所说的“纪律”实质上是一种非强制性的自觉纪律，是深刻的自觉性和非常严格的要求的充分结合。也就是一个人能够愉快地去做他自己不愿做的事情，是在自我严格要求下的，无论是在别人监督下或是独自一人时都能对“分内事”和“分外事”一样的细致、认真、负责。这种纪律一改压制个性、压制个人意志、压制个人志趣的剥削的社会制度的纪律形式，而强调在社会主义条件下自觉遵守道德和社会秩序，确保个人兴趣、能力、特长和主动精神得以充分展现。这样，马卡连柯便赋予“纪律”以深刻的道德意义和政治意义。

在贯彻纪律教育时，马卡连柯提出：“纪律是教育作用的全部总和的产物。”[④]纪律首先不是教育的手段，而是教育的结果，因为培养纪律的基本方法是整个教育的过程。这既包括教学过程、性格形成过程、冲突和纷争发生与解决的过程，也包括体育和身体发育等过程，所以，只有在教育过程中才能逐渐形成纪律，达到自觉纪律的结果。否则的话，把纪律理解为纯粹表面的秩序或表面的手段，就会将纪律变成一种抑制，即把纪律当成一种束缚人的、枯燥无味的约束，除引起儿童的反抗外，什么也得不到。

马卡连柯坚决反对纪律产生于自觉的强化，他认为：“纪律的基础就是不需要理论的一种要求”，要求是纪律的基础和前提，但要求又要遵循与尊重相结合的原则。“要尽量多地要求一个人，也要尽可能地尊重一个人”，这是苏维埃纪律的一般公式。要求还不能仅仅停留在“以不许反对的方式”的初级阶段，而应逐步向任意的集体要求阶段和个人对自己提出任意个人要求的高级阶段过渡，这

---

① [苏联]马卡连柯著，刘长松、杨慕之译：《论共产主义教育》，北京：人民教育出版社，1955年，第259页。

② [苏联]马卡连柯著，刘长松、杨慕之译：《论共产主义教育》，北京：人民教育出版社，1955年，第373页。

③ [苏联]马卡连柯著，刘长松、杨慕之译：《论共产主义教育》，北京：人民教育出版社，1955年，第438页。

④ [苏联]马卡连柯著，刘长松、杨慕之译：《论共产主义教育》，北京：人民教育出版社，1955年，第256页。

才是“苏维埃儿童集体发展的基本道路”①。

为加强集体的纪律教育，马卡连柯认为，诱导（如赠物、奖励等）、督促（如暗示、微笑、说服、幽默态度等）、威胁（如提交大会评判等）乃至惩罚都是纪律教育不可缺少的方法。他曾指出：“我个人相信，惩罚并不是有那么样大的好处的。但我坚信下面这样的事实：凡是需要惩罚的地方，教师就没有权利不惩罚。在必须惩罚的情况下，惩罚不仅是一种权利，而且是一种义务。”②他曾对捷尔任斯基公社社员采用一种“禁闭”的惩罚方式，足见他所说的“惩罚”绝不是体罚，而是让被罚者因受到集体的责备而知晓错误，以便改正，这也正体现了他的“要求与尊重相结合”原则。

另外，马卡连柯还系统论述了劳动教育理论，丰富和发展了马克思主义关于教育与生产劳动相结合的思想。

总之，马卡连柯是苏联早期一位非凡卓越的教育革新家。他的集体教育、纪律教育、劳动教育的理论与实践虽是特定历史时期的产物，但至今仍具普遍的现实意义，他的教育思想与实践是全世界人民的宝贵遗产。

资料卡片 36

克鲁普斯卡娅的教育思想

克鲁普斯卡娅（1869～1939 年）是苏联杰出的教育家、无产阶级政治活动家、革命导师列宁的夫人和亲密战友。她一生致力于研究马克思主义的教育科学，并负责苏维埃教育领导工作，被誉为“苏联国母”。

克鲁普斯卡娅继承和发展了马克思主义教育思想，认为教育是一种社会的、历史的现象，在阶级社会里教育具有阶级性，无产阶级学校不同于资产阶级学校的两个主要特点就是使学生获得全面发展、让他们广泛地参加生产劳动。她认为，集体主义教育是共产主义道德教育的重要组成部分，儿童的个性只有在集体中才能得到最充分、最全面的发展。她指出，社会主义国家不需要少爷和游手好闲的人，学校应该教给儿童生活和劳动的本领。要让儿童从小参加一定的劳动，培养劳动观点和劳动技能。教育与生产劳动相结合，不仅是改造旧社会强有力的工具，而且是培养全面发展的人的唯一方法。她也是校外教育活动的积极倡导者。她认为校外教育工作意义极为重大，它可以为儿童的全面发展创造条件。

---

① [苏联]马卡连柯著，刘长松、杨慕之译：《论共产主义教育》，北京：人民教育出版社，1955 年，第 275 页。

② [苏联]马卡连柯著，刘长松、杨慕之译：《论共产主义教育》，北京：人民教育出版社，1955 年，第 281 页。

克鲁普斯卡娅十分关注学前教育，认为学前教育是国民教育体系中不可或缺的环节。她还主持制订了《幼儿园规程》《幼儿园教养员工作指南》等文件，并组织和领导了苏联历史上前所未有的大规模扩展学前教育机关的工作。

(二)凯洛夫与社会主义教育学

凯洛夫

1. 生平。依·阿·凯洛夫(1893～1978 年)是四五十年代苏联苏维埃教育界的代表人物之一，出身于教师家庭，1917 年毕业于莫斯科大学数理系，同年参加俄国社会民主工党，1935 年获教育科学博士学位，1937 年起先后在莫斯科大学和莫斯科列宁师范学院任教育学教研室主任，1942～1950 年担任《苏维埃教育学》杂志主编，并于 1946～1967 年任俄罗斯联邦社会主义共和国教育科学院院长。1949～1956 年，担任俄罗斯联邦教育部部长。凯洛夫一生为苏联的国民教育，尤其是社会主义教育科学理论的探讨作出了卓越的贡献。他在理论上的贡献集中体现在他所主编的两本《教育学》著作中，该书曾被苏联和我国师范院校长期作为教材使用，对苏联和我国普通学校教育的发展、教育学理论体系的建构产生了极大的影响。

2. 教育思想。凯洛夫站在时代的高度，遵循、运用马克思列宁主义的观点和方法，批判继承了苏联教育理论的历史遗产，并结合苏联建国后的教育实践经验，系统论述了教育问题，他所主编的《教育学》反映了社会主义教育学的特点，也在一定程度上揭示了教育的客观规律。

凯洛夫首先论述了教育的起源问题，明确提出教育起源于劳动的观点，指出教育是“从人类社会的实际需要里产生的，教育的产生是一种客观的必然性”[①]。教育是与社会生产、生活紧密相关的。从而批判了资产阶级学者关于教育起源的“生物起源”和“心理起源”等观点，从理论上划清了唯物与唯心的界限。

凯洛夫认为，教育既是一个永恒的范畴，又是一种历史现象，在阶级社会，还具有明显的阶级性，社会制度不同，在教育上也存在本质的区别。由此，他指明苏维埃教育的方向和根本目的是培养“共产主义社会底全面发展的积极建设者和苏维埃国家底熟练的与勇敢的保卫者”[②]。

凯洛夫运用马列主义观点，阐明教育在人的发展过程中起主导作用，指出人

---

① [苏联]凯洛夫著，陈侠等译：《教育学》，北京：人民教育出版社，1957 年，第 1 页。

② [苏联]凯洛夫著，沈颖、南致善等译：《教育学》(上册)，北京：人民教育出版社，1950 年，第 43 页。

的“情感、观点、信念、世界观、道德习性等都是依靠教育的帮助而形成和完善起来的”。他一方面肯定遗传素质是人的发展的前提性因素,他说:“一个生来便没有听觉的人,不能造就成为一个很好的音乐家。任何一位教师都不能给予他这种品质。教师想要培养这样的儿童成为一个提琴家的努力,将是徒然的。”①另一方面又批判“遗传决定论”“环境决定论”,运用马克思主义的观点,论述了遗传、环境和教育三者之间的辩证关系。

在谈到学校教育时,凯洛夫根据马克思主义关于人的全面发展的学说,提出要对学生进行全面发展的教育,这包括智育、德育、体育、美育及综合技术教育等,他还特别强调了智育,认为学校教育的首要任务便是促成学生智力的发展。在教学过程中,要通过教学使“学生领受既知的、为人类所获得的真理(知识)”②,遵循“从生动的直观到抽象的思维,并从抽象的思维到实践”这一人类认识客观世界、认识真理的科学认识过程。此外,教师还要发挥主导作用,带领学生通过对教科书的学习,在一定时间内获得大量知识,从而把学生的学习内容定位为以间接经验知识为主,揭示了教学过程中的某些客观规律,批判了苏联 20 年代出现的综合教学、综合设计教学法、“学校消亡论”等错误主张,为教学过程找到了科学依据。然而,凯洛夫并非单纯地注重智育,他也较为注重德育,曾把人道主义作为苏联学校德育的中心内容,提出在保证教学智育效果的同时,还要保证教学的德育效果,反对那种所谓的“思想教育钟点”,主张应在每堂课中都贯彻思想政治教育。

此外,凯洛夫在教学内容、教学方法和教学原则等方面也有其独到见解。总之,他总结前人和苏联二三十年代教育改革的经验教训,在苏维埃社会主义教育理论体系的构建上作出了卓越贡献,他的教育理论反映了 20 世纪 30 年代后期至 50 年代苏联教育理论的发展水平和特点,他主编的《教育学》是当代第一本社会主义教育学著作。

(三)苏霍姆林斯基的教育思想

1. 生平。瓦·阿·苏霍姆林斯基(1919～1970 年),苏联伟大的教育实践家和教育理论家,出身于乌克兰的一贫困农民家庭,早年就学于一所七年制农村学校,后经一年的师范培训,年仅 17 岁的他便开始了他的教师生涯。先在一所小学一边任教,一边接受波尔塔瓦师范学院的函授教育,1939 年他函授毕业,获得中学教员资格。苏联卫国战争开始后,苏霍姆林斯基入伍奔赴前线,后因伤复

① [苏联]凯洛夫著,沈颖、南致善等译:《教育学》(上册),北京:人民教育出版社,1950 年,第 22 页。

② [苏联]凯洛夫著,沈颖、南致善等译:《教育学》(上册),北京:人民教育出版社,1950 年,第 60 页。

员，回家乡任中学教员，他担任过教导主任和区教育局局长。从1948年起，他担任帕夫雷什中学（十年制农村学校）的校长，直至逝世。

苏霍姆林斯基

苏霍姆林斯基从教30多年，特别是在帕夫雷什中学的20多年中，他殚精竭虑，全身心投入工作和研究中。他一生撰写了41部专著，600多篇论文，1200多篇儿童读物；他还具体而系统地对3000多名儿童进行"跟踪观察"，逐一写观察笔记，并能说出178名"最难教育"的学生的曲折成长过程。据有关资料介绍：他的著作被译成29种文字，他的书已销售400万册以上；《把整个心灵献给孩子们》一书获得乌克兰社会主义共和国国家奖，并连续发行20多版[①]。他的著作还有《给教师的建议》《苏霍姆林斯基论教育》《帕夫雷什中学》《和青年校长的谈话》等。苏联教育界称他的教育活动是一项长达30年的教育实验，帕夫雷什中学是一座教育学实验室，他的著作是近几十年来罕见的"先进教育经验的完整总结""活的教育学"。

2. 教育思想。苏霍姆林斯基在教育上的贡献集中体现在他的"和谐发展"的教育思想上。他认为，苏联学校的主要任务应培养"全面和谐发展的人，社会进步的积极参与者"[②]。

"全面和谐的教育"包括两层含义。其一是要使学生全面发展，使德、智、体、美、劳诸育和谐结合，促进学生充分发展。用苏霍姆林斯基的话说，就是要使智育、体育、德育、劳动教育和审美教育相互渗透与相互交织，使这几方面的教育呈现为一个统一的完整过程。其二是把学生认识世界的活动（学习）与改造世界的自我表现（实践）和谐结合起来，也就是如何将人的活动的两种职能配合起来，使两者达到平衡：一种职能是认识和理解客观世界，另一种职能就是人的自我表现，自己内在本质的表现，自己的世界观、观点、信念、意志力、性格在积极的劳动和创造中以及在集体成员的相互关系中表现出来，也就是发现深藏在每一个人内心的财富[③]。

苏霍姆林斯基认为，和谐全面发展的核心是高尚的道德。他说："道德是照

① 引自北京教育行政学院等院校合编：《外国教育史简明教程》，北京：新时代出版社，1987年，第491页。

② ［苏联］苏霍姆林斯基著，杜殿坤编译：《给教师的建议》（下），北京：教育科学出版社，1981年，第226页。

③ ［苏联］苏霍姆林斯基著，赵玮等译：《帕夫雷什中学》，北京：教育科学出版社，1983年，第9页。

亮全面发展的一切方面的光源，而同时它又是人的个性的一个个别的、特殊的方面。”[①]道德教育如此重要，那我们就应该从儿童年幼时抓起，“早在他们还理解不了共产主义理想是人类道德文明的顶峰这一真理之前，就开始进行了”[②]。但他同时又反对简单地对儿童进行道德说教，而应采用养成式的教育，培养儿童的道德行为和道德习惯，并使他们心目中的道德概念转变为道德信念。因为“个人道德信念是道德教育的最终结果，是说明一个人的精神面貌及其品行中思想和行为一致、言论和行动一致的主要标志”[③]。

智育是全面和谐教育的一个重要方面，苏霍姆林斯基认为，智育的任务不仅在于简单的知识传授，还包括形成科学的世界观，发展智力、形成智力劳动的技能和培养智力劳动的兴趣等方面。因此，他极力反对那种“唯分主义”，他建议：不要以分数取人，不要只用一把尺子去衡量学生，“不要让上课、评分成为人的精神生活的唯一的、吞没一切的活动领域。”[④]他用生动的例子使人们相信，即使在那些考 2 分的学生身上也蕴藏着教师没有看到的其他一些天赋；他还把只注重分数而忽视其他方面发展的教育，比喻为只看到花瓣而没有看到整个花朵一样。这些思想观点具有极大的现实意义，至今仍有借鉴价值。

另外，苏霍姆林斯基对体育、美育和劳动技术教育也非常重视。他重视儿童的身体健康，提出体育是保证儿童得到全面和谐发展的物质性基础，提出一系列合理的学习、劳动和休息制度及学校卫生保健的要求。对于美育和劳动技术教育，他在一些著作中也作了较为详尽的论述。而且在他看来五育之间并非是全然断开的，而是相互联系、相互影响、相互促进的，无论忽视哪一方面，都无法解决其他任务。

全面和谐教育还要求学生劳动与智力生活的结合，课堂教学与课外、校外教育的结合，教育管理与自我教育的结合，个性培养与集体主义教育的结合等。在教学上，他认为教师的“教”，不仅是指知识的传授、智力的发展，还包括学习方法的指导，学生性格、信念、自尊心及热爱劳动精神的培养。他还要求教师上课要力求生动形象，让学生体会到学习成功所带来的欢乐，注重启发学生的思维，反

① [苏联]苏霍姆林斯基著，杜殿坤编译：《给教师的建议》(上)，北京：教育科学出版社，1980 年，第 159 页。

② [苏联]苏霍姆林斯基著，杜殿坤编译：《给教师的建议》(下)，北京：教育科学出版社，1981 年，第 150、159 页。

③ [苏联]苏霍姆林斯基著，赵玮等译：《帕夫雷什中学》，北京：教育科学出版社，1983 年，第 183 页。

④ [苏联]苏霍姆林斯基著，杜殿坤编译：《给教师的建议》(上)，北京：教育科学出版社，1980 年，第 148 页。

对“满堂灌”，反对侮辱性教育。他认为，学生自信心的丧失，自暴自弃、抵制反抗情绪乃至违法乱纪等野蛮情感的来源，是长辈们的暴力、侮辱、怀疑、冷漠、残忍等，因此，教育工作中要尊重学生的人格。

苏霍姆林斯基还较重视家庭教育与学校教育的结合。他说：“最完备的社会教育就是学校—家庭教育。”①他认为，学校和家庭“不仅要一致行动，要向儿童提出同样的要求，而且要志同道合，抱着一致的信念，始终从同样的原则出发，无论在教育的目的上、过程上还是手段上，都不要发生分歧”②。他在帕夫雷什中学任职期间还设立“家长学校”，向家长讲授教育学和心理学知识，帮助家长配合学校，形成教育合力，共同教育儿童。

在教育管理上，苏霍姆林斯基也有许多真知灼见。比如，他认为，一个学校的领导，首先应是教育思想的领导，其次才是行政领导等。总之，他的教育思想的内容极其丰富，对教学工作实践具有极强的指导性，这归功于他丰富的教育经验和不懈的探索精神。他的教育理论与实践，可以说是人类教育史上的一块瑰宝，至今仍闪烁着不朽的光芒。他为人类教育事业作出了不可磨灭的贡献，因此被人们尊誉为“教育思想泰斗”。

(四)赞可夫的教育理论与教育实验

1. 生平。列·符·赞可夫(1901～1977 年)，苏联著名的教育家和心理学家，苏联教育科学院院士，17 岁参加工作，先后任乡村学校教师、唐洛夫农业工学团的教导员和主任。随后考入莫斯科大学，毕业后留在研究生部从事心理学和缺陷儿童学习特点的研究，曾任苏联教育科学院儿童缺陷学研究所所长。1953 年转向教育学研究，并参与了凯洛夫《教育学》的编写和修订工作，1957 年他领导“教学与发展问题”的实验研究，提出“小学教学新体系”，并撰写了大量著作，其主要作品有《回想的心理》《学生的记忆》《论小学教学》《教学论与生活》《和教师的谈话》《教学与发展》等。

赞可夫

赞可夫一生著述 150 余种，他用毕生的精力从事教育理论研究，可贵的是，他成功地把心理学的研究方法有机吸收到教学论研究中，他的教育实验研究对

① [苏联]苏霍姆林斯基著，赵玮等译：《帕夫雷什中学》，北京：教育科学出版社，1983 年，第 7 页。

② [苏联]苏霍姆林斯基著，杜殿坤编译：《给教师的建议》(下)，北京：教育科学出版社，1981 年，第 264 页。

苏联的教育影响深远。

2.教育实验与教育理论。赞可夫认为，苏联三四十年代所确立的教育理论，到20世纪60年代已远远不能适应科技的发展和国际竞争的挑战，苏联的教育只注重知识的传授，忽视了儿童的智力、情感、意志、性格等方面的发展。他力图通过实验研究，探讨使学生全面发展这一新任务的新的原则和要求。

赞可夫从1957年便开始他的实验研究，实验进程分三个阶段：第一阶段(1957～1961年)只在莫斯科第172学校的一个班进行，其间他积累了大量资料，证明原来的小学教学落后于儿童发展水平，影响了学生的一般发展；第二阶段(1961～1965年)则将实验班增加到371个，学制由4年改为3年，编订了新实验大纲和相应的教学内容；第三阶段(1965～1970年)的实验班规模更为扩大，遍布俄罗斯联邦共和国的52个州和几个加盟共和国。到1970年，实验基本结束，赞可夫对实验成果进行了系统总结。

赞可夫在他的教学实验新体系中提出了“一般发展”的概念，他说：“我们所理解的一般发展，是指儿童个性的发展，它的所有方面的发展。因此，一般发展，也和全面发展一样，是跟单方面的、片面的发展相对立的。”①他反对把一般发展仅理解为心理学上所讲的知、情、意的三分法，提出应该按照观察活动、思维活动、实际操作三条线索来揭示教学与发展关系中的客观规律，为了实现儿童的一般发展，必须遵循五条基本原则。

(1)高难度进行教学的原则。赞可夫认为苏联现存的教育“不合理地把教材编得太容易，无根据地把教学进度放得很慢，进行多次的单调的复习，这些显然都不能促使学生的迅速发展”②。为了使儿童跟上科技发展，必须加大教学内容的难度，这样才能给儿童提供足够的精神“食粮”，使儿童不至于“营养不良”。

“难度”的含义有两层：克服障碍和学生的努力。教材和教学方法应给学生提出应当克服的困难，把学生的精神力量调动起来，教学上有了一定难度，就能激发学生学习的兴趣，促使其智力发展；但是，这个难度也并非越难越好，要有一定的分寸，这就是要符合维果斯基的“最近发展区”理论。

(2)高速度进行教学的原则。赞可夫指出由于“多次、单调的复习旧课，把教学进度不合理地拖得很慢，这样就妨碍了以高难度进行教学”③，让儿童反复咀

---

① [苏联]赞可夫著，俞翔辉译：《论小学教学》，北京：教育科学出版社，1982年，第20页(注：赞可夫即赞科夫)。

② [苏联]赞可夫著，杜殿坤等译：《教学与发展》，北京：文化教育出版社，1980年，第20页(注：赞可夫即赞科夫)。

③ [苏联]赞可夫著，杜殿坤等译：《教学与发展》，北京：文化教育出版社，1980年，第46页(注：赞可夫即赞科夫)。

嚼已知的材料无异于在浪费时间,阻碍了学生的发展,这就要求教学要不断向前运动,以各方面内容丰富的知识来充实学生的头脑。而且儿童正是求知欲旺盛、对周围世界充满好奇的时期,要以知识的广度来达到对知识的巩固,而不是孤立地传授知识,要把知识纳入一个广泛而严整的体系。要重新研究复习与巩固的问题,不能强求学生通过重复来巩固知识,因为事实上有许多东西是通过“无意识的识记”和以后的经常重现学习而巩固下来的。

另外,赞可夫还进一步解释说,“高速度”不是“开快车”“赶进度”,而是“不断地前进,不断地以多方面的内容来丰富学生的智慧,能为学生更深刻地理解所获得的知识创造有利的条件,使知识纳入一个广泛展开的体系”①,这就要让学生多读些课外书籍,多参加科技活动,多交流、多讨论、多进行参观访问以巩固他们所学的知识。

(3)理论知识起指导作用的原则。传统教学论主张儿童的认知遵循“由近及远”“由简到繁”“由具体到抽象”的原则,感性认识在前,理性认识在后,事事皆要直观。赞可夫反对这一观点,他认为一年级学生也能够掌握许多抽象概念,理解事物间的一些内在联系。因此,教学中应让学生在尽可能深刻地理解概念、关系的基础上进行学习,要尽量发挥理论知识在小学教学中的认识作用。

(4)使学生理解学习过程的原则。这一原则要求学生理解的对象是学习过程,它是指向内部的学习结构与进程,着力培养学生的自学能力,让学生学会学习。这虽与自觉性原则相似,但又有着重大区别,因为一般教学论的自觉性原则强调知识技能,着眼于学习活动的外部因素。

(5)使全班学生都得到发展的原则。赞可夫主张教学应“使每一个学生(包括优等生、中等生以及差生)都能在发展上尽他自己的最大的可能性取得最大的成果”②。他针对传统教学只注重向学生传授知识技能,而忽视学生发展的现状,主张对学生,特别是差生,要全面了解、关怀,帮助他们树立信心,激发学习兴趣,使全班学生,包括最差的学生都得到发展。

赞可夫的教育实验研究针对苏联当时的教育弊端,适应了科技发展对教育的要求,具有鲜明的时代特征。他的发展性教学思想在六七十年代的苏联一度占据统治地位。

(五)巴班斯基的教育思想

1.生平。巴班斯基(1926～1987年),苏联教育科学院院士、副院长,是苏联

---

① 戴本博主编:《外国教育史》(下册),北京:人民教育出版社,1990年,第446页。

② [苏联]赞可夫著,杜殿坤译:《和教师的谈话》,北京:教育科学出版社,1980年,第219页(注:赞可夫即赞科夫)。

颇有影响的教育学家。他早在20世纪60年代初就在顿河—罗斯托夫地区创造了大面积克服留级现象的经验，70年代起，在总结以往经验的基础上，致力于教学教育过程最优化理论的研究探讨，从而引起苏联乃至世界教育界的关注，他的《论教学过程最优化》一书曾被翻译成中文，在中国反响很大。

巴班斯基

2.教学过程最优化理论。巴班斯基广泛吸取了当代哲学、教育学、心理学、控制论、最优管理的一般理论等方面的研究成果，以辩证的系统方法研究教学过程，把教育理论的研究“提到综合现代化的水平”①。他还运用整体的观点动态地分析，提出对教育过程中的问题要具体问题具体分析。

所谓“最优化”，巴班斯基认为，是指在全面考虑教学规律、教学原则、现代教学的形式和方法以及系统和系统内外条件的基础上，组织对教学过程的控制，以保证教学过程从一定标准看是最有效的。那么，最优化的标准是什么呢？巴班斯基认为有如下几条：第一，在获得知识，形成技能、技巧以及某种个性特征方面，在提高品格修养方面，取得最大的可能效果；第二，师生为取得一定效果只耗费最少的必要时间；第三，师生在规定时间内，为达到一定的效果只耗费最少的必要精力；第四，在规定时间内达到一定效果只花费最少的经费（与标准开支相比）②。这些标准有助于教师根据现有条件，选择最优的教育方案。

巴班斯基还认为，为了达到教学过程最优化这个核心，就必须遵循一定的程序，他认为“最优化程序的结构与人的任何活动的一般结构相似（也和逻辑相似）（任务—内容—形式—方法等等，或者是计划—组织—监督—分析—修正等等），教师也要遵循这一逻辑”③。教师首先要考虑教学、教育和发展的任务，根据所教授的课题和学生现有的能力，制订出具体的教学任务；接着要精选教学内容，使教学内容符合教学大纲的精神，考虑师生双方的现实可能性，在难度、广度和深度上都是最优的；随后教师应根据具体的学习情境选择最合理的教学形式和教学方法，还要考虑教学进度，克服学生学习负担过重的问题；最后教师要认真分析教学效果，进行教学反馈与反思。这种程序不是僵化不变的，教师可根据实际情况合理选取与运用。

教学过程中，每一环节的实施都非常重要，它们要遵循一定的原则，基于此，

① 戴本博主编：《外国教育史》（下册），北京：人民教育出版社，1990年，第453页。

② ［苏联］巴班斯基著，冯克难译：《教学教育过程最优化问答》，北京：教育科学出版社，1986年，第2页。

③ 戴本博主编：《外国教育史》（下册），北京：人民教育出版社，1990年，第457页。

巴班斯基提出了一个较为完整的新的教学原则体系，共十条：教学的方向性原则；教学与生活、共产主义建设实践相联系的原则；教育的系统性与连贯性原则；可接受性原则；教学的科学性原则；学生的自觉性和积极性原则；各种教学方法最优结合的原则；各种教学形式最优结合的原则；创设最优教学条件的原则；教养、教育和发展成果的巩固性、效应性原则。

另外，巴班斯基还实事求是地分析了最优化的效果，他反对把"最优化的效果"等同于"最理想的效果"。他指出："最理想的效果是所有学生的学习成绩都优秀，他们的智力发展和品格修养都达到最高水平。"[①]而"最优化的效果，一般地说，不是最佳效果，只在下列情况下是最好的：(1)对该具体条件和教师的可能性来说；(2)在该阶段，即考虑到学生知识和品格的实际水平；(3)从学生个性特点及其实际可能性出发；(4)考虑到具体教师或教师集体现有的技能、技巧和特点等等。由此可见，一种教学教育方案对一个学生(一个学生集体)来说是最优化的，对另一个学生来说就可能不适用，因为，对每一个学生、小组或集体来说都应该有自己的最佳效果。可见，最优化的概念是相对的"[②]。

总之，巴班斯基的最优化教学思想适应了时代发展的需要，运用整体、系统、辩证的观点看待问题，并结合实际教学中的具体情况，极大地提高了教育教学效果。他的理论尽管存在阐述不足，评价、定性、定量问题未最后解决等方面的欠缺，但他使苏联教育理论进入了一个崭新的阶段，对苏联乃至世界的教育事业作出了重大贡献。

资料卡片 37

合作教育思想

合作教育学是 20 世纪 80 年代中后期在苏联形成的一种很有影响的教育流派。它的主要倡导者是一群长期从事教育改革探索的教育家，如阿莫纳什维利、沃尔科夫、沙塔洛夫、伊利英、卡拉科夫斯基、雷先科娃、谢季宁等人。他们在 1986 年 9 月至 1988 年 10 月间举行了四次会晤，发表了《合作的教育学》《个性的民主化》《更新的方法》和《到新学校去》四个重要报告。合作教育学提倡教育过程中的师生合作，重视对学生学习兴趣、学习能力的培养以及学生个性的健康发展，主张取消分数，强调以发展学生的认识积极性为目标等。

---

① [苏联]巴班斯基著，冯克难译：《教学教育过程最优化问答》，北京：教育科学出版社，1986 年，第 5 页。

② [苏联]巴班斯基著，冯克难译：《教学教育过程最优化问答》，北京：教育科学出版社，1986 年，第 5 页。

由于合作教育学倡导师生合作和个性化教育，主张教师的教学要以儿童的发展为目标，因而极大地影响了20世纪80年代后期苏联教育理论与教育实践的发展，也对我国产生了一定影响。

思考题

1. 教育的"钟摆现象"在20世纪世界教育发展中表现突出，"传统与现代""学术与生活""社会与儿童"等反映了教育钟摆运动的相应轨迹。请根据这一现象梳理归纳20世纪西方教育思潮的更迭演变史。

2. 查阅资料深度学习马卡连柯关于集体主义教育和劳动教育思想的精神内涵，并分析其对我国基础教育的影响。

3. 查阅资料深度学习苏霍姆林斯基关于德、智、体、美、劳"全面和谐发展"的教育思想和农村教育思想的精神内涵，并分析其对我国基础教育的影响。

第十章

日本和阿拉伯国家的近现代教育

资料卡片 38

古印度的教育

公元前2000年左右,古代印度出现奴隶制国家。公元前1400年建立了王国,形成了一套严格的等级制度——种姓制度,即把人由高到低分为婆罗门(僧侣)、刹帝利(武士)、吠舍(平民)、首陀罗(奴隶)四个等级。公元前8世纪以后,印度出现了一种在家里开办的婆罗门学校,通称"古儒学校",教师被称为"古儒"。儿童入学后即迁入古儒家,学习年限为12年,主要内容为《吠陀》经。公元前6～前5世纪,婆罗门势力削弱,佛教产生,印度教育发生了较大的变化。公元前3世纪,佛教得到广泛发展,佛教教育随之发展起来。佛教教育的主要场所是寺院,学习内容为佛教经典。教学语言不用梵文而用地方语言,适应了平民学习的需要。僧徒一般学习12年,合格者为"比丘"(僧人)。佛教也重视女子教育,女僧学完后称为"比丘尼"。10世纪后,佛教在东亚其他国家得到广泛传播。佛教的寺院不仅是教育机构,也是学术机构,对中国和东南亚国家的教育产生了重要影响。

日本是亚洲第一个建立资本主义制度的国家。在当今世界,日本属发达国家,尤其是日本的近现代社会发展迅速。学者们一致认为,日本近现代社会之所以有如此快速发展,主要得益于教育改革,尤其是明治维新运动和二战后教育改革的成功。而阿拉伯国家由于共同的宗教信仰,又地处东西文化的结合部,在当今的国际事务中发挥着越来越重要的作用。尤其是在伊斯兰教影响下,阿拉伯国家的古代教育令人景仰,它影响着欧洲的文艺复兴运动,以及欧洲的近现代教育。同时,近现代伊斯兰复兴运动也深深影响着阿拉伯国家近现代教育的发展。本章主要介绍日本和阿拉伯国家近现代教育的变革与发展。

第一节　日本的近现代教育

一、日本教育的近代化

日本的近代一般是指从1868年明治维新开始到第二次世界大战结束这段历史。

(一)明治维新后日本的教育改革

明治维新是指明治天皇“倒幕开国”和政府自上而下实行资产阶级性质改革的统称。明治政府建立以后对旧的政治、经济、文化、军事和教育进行了全面改革，为发展资本主义扫清了道路，建立了一个强大的大地主和大资产阶级联合专政的国家。1868年3月14日，明治天皇向国民宣布了《五条誓文》(也称为《御誓文》)，其中“破从来之陋习”和“求知识于世界以振皇基”的内容，表明日本从此放弃闭关自守，采取学习西方的基本方针。1871年8月，明治政府断然“废藩置县”，重新改组政府机构，削弱在中央机关任职的公卿藩主的权力。新政府以西方资本主义发展模式为蓝本，以“富国强兵”“殖产兴业”和“文明开化”的三大政策为改建国家的总方针。把“文明开化”“启迪民智”作为增强国力的基础，视教育为“立国之本”。为此，1872年8月，文部省颁布了第一个教育改革的重要法令《学制》。实施新学制，是日本教育近代化的开端。

1.建立中央集权的教育领导体制。明治政府建立的第二年，《学制》颁布之前，在东京设立了一个发展中小学的调查科。开始改造幕府时代的旧教育，恢复江户时代的学校，把幕府时代遗留下来的医所、开成所、昌平学校相继重新开办。1870年2月，第一次制定了《大学规则及中小学规则》，开始试办近代化的学校。1871年“废藩置县”后，实行中央集权制。在中央政府设立了文部省，负责主持科学、文化、教育改革等事宜。1872年8月，文部省颁布《学制》，具体规定了日本的教育领导体制和学校制度。

推行新学制时期，完全效仿法国的中央集权制。在文部省的统一管辖下，日本全国被划分为8个大学区。每个大学区设1所大学；1个大学区分设32个中学区，各中学区设1所中学；1个中学区设210个小学区，各小学区设1所小学。到19世纪70～80年代，随着自由民权运动的高涨，日本又参照美国的经验，一度废除大学区制，把教育行政领导权交给地方。不久，这种地方分权管理教育即因过于自由化而遭到反对。随之，自由民权运动遭到镇压，中央集权的大学区制又得以恢复。中央集权的领导体制对全国教育具有强制性的指导作用，地方政府及各级各类学校都必须服从，各级学区之间都是统属关系。80年代以后，又陆续设立了普通学务局、专门学务局、实业学务局、宗教局等。1883 年又确定了由文部省审批教科书的制度。1903 年进一步确立了小学教科书的“国定制”。编制教科书必须以《教育敕语》为指导，强调培养忠于天皇的臣民和顺从父辈的寺子，学习富国强兵需要的知识和技能。教科书充斥国家主义和军国主义的思想，成为毒害广大青少年的工具。

2. 初等教育的普及与发展。明治政府非常重视初等教育的普及与发展。1872 年明治政府颁发的《学制》规定废止孝子屋和御学，开办 8 年制的小学校（分为初级 4 年和高级 4 年两段），儿童 6 岁入学，接受 8 年制的义务教育。文部省把发展小学列为实施《学制》的首要任务。1881 年文部省制定了《小学校教育纲领》，将小学四四分段制改为三三二分段制，即小学分为初等科（3 年）、中等科（3 年）和高等科（2 年）3 个阶段。并确定小学初等科是国民教育的最低目标。到 1886 年 4 月，又公布了《小学校令》，明确规定小学仍恢复四四分段制，即设置 4 年制寻常小学（初小）和 4 年制高等小学，并规定 4 年制寻常小学为义务教育阶段。1900 年 8 月，日本政府发布敕令，修改《小学校令》，废除了征收小学学费的制度，实施免费的初等义务教育。1907 年 3 月，又发布《再次改正小学校令》，将义务教育年限延长到 6 年，并要求学龄儿童必须接受寻常小学的 6 年教育。由于国民经济快速发展，延长义务教育年限以后，儿童的入学率迅速增加。

3. 中等教育的改革。明治维新初期，与小学、大学相比，日本的中学发展较慢。明治教育改革初期，中学学制长短不一，有 6 年、5 年的，也有 3 年、2 年的，主要是为统治阶级子弟开办的学校。《学制》公布不久，新政府又新设了工业学校、商业学校、农业学校和诸民学校等。这个时期的新学校体系不是单一的，而是多样化的。1886 年 4 月公布的《中学校令》，规定中学的教育有两项：一是从事实业教育；二是升入高等学校的教育。规定中学的学制为 7 年，分为寻常中学（初级中学，5 年）和高等中学（2 年）两段。前者由地方设置，归各府、县管辖，每个府、县设 1 所，后者由文部省管辖。寻常中学和高等中学性质不同，寻常中学主要进行普通教育，而高等中学则是分科设置，一般有法科、医科、文科、理科、农科、商科等。明治政府后期，为了适应经济发展的需要，大力调整中等学校结构。将原来的中等学校结构改为男子的普通教育、女子的普通教育和职业教育三个系统，三条轨道各自独立发展。至此，从学校体系来看，它已完成了近代学制的双轨制。

日本职业技术教育在明治初期并不发达，其工作由政府各部门分别主持。到 19 世纪 80 年代，职业技术教育机构开始归文部省管理。1893 年，日本在学习德国经验的基础上，大力发展实业学校，公布了《实业补习学校章程》。明确规定“实业补习学校对从事和想要从事各种实业的儿童进行小学教育的补习，同时应用简单易懂的方法授以其职业所需要的技术知识”。开设此类学校，学习期限短，也不固定。此外，还有实业学校（中等技术教育学校）和实业专门学校，构成初、中、高三级科技教育体系。1894 年日本国会又批准了《实业教育国库补助法》，决定每年拨 15 万日元给实业学校，用以发展职业技术教育。1899 年又正式颁布《实业学校令》，逐步形成了日本科学技术教育网，从而加快了近代日本资本主义工业化的进程。

4. 高等教育的发展。1877 年，明治政府学习西方，积极改造旧学校，创办日本近代化的大学，把东京开成学校、东京大学校和东京医学校合并为东京大学，设法、理、文、医 4 个学部。1886 年公布的《帝国大学令》，将东京大学改称帝国大学，规定帝国大学是一所教授适应国家需要的学术技艺和研究深奥的学术理论的综合性大学。并规定升入大学的人一定是高等中学毕业或有同等学力，并经过文部省大臣批准承认其学历，经考试合格者。还规定了各大学的系科、专业设置及课程内容事项。其间，陆续建立了早稻田大学（1882 年）、工科大学（1886 年）、农科大学（1890 年）和京都帝国大学（1897 年）等。

在发展近代高等教育的最初阶段，日本为了加快高等教育的发展，一方面高薪聘用外国人办学、讲学，另一方面向欧美派出大量留学人员。直到留学生学成回国接替外聘人员后才逐步自办高等教育。从 1877 年到 1910 年，日本建成了 84 所大学。1880 年，日本每万人中只有 2 名大学生，到 1910 年每万人中就有 9.7 名大学生。日本的高等学校在校学生数在资本主义世界中仅次于美、德两国，居第三位①。

5. 师范教育制度的建立。明治初期，日本在普及初等教育的同时，很重视师资的培训，使师范教育与初等教育同时发展，大大加快了初等教育的普及速度，为现代教育的发展提供了可贵经验。1872 年，在《学制》公布之前，文部省就开办了一所公立东京师范学校（日本第一所师范学校）。这所学校是在美国斯科特（1843～1922 年）的指导下，采用美国在公共教育方面的新课程、新方法来训练新教师的。所有设备和教材都是从美国输入的。这所学校后来成为普及初等教育的"圣地"。东京师范学校有了毕业生之后，文部省就在每一个大学区的中心城市开办一所国立师范学校，主要教师由东京师范学校选派。1874 年，师范学校发展到 7 所，同年还办起了女子师范学校。到 19 世纪 70 年代末，每一个府、县至少建起 1 所或 2 所师范学校。

1886 年公布的《师范学校令》，规定师范学校的任务是"培养教员应有的品质和学识"，要求"学生应具备顺良信爱威重的气质"，并规定师范学校分为寻常师范学校和高等师范学校两类。寻常师范学校，府、县各设 1 所，经费从地方税

① 引自北京教育行政学院等院校合编：《外国教育史简明教程》，北京：新时代出版社，1987 年，第 353 页。

收中支付。府、县师范学校的任务是培养公立小学校长和教员。高等师范学校，属于中等教育学校，由国家设立，最初只在东京设1所，由国库支付经费，培养寻常师范学校的校长和教师，或其他各种学校的校长和教员。《师范学校令》要求师范学校必须加强学生品德教育，规定师范学校的学生可以免服兵役，在学校学习期间要接受体操训练，过兵营式的生活。从1883年起，文部省又为全国教育界领导人组织了系统的在职训练，府、县也相应安排了在职师资训练的课程，这可谓是较早的教师继续教育了。1895年制定了教师资格审核制度，各师范学校也成立了负责授予教师合格证的机构。《师范学校令》公布之后，师范教育在日本已形成制度。

总的来看，明治后期，日本的学校教育制度已趋于完善。无论是学校系统还是各类学校的内部结构，都能适应日本经济发展的需要，也满足了日本对内对外政策的要求。可以说完成了日本近现代教育史上的第一次改革，逐步确立了近代资本主义教育制度。

资料卡片 39

福泽谕吉的教育思想

福泽谕吉(1835～1901年)，日本明治维新时期著名的启蒙思想家、教育家，代表作有《劝学篇》《文明论概略》等。他认为，只有教育才可消除贵贱、上下之别，才可培养富有学识的国民。要改变日本国弱民愚的社会现状、唤醒民众的民主意识、学习西方先进的科学技术，就必须通过教育来完成。为此，他大力主张普及学校教育，以最终实现教育立国。他提倡向西方学习实际学问，包括地理学、物理学、历史学、经济学等，即学习那些能够解决实际问题的真正学问。主张通过知识教育开发人的智力，培养独立思考、明辨是非的能力。福泽谕吉还特别重视德育和体育。主张通过道德教育培养民众，使民众形成正确的国家观念，增强民族自尊心。认为培养日本国民的爱国之心是德育的首要任务。他主张应将体育课作为学校必修课。体育的目标是造就健康的国民，通过体育提高国民素质。

作为新兴资产阶级的代言人，福泽谕吉积极投身于文明开化和思想启蒙运动，其教育思想对当时和后来的日本教育改革与发展产生了显著影响。

(二)二次世界大战期间的日本教育

1.第一次世界大战结束前后的日本教育。第一次世界大战发生在1914～1918年，战场主要在欧洲。但明治维新以后，日本资本主义迅速发展，到20世纪初，日本进入帝国主义阶段，国内的垄断资本集团已经形成。1914年6月，第一次世界大战爆发后，不仅给日本提供了对外扩张的机会，而且为它经济的空前繁荣开辟了道路。一战期间，日本帝国主义趁欧洲列强无暇东顾之机，在远东太平洋地区积极扩展自己的势力范围。在经济上，日本商品大量涌入亚洲市场，出口贸易也大幅度增长。从1915年到1918年，日本对欧洲的出口额增加60%，对亚洲增加125%，对南美增加629%，日本垄断资产阶级和大地主阶级真可谓大发战争横财。在军事上，日本出兵占领了德属太平洋岛屿，霸占了中国的山东等。第一次世界大战给世界人民带来了灾难，许多国家的城市和乡村变成废墟，各国经济紊乱，通货膨胀，物价高涨，赋税加重，战后出现了全球性经济萧条。1927年春日本发生了金融危机。1929～1932年世界性资本主义经济总危机爆发，又进一步加深了日本的经济危机。经济危机又引发了政治危机。两种危机严重威胁着日本垄断资产阶级和大地主阶级。处在内外交困形势下的统治者、军国主义分子，便不择手段地走上对内实行法西斯专政、对外发动侵略战争的道路。1931年，日本制造了震惊世界的九一八事变，侵占了我国东北，随之扶植建立伪满洲国傀儡政权。1937年7月7日，又发动卢沟桥事变，掀起全面侵华战争。1940年，日本与德国、意大利法西斯签订了反动的军事同盟条约，次年发动太平洋战争，第二次世界大战全面爆发。

为适应帝国主义扩张侵略和经济发展的需要，日本大力加强军国主义教育，灌输一整套军国主义、国家主义思想，并进行严格的军事训练，奴化和钳制人们的思想，将他们训练成为扩张、侵略卖命的残暴的法西斯军人。首先，改组明治维新时期的教育体制，形成战时教育体制。1917年成立的临时教育委员会，作为内阁总理大臣的咨询机关，重新审查了日本全国的教育，改组了明治时期形成的国家主义教育体制。19世纪30年代又建立了文部省的咨询机构——教育改革会，欲寻求一种既符合军国主义、法西斯主义需要，又符合日本精神的新教育，提出以“神道教、政府、教育”三位一体为前提的政教合一的教育改革方案。太平洋战争爆发后，大战犯东条英机以首相身份一度兼管文部省，把日本的教育紧紧拴在侵略的战车上，将其全面转入战时教育体制。政府要求各类学校必须进行全面的战时改革，其核心是加强忠于天皇的思想教育，实行法西斯军事训练，在“校门即营门”的军国主义政策下，使学校兵营化。其次，加强对学生的思想统治。为了控制学校，限制学术自由，镇压激进派，清洗信仰马克思主义和具有自由主义思想的教师，1935年日本政府公布了《青年学校令》，把实业学校合并成青年训练所，成立了实施职业教育与军事训练的准中等教育机构。从1939年起，又将男子青年学校的义务教育延长至19岁，以便与青年男子应征入伍的年龄相衔接。并强调“皇道”“神道”“大和魂”及武士道精神的教育内容。1937年7月日本帝国主义发动全面侵华战争，9月开展了“国民精神总动员，举国上下一致，尽忠报国”的运动。1938年军部又设立了培养义务青年军人的“青年学校”，招收小学毕业生，进行“准军队”教育和训练。从此，日本的教育完全滑入军国主义和法西斯主义轨道。

2.第二次世界大战期间的日本教育。1939 年 9 月第二次世界大战爆发时，日本实行的是战时教育体制。为了加强军国主义教育，1937 年成立的教育审议会，经过 3 年审议，于 1941 年颁布了《国民学校令》，将小学一律改为“国民学校”，并规定国民学校的办学目的是根据皇国之道，实施初等普及教育。1943 年公布了《中等学校令》，规定中等学校的办学目的是培养皇国臣民。同年颁布经过修改的《师范教育令》，将师范学校一律升格为专门学校，享有与国立学院同等的地位，并全部改为公立，由国家管理。但对教师的培训严加控制。停止了免除文科学生入伍的规定，并使少量超过服役年龄的学生到军队服务，男教师也要应征服役。随着侵略战争的扩大，日本加强了法西斯统治，学校完全为战争服务。1941 年太平洋战争爆发以后，全国各类学校都建立了“报国队”。1945 年 3 月，日本内阁又公布了《战时教育令》。决定除国民学校初等科外，其他学校一律停止授课，中学以上的学生一律到工厂劳动或应征入伍，为国“奉公牺牲”。许多学生被战争夺去了生命，成为日本军国主义的牺牲品。1945 年 8 月战争结束后，日本法西斯军国主义教育也随之崩溃。

二、日本教育的现代化

日本战败后由美国占领，在美国的控制下，开始了战后政治、经济以及教育的改革。首先，解除日本军国主义的武装力量，逮捕、判处战争罪犯及政府部门中的军国主义分子，废除法西斯化的法令；其次，通过“农地改革”，基本上消灭了封建地主阶级和封建土地所有制；再次，废止天皇专制统治的制度。1946 年 11 月公布的《日本国宪法》，废除了天皇专制的中央集权制，规定实行地方自治，保证私有制不受侵犯；并认为受教育是国民应该享有的权利，义务教育实行免费原则，宗教与国家分离，国家及其机关都不得进行宗教教育等。在此基础上，开始实施全面的教育改革。这次教育改革是以美国的教育为样板。1946 年 3 月美国教育使节团到日本，提出改革日本教育的《报告书》，并为执行《报告书》专门成立了“教育刷新委员会”。这就拉开了日本近现代教育史上第二次改革的序幕，从而逐步确立了资产阶级民主教育制度。其基本情况如下：

(一)颁布《教育基本法》和《学校教育法》

《教育基本法》和《学校教育法》是“教育刷新委员会”以美国教育使节团的《报告书》为基础，依据《日本国宪法》精神草拟的，并提交国会按立法程序通过。“两法”于 1947 年 3 月 31 日正式公布，为日本开创了通过国会程序制定和公布教育政策、法令的先例。

1.《教育基本法》。《教育基本法》全文共11条，内容与结构十分简洁。它明确规定日本教育的目的、教育机会均等、义务教育、男女同校、教育与宗教分离等基本原则。《教育基本法》要求日本的教育要促使“人的完全发展”，造就“和平国家的建设者”，培养“尊重个人尊严和追求真理与和平的人”。在条文中，明确规定“法律所承认的学校的教员，都是为全体国民服务的”，“教师有独立的教育权”，同时规定“教员的身份应受到尊重，并给予他们适当待遇……”《教育基本法》还规定教育行政的任务、家庭与社会教育的任务等。总之，《教育基本法》具有划时代意义，成为战后日本教育改革与发展的依据，被称为“教育宪法”。1947～1949年，日本根据《教育基本法》的规定，先后制定了《学校教育法》《私立学校法》《社会教育法》《教职员许可法》《教育公务特例法》《教育委员会法》《理科教育振兴法》《地方教育行政组织法》《义务教育费国库法》等。随着各种教育法规的制定和实施，日本建立起一套比较系统、稳定的教育法律体系。

2.《学校教育法》。《学校教育法》是根据《教育基本法》的精神制定的，它与《教育基本法》都是1947年3月31日公布的。《学校教育法》全文共9章108条，还有附则。它确立了新学制的结构。规定了“六·三·三·四制”的新学制，即小学6年，初中3年，高中3年，大学4年。用单轨制代替了旧的双轨制。

《学校教育法》还详细规定了各级学校的类型、课程的设置和标准、校长和教师的条件、学校的培养目标、修业年限、入学资格等。《学校教育法》规定将小学和初中原来6年的义务教育延长到9年。为了使6～15岁的儿童读完九年义务教育，小学和初中都采用单轨制。大学学制也一律实行单一的四年制。中学、小学教师都改为由四年制的学校培养，这样既提高了师范教育的水平，也提升了教师的素质。从此，日本建立起资本主义现代教育体系。《学校教育法》事实上已经成为日本现代教育的一部综合性法典，它与《教育基本法》《日本国宪法》相配合，形成日本教育的立法体系，为日本现代教育发展奠定了法律基础。它也得到了社会的广泛支持，日本的教育因而发展很快。到1949年，初中入学率已达99%，1950年高中入学率达到43%[①]。

（二）各级学校教育的改革与发展

战后日本的新学制，是在社会极度混乱，国家经济非常困难，社会、伦理道德和风俗发生深刻变化的情况下实施的。尽管如此，新学制的实施还是得到日本人民多方面的支持。进入50年代，日本的经济发展很快。到1955年，经济已经完全恢复。60年代日本实行“国民收入倍增计划”（1960～1970年），国民经济进

① 引自北京教育行政学院等院校合编：《外国教育史简明教程》，北京：新时代出版社，1987年，第369页。

入高速发展时期。据统计，日本的国民生产总值 1965 年在资本主义世界中的排名就已上升到第五位，1968 年跃居第二位。日本经济的腾飞以及世界科技的迅猛发展，引起日本政府和垄断集团对教育的关注。他们认识到国家间的竞争主要是技术的竞争，而技术竞争的焦点又是教育的竞争。在“教育投资论”“人才开发论”的影响下，日本政府空前重视教育的发展。日本当局提出要重新审查战后的学制，对战后全盘移植美国学制的做法提出异议，指责战后实行的学制违背日本教育的传统和国情。特别是认为日本教育的结构、教育内容脱离政治经济发展的现实，要求建立适合日本政治、经济发展需要，富有弹性的学制。下面分述各级学校教育改革的情况。

1. 发展幼儿教育。日本最早的幼儿园，是 1876 年东京女子师范学校开设的附属幼儿园。19 世纪 80 年代，日本建立了资本主义制度，随着工业革命的发展，又出现了简易幼儿园和慈善性的托儿所。到第二次世界大战前，幼儿教育有了较大发展。战后，日本政府十分重视幼儿教育。《学校教育法》规定，幼儿园是学校体系中一个必要的组成部分，并规定学前教育的目的在于使幼儿身心得到全面发展。主要招收 3 岁以上幼儿。1948 年，制定了幼儿园工作的指导性文件《保育纲要》。1956 年修订后改称《幼儿园教育纲要》。这一时期日本的幼儿教育发展非常快，在资本主义世界中占据重要地位。如小学一年级学生中受过幼儿园教育的，1950 年为8.9%，1970 年增长到 53.7%①。1972 年又制定并实施了《幼儿园十年振兴计划》。到 70 年代末，小学一年级学生中受过幼儿园教育的，已达到 61.9%②。

2. 普及九年制义务教育。日本政府依据《教育基本法》《学校教育法》的规定，建立了大批新的小学和初级中学。规定小学和初级中学是强制性学校，所有年满 6 岁的儿童都得上学。小学 6 年，初级中学 3 年，这两个阶段都是义务教育。可以说，日本在 19 世纪 70 年代末已基本普及九年制义务教育。

日本小学和中学的课程安排、教学内容的确定，都是按照文部省 1947 年制定的“学习指导要领”进行的。这个“要领”是接受美国教育使节团的建议，实行实用主义的“生活单元学习”。一段时间的实践表明，这种学习使得中小学生的基础知识削弱了，学习质量也下降了，“生活单元学习”因而遭到社会各方面的批评。后来，对“要领”进行多次修改，强调教育内容和课程安排要符合日本国情、符合民族主义与功利主义原则，要按资产阶级的政治需要，加强道德教育。要适

① ［日］小林哲也著，徐锡龄、黄明皖译：《日本的教育》，北京：人民教育出版社，1981 年，第 112 页。

② 引自北京教育行政学院等院校合编：《外国教育史简明教程》，北京：新时代出版社，1987 年，第 372 页。

应经济与技术发展的需要，恢复基础知识教育的系统性，注重知识内容的现代化。根据这些精神，日本政府对义务教育阶段的课程和教学内容作了及时调整。小学课程主要包括8门普通学科、道德教育（每周一节课）和特别活动。8门普通学科是日语、社会、数学、自然、音乐、图画和手工、体育、家政（五、六年级开设）。特别活动包括学生活动，如俱乐部活动、班级的集会等；学校活动，如各种典礼、竞赛、展览会、旅行等；其他活动，如学校午餐时的礼节指导、图书馆的利用、保健教育、安全教育等。初级中学分必修学科和选修学科2种。必修学科有日语、社会、数学、自然科学、音乐、美术、卫生与体育、工业美术（为男生开设）或家政（为女生开设）、道德教育。选修学科有外语和职业科目，如农业、工业、商业、水产和家政。选修学科的选择，不是由学生个人决定，而是由地方教育当局根据地方需要与学生能力、前途来决定①。

3.高级中学的改革与发展。战后，经过改革，日本中等教育结构发生了重大变化。首先是将战前的中学、高等女校、实业学校、青年学校等正规中等学校一律改组，统一称为高级中学。1948年建立的新制高级中学，学习年限为3年。高级中学的结构比较复杂，从授课形式来看，分全日制、定时制、函授制，并且分普通科和多种职业科（单科）。高级中学是义务教育和高等教育之间承上启下的教育阶段，《学校教育法》规定，高级中学的任务是“在初级中学教育的基础上……以实施普通教育和专业教育为目的”，担负着向大学输送合格学生和为社会培养劳动力的双重任务。从50年代起，随着日本政治上的独立、经济上的恢复和发展，教育必须适应经济发展的需要，日本对高中教育又逐步作出调整。1960年公布的《高中教学计划》（1963～1973年实行）规定了所要开设的课程，并把高中课程分为普通科与专业科。普通科又进一步分为结业普通科、学术预备科和综合科。专业科包括音乐、美术、职业等科，如农业、机械、商业、水产和家政等。在对高中教育进行结构改革的同时，大力扩大高级中学的规模，高中入学率从1948年的35%上升到1978年的93.1%，已接近或达到普及高中教育的程度，日本一跃为世界上教育发达国家的行列。

4.高等教育的改革与发展。战后日本高等教育机构，经历了一个由单一化到多样化的演变过程。1947年的《教育基本法》和《学校教育法》规定，将战前多种多样的高等学校，通过升格、合并等办法，调整成单一的四年制大学。《学校教育法》规定，四年制大学是“以学术研究为中心，在传授广博的知识的同时，讲授、研究高深的学术理论，以提高智育、德育和实际应用能力”。但还有一些过去遗留的不具备升格条件的高等专科学校。1950年日本政府采取了一种“暂定措

① [日]小林哲也著，徐锡龄、黄明皖译：《日本的教育》，北京：人民教育出版社，1981年，第113～115页。

施”,将高等专科学校命名为短期大学,学制为2～3年。由于既节省经费,又能较快地培养急需的专门人才,所以短期大学受到企业部门的欢迎,特别是受到广大女学生的欢迎,因而发展很快。到1951年已办有180所,1976年发展到500余所,有学生30多万。短期大学的培养目标是“传授和研究高深的专门技术知识,培养职业上或实际生活中所必需的能力”。从1962年开始又设立高等专科学校,招收初中毕业生,修业5年。在提高学生文化素养的同时,主要是培养学生从事某种职业或实际生活需要的能力。总之,战后的日本高等教育,经历30年变化,逐步形成了三种类型的学校:大学、短期大学和高等专科学校。它们共同承担为社会培养高素质人才的任务,而且规模较大,高中毕业生半数以上能得以升大学。其中,四年制大学的人数最多,成为高等教育的主体。日本高等教育的飞速发展大大促进了日本社会的高速发展。

5.师范教育的发展。战后,日本停办了师范学校和高等师范学校,将战前只能通过师范学校培养教师的“封锁制”转变为“开放制”。为了保证各级学校教师的质量,规定幼儿园、小学和中学的教师一律由高等学校来培养。日本政府规定,无论是教育大学、学艺大学和综合大学的教育学院,还是按文部省规定开设师范教育课程的公立、私立大学,都应或多或少地担负起培训师资的任务。要求小学和初中教师一般由四年制或两年至三年制的大学培养;高中教师则由四年制大学、研究生院及大学专修科培养;高等院校的教师一律由研究生院培养。据1978年文部省调查统计,专门培养小学教师的大学和短期大学有144所,培养初中教师的大学和短期大学为753所,培养高中教师的研究生院及大学为612所。这样,日本的中小学教师就都是综合大学、教育学院毕业取得学士学位的学生或短期大学的毕业生,高中教师起码是取得学士学位者。同时还建立了较完善的教师资格认证制度和级别制度。1974年国会颁布的《确保教育人才法》决定提高教师的工资标准,使教师的工资高于公务员的工资。这就从多方面保证了教师的质量。

(三)20世纪80年代日本教育的发展

进入20世纪80年代,日本的教育仍然是执行教育领导体制的中央集权制和“六・三・三・四学制”,普及九年制义务教育。20世纪60年代,由于中小学校教学大纲水平的大幅度提升,教学内容难度增大,脱离了学生实际水平和接受能力。1971年6月,日本中央教育审议会向文部省大臣作了《关于今后学校教育综合扩充、整顿的基本对策》的咨询报告,提出第三次教育改革的口号。这个报告涉及学校教育的各个方面,如学校的教育任务、学制、教学内容、教学方法、师资培训和工资待遇等。根据这个咨询报告,日本对现行的教育进行了一系列改革。

在中小学，主要是改革课程和教学内容。1975 年中央教育审议会又发表了一份《课程改革的中间报告》，提出课程改革的基准：培养身心协调发展、具有丰富情感的人；安排充实而又愉快的学校生活；既要重视国民所必备的基本知识和基本技能的教育，又要适应学生的个性和能力，实行因人而异的差别教育。这次课程改革的基本方针：第一，进一步重视德育和体育，培养智、德、体协调发展的人；第二，精选教学内容，使学生掌握各学科的基础知识与基本技能，并培养一定的创造力；第三，加强基础课，避免过早的专门化，尊重学生的个性与独立性，削减必修课，增加选修课；第四，为了使学生轻松、愉快地学习，减少各学科教学时数，丰富学校生活，应尽可能发挥乡土教材的作用。后来依据这些原则重新编制了中小学教材。

在高等教育方面，这次改革的出发点是适应科技发展和产业结构变化的需要，为企业和社会培养高水平、高质量的各类人才。为此，要改革旧体制，建立新体制：第一，实行高等教育结构的分类化，培养多种人才；第二，配合高等教育的大众化发展，实行课程内容综合化，以培养国民在高度复杂的社会中的生存能力。按照《关于今后学校教育综合扩充、整顿的基本对策》报告的精神，把高等教育分为五种：专修学校（1976 年设立，以满足初中、高中毕业生和成人对提高职业技能或社会文化素质的需要，对象不同，课程和学制也不一样，修业年限一般为 1～3 年）、高等专门学校、短期大学、四年制大学、研究生院。四年制大学又分为三种类型：第一，综合领域型，通过综合教育，学生掌握专业领域的综合知识和技能；第二，专门体系型，通过与专业领域有关的学科教育，学生系统掌握基础理论和专业技术；第三，目的专修型，通过具有一定目的、职业特色的教育与特殊训练，学生掌握职业所必须了解的理论与技术，以取得从事特定职业的资格与能力。另外，加强研究生教育，规定可以灵活安排研究生的学习年限，强调要培养具有跨学科研究才能和当代先进水平的博士。

20 世纪 80 年代以后，随着新技术革命的到来，整个世界的社会生产力有了提高，这同时也给社会生活带来新变化。这次新技术革命的特点：一是信息化，二是知识化。它要求各国必须大力发展科技，全面提高国民素质。日本政府在注重发展教育数量的同时，越来越强调教育质量的提高，文部省明确提出要把教育发展的重点转移到教育质量上来。1984 年 2 月 6 日，日本前首相中曾根康弘在日本第 101 届国会上发表施政演说时，进一步强调教育改革的必要性和迫切性。同年 8 月成立了临时教育审议会。1985 年 6 月 26 日，日本临时教育审议会作了《关于教育改革的第一次审议报告》，标志着日本的第三次教育改革已进入一个新阶段。日本政府认为第三次教育改革是一件关系日本全体人民、左右日本前途命运的大事。1988 年竹下登继任日本内阁总理大臣后，也明确提出今后要大力推进财政、行政、教育三大改革。他说："为了面向 21 世纪，把日本建设成为富有创造性的，有活力的文化国家，为世界作出贡献，推进教育改革仍是国政的重要课题。”①

日本在明治维新后，始终坚持“教育立国”“教育强国”的治国方略，不断改革教育，使之适应社会发展的需要。这也许就是日本近现代社会飞速发展之源、跃居世界强国行列之本。不少学者认为这就是“日本的经验”。

第二节　阿拉伯国家的近现代教育

资料卡片 40

古巴比伦的教育

古巴比伦位于西亚的美索不达米亚平原。该地因幼发拉底河和底格里斯河的流灌，很早时农业生产就发达。约公元前 3000 年，出现了奴隶制国家，并逐渐形成苏美尔文化。当时，学校已经出现，教材是泥板书，学校被称为“泥板书舍”。一般是教师先在潮湿的泥板上写字，再由学生临摹。在古代两河流域，人民将知识视为神赐，非祭祀不敢享用，因此，传习这些知识也是僧侣的特权。寺院作为古巴比伦的文化教育机构，以培养书吏为主。寺庙学校有两级：一是初等教育，主要教授读写；二是高等教育，除学习读写外，还要学习文法、苏美尔文学、祈祷文等。古巴比伦人认为，仅有读写能力是不够的，为了培养书吏等管理人才，还要学习数学、天文学，有的还要接受占星术、医学教育，甚至接受炼金术训练。教学方法主要是师徒传授式。无论是数学、医学，还是训练冶金术、纺织术等，教学方式都是一样的，学生先观察教师的操作，然后在教师的指导下自己动手模仿，教师随时纠正。学校中有严格的纪律约束，体罚盛行。

3 世纪以后，巴比伦作为古代文明的中心，逐渐衰落。苏美尔和巴比伦的文化教育被看作人类正式教育的起点。

阿拉伯国家主要泛指位于阿拉伯半岛、中东和北非一带，并以伊斯兰教为国教的各国。这些国家连成一片，地处东西文化的结合部，且有着共同的信仰，在当今国际事务中发挥着重要作用。研究和学习阿拉伯国家的教育，对于我们了解当今世界的文化和教育具有十分重要的意义。

① 滕大春主编：《外国教育通史》(第 6 卷)，济南：山东教育出版社，1994 年，第 430～431 页。

一、伊斯兰教与阿拉伯国家的教育传统

6～7世纪，居住在阿拉伯半岛的阿拉伯人，刚刚步入阶级社会。少数人成为贵族，占有大量的牲畜和耕地，多数人成为奴隶，阶级矛盾激化，反抗斗争此起彼伏。而氏族部落之间为争权夺利也不断战争，同时阿拉伯人常受到波斯和东罗马帝国的侵犯。再加上阿拉伯半岛干旱少雨，土地贫瘠，生存条件恶劣，致使社会动荡，民不聊生。为了对内加强镇压，对外抵御侵略，并进而向外夺取土地和财富，以改善生存条件，阿拉伯亟须建立一个统一的国家。而要建立统一的国家，必须要有统一的思想，原来的各部落都有自己崇拜的偶像，思想很不统一。于是贵族出身的穆罕默德以自己古莱氏部落的信仰为基础，于7世纪初创立了伊斯兰教（“伊斯兰”一词原为皈依之意）。他宣称安拉“创造了大地上的一切”，“万物非主，惟有安拉”。他自称是安拉的使者，信徒的先知（其信徒被称为“穆斯林”，意为信仰安拉、服从先知的人）。并主张在伊斯兰教徒中间，不分部落和氏族，都以兄弟相称。这就为打破狭隘的氏族界限，形成统一的国家奠定了思想基础。伊斯兰教在传播之初，受到麦加保守贵族的反对和攻击。穆罕默德被迫于622年和信徒们一起出走麦地那，并以此为基地，打败了保守势力，使伊斯兰教迅速向全半岛推开。在伊斯兰教影响下，至631年底，阿拉伯半岛基本统一，初步形成了政教合一的阿拉伯国家，穆罕默德成为这个统一国家的军、政、教的首脑。穆罕默德于632年去世，他的继承人称为“哈里发”，继任的哈里发开始对外扩张。至8世纪中叶，已建成地跨欧、亚、非三大洲的阿拉伯帝国。尽管阿拉伯帝国早就不存在了，但它却把伊斯兰教留给了当今世界，并形成了新的伊斯兰国家群体。这些国家皆属第三世界，其政治、经济、文化和教育等都带有浓厚的伊斯兰教色彩。

伊斯兰教产生以前，阿拉伯半岛上识字的人很少，只有少数粗通文字的人在家中开设书馆，叫“昆它布”，主要教儿童简单的文字和算术，以应付经商的需要。伊斯兰教产生以后，为了宣教的需要，便在麦地那建立了第一个清真寺——先知寺。这也是伊斯兰教的第一所宗教学校。穆罕默德曾在此向穆斯林讲解《古兰经》，解答各种问题。随着伊斯兰教的兴起和清真寺的广泛建立，伊斯兰教门徒便在各地的清真寺中设立“昆它布”或讲堂作为宣教的场所。以《古兰经》为主要课程，并学习读写、文法、诗歌、算术、地理等。这就是早期的初等教育。学生一般7岁入学，学习5年，其间用3年时间熟读和背诵《古兰经》。贫穷儿童学3年能背诵《古兰经》后，便出去从事各种职业。富家儿童则可继续学习以《古兰经》为中心的其他课程，如文法、诗歌、算术等。有的富人家则聘请教员来家里教其子女，课程除《古兰经》外，由家长自己选定，或选射箭、骑马，或选诗歌，或选历史

科目等。贫穷的教徒虽然请不起家庭教师，但下一代也同样能在家庭的宗教生活和清真寺活动中受到宗教教育。总之，在伊斯兰教初创时期和四大哈里发时期(632～661 年，定都麦地那和库法)，阿拉伯国家的教育，不管是清真寺的，还是家庭的，都是以教授伊斯兰教教义为主要内容，并兼授一定的世俗内容。传播和弘扬伊斯兰教的需要在客观上大大促进了阿拉伯国家教育的发展。因为宗教的传播必须依靠能读书写字的人，所以穆罕默德积极鼓励信徒及其子弟学习书写。如巴德尔之战战俘很多，"穆圣叫每一个俘虏教授麦地那的一个儿童学习书写，以为赎买自由的代价"[①]。尤其是圣门弟子中的学者，大多从事教育。他们所到之处无不建立学校，招收学生。这些学生学成之后，再招弟子，一代传一代。倭马亚王朝时期(661～750 年，定都大马士革)，教育虽有一定程度的发展，但因内忙于巩固政权，外忙于攻城略地，教育仍不普及。阿拔斯朝时期(750～1258 年，定都巴格达)，国力日益强盛，加之最初的几位哈里发积极提倡教育、崇尚科学，教育事业蓬勃发展。相当于小学的"昆它布"已经非常普遍。阿拉伯人遵循《古兰经》《圣训》的教导，尊重知识，尊重有知识的人。学校对成绩优良的学生还给予如下荣誉：骑着骆驼游街，观众向他投掷巴旦杏以示祝贺。其时，承担阿拉伯国家基础教育的学校几乎都与清真寺有关，很少有独立于清真寺之外的学校，实际上清真寺成为普及伊斯兰教育的主要力量。那里不仅普遍设有初等教育的"昆它布"，还有教授受过初等教育的成人穆斯林的中等教育。教师坐在清真寺的廊下或院中讲学，任人来听，听者环绕教师坐成圆形，这叫"教学环"。还有由宗教学者和文学家主持的各种学习小组、集会等。当时的学生一般都是先上"昆它布"，然后根据自己的爱好去听讲座。跟某一学者学完后，可再向另一位学者求教，从而开创了伊斯兰教育的游学之风。但这一时期还没有形成全国统一的教育制度，没有专门的教育经费。教育多为清真寺和个人所办，既有向学生收费的，也有办学者个人施舍的。然而教育的大门是对每个愿意受教育的人敞开的。

另外，古代阿拉伯国家还很注重女奴教育和音乐教育。一方面是由于商业的需要。当时，女奴的价格更多取决于她的学识和艺术修养，而不是她的身体素质。如果一个没有文化的女奴值 200 第纳尔的话，一个会唱歌或懂文学的女奴就要卖上高于前者几倍的价钱。另一方面是当时的人们认为女奴是男人的玩物，如果女奴是歌手、文学家、音乐家、诗人，就更能刺激男人的兴致。所以，那时女奴的教育比自由女子的教育更受到重视，一般只有很少的贵族阶级才注意自由女子的教育。因而，歌唱学校创建得也比较早。倭马亚王朝时期，希贾兹的两大城市麦加和麦地那，特别是麦地那就成了歌曲的苗圃和音乐的课堂，为大马士革宫廷

① [埃及]艾哈迈德·爱敏著，纳忠译：《阿拉伯—伊斯兰文化史》(第 1 册)，北京：商务印书馆，1982 年，第 151 页。

培育了许多艺术人才。阿拔斯朝时期，阿拉伯的音乐艺术达到相当高的水平。

随着伊斯兰教影响的扩大和宗教理论的发展，尤其是伊斯兰教尊重世俗的科学、讲究实用的学问，使阿拉伯国家的高等教育产生较早。9 世纪上半叶，阿拉伯国家就出现了研讨世俗学问的高等学府。第一所大学是哈里发马蒙 832 年在巴格达建立的赫克迈大学，也叫“智慧馆”。他聘请东西方著名学者任教师，讲授数学、天文学、医学和哲学。并组织翻译西方学术著作，特别是希腊哲学①。学校还附设图书馆和观象台，供学习、研究之用。这所大学集科研和教学于一体，造就了很多人才。这所大学约存在至 11 世纪初。在“智慧馆”的影响下，各地区的独立王朝为了与巴格达争胜，也相继创建了类似的高等教育机构和大学。如 10 世纪后倭马亚王朝在西班牙建立的科尔多瓦大学，10～11 世纪法蒂玛王朝在埃及建立的爱资哈尔清真大寺(实为高等学府)和仪勒姆大学等。各大学为了奖掖出身贫寒但学业优秀的学生，还免费为他们提供食宿、衣服等。另外，在古代阿拉伯教育体系中，图书馆、天文台、医院与高等学校的界限并不十分清楚，它们一方面是重要的科学研究基地，另一方面也是重要的培养高级人才的基地。

11 世纪突厥人建立塞尔柱王朝后，开始禁锢学术和思想自由。纯宗教的学校代替了盛极一时的宗教与科学并重的学校。如 1065～1067 年塞尔柱大臣尼扎木·穆勒克在巴格达建立了尼扎木大学(也叫“迈德赖赛”)后，“智慧馆”便不存在了。尼扎木大学是一所著名的宗教大学，大约存在了 300 年。它以培养政府官吏和军事人才为其任务，因而所设置的课程与赫克迈大学等很不一样。它不再以传授科学知识为主，而是以《古兰经》《圣训》为主要课程(一般以逊尼派的教义为宗旨)，兼授文学、文法、法律、算术和伦理学。到 12～13 世纪，这类高等学校已在各主要城市普及，总计 200 多所。由于这类学校是培养政府官员的，所以它基本上是由国家控制，即由国家供给经费，并由国家派人员管理。

在阿拉伯国家教育史上，特别引人注目的是阿拉伯统治西班牙时期教育的发展。从第一代哈里发起，统治集团因内讧而分裂。倭马亚王室中的一支为躲避屠杀而逃往西班牙，借助伊斯兰教的力量，渐渐成为西班牙的统治者，并建立了统一的伊斯兰国家，史称“后倭马亚王朝”(929～1031 年，定都科尔多瓦)。后倭马亚王朝灭亡后，西班牙陷入分裂状态，最后又建立了奈斯尔王朝(1232～1492 年)。直到 1492 年 1 月 2 日卡斯提尔人进入格拉纳达，所有尖塔上的新月被十字架代替，才结束了阿拉伯人在西班牙的统治。

由于统治者提倡教育、鼓励学术研究，10 世纪时，西班牙已是西方的伊斯兰

① 从 8 世纪中叶到 10 世纪的 100 多年间，可以称得上是哈里发帝国的翻译运动时期。在此期间，阿拉伯人把当时掌握的一些希腊、叙利亚和印度、波斯的哲学、医学和科学方面的著作大都译成阿拉伯文，从而极大地丰富了教育内容。

学术文化和教育中心。首都科尔多瓦有几十所学校和图书馆，最著名的当然是科尔多瓦大学和科尔多瓦皇家图书馆。而格拉纳达城则有大、中、小型学校100多所。当塞尔柱王朝出于政治需要，改变原来教育的性质，在学校尤其是高等学校中加强宗教教育，扼杀科学内容，在巴格达、大马士革以及开罗等地普遍建立“迈德赖赛”时，只有西班牙不受这种神学反动的影响，学校仍教授自然科学的课程。在科尔多瓦、格拉纳达、陶勒多、塞维尔等大城市的大学里，仍讲授算术、几何、天文、解剖学、化学、逻辑学、文学、哲学、法律等。此外，还有一些专科学院，如医科学院、科尔多瓦音乐学院等。这里的学者们仍热心于学术活动。许多欧洲人到西班牙学习文化知识。在阿拉伯人统治西班牙的全盛时期，对异教徒和异教学术实行宽容政策，还曾把学校交给基督徒管理，他们这种坦荡的心胸是欧洲中世纪基督教会打击异教徒、扼杀科学和世俗文化的褊狭心胸所不能比拟的，从而保护了人类珍贵的学术文化遗产。但到12世纪末，西班牙的阿拉伯人对异教文化的宽容政策有了改变。在正统教派的影响下，希腊哲学遭受厄运，有关逻辑和形而上学的书皆付之一炬。研究天文学和化学也被认为有罪。所以，自12世纪末，整个阿拉伯世界的文化教育都为神学所垄断，一度繁荣的学术逐渐走向衰落。

和西班牙一样，由于伊斯兰教内部的分裂，什叶派穆斯林在埃及建立了法蒂玛王朝(909～1171年，定都开罗)。并于972年创建了著名的爱资哈尔大学(清真大寺)，主要教授什叶派学说，同时也进行医学、天文、数学等方面的研究。1171年萨拉丁推翻了法蒂玛王朝，建立了逊尼派的阿尤布王朝(1171～1250年)，并夺取了叙利亚，恢复了逊尼派在这些地区的统治。萨拉丁热心于宗教教育事业，他被誉为继尼扎木之后伊斯兰高等学校第二个伟大的建设者。他使大马士革几乎变成学校城，仅高等学校就有20所。在埃及，他一方面令爱资哈尔大学按逊尼派教义从事教学，另一方面积极引入叙利亚的高等学校。在他兴办的许多高等学校中，位于耶路撒冷的萨拉哈学校最为著名。其时，西班牙的伊斯兰文化和教育开始走向衰落。而阿拔斯王朝正遭到十字军的蹂躏[①]和蒙古人的威胁，1258年终于被蒙古人所灭，巴格达的科学院因而荡然无存，文化和教育遭到毁灭。从1217年起，十字军开始进攻埃及，但埃及的阿尤布王朝和马木留克王朝(1250～1517年)奋起抵抗，挫败了十字军的3次侵犯[②]。1260年蒙古人侵犯埃及也以失败告终。在伊斯兰世界处于历史上最困窘的时期，埃及的马木留

① 1095年罗马教皇乌尔班二世在法国的克勒芒召开宗教会议，号召封建主停止混乱，共同对付东方的异教徒，夺回圣墓，拯救耶路撒冷。于是欧洲封建主和骑士从1096年起组织十字军(人人佩戴十字标记)东侵，到1204年共东侵4次，目标主要是阿拔斯王朝统治区。

② 1217～1254年间，十字军3次东侵埃及，皆以失败告终。十字军最后一次东侵是在1270年，目标是突尼斯，此时十字军已是强弩之末，影响不大。

克王朝以对十字军和蒙古人的胜利，保存了伊斯兰和阿拉伯文明的遗产，迎接来自东西方的学者。伊本·赫尔东在《历史绪论》中提道："来自伊拉克、北非和西亚的大多数学者到爱资哈尔汇集，开罗取代了巴格达，成为伊斯兰文化中心。"[①]

总之，不仅阿拉伯—伊斯兰文化是通过阿拉伯的学校、学者、图书馆得以保存和传播，而且阿拉伯的学校、学者、图书馆（尤其是西班牙的各大学和图书馆）在保存和传播古希腊文化方面也功不可没。欧洲人是通过阿拉伯人而重新认识古希腊学术的。教育家桑代克说："西历第十二世纪时，自最初一年起至最后一年止，欧洲人自阿拉伯世界，尤其是自西班牙半岛，运输学术至欧洲的西北……(1)所运的书籍，是由阿拉伯文译成拉丁文的；(2)所译的材料，大都是关于数学，或天文和占星学的著作；(3)所译各书的内容，常常是由实验而得的学识。"[②]12～13世纪，欧洲各大学实际上完全依赖由阿拉伯文翻译来的教科书。有的是阿拉伯人早期从欧洲翻译过来的，有的则完全是阿拉伯人自己的科学成就。如阿维森那的《医典》，直到17世纪，仍是欧洲各大学采用的教科书。同时，阿拉伯大学的各种制度、课程、教师地位、学生的游学等也对欧洲的大学产生影响。另外，欧洲的文艺复兴更直接受阿拉伯文化和阿拉伯大学的影响。中世纪时，欧洲各国到西班牙各大学学习的留学生很多，他们成为古希腊文化复归欧洲和阿拉伯—伊斯兰文化传入欧洲的使者，从而点燃了欧洲智慧的火炬，对欧洲文艺复兴的产生起了很大的促进作用。正如托太哈在《回教教育史》一书中说的："拜伊特·勒·赫克迈是中古和近代的第一座大学，因为波伦亚、巴黎、布拉格、牛津、剑桥等地还没有大学的时候，拜伊特·勒·赫克迈大学，早已将学术的火炬高高地举起来了。欧洲的文艺复兴，是在底格里斯河上预备的。"的确，"人类文化当感谢阿拉伯人的盛意"[③]。阿拉伯国家在伊斯兰教的影响下，形成了尊师重教、重视学术研究和交流的优良传统。

二、阿拉伯国家的近代教育

按照历史学界的断代理论，世界近代史从1640年英国资产阶级革命开始，至1945年二战结束。这段历史是西方列强发展、侵略的历史，更是第三世界国家被侵略、被奴役的历史。阿拉伯国家属于第三世界，严格地说，它的近代史应该从1517年马木留克王朝灭亡算起，其间经历了奥斯曼帝国的统治和西方列强的奴役。奥斯曼帝国是最后一个哈里发大帝国，也是第一个由非阿拉伯人——

① 金宜久主编：《伊斯兰教史》，北京：中国社会科学出版社，1990年，第282页。

② [叙利亚]托太哈著，马坚译：《回教教育史》，北京：商务印书馆，1943年，第146～147页。

③ [叙利亚]托太哈著，马坚译：《回教教育史》，北京：商务印书馆，1943年，第40页。

奥斯曼土耳其人建立的阿拉伯国家。奥斯曼土耳其人原属突厥斯坦的一支游牧部落，蒙古人西侵时，被迫西迁到基督教与伊斯兰教缓冲地带。由于与塞尔柱王国(信仰伊斯兰教)有着密切联系，受其影响也信仰伊斯兰教。奥斯曼人勇猛善战，国力稍强就开始进攻欧洲基督教国家，并注重对俘虏的基督教少年进行专门的军事训练和伊斯兰教育，使他们充满“圣战”思想：“要么就侵袭，要么就牺牲。”这批少年后来成为奥斯曼军队的主力。1453 年奥斯曼人攻克君士坦丁堡后，开始征服伊斯兰世界。直到 1517 年征服埃及，最后建立了地跨欧、亚、非三洲的大帝国。到 16 世纪末，奥斯曼帝国达到鼎盛。这也使得伊斯兰教在东南欧得以传播和发展。从 17 世纪开始，随着统治阶层的腐败和产业革命后欧洲的迅速发展，奥斯曼帝国开始走向衰落，对外战争连连失败，不仅失去了地中海的霸权，而且在海洋上受葡萄牙人的驱逐。到 18 世纪，奥斯曼人已基本退出欧洲。接着欧洲列强纷纷侵入阿拉伯国家进行殖民统治，还因分赃不均爆发了第一次世界大战。1918 年 9 月 30 日阿拉伯起义军到达大马士革，10 月 2 日费萨尔进城，升起了第一面阿拉伯旗帜，结束了奥斯曼帝国时代。战后法国又占领大马士革，扼杀了费萨尔政府。英、法等国再次瓜分了阿拉伯国家，继续对它们进行殖民统治，直到第二次世界大战结束。

奥斯曼帝国的统治是比较黑暗的。它的两个主要统治机构是近卫军团和伊斯兰委员会。伊斯兰委员会下设“学者会议”和“教律裁判委员会”等附属机构。宗教教育主要由“学者会议”掌管，但后来近卫军团势力日盛，伊斯兰委员会权力减弱，其统治更加专制。他们在两河流域的阿拉伯国家推行同化政策和愚民政策。在国家机关和学校，强制使用土耳其语，还不准出版阿拉伯文的报纸和刊物，企图人为地消灭阿拉伯语。那时的学校很少，而且都是初级宗教学校。曾经大放异彩的阿拉伯文化受到了严重摧残。自然科学衰落，社会科学毫无生气，社会道德日益败坏。不过在埃及有个例外，尽管许多宗教学校不再获得国家资助，但爱资哈尔大学(清真大寺)仍享有优厚的待遇，因而声誉日增。到 18 世纪，它已成为伊斯兰世界的最高学府，是埃及和伊斯兰世界宗教学者活动的中心，吸引了大批外籍留学生。在统治者看来，它是宗教传统的象征，是国家不可或缺的稳定力量。在阿拉伯半岛，除麦加、麦地那外，奥斯曼人的势力没有深入半岛腹地。各贝杜因部落仍是这片土地的主人，部落间的斗争仍在继续，没有统一的司法制度，偶像崇拜又盛行起来，伊斯兰教昔日的光辉不见了，几乎退到穆罕默德以前的社会。

18～19 世纪，西方列强侵占沿海一带的阿拉伯国家后，又通过建教堂、办学校进行基督教文化的侵略，还强制实行同化教育。如 1734 年，法国耶稣会教徒就在黎巴嫩创办了艾因・土拉学校。19 世纪 40 年代，法国里昂和马赛的女教友会在贝鲁特等地创办了女子学校。1875 年，法国耶稣会在贝鲁特创办了圣约瑟大学，经费由法国教育部予以补助。法国的天主教会还在叙利亚创办了许多中学、小学和大学，并完全采用法国的教学方式，学生必须学习法语，有的学校甚至禁止教阿拉伯语，法语成为官方语言。1834～1860年，美国教会在叙利亚和黎巴嫩建立了30多所小学和中学，其中有1所女子学校(1834年创办)，1862年又在贝鲁特建立了2所女子学校。1866年，美国教会还建立了叙利亚新教学院，即后来的贝鲁特大学。英国教会在黎巴嫩也建立了一些学校。英帝国主义占领埃及后，摧残埃及的民族教育，关闭埃及的学校，竭力阻止使用阿拉伯语。埃及政府机关、商业、银行等部门采用的文字，不是英文就是法文。从小学开始，英语就被列入最基本的课程。为了培养亲英的知识分子，英国吸收了大批埃及上层人物的子弟到英国留学。除英国外，法国、美国也在埃及从事开办大学、中学、小学以及印刷书报等文化侵略活动。法国殖民者占领阿尔及利亚后，力图从根本上改变阿尔及利亚人民的阿拉伯—伊斯兰特性，他们不允许阿尔及利亚人有较高的科学文化水平。1870年阿尔及利亚有36所小学，到1882年只剩下16所。到1938年，在620万土著居民中，入学儿童只有10万多人(而且失学率越来越高)，约有100万儿童无法上学。20世纪初，意大利加快了对利比亚的侵略步伐，不仅开办了不少学校(主要是小学)，而且大力推广意大利语。意大利的教育方针是培养仅了解简单的读写算知识，但能讲意大利语的学生，向学生灌输对意大利的尊敬和忠诚。所有的殖民者采取的措施都一样，一方面限制民族的阿拉伯—伊斯兰文化和教育的发展，另一方面又大力促进西方基督教文化和教育的渗透。在奥斯曼帝国和西方列强的统治下，阿拉伯—伊斯兰文化日益走向衰落，传统的伊斯兰教育遭到极大摧残，阿拉伯民族到了生死存亡的关头，因而引发了近代伊斯兰复兴运动。

近代伊斯兰复兴运动的先驱是瓦哈布。他于18世纪中叶在阿拉伯半岛的纳季德地区领导了瓦哈比运动。实际上，这既是一次宗教和道德的复兴运动(提倡回到传统的宗教仪式和思想中去，过简朴的生活，反对偶像崇拜)，也是一场摆脱异族人统治的阿拉伯人解放运动。随着瓦哈比运动的兴起，伊斯兰教步入近代史的发展时期。在这一时期，还有两种社会思潮对复兴伊斯兰教和阿拉伯国家产生了较大影响。一是泛伊斯兰主义(又称“大伊斯兰主义”)。这是19世纪伊斯兰世界面临殖民者的全面进攻，以哲马鲁丁·阿富汗尼(阿富汗人)为首的思想家预感到伊斯兰教有被西方基督教消灭的危险而兴起的一种救亡思潮。它除赞同净化和纯洁宗教、反对“异端”以及鼓励穆斯林学习西方先进的科学技术外，在政治上主张全世界穆斯林团结一致，不分民族和国界，在一个哈里发的领导下，建立统一的伊斯兰帝国，使伊斯兰世界脱离欧洲人的殖民统治。1871年，阿富汗尼应邀到埃及讲学，他提倡兴办教育，鼓励学生走出经院神学的象牙之塔，观察世界变化，研究济世救民之理。二是伊斯兰现代主义思潮。这是19世纪末在埃及出现的带有资产阶级改良主义色彩的思潮，其代表人物是阿富汗尼的弟子埃及人穆罕默德·阿布杜。他是受过西方教育的宗教学家，主张要恢复伊斯兰教在穆罕默德时代的纯正性，反对圣徒、圣墓崇拜和与现代文明不协调的一夫多妻、蓄奴等制度；同时还鼓励穆斯林学习先进的科技知识，以进入现代生活。这些社会思潮影响着整个伊斯兰世界，使阿拉伯国家的教育出现了新气象。

早在19世纪初，穆罕默德·阿里就在埃及进行了教育改革。他在1813～1847年共派出300多名留学生到法、英、意等国学习军事、政治、医学、生物、化学、农业、艺术和考古等知识。他还在国内建立了几十所初级、中级和专科学校（如军事、医科、农科、技术和外语等专科学校）。不久以后，埃及便培养出一批军事教官、教师和科学技术人员等。1870年，阿里·穆巴拉克在埃及建立了一所师范学院。为了改造落后于时代的语言，这所学院的教师和翻译家一起或从古典著作中撷取艺术、科学和哲学词汇，或赋予旧词以新意，或创造所需的新词汇，使阿拉伯语能完全适应新时代的需要。同时，该学院还把简明的阿拉伯语和阿拉伯古典文化遗产教给学生，培养了大批新的语文人才。这是发展民族文化教育的前提。另外，解放妇女的倡导者噶绥木·艾敏认为，埃及妇女的不自由和无知识是埃及落后的重要原因之一，她们的愚昧无知，使儿童受不到良好的家庭教育，同时易造成夫妻的不和。所以他竭力主张妇女应该接受教育，获得同男子一样的受教育权利。1908年，由噶绥木·艾敏等著名人物筹办的新型埃及大学正式成立(1924年改为国立)。在该校任教的有埃及学者和西方的东方学家。这所大学派遣留学生到欧洲学习、研究各种自然科学和人文科学。当时的教育部也派遣留学生出国学习。这些在外攻读的学生，很好地完成了把西方近代文化传到埃及的任务。第一次世界大战后，埃及的哈桑·巴纳创建的埃及兄弟会，在强调穆斯林兄弟情谊至上的基础上，提出建立一个没有贫困、没有疾病、没有文盲、没有罪恶、公正合理的伊斯兰社会的理想。兄弟会成立初期，其成员多为学生、教师、公务员、职员和农民，他们创建了许多学校和文化俱乐部，产生了不小的影响。民智的开发，为文化复兴运动的进一步发展奠定了良好的基础。近代埃及复兴伊斯兰的社会思潮和新的教育模式成为阿拉伯国家和伊斯兰世界学习的榜样。

第一次世界大战前，埃及穆罕默德·阿布杜的学说已传入摩洛哥，奉行此学说者被称为萨拉菲叶派。他们把复兴伊斯兰教与反法统治联系起来，并从兴办教育入手。1921年，该派在非斯建立了第一所伊斯兰学校，即所谓的自由学校。此后这类学校发展较快，到1937年，有5000多名学生在自由学校接受教育。兴办自由学校，是该派反法斗争的重要组成部分，是对法殖民当局不关心摩洛哥教育、限制摩洛哥学生进入法国学校的一种反抗。在阿尔及利亚，1931年建立了属于萨拉菲叶派的民族主义组织——伊斯兰“贤哲会”。为了抵制法国的愚民、奴化政策，“贤哲会”除创办刊物外，还兴建了许多免费学校来实施现代的阿拉伯语教育。到1954年，这类学校已有200所左右，同时还向中东各阿拉伯大学派遣留学生。在突尼斯，1896年“青年突尼斯人”成立了赫勒敦学院，目的是使梓橄清真寺大学的学生受到现代科学的教育。1920年萨阿列比在突尼斯组成宪政党，他在要求国家独立的同时，提出用阿拉伯语实施初级义务教育和教学的思想。随着突尼斯民族解放运动的兴起，阿里·巴什·汉巴等人也提出妇女受教育的主张。1934年布尔吉巴退出宪政党，另组织新宪政党，发动“到农村去”的运动，许多知识分子、学生党员、干部下到农村教农民学文化，提高农民的文化水平和思想觉悟，以促进民族独立运动的发展。1921～1950年，科威特在艾哈迈德·贾比尔·萨巴赫执政期间，创办了艾哈迈迪雅学校、萨阿岱学校和其他几十所学校，并从阿拉伯各国聘请教师到科威特任教和派遣留学生出国学习。在这一时期，各阿拉伯国家大致都如此，一方面积极挣脱殖民统治者的束缚，大力弘扬传统的伊斯兰文化和教育，另一方面由被动受西方影响到积极打开国门主动学习西方先进的科技、文化和教育，试图走独立自主的发展之路。

总之，近代的阿拉伯民族是在压迫与反压迫、同化与反同化的过程中度过的。曾在古代达到辉煌的伊斯兰文化和教育，在近代走向了没落（包括文化和教育的载体——语言）。尤其是后期西方殖民者的文化入侵，大有用西方基督教文化取代阿拉伯—伊斯兰文化之势。好在这一古老的阿拉伯—伊斯兰文化具有极强的生命力，近代伊斯兰文化终于迎来复兴。这一古老的宗教文化一旦注入近代西方的文明，就成了阿拉伯人推翻殖民统治、争取民族独立解放的精神动力。我们在批判西方列强对阿拉伯国家进行文化教育侵略的同时，也应看到他们创办的大批学校和带来的科技知识，客观上也促进了阿拉伯国家科技、文化教育和女子教育的发展。但阿拉伯国家教育发展新的春天，只有在阿拉伯国家获得完全独立之后才有可能到来。

三、阿拉伯国家教育的现代化

第二次世界大战以后，世界民族解放运动蓬勃发展，阿拉伯国家也纷纷获得独立①。同时，阿拉伯国家丰富的石油资源在二战后得到全面开采，从而给阿拉伯国家带来了巨大的物质财富。政治的独立与经济的突飞猛进，使得阿拉伯国家的教育真正迈向现代化发展的新时期。

---

① 黎巴嫩1943年独立。埃及和突尼斯1956年独立。阿尔及利亚和阿拉伯也门共和国1962年独立。1967年南也门民主人民共和国独立。1961年科威特独立。伊拉克名义上于1921年宣布独立，但仍在帝国主义控制下，到1958年才算完全独立。阿曼1970年独立。巴林、卡塔尔、阿联酋1971年独立。沙特名义上是1926年独立，但二战后仍是政教合一的封建王朝。总之，二战后阿拉伯国家内部以及与西方发达国家的关系是比较复杂的。

经过两次世界大战的“洗礼”、西方宗教文化与世俗文化的冲击，伊斯兰教在国家政治和社会发展中的地位有所下降，人们把精力主要投向物质文明建设，促进国家早日走向现代化。尤其是受伊朗世俗化运动和非阿拉伯国家土耳其的影响，一些阿拉伯国家加快了世俗化步伐。如突尼斯 1956 年独立后，布尔吉巴总统实行了政教分离的政策，取消教派之分，倡导学习西方，提倡男女平等。并对传统的宗教教育实施改革，提出了“国民教育计划”，将殖民时期并存的法国教育、法突混合教育和传统宗教教育纳入统一的国民教育体系。新的教育体系分为初级、中级、高级三个阶段。初级教育属免费的义务教育，增设“宗教与国民教育”课，又称“道德与社会”课。旨在使学生通过学习《古兰经》和伊斯兰教史，了解历史文化传统，做一个献身祖国事业的好穆斯林。中级教育旨在使学生掌握全面的知识，既熟知经训、教法，又了解社会实际，善于运用宗教基本原理，解决国家和社会面临的实际问题。高级教育实际上仅限于全国唯一的一所综合性大学——突尼斯大学(1958 年创立)，原有的伊斯兰教高等学府宰图那经学院于 1961 年并入突尼斯大学，并取消了神学院和宗教学院。在突尼斯大学，世俗学科占主导地位。

但阿拉伯国家在走向世俗化、现代化的过程中，由于强调学习和引进西方的物质文明，也面临全盘西化的危险，同时帝国主义和犹太复国主义的威胁日益严重。因此，一批有着较强民族感的知识分子又掀起了新的伊斯兰复兴运动。通过大力兴建、修缮清真寺、宗教学校和其他宗教设施，发展和强化伊斯兰的新闻、出版、教育和其他文化事业。并要求严格遵守伊斯兰教法，加强伊斯兰国家的联系与合作，共同来复兴伊斯兰事业，反对帝国主义和犹太复国主义的侵略，在伊斯兰教的旗帜下实现个人生活和社会生活的现代化。再加上一些统治者(认为适当恢复宗教信仰和旧习俗，有利于社会的安定和民族的团结)和教权主义者(幻想借助宗教力量，恢复他们的特权)的推动，新时期伊斯兰复兴运动发展迅速。如埃及，20 世纪 60 年代，伊斯兰教还受到政府的一些限制，而 70 年代以后，政府又予以支持，允许在中小学开设宗教课程，对学生进行伊斯兰教育，并恢复广播电台传统的宗教节目，一日三次播放《古兰经》。阿尔及利亚不仅在全国三所大学中增设了伊斯兰研究院，而且在君士坦丁兴建了一所伊斯兰学院。1975 年，布迈丁总统在宣布阿尔及利亚的社会主义就是“真主加革命”的同时，也宣布政府要大力兴建清真寺和伊斯兰学校。他们曾多次呼吁伊斯兰国家向撒哈拉沙漠以南非洲国家派遣教师，扩大阿拉伯语和伊斯兰教育，以取代在非洲流行的英语和法语教育。并严厉谴责基督教在非洲的传教活动。其他像沙特、科威特、伊拉克、利比亚、摩洛哥等阿拉伯国家也都如此。不仅在一般学校里普遍开设宗教课程，而且大力兴建宗教学校和清真寺。甚至出现捣毁酒吧、禁止电影和舞会的所谓纯洁伊斯兰社会、抵制西方文化的事件。特别是伊朗的“伊斯兰革命”取得成功后，极大地鼓舞了阿拉伯国家的伊斯兰复兴运动。如在埃及，1980年3～4月份原教旨主义的学生组织数千成员举行游行示威，反对政府允许被废黜的伊朗国王住在开罗。在一些大学还发生了攻击科普特教会（基督教组织）的事件。尤其是以培养宗教职业人员和研究人员为目的的爱资哈尔清真大寺的又重现昔日辉煌，来自世界几十个国家的留学生一般都保持在4000人左右，学校的课程仍以宗教学、神学、《古兰经》以及《古兰经》注释、法律等文科专业为主。为了适应现代社会的需要，还增设了理工科课程，并开始招收女生入学。同时，政府以爱资哈尔大学名义，向非洲一些国家派遣“文化常驻团”和教师等，并增加助学金以招收更多的外国留学生到国内学习。积极采用教育手段来扩大伊斯兰教的影响。其他较发达的阿拉伯国家莫不如此。另外，20世纪60年代以后，在沙特等伊斯兰教传统浓厚的国家和国际伊斯兰组织的推动下，又建立了一系列泛伊斯兰国际组织。主要的有伊斯兰世界联盟、伊斯兰广播事业联合体、伊斯兰国家科学技术会议、国际伊斯兰教育大会、伊斯兰宣教协会、国际伊斯兰通讯社、伊斯兰会议组织等。这些组织对伊斯兰教的复兴也起着重要作用。如伊斯兰世界联盟，是由沙特政府1962年倡导成立的非官方组织，总部设在麦加，经费由沙特提供。主要活动是向世界各地派遣传教士，印发经典，为财力不足的地区兴建清真寺、兴办伊斯兰教育事业等。在联合国享有“非政府性咨询机构”地位，影响较大。伊斯兰宣教协会是1970年利比亚的卡扎菲发起成立的，它是对外宣传卡扎菲的大伊斯兰主义——绿色革命，并从事伊斯兰复兴运动的国际性组织。它以雄厚的人力、财力、物力在穆斯林人口占少数的国家和地区兴建清真寺和宗教学校等。经费主要由利比亚提供，影响也不小。由上述内容不难看出，伊斯兰教的复兴者们都把大力发展伊斯兰教育作为首要任务。现代伊斯兰复兴运动大大促进了阿拉伯国家现代教育的发展。

阿拉伯国家独立以后，伊斯兰教的复兴和丰富的石油资源的全面开采，促使阿拉伯国家经济和社会加速朝着现代化和民族化方向发展。这不仅对国民教育提出了新的更高要求，而且为教育的发展奠定了丰厚的物质基础，提供了强大的精神动力，致使阿拉伯国家的各级各类学校短期内得到飞速发展。如沙特（人口约1000万），1950～1951学年度，小学才196所，在校学生23835人，而到1961～1962学年度，小学发展到812所，在校学生达139679人。中学在1954～1955学年度才13所，到1961～1962学年度达到85所，在校学生由1405人发展到8301人。到1961～1962学年度，中等技术学校已有9所，共有学生3421人，师范专科学校有38所，在校学生3677人，还有2所大学（1957年建在利雅得的沙特皇家大学和1960年设在利雅得的工业学院）。同时，沙特军队还设立了许多初级和高级军事学校。如警卫学校、通讯学校、炮兵学校、装甲兵学校、步兵学校以及军事学院等。另外，宗教教育仍很发达，全国的大多数学生仍在清真寺附设的学校接受基本教育。并有 3 所宗教高等学校:1942 年建于麦加的麦加经学院,主要培训经师和神职人员;1950 年建于利雅得的穆斯林法学院,主要为国家培养伊斯兰教法学家、法官和官吏;1961 年建于麦地那的伊斯兰大学,又称国际穆斯林大学,除本国学生外,还有来自几十个伊斯兰国家的外国留学生,由沙特政府颁发奖学金,毕业后作为传教骨干前往世界各地。还有为全国各地清真寺设的宗教学校培养教师的初、中等专门学校二十余所。各类宗教学校在法律上都受沙特大穆夫提领导。此外,全国还有 123 个扫盲中心,常在这些中心学习的有 1 万多人。而且这些中心的工作不限于简单的扫盲,还包括传授宗教、卫生和社会方面的知识。并且每年派出大批留学生到其他阿拉伯国家和西方各国的大学学习各门学科①。所以,目前沙特的教育比较发达。再如北也门(人口 800 万左右),在刚独立后的 1962～1963 学年,全国只有公立及私立小学 919 所,在校学生 61355 人;初中 3 所,在校学生 730 人;高中 1 所,在校学生 100 人。到 1982～1983学年,小学已发展到 4169 所,在校学生达 660212 人;初中 420 所,在校学生 43302 人;高中 117 所,在校学生 11984 人;师范学校 33 所,在校学生 2763 人;中等技术学校与技术培训中心 9 所(不包括商业中专),在校学生 1656 人;还有大学 1 所,在校学生 8540 人。同时,全国还有宗教学校 515 所,在校学生 56704 人,并有《古兰经》背诵中心 161 个,共有学生 10662 人。到 1985～1986 学年,小学生已达 91 万人;师范学校发展到 43 所,毕业人数达 11500 人。并有近百个扫盲中心和业余学校,有 1 万多人在此学习②。其他发展较快的阿拉伯国家的教育也是如此。这里应特别提到的是,少数富有的阿拉伯国家有着极其优越的现代教育制度。如科威特,教育部不仅实行免费教育,免费供给伙食,而且免费供给学生必需的书籍和文具,还免费供给制服,以消除学生之间的差别。科威特教育部还十分关注学生的健康,为他们指定一定数量的男女医生和护士,监护他们的健康。还为学生建立各科门诊部,对体弱者发给补品,为生病的学生免费治疗③。前面提到的沙特,也已在全国实行免费教育和免费医疗。显然,这与它们拥有的丰富石油资源是分不开的,也许这就是安拉的"恩赐"吧!

资助其他较落后的伊斯兰国家发展教育,不仅是现代伊斯兰复兴运动的要求,也是伊斯兰乐善好施传统精神的体现,是阿拉伯国家的传统。如科威特,自 1953 年起就向阿拉伯湾各酋长国的学校提供必需的教材、纸张、文具、教具、学

① [巴勒斯坦]穆斯塔法·穆拉德·代巴额:《阿拉伯半岛》,北京:人民出版社,1978 年,第 42～45 页。

② 赵培森:《阿拉伯也门师范教育综述》,《阿拉伯世界》,1987 年第 1 期,第 7～9 页。

③ [巴勒斯坦]穆斯塔法·穆拉德·代巴额:《阿拉伯半岛》,北京:人民出版社,1978 年,第 387、297 页。

生服装，以及派遣男女教师、修建学校。1962 年科威特政府又决定拨专款 43 万科威特第纳尔用于资助阿曼海岸各酋长国的教育、卫生和农业等。1963 年还在迪拜成立了“科威特国援助阿拉伯湾办事处”，以专门负责援助工作。如北也门唯一的一所大学——萨那大学，就是在科威特援助下于 1970 年建立的。其他像沙特、卡塔尔、巴林等阿拉伯国家也相继效仿科威特大搞教育援助[①]。不仅国家如此，就是有钱有地位的穆斯林个人也是这样，乐善好施，关心教育。如沙特前国王哈立德 1982 年归真后，治丧委员会拨出大批款项，帮助一些贫穷国家建立学校、医院以及救济难民等。仅邻近的北也门一国就受捐助，建立 20 所小学、10 所中学[②]。这一传统尽管带有伊斯兰教赎罪的思想，但从客观的社会效果看，在今天仍然值得提倡。

阿拉伯国家还十分重视阿拉伯国家间的教育交流和合作。既有教师的交流，也有学生的交流。如科威特，一方面派教师出国援助，另一方面又大量吸收外籍教师来本国任教。1960～1961 学年度，在科威特小学和中学的男教师中，本国籍的只占 5%，巴勒斯坦和约旦籍的达 56%；而女教师中，本国的只占 4%，巴勒斯坦和约旦籍的占 62%。学生也如此，初中男生中，本国籍的占 72%，巴勒斯坦和约旦的学生占 11.5%；初中女生中，本国的占 69%，巴勒斯坦和约旦的学生占 16%。而科威特的工艺学校，189 名学生中，本国人 117 名，巴勒斯坦和约旦人 41 名；46 名教师中，本国 1 名，巴勒斯坦 2 名，埃及 43 名[③]。再如北也门，到 80 年代中期，全国教师总数2.3万多名，而本国教师只有 4000 多名，约占 18%。其中 80%的小学教师、92%的中学教师、60%的大学教师都是从其他阿拉伯国家引进的[④]。这种在同一文化背景、同一语言环境中的教育交流，确实有利于加强阿拉伯国家间的联系与团结，便于形成统一稳固的伊斯兰世界。当然，某些阿拉伯国家教育基础薄弱，师资严重缺乏，也是促成这种教育交流的一个重要原因。

但由于有的阿拉伯国家过于强调恢复和保留伊斯兰教的传统，也给阿拉伯国家的现代教育带来了一些不利影响。特别是伊斯兰教的一夫多妻制以及反对避孕和计划生育的传统思想，造成阿拉伯国家人口猛增。如北也门，从 19 世纪 70 年代初到 80 年代初的短短 10 年中，人口总数从 500 万急剧增加到 800 万。

---

① [巴勒斯坦]穆斯塔法·穆拉德·代巴额：《阿拉伯半岛》，北京：人民出版社，1978 年，第 387、297 页。

② 努尔·穆罕默德·郑勉之：《伊斯兰教常识答问》，南京：江苏古籍出版社，1992 年，第 177 页。

③ [巴勒斯坦]穆斯塔法·穆拉德·代巴额：《阿拉伯半岛》，北京：人民出版社，1978 年，第 384～385 页。

④ 支卫兴：《阿拉伯国家的人口问题》，《阿拉伯世界》，1987 年第 1 期，第 72 页。

有 8 个以上孩子的家庭比比皆是，约占家庭总数的 85%以上。三四口之家为数很少，仅占 5%左右，大都是知识分子家庭。据教科文组织测算，到 2000 年，阿拉伯世界人口已由 1985 年的1.9亿上升为2.88亿，年增长率为3.2%，居世界第一位。这无形中给现代教育基础本来就很薄弱的阿拉伯国家教育的普及和提高带来了新的困难。当然这个问题已引起阿拉伯国家的重视，有的国家已开始采取措施来降低人口出生率①。而男尊女卑的传统思想，又使阿拉伯国家现代女子教育起步较晚，发展缓慢。有的国家女子到 20 世纪末还未能享受与男子平等的受教育权。如叙利亚，成年男性中文盲比例为 40.4%，而成年女性中 80%是文盲②。而沙特在 1960～1961 学年度才开始进行女子教育，但男女同学分开读书，女子一般只能在闭路电视上看到男教员。北也门也是如此，初、高中及部分小学仍实行男女分校，女校是清一色的女教师，加之本来女子出来上学和参加工作就少，造成女校教师奇缺。1979 年，霍梅尼在伊朗掌权后，实行全盘伊斯兰化，他除向全国发出“必须加强以清真寺为中心的宗教教育和活动”的命令外，还要求妇女们按伊斯兰教规定用长袍将自己从头至脚裹起来，重申不准男女同校或同池游泳，禁止传播西方文化等。另外，由于伊斯兰世界普遍存在近亲结婚的传统习俗，这也严重影响阿拉伯国家的人口素质。如科威特近亲结婚曾达 99%，造成残疾、弱智儿童占很大比例，因此那里的特种教育比较发达。有人统计，阿尔及利亚的残疾、弱智儿童有 100 万名(约占 5%)。对此，当代伊斯兰世界的医学家们发出强烈呼吁：不良的传统习惯应该根除！③ 这里应指出，阿拉伯国家教育的发展也很不平衡。到 20 世纪 80 年代中后期，有的国家文盲已不到总人口的 30%(如约旦)，有的国家文盲仍占总人口的 80%以上(如毛里塔尼亚)④。尤其是阿拉伯半岛东南沿海的几个国家相对比较落后。如阿曼，年迈而狂热的前苏丹赛义德・本・泰穆尔直到 1970 年(该年被罢黜)还禁止教育。在整个阿曼，当时只有三四所学校⑤。这当然不是伊斯兰所固有的精神，主要是由专制、无知以及早期殖民统治所致。此外，阿拉伯国家内部的教派斗争尚未停息，也易引起国家间的战争，给各国文化和教育带来创伤。如打了 8 年的两伊战争和 20 世纪 90 年代的伊科之战。这些都是值得阿拉伯人民和统治者深思以及

---

① 徐志毅：《北也门的人口问题》，《阿拉伯世界》，1987 年第 2 期，第 14 页。

② 周顺贤：《阿拉伯国家传统教育的危机》，《阿拉伯世界》，1987 年第 4 期，第 20 页。

③ 努尔・穆罕默德・郑勉之：《伊斯兰教常识答问》，南京：江苏古籍出版社，1992 年，第 394 页。

④ 周顺贤：《阿拉伯国家传统教育的危机》，《阿拉伯世界》，1987 年第 4 期，第 21 页。

⑤ [美]托马斯・李普曼著，陆文岳、英珊译：《伊斯兰教与穆斯林世界》，北京：新华出版社，1985 年，第 131 页。

世界各国引以为鉴的。

任何一个民族，任何一种文化，只有不断发扬优点，克服缺点，勇于进取，才能立于不败之地。一味固守传统是没有出路的，但完全抛弃传统也必然走向失败。这也是世界各国教育在改革和发展中共同面对的问题。但愿伊斯兰文化在21世纪给阿拉伯国家的教育带来新的更高水平的发展！

思考题

1. 近现代的日本在学习借鉴国外教育经验上取得丰硕成果，请查阅相关资料，分析近代以来日本义务教育的发展轨迹及其经验和启示。

2. 结合教材内容，并查阅相关资料，深入分析近现代伊斯兰文化教育的总体特征以及阿拉伯国家在近现代教育发展历程中所取得的成就。

附录一

《学记》全文及注释

发虑宪[1]，求善良，足以谀闻[2]，不足以动众。就贤体远[3]，足以动众，未足以化民。君子[4]如欲化民成俗，其必由学乎。

玉不琢，不成器；人不学，不知道。是故，古之王者，建国君民，教学为先。《兑命》曰："念终始典于学[5]"，其此之谓乎！

虽有嘉肴，弗食不知其旨[6]也；虽有至道，弗学不知其善也。是故，学然后知不足，教然后知困。知不足，然后能自反也；知困，然后能自强也。故曰：教学相长也[7]。《兑命》曰："学学半[8]"，其此之谓乎！

古之教者，家有塾，党有庠，术有序，国有学[9]。

比年入学，中年考校[10]。一年视离经辨志[11]；三年视敬业乐群[12]；五年视博习亲师；七年视论学取友[13]；谓之小成[14]。九年知类通达[15]，强立而不反[16]，谓之大成。夫然后足以化民易俗，近者说服而远者怀之，此大学之道也。记曰："蛾子时术之[17]"，其此之谓乎！

大学始教，皮弁祭菜[18]，示敬道也。宵雅肄三，官其始也[19]。入学鼓箧，孙其业也[20]。夏楚二物，收其威也[21]。未卜禘[22]不视学，游其志也。时观而弗语，存其心也。幼者听而弗问，学不躐等也。此七者教之大伦也。记曰："凡学，官先事，士先志[23]"，其此之谓乎！

大学之教也：时教必有正业[24]，退息必有居学[25]。不学操缦[26]，不能安弦；不学博依[27]，不能安诗；不学杂服[28]，不能安礼。不兴其艺[29]，不能乐学。故君子之于学也，藏焉脩焉，息焉游焉[30]。夫然，故安其学而亲其师，乐其友而信其道，是以虽离师辅[31]而不反。《兑命》曰："敬孙务时敏，厥脩乃来[32]"，其此之谓乎！

今之教者，呻其占毕[33]，多其讯言[34]，及于数进[35]而不顾其安。使[36]人不由其诚，教人不尽其材。其施之也悖，其求之也佛[37]。夫然，故隐其学[38]而疾其师，苦其难而不知其益也，虽终其业，其去之必速。教之不刑[39]，其此之由乎！

大学之法：禁于未发之谓豫[40]；当其可之谓时；不陵节而施之谓孙[41]；相观而善之谓摩。此四者，教之所由兴也。

发然后禁，则扞格而不胜。时过然后学，则勤苦而难成。杂施而不孙，则坏乱而不脩。独学而无友，则孤陋而寡闻。燕朋逆其师，燕辟废其学[42]。此六者，教之所由废也。

君子既知教之所由兴，又知教之所由废，然后可以为人师也。故君子之教喻[43]也：道而弗牵；强而弗抑[44]；开而弗达。道而弗牵则和[45]；强而弗抑则易[46]；开而弗达则思。和易以思，可谓善喻矣。

学者有四失，教者必知之。人之学也，或失则多，或失则寡，或失则易，或失则止[47]。此四者，心之莫同[48]也。知其心，然后能救其失也。教也者，长善而救其失者也。

善歌者使人继其声；善教者使人继其志。其言也，约而达[49]，微而臧[50]，罕譬而喻，可谓继志矣。

君子知至学之难易而知其美恶[51]，然后能博喻，能博喻然后能为师，能为师然后能为长，能为长然后能为君。故师也者，所以学为君也[52]。是故择师不可不慎也。记曰："三王四代[53]唯其师"，其此之谓乎！

凡学之道，严[54]师为难。师严然后道尊，道尊然后民知敬学。是故君之所不臣于其臣者二：当其为尸[55]，则弗臣也；当其为师，则弗臣也。大学之礼，虽诏于天子无北面，所以尊师也[56]。

善学者师逸而功倍，又从而庸[57]之。不善学者师勤而功半，又从而怨之。善问者如攻坚木：先其易者而后其节目；及其久也，相说以解[58]。不善问者反此。善待问者如撞钟：叩之以小者则小鸣，叩之以大者则大鸣；待其从容[59]，然后尽其声，不善答问者反此。此皆进学之道也。

记问之学[60]，不足以为人师，必也其听语[61]乎。力不能问，然后语之。语之而不知，虽舍之可也。

良冶之子，必学为裘；良弓之子，必学为箕；始驾马者反之，车在马前[62]。君子察于此三者，可以有志于学矣。

古之学者，比物丑类[63]。鼓无当于五声，五声弗得不和[64]；水无当于五色，五色弗得不章；学无当于五官[65]，五官弗得不治；师无当于五服[66]，五服弗得不亲。

君子曰：大德不官[67]，大道不器[68]，大信不约，大时不齐[69]。察于此四者，可以有志于学矣。三王之祭川也，皆先河而后海，或源也，或委也[70]，此之谓务本！

【注释】

〔1〕[发虑宪]郑玄注："宪，法也，言发计虑当拟度于法式。"

〔2〕[谀闻]谀(xiǎo)，小。闻，声闻。

〔3〕[就贤体远]请教贤人，关怀远人。

〔4〕[君子]在位的统治者。孔颖达疏："君谓君于上位，子谓子爱下民。谓天子、诸侯及卿大夫。"

〔5〕[《兑命》曰："念终始典于学"]兑，应为"说"，音 yuè。《说命》，《古文尚书》篇名。典，经常。对教育事业要始终念念不忘。

〔6〕[旨]美。

〔7〕[教学相长也]教与学是相互助长的。

8〕[《兑命》曰："学学半"]《说命》，"惟教学半"。教(xiào)，同"教"。王夫之说："教以自强，而研理益精，足以当学之半也。"

〔9〕[古之教者，家有塾，党有庠，术有序，国有学]据《周礼》：古二十五家为闾，聚居一巷，巷门有塾，民朝夕出入时，在塾受教。五百家为党，党有庠，以教闾塾所升者。万二千五百家为遂(即术)，遂有序，以教党庠所升者。诸侯及天子国中有学，以教世子、群后之子及遂序选升之士。

〔10〕[比年入学，中年考校]比年，每年。中年，隔一年。

〔11〕[离经辨志]分析经文章句，辨别学者志向。

〔12〕[敬业乐群]专心学业，朋友相亲。

〔13〕[论学取友]论说所学之是非，择取善人以为友。

〔14〕[小成]七年成就，比九年尚小，故谓小成。

〔15〕[知类通达]王夫之说："知类，推广其知以辨事类也，通达者通所知以达于行也。"

〔16〕[强立而不反]强立，临事不惑。不反，不违师教。

〔17〕[记曰：蛾子时术之]记，古书。蛾(yǐ)，通"蚁"。小蚁学习大蚁时时衔土而构成大蚁巢，学者也应时时学习而知"至道"。

〔18〕[皮弁祭菜]皮弁，冠名，指祭祀的冠服。祭菜，祭先圣先师用的果蔬。

〔19〕[宵雅肄三，官其始也]宵，小。肄，习。《小雅》之《鹿鸣》《四牡》《皇皇者华》三篇为君臣宴乐之诗，开学时就令习唱，一开始就用做官来劝勉学生。

〔20〕[入学鼓箧，孙其业也]孙，恭顺。入学时，先击鼓召集，后开匡箧出书授读，使学者敬重其学业。

〔21〕[夏楚二物，收其威也]夏，与榎(jiǎ)同。榎，苦荼。楚，荆条。收，敛束。威，威仪。以夏楚责犯礼者，约束其威仪。

〔22〕[卜禘]禘(dì)，夏季大祭，祭前必先卜，故云卜禘。

〔23〕[凡学，官先事，士先志]为官者先教以为官之事，为士者先教以立士之志。

〔24〕[正业]学先王正典为正课。

〔25〕[居学]退居时的学业。

〔26〕[操缦]调弦操弄杂曲。

〔27〕[博依]韵律。

〔28〕[杂服]冕服、冠服，祭祀用的。

〔29〕[不兴其艺]兴，歆；喜也。艺，诗书礼乐。

〔30〕[藏焉脩焉，息焉游焉]孙希旦解："藏，谓入学就业也。脩，脩正业也。息，退而私居也。游，谓游心于居学也。"

〔31〕[辅]朋友。

〔32〕["敬孙务时敏，厥脩乃来"]孙，同"逊"。时，及时。敏，疾速。厥，其。认真循序、持续不断地努力学习，学业就会取得成就。

〔33〕[呻其占毕]呻，吟诵。占毕，简册。

〔34〕[讯言]问话。

〔35〕[及于数进]及，作"急"解。数(shuò)，急速，谓急于求进。

〔36〕[使]作"教"解。

〔37〕[佛]通"拂"，违逆。

〔38〕[隐其学]隐，含痛。以学为可厌。

〔39〕[刑]成功。

〔40〕[禁于未发之谓豫]防止不善之萌芽曰豫。

〔41〕[不陵节而施之谓孙]陵，超越。节，程度。施，施教。孙，顺序。不超过学生的接受能力而进行教学，就叫作合乎顺序。

〔42〕[燕朋逆其师，燕辟废其学]燕，亵狎。燕朋，好嬉游的朋友。辟，同"譬"。燕辟，与坏朋友谈论邪僻之事。

〔43〕[喻]晓喻，开导。

〔44〕[强而弗抑]勉励而不强制。

〔45〕[和]融洽。

〔46〕[易]安易。

〔47〕[或失则易,或失则止]郑注:“失于易,谓好问不识者。失于止,谓好思不问者。”

〔48〕[心之莫同]心性不同。

〔49〕[约而达]简约而透彻。

〔50〕[微而臧]精微而完善。

〔51〕[美恶]资质才能的差异。

〔52〕[故师也者,所以学为君也]郑注:“弟子学于师,学为君。”

〔53〕[三王四代]三王,夏、商、周;加虞为四代。

〔54〕[严]尊敬。

〔55〕[尸]郑注:“尸,主也,为祭主也。”装扮作祖先神而受祭的人叫作“尸”。

〔56〕[虽诏于天子无北面,所以尊师也]在朝,天子南面,臣北面;在学,天子面东立,教师面西立,不以臣待之,表示尊师。

〔57〕[庸]归功。

〔58〕[及其久也,相说以解]说,同“悦”。孔颖达疏:“及其经久,师徒相爱说,以解义理。”

〔59〕[从容]从,同“舂”,击也。撞钟时,一舂然后一容,其声方尽。以喻答问时,一问然后一答,以尽义理也。

〔60〕[记问之学]所学止于预先记诵难题以待学者之问。

〔61〕[听语]待问而语之。

〔62〕[始驾马者反之,车在马前]小马初驾,系随车后。

〔63〕[比物丑类]丑,犹比也。谓以同类事物相比较。

〔64〕[鼓无当于五声,五声弗得不和]鼓之声,不宫不商,故言无当。然五声不得鼓,则无和谐之节。

〔65〕[五官]耳、目、口、鼻、心。

〔66〕[五服]依生者和死者亲属关系的远近、亲疏不同,分五等丧服:斩衰、齐衰、大功、小功、缌麻。在此,指五服内的亲属。

〔67〕[大德不官]大德不限于一官之事。

〔68〕[大道不器]大道不限于一器之用。

〔69〕[大时不齐]大时不限于一季之齐。大时,全年四季。

〔70〕[或源也,或委也]祭百川之时,先祭源,后祭委。委,流所聚也。

(参见孟宪承编:《中国古代教育文选》,北京:人民教育出版社,1979年版,第95～101页。)

附录二

资料卡片检索

主要参考书目

[1] 毛礼锐,沈灌群主编.中国教育通史.第1～6卷.济南:山东教育出版社,1985～1989.

[2] 王炳照等主编.中国教育思想通史.第1～6卷.长沙:湖南教育出版社,1994.

[3] 孟宪承等编.中国古代教育史资料.北京:人民教育出版社,1961.

[4] 孟宪承编.中国古代教育文选.北京:人民教育出版社,1979.

[5] 舒新城编.中国近代教育史资料.上、中、下册,北京:人民教育出版社,1961.

[6] 华东师范大学教育系编.中国现代教育文选.北京:人民教育出版社,1989.

[7] 三字经,百家姓,千字文.天津:天津古籍书店,1987.

[8] (明)程登吉著,(清)邹圣脉增补.幼学琼林.长沙:岳麓书社,1986.

[9] 夏延章等译注.四书今译.南昌:江西人民出版社,1986.

[10] 王炳照等编.简明中国教育史.第四版.北京:北京师范大学出版社,2008.

[11] 张惠芬,金忠明编著.中国教育简史.修订版.上海:华东师范大学出版社,2001.

[12] 郭齐家.中国教育思想史.北京:教育科学出版社,1987.

[13] 孙培青主编.中国教育史.修订版.上海:华东师范大学出版社,2000.

[14] 刘秀生,杨雨青.中国清代教育史.百卷本《中国全史》之一.北京:人民出版社,1994.

[15] 冯开文.中国民国教育史.百卷本《中国全史》之一.北京:人民出版社,1994.

[16] 郑登云编著.中国近代教育史.上海:华东师范大学出版社,1994.

[17] 顾长声.传教士与近代中国.上海:上海人民出版社,1981.

[18] 黄新宪.基督教教育与中国社会变迁.福州:福建教育出版社,1996.

[19] 中华人民共和国教育大事记.北京:教育科学出版社,1984.

[20] 陶行知全集.第1～6卷.成都:四川教育出版社,1991.

[21] 蔡元培教育论著选.北京:人民教育出版社,1991.

[22] 杨贤江教育文集.北京:教育科学出版社,1982.

[23] 金立人,贺世友.杨贤江传记.南京:江苏教育出版社,1990.

[24] 毛泽东同志论教育工作.北京:人民教育出版社,1992.

[25] 蒋伟杰,万喜生主编.学习和研究毛泽东教育思想——毛泽东教育思想研究论文集.长沙:湖南教育出版社,1991.

[26] 邓小平同志论教育.北京:人民教育出版社,1990.

[27] 邓小平文选.第1～3卷.北京:人民出版社,1993～1994.

[28] 滕纯主编.邓小平教育思想研究.沈阳:辽宁人民出版社,1992.

[29] 周立平,钟灏主编.邓小平教育思想概述.北京:人民教育出版社,1992.

[30] 谢长法编著.中国留学教育史,太原:山西教育出版社,2006.

[31] 华东师范大学教育系,杭州大学教育系合编.西方古代教育论著选.北京:人民教育出版社,1985.

[32] 华东师范大学教育系,杭州大学教育系编译.现代西方资产阶级教育思想流派论著选.北京:人民教育出版社,1980.

[33] [英]博伊德,金合著.西方教育史.任宝祥,吴元训主译.北京:人民教育出版社,1985.

[34] 北京教育行政学院等院校合编.外国教育史简明教程.北京:新时代出版社,1987.

[35] 滕大春主编.外国教育通史.第1～6卷.济南:山东教育出版社,1989～1994.

[36] 戴本博主编.外国教育史.上、中、下册.北京:人民教育出版社,1989～1990.

[37] 王天一等编著.外国教育史.上、下册.北京:北京师范大学出版社,1993.

[38] 赵祥麟主编.外国现代教育史.上海:华东师范大学出版社,1987.

[39] 马骥雄.外国教育史略.北京:人民教育出版社,1991.

[40] 吴式颖主编.外国教育史教程.北京:人民教育出版社,1999.

[41] 张斌贤主编.外国教育思想史.北京:高等教育出版社,2007.

[42] 陈孝彬主编.外国教育管理史.北京:人民教育出版社,1996.

[43] [日]小林哲也.日本的教育.徐锡龄,黄明皖译.北京:人民教育出版社,1981.

[44] 王桂编著.日本教育史.长春:吉林教育出版社,1987.

[45] [美]希提.阿拉伯通史.马坚译.北京:商务印书馆,1979.

[46] [埃及]艾哈迈德·爱敏.阿拉伯—伊斯兰文化史.第二、三册.朱凯等译.北京:商务印书馆,1990～1991.

[47] 伍德勤.宗教与教育——宗教传播对世界教育影响的历史回眸.北京:中国戏剧出版社,2006.